Die christlichen Gewerkschaften in Österreich

Herausgegeben von der
Stiftung für die Pflege der Tradition der
christlichen Arbeiterbewegung

Die christlichen Gewerkschaften in Österreich

Europaverlag

Redaktionelle Gestaltung Dr. Franz Größl

Printed in Austria
Gesamtherstellung Europaverlag Wien
Druck Elbemühl Wien
ISBN 3-203-50538-X

Inhalt

Vorwort

Die stolze, aber auch leidvolle Geschichte der Christlichen Gewerkschaften Österreichs in einem zusammengefaßten Werk herauszugeben und damit den ungezählten Opfern tausender Funktionäre und treuer Gewerkschaftsmitglieder ein bleibendes Denkmal zu setzen, hatte ich schon am Beginn der sechziger Jahre zum Ziel.

Zwar hatte Fritz Klenner schon 1951 die »Geschichte der österreichischen Gewerkschaften« in einem umfassenden zweibändigen Werk herausgebracht, aber als Sozialist verständlicherweise das Wirken und den Zwei-Fronten-Kampf der Christlichen Gewerkschaften (der Kampf richtete sich sowohl gegen die damals übermächtigen Unternehmer als auch gegen die starke Konkurrenz der Freien bzw. Sozialistischen Gewerkschaften) nur am Rande erwähnt. Unsere jungen bildungsfreudigen Funktionäre haben bei Schulungskursen immer wieder auf diesen Mangel hingewiesen und mit Recht die Herausgabe einer eigenen Geschichte gefordert.

Nach einer Reihe vergeblicher Versuche glückte im September 1967 der Durchbruch: Der Bundesvorstand der Fraktion Christlicher Gewerkschafter genehmigte meinen Antrag, zum Zwecke eines umfangreichen Quellenstudiums die »Stiftung für die Pflege der Tradition der christlichen Arbeiterbewegung« zu begründen. Es war aber auch hoch an der Zeit: Eine Reihe führender Funktionäre, die den Aufbau der christlichen Gewerkschaftsbewegung persönlich miterlebten, war bereits verstorben und viele Kolleginnen und Kollegen aus dieser Epoche waren schon hochbetagt oder hatten ihre Unterlagensammlung in den Kriegswirren verloren. Im Jänner 1968 fand die Gründungsversammlung der Stiftung statt und bald darauf standen die notwendigen Geldmittel zur Verfügung, um das zeitraubende Quellenstudium beginnen und den vom Arbeitsausschuß vorgeschlagenen Autoren für die einzelnen Zeitabschnitte die Arbeitsaufträge erteilen zu können. Die Schwierigkeit dieses Unternehmens beweist der Zeitablauf: Vom Beginn des Quellenstudiums bis zur Vorlage der letzten druckreifen Manuskripte vergingen über sieben Jahre.

Es erfüllt mich mit Freude und Genugtuung, nun das vor rund 20 Jahren gesteckte Ziel erreicht zu haben. Das vorliegende Geschichtswerk ist das Ergebnis einer selbstlosen und von Idealismus getragenen Gemeinschaftsarbeit. Unser aller Dank gebührt den Stiftern, die, angefangen von der kleinsten Gewerkschaftsfraktion bis hinauf zum ÖGB-Präsidium die erforderlichen Geldsummen zur Verfügung stellten und Beiträge bzw. Unterlagenmaterial lieferten, er gebührt den Mitgliedern des Arbeitsausschusses der Stiftung und er gebührt vor allem den Autoren: meinem väterlichen Freund Dr. Gustav Blenk, der in der ihm eigenen Akribie die Schwerpunkte setzte, Dr. Walter Schwimmer, der über weite Strecken die Leitung des Autorenteams innehatte und mühselige Quellenforschung betrieb, Dr. Ewald Klinger, der gemeinsam mit Walter Schwimmer den ersten Zeitabschnitt verfaßte, Frau Dr. Christl Kluwick-Muckenhuber, die den Zeitabschnitt von 1934 bis 1945 schrieb und sich schon seinerzeit als Autorin einer »Johann-Staud-Biographie« vorstellte, und nicht zuletzt meinem Freund Dr. Franz Größl. Er schrieb den Übergangsabschnitt der Zeit nach 1945 und führte die Überarbeitung, die Zusammenfassung und Korrektur des Gesamtwerkes durch. Schließlich gilt unser Dank dem Verlag, der sich alle Mühe für eine repräsentative Gestaltung gab.

Das Geschichtswerk endet mit der Überleitung in eine neue Zeit, mit dem geglückten Experiment einer von allen positiven Kräften getragenen gemeinsamen Gewerkschaftsbewegung. Es wird einer späteren Generation vorbehalten bleiben, die Geschichte der Fraktion Christlicher Gewerkschafter in dieser gemeinsamen Gewerkschaftsbewegung zu schreiben. Sie wird – dessen bin ich gewiß – das Signum Erwin Altenburgers, des Begründers der Bundesfraktion Christlicher Gewerkschafter, tragen, jenes Mannes, dem mit Recht und Gebühr dieses Geschichtswerk gewidmet ist.

KARL WEDENIG

Zum Geleit

Immer wieder wurde der Ruf nach einer Publikation über die Geschichte der Christlichen Gewerkschaften erhoben und der Mangel eines solchen Werkes als großer Nachteil empfunden.

Seit Dr. Hemalas Geschichte der Christlichen Gewerkschaften im Jahr 1922 erschien, ist keine einschlägige Publikation mehr erschienen. 1934 hat zur Auflösung der Christlichen und Freien Gewerkschaften geführt, 1938 wurde von der DAF alles überrannt und oft mit Sadismus versucht, jede Spur der christlichen Gewerkschaftsbewegung auszurotten. Ein Vakuum von elf Jahren entstand und damit auch die große Schwierigkeit, ein wenigstens den wichtigsten Anforderungen entsprechendes Werk über die christliche Gewerkschaftsbewegung zu schaffen und damit auch die Stellung der Christlichen Gewerkschafter im ÖGB zu veranschaulichen.

Es gehörte großer Idealismus und ein gutes Quentchen Optimismus dazu, die Herausgabe eines solchen Werkes in die Wege zu leiten, eine Vereinigung zu bilden, die bereit war, eine jahrelange Vorarbeit zu übernehmen und für deren Finanzierung besorgt zu sein.

Die nunmehr vorgelegte Geschichte der Christlichen Gewerkschaftsbewegung ist nicht als eine wissenschaftliche Grundlagenforschung zu betrachten, sondern als ein Nachschlagwerk über die geschichtliche Vergangenheit der christlichen Gewerkschafter, ihre Kämpfe und Erfolge, über die Mühen und die Opferbereitschaft ihrer Mitglieder und Funktionäre im Ringen um einen sozialen und wirtschaftlichen Aufstieg.

Es soll vor allem aber auch ein Werk für die Jugend sein, für die ja dieses Ringen nicht zum persönlichen Erlebnis wurde und die daher oftmals diesen Dingen fremd gegenüber steht. Darin liegt aber auch die große Gefahr, daß der Gedanke nach Solidarität und Einsatz für eine Weltanschauung versandet und die Begeisterung fehlt, in der christlichen Gewerkschaftsbewegung eine Erfüllung des Schöpferwillens zu sehen, wie sie unsere Vorkämpfer beseelte.

Es gebührt daher allen, die an diesem Geschichtswerk über die christliche Gewerkschaftsbewegung mitgearbeitet haben, herzlicher Dank. Dank für das mühselige Zusammentragen der Unterlagen, für den Versuch, nicht eine doktrinäre

Abhandlung vorzulegen, sondern eine lebendige Gestaltung zu finden und in gedrängter Form einen Überblick zu schaffen, der die Vergangenheit mit der Gegenwart verbindet.

Der Dank für die Gestalter dieses Werkes ist aber seine Verbreitung und das Bewußtsein, einem Bedürfnis der Zeit entsprochen zu haben.

Darum möge das Werk allen Freude bereiten, möge es zu einem dankbaren Erinnern an jene werden, welche die Grundlagen zur modernen Gewerkschaftsbewegung aufbauten, und Stärke jener sein, die dieses Werk fortsetzen und damit den Menschen in einer oft halt- und ausweglosen Zeit Rückhalt und Zuversicht geben.

Ein herzliches

»Glück auf«

dem Buch, das für die christlichen Gewerkschafter als Wegweiser für die Zukunft gewertet werden kann.

ERWIN ALTENBURGER

1867–1918

Walter Schwimmer,

Dr. jur., geboren 16. 6. 1942 in Wien, frühzeitiges Interesse für die Geschichte der christlichen Arbeiterbewegung durch die Beschäftigung mit dem Nachlaß seines 1969 verstorbenen Großvaters Johann Schwimmer, der schon vor 1914 Funktionär der christlichen Textilarbeitergewerkschaft und Sekretär des Vorarlberger Arbeiterbundes war, daher bereits während des Studiums Beitritt zur Hospitantengruppe der Gewerkschaft der Privatangestellten, von 1964 bis 1971 Tätigkeit als Rechtsschutzsekretär dieser Gewerkschaft, 1971 Bundessekretär im ÖAAB, seit 1969 Kammerrat der Wiener Arbeiterkammer, seit 1971 Abgeordneter zum Nationalrat.

Ewald Klinger,

Dr. jur., geboren 20. 12. 1944, Leutnant der Reserve, nach Gerichtspraxis seit 1970 Tätigkeit in der Industrie, zunächst im Personalbüro, dann seit mehreren Jahren im Rechtsbüro, verheiratet, ein Kind.

Vorläufer der Gewerkschaften

Zusammenschlüsse von Arbeitnehmern zur gemeinsamen Vertretung ihrer Interessen gegenüber den Arbeitgebern, aber auch der staatlichen Obrigkeit, sind keine Erfindung der Neuzeit. Schon das Mittelalter kannte Vereinigungen, die die Aufgabe hatten, die Rechte der Gesellen gegenüber den Meistern zu vertreten, und damit als Vorläufer der Gewerkschaften bezeichnet werden können. Es handelte sich um durchaus legale Zusammenschlüsse, die, was für die Geschichte gerade der christlichen Gewerkschaften interessant ist, zuerst im religiösen Bereich entstanden.

Ursprünglich waren es nämlich kirchliche Gesellenbruderschaften, die sich neben den religiösen Zielen auch Selbsthilfeaufgaben – zuerst karitativer Art, wie die Unterstützung verarmter und kranker Gesellen – stellten. Es hatte jedoch auch schon diese karitative Tätigkeit der Gesellenbruderschaften einen gewissen gewerkschaftlichen Charakter. Denn die Überzeugung der Mitglieder, im Notfalle mit der Solidarität der Bruderschaften rechnen zu können, verhinderte das Entstehen eines Gesellenproletariates, das durch Lohndrükkerdienste die soziale Lage der Gesellen insgesamt verschlechtert hätte. Eine ähnliche Bedeutung bekam das im Verhältnis zu heute sehr stark ausgebaute Unterstützungswesen der Gewerkschaften aller Richtungen in den letzten Jahrzehnten des vorigen Jahrhunderts und in der Zeit vor dem Ersten Weltkrieg. Von der Unterstützungstätigkeit ausgehend, trat der religiöse Charakter der mittelalterlichen Gesellenbruderschaften allmählich zurück, und am Ende des 15. Jahrhunderts prägte die »gewerkschaftliche« Betätigung das Bild fast aller dieser Körperschaften. In Wien entstanden an solchen »gewerkschaftlichen« Bruderschaften zwischen 1411 und 1489 die der Bäckerknechte, der Schneidergesellen, der Schusterknechte, der Schlossergesellen und der Hafner[1].

Vorbild der Bruderschaften waren die Zünfte; analog zu diesen hatten sie eigene Satzungen, wählten ihre Vorstände, hoben sie Beiträge und Strafgelder ein, gewährten bedürftigen Mitgliedern Unterstützungen und strebten die Ausschließlichkeit ihrer Organisation mit dem Charakter einer Zwangskörperschaft an. Das letztere Ziel wurde durch den Zechzwang, die Ächtung nichtbeitrittswilliger Gesellen, also einen Vorläufer der modernen »Closed-shop-Klausel« erreicht.

Ein Vergleich der Gesellenbruderschaften mit den modernen Gewerkschaften wird auch durch die angewendeten Kampfmittel gerechtfertigt. Häufige Kampfmittel, von denen oft schonungslos Gebrauch gemacht wurde, waren die Verrufserklärung und der Streik. Mit der Verrufserklärung wurden sowohl Gesellen, die gegen die Interessen der Bruderschaft verstoßen hatten, als auch Meister, mit denen ein Konflikt bestand, boykottiert. Der »gescholtene« Geselle konnte keine Arbeit mehr finden, der »gescholtene« Meister bekam keine Gesellen. Aber auch die Arbeitseinstellung war ein häufiges Kampfmittel. Die Kampfziele der mittelalterlichen Streiks muten sogar sehr modern an: Höhere Löhne, kürzere Arbeitszeit, selbst die Fünf-Tage-Woche in Form des »blauen« Montags, um den von den Gesellen fast während des ganzen Mittelalters gekämpft wurde. Allerdings wurden die Streiks, bedingt durch die Tatsache, daß die Gesellen im Haus des Meisters wohnten und dort auch verköstigt wurden, in der radikalen Form geführt, daß sie geschlossen eine Stadt verließen. Die wirtschaftlichen Folgen einer solchen Arbeitsniederlegung waren daher beträchtlich, so daß die mittelalterlichen Arbeitskonflikte häufig mit einem Erfolg der Gesellen endeten. Die Obrigkeit stand zwar meist auf der Seite der (im Gegensatz zu den Gesellen ortsansässigen) Meister, doch konnte auch sie mit ihren Erlässen und Verordnungen nicht allzuviel erreichen. Als der »Reichsabschied« von 1566 Maßregeln gegen die Gesellenorganisation traf, wurden die Reichsstädte Ulm, Augsburg, Regensburg und Nürnberg, welche die gesellenfeindliche Verordnung durchsetzen wollten, von den Gesellen in Acht und Bann getan[2]. Den vier Städten blieb nach sieben Jahren Konfliktzustand nichts anderes übrig, als mit den Bruderschaften Frieden zu schließen, nachdem die »ehrlichen« Gesellen weggezogen waren und jeder Neuzuzug ausgeblieben war. In dieser Zeit fehlte es nicht an sehr drakonischen Strafandrohungen gegen die streikenden Gesellen, wie etwa in Danzig, dessen Obrigkeit im Jahre 1385 das Ohrenabschneiden als Strafe für den Streik festgesetzt hatte[3].

Erst das 17. und 18. Jahrhundert brachten mit der Entwicklung und Erstarkung der absoluten Monarchie ein Übergewicht der Behörden gegenüber den Gesellenverbänden. Nach und nach wurden den Bruderschaften ihre Rechte genommen. Die Auseinandersetzungen darüber nahmen manches Mal allerdings sehr harte Formen an, wie etwa beim Streik der Wiener Schusterknechte im Jahre 1712, als es zu blutigen Straßenunruhen kam, die für einige Streikende mit der Hinrichtung endeten[4].

Über diese Zeit konnten sich nur wenige Bruderschaften hinweg retten, sie hatten allerdings jede gewerkschaftliche Tätigkeit aufgeben müssen. Im 19. Jahrhundert war nur mehr die äußere Form ihrer Organisation vorhanden, selbst im Unterstützungswesen mußten sich die noch bestehenden Bruderschaften auf eine »harmlose« Betätigung, wie die Hilfe für Witwen und Waisen von Gesellen, beschränken. Trotzdem wurde da und dort die »Bruder- oder Gesellenschaft« zum Grundstock eines Fachvereines oder einer Gewerkschaftsgruppe und hinterließ der modernen Gewerkschaftsbewegung einige alte Bräuche. »Sie haben aber vornehmlich eines mit hinübergenommen, was das Wertvollste war«, berichtet der christliche Gewerkschaftschronist Franz Hemala, »den Geist der Solidarität[5]«.

ANMERKUNGEN

1 Hemala, Geschichte der Gewerkschaften, Wien 1922, Seite 5.
2 Ebenda, Seite 7.
3 Ebenda, Seite 8.
4 Klenner, Die Österreichischen Gewerkschaften, Band I, Seite 20.
5 Hemala, a. a. O., Seite 8.

Die Zeit ab 1867

Im Jahre 1852 stattete Adolf Kolping auf Einladung des Wiener Katholikenvereines der damaligen Donaumetropole einen Besuch ab und legte dort den Grundstein für die Entwicklung des Kolpingwesens in Österreich[1]. Dieses war der erste Vorläufer der später sich entwickelnden christlichen sozialen Arbeitervereine. 1853 umfaßte die Wiener Kolpingvereinigung 700 Gesellen. Bereits im Jahre 1857 waren es 3600 und 1875 verzeichnete man einen Mitgliederstand um die 16.000. Das Kolpingwerk hatte nicht nur in Wien, sondern auch in der Provinz Fuß gefaßt. Bereits 1852 entstanden Gesellenvereine in Linz, Steyr, Salzburg, Innsbruck und drei spätere folgten in St. Pölten, Graz und Klagenfurt[2].

Ziel der Kolpingbewegung war es, die Gesellen von dem Abfall ins kirchenfeindliche Lager zu bewahren. Hand in Hand damit ging eine gewisse soziale Betreuung, wie z. B. die Gewährung einer Krankenunterstützung und der langsame Aufbau eines Pflegedienstes für kranke Mitglieder[3]. Die eigentliche treibende Kraft des Kolpingwerkes in Österreich war Anton Gruscha, später Erzbischof von Wien. Der entscheidende Nachteil der Gesellenvereine war, daß sie nur den gewerblichen Nachwuchs betreuten, während die Industriearbeiterschaft, die stetig zunahm, unbetreut blieb. Wohl bemühte sich Gruscha, z. B. in der Steyrer Waffenfabrik nach dem Muster der Gesellenvereine einen Arbeiterverein zu gründen, doch schlug dieser Versuch fehl[4]. Die einzige erfolgreiche Initiative von katholischer Seite, die Arbeiterschaft zu gewinnen und eine entsprechende Organisation aufzubauen, ging vom steirischen Kaplan Wöhr aus. Dieser gründete 1869 eine Sektion für Arbeiterfragen, gleichzeitig einen Konsumverein der ärarischen Holz- und Salinenbetriebe im Ausseerland und einen Kindergarten. Er konnte sich dort ein Bild von der schlechten Entlohnung und den Arbeitsbedingungen der Arbeiter machen. Als die Arbeiterschaft an den Priester herantrat, sie im Kampf um soziale Besserstellung zu unterstützen, wurde die Gründung perfekt[5]. 1869 ventilierte Wöhr am steirischen Katholikentag auch den Vorschlag, ein Komitee zur Behandlung der Arbeiterfrage zu gründen. Dieser Vorschlag wurde zwar begeistert aufgenommen, geriet aber rasch in Vergessenheit[6]. Das ganze Projekt kam über die

Ausarbeitung von Statuten nicht hinaus. Trotzdem blieb das Ausseerland lange Zeit hindurch der einzige Pluspunkt katholischer Bemühungen um die Arbeiter. Als jedoch Wöhr 1891 nach Graz ging, lösten sich seine Gründungen zur Gänze auf[7].

Der 1871 gegründete katholische Arbeiterverein für Niederösterreich erlangte überhaupt keine Bedeutung und verschwand später vollkommen[8]. Der Grund, weshalb die Bestrebungen auf dem Gebiet des christlichen Arbeiterwesens so schleppend und so wenig erfolgreich vorangingen, war letztlich auch darin zu suchen, daß sich der Klerus in der sozialen Frage fast ausschließlich mit den Bauern und den Handwerkern beschäftigte. Die Existenz des Proletariats wurde entweder überhaupt nicht zur Kenntnis genommen oder man äußerte sich sehr abfällig darüber. So führt Erika Weinzierl an, daß in damaligen Visitationsberichten der Dekanate, die Arbeiter wiederholt als »negligentissimi« (äußerst nachlässig) oder »tepidi« (lau) bezeichnet wurden[9]. Demgegenüber wird jedoch mit keinem Wort der soziale Notstand der Arbeiterschaft erwähnt. Die Mißachtung der Arbeiterschaft durch den Klerus kann vielleicht auch damit erklärt werden, daß Priester, die aus der am Rande des Proletariats dahinvegetierenden Mittelschicht stammten, eine besondere Empfindlichkeit bezüglich des Abgleitens in das Proletariat zeigten[10]. Die Bevorzugung des Gesellen gegenüber dem Arbeiter ist zum Teil auch auf romantische Vorstellungen zurückzuführen. Der Arbeiter als Symbol der Industrialisierung paßte kaum in diese Vorstellung[11]. In den Köpfen spukte das Ideal eines mittelalterlichen Ständestaates: Im Schatten neugotischer Dome wollte man ein zünftisches frommes Handwerk blühen sehen.

Etwas anders ging die Entwicklung in Oberösterreich vor sich. 1852 gründete Dr. Max Pamesberger, Religionsprofessor und gebürtiger Ischler, nach dem Vorbild Kolpings einen katholischen Arbeiterverein in Linz[12]. 1868 wurde in Oberösterreich mit der Gründung von Arbeiterbildungs- und Arbeiterkonsumvereinen begonnen. Symptomatisch für die damalige Zeit ist die Geschichte des Arbeiterkonsumvereines Goisern. Dem Verein, der satzungsmäßig zur Überparteilichkeit und Interkonfessionalität verpflichtet war, gehörten auch katholische Arbeiter an. Diese Tatsache erregte aber den Unwillen der Sozialdemokraten. Die katholischen Arbeiter beschlossen deshalb, einen eigenen Konsumverein zu gründen, den sie »Konsumtibilienverein für Goisern und Umgebung« nannten[13]. Allein alle Bemühungen waren umsonst, wie der Ortschronist von Goisern, Laimer, berichtete. 30 Jahre nach seiner Gründung mußte sich der Verein wegen der sozialdemokratischen Intoleranz und der fast gewaltsamen Ausbreitung des Arbeitervereines auflösen[14].

Daß der österreichische Klerus in der entscheidenden Phase, in der er die Fundamente für eine christliche Arbeiterbewegung hätte legen sollen, zum Unterschied vom deutschen Klerus versagte, machte sich später in einem immer stärker werdenden Abgleiten der Arbeiterschaft in den Atheismus bemerkbar. Das soziale Elend der Arbeiter wurde als selbstverschuldet angesehen, durch Zügellosigkeit, Sittenlosigkeit und Gottlosigkeit herbeigeführt (so Kardinal Rauscher). Ebenso scharf kritisierte der Kardinal in einer Rede vor dem katholischen Gesellenverein in Wien am 26. Dezember 1858, daß Gesellen und Lehrlinge nicht mehr im Hausverband des Meisters leben. Sie vergnügten sich in Wirtshäusern und würden »Schritt für Schritt in ein liederliches Leben verwikkelt«. Man müsse die Wirtshäuser »soviel als möglich entbehrlich machen«, die Gesellen sollten ihre »Erholung woanders suchen« als in Kneipen, wo »sich nur zu oft alberne, rohe, ja auch gottlose Redereien kreuzen[15]«.

Das Terrain, das damals aufgegeben wurde, konnte später nie zurückerobert werden, obzwar vor allem seit der Enzyklika »Rerum novarum« kleinere Erfolge erzielt werden.

Die katholische Volksbewegung

Als der österreichische Episkopat im Kampf gegen die Aufhebung des Konkordates von 1855 entscheidende Niederlagen hinnehmen mußte, wobei vor allem auf die liberalen Ehe- und Schulgesetze, die sogenannten »3.-Mai-Gesetze« hingewiesen werden muß, die im katholischen Lager größte Erbitterung hervorriefen, und als sich klar abzeichnete, daß die Ära des Bündnisses zwischen Thron und Altar zu Ende ging, mußte die Kirche beim katholischen Volk Unterstützung in ihrem Kampf gegen den Liberalismus suchen[16].

Nach 1868 kam es in ganz Österreich zur Gründung zahlreicher katholischer Vereine und Kasinos. Gleichzeitig wurden in den deutschsprachigen Teilen der zisleithanischen Reichshälfte deutschkonservative Parteien gegründet[17]. Diese bedeutsamen Bemühungen auf organisatorischem Gebiet wirkten sich bereits bei den Reichsratswahlen von 1870 aus, als der Vormarsch der Liberalen gestoppt werden konnte. Von 1874 an hörte die antikirchliche Gesetzgebung überhaupt auf[18]. Die letzten scharfen liberalen Gesetze, welche die katholische Kirche betrafen, vor allem das Gesetz über »Die äußeren Verhältnisse der katholischen Kirche«, wurden im Mai 1871 beschlossen.

Die katholische Volksbewegung hatte jedoch gleich nach ihrer Gründung mit internen Schwierigkeiten zu kämpfen. Der Streit ging darum, ob die zentralistische Idee, die Kardinal Rauscher bevorzugte, oder die föderalistische Idee, die vor allem in der Provinz ihre Anhänger hatte, zum Organisationsprinzip erhoben werden sollte. Erst nach dem Tode Rauschers konnten sich die Föderalisten durchsetzen[19]. Aber noch 1872, als sich ein Sammelbecken der katholischkonservativen Abgeordneten – die sogenannte Rechtspartei – konstituierte, war im Parteiprogramm von der sozialen Frage mit keinem Wort die Rede[20].

Erst 1874 fand, aus Deutschland kommend, der Gedanke der katholischen Sozialbewegung auch in Österreich Eingang. Damals stand Bischof Ketteler in Deutschland auf dem Höhepunkt seines sozialen Wirkens. Soeben war auch eine christlichsoziale Partei am Niederrhein gegründet worden[21]. Prinz Aloys von und zu Liechtenstein stellte nach der Generalversammlung deutscher Katholiken in Mainz die soziale Frage in Österreich zur Diskussion. Das Ergebnis war das erste katholische Sozialprogramm Österreichs[22].

Dieses Programm forderte unter anderem die Bildung autonomer Kammern zur Vertretung der Interessen der Bauern, des Kleingewerbes und der Arbeiterschaft. Damit war eine Frage aufgeworfen worden, die von nun an im Brennpunkt der Erwägungen stand: Die berufsständische Gliederung der Gesellschaft[23].

Das Programm wurde von den österreichischen Katholiken begeistert aufgenommen und löste eine Welle sozialer Aktivität aus. Liechtenstein konnte als Diplomat in England die »Trade unions«, aber auch die Bewegung der »Christian Socialists« studieren. Der Versuch, die soziale Frage auf genossenschaftlicher Basis zu lösen, machte großen Eindruck auf ihn[24]. Später erlebte er in Berlin den Höhepunkt des Kulturkampfes, verließ jedoch 1873 den diplomatischen

Dienst, um eine politische Laufbahn zu beginnen[25]. Sein Wirken ist für die Folgezeit von großer Bedeutung, so daß der Beginn der christlichsozialen Bestrebungen nicht erst mit Vogelsang angesetzt werden darf.

Liechtenstein ist bisher in der Literatur meist nur als eine Art Trabant Vogelsangs angesehen worden. Er war jedoch zweifelsohne mehr als das. Seine entscheidenden Eindrücke waren die Bestrebungen der oben erwähnten »Christian Socialists« und vor allem das Sozialprogramm Kettelers, das er durch den nach Österreich emigrierten Göttinger Staatsrechtslehrer Jakob Maxen kennenlernte[26].

Das Gesellschaftsmodell Liechtensteins war realistischer als das Vogelsangs, weil er die Existenz des Proletariats als Gegebenheit ansah, also nicht die Entproletarisierung des Proletariats betreiben wollte, sondern vielmehr dem Proletariat eine eigene Standesvertretung in Form einer Art Gewerkschaft zubilligen wollte. In einem Brief an Graf Anton Pergen brachte Liechtenstein seine Hoffnung zum Ausdruck, auch in Österreich vor allem in den Provinzen eine schlagkräftige christliche Arbeiterbewegung aufbauen zu können[27]. Allerdings scheiterten seine Bemühungen, seine konservativen Gesinnungsgenossen für diese Pläne zu gewinnen. Der Unterschied zu Vogelsang besteht also darin, daß Vogelsang dem Arbeiterstand, der ja von den Produktionsmitteln ausgeschlossen war, keine eigenständige aktive Rolle beim Neuaufbau der Gesellschaft zubilligte[28]. Vogelsang wollte die Vereinigung der Arbeiter mit den Unternehmern in einem neuen Stand herbeiführen und so den Klassenkampf beenden. Liechtensteins Programm, das in der 1875 erschienenen Veröffentlichung »Über Interessensvertretungen im Staate mit besonderer Beziehung auf Österreich« formuliert war, wurde stillschweigend ad acta gelegt. Ihm schwebte ein Umbau des Parlamentarismus und der Demokratie zu einem berufsständischen Aufbau der Gesellschaft vor[29]. Der Verfasser der erwähnten Broschüre blieb zwar anonym, war aber aller Wahrscheinlichkeit nach Liechtenstein selbst. Daß er anonym bleiben wollte, war damals für einen Aristokraten nicht ungewöhnlich – sein sozialpolitisches Engagement hatte Liechtenstein ja schon den Titel eines »roten Prinzen« eingetragen[30].

Welche zukunftsträchtige Verbindung zwischen Katholiken und Arbeiterschaft das Liechtensteinsche Programm der

Arbeiterkammern anzubahnen schien, beweist z. B. der Umstand, daß auch der Arbeiterverein »Volkstimme« in einer Resolution vom 17. Dezember 1874 ähnliche Forderungen wie Liechtenstein erhoben hat[31].

Im Jahre 1877 fand in Wien der erste allgemeine österreichische Katholikentag statt. Dabei wurde die soziale Frage sehr ausführlich und eingehend behandelt. Unter den Delegierten befanden sich 13 Bischöfe und 684 Geistliche. Die Forderungen des Katholikentages waren nicht umwälzend, doch wäre die Durchsetzung eines solchen Programms zu Anfang auch kaum möglich gewesen. Immerhin wurden aber einige wichtige Entscheidungen getroffen, so wurde z. B. die Gründung eines Vereines für christliche Gesellschaftswissenschaften beschlossen[32]. Zentrale Figur dieses Katholikentages war zweifelsohne Aloys Liechtenstein.

Die Ära Vogelsang

1875 kam Vogelsang nach Wien und trat in die Redaktion des konservativen Blattes »Das Vaterland« ein. Vogelsang entstammte einem mecklenburgischen Rittergeschlecht, trat 1850 zum Katholizismus über und verließ wegen der Verfolgungen, die er als Katholik über sich ergehen lassen mußte, seine mecklenburgische Heimat[33]. Er kam über Preßburg, wo er Redakteur beim »Katholik« gewesen war, nach Wien[34]. Vogelsang gelang es mit seinen radikal antiliberalen Anschauungen nur sehr schwer, in sozialen Zirkeln des damaligen Wien Fuß zu fassen[29]. Fanatisch von der Richtigkeit seiner sozialen Ideen überzeugt, hatte er bereits bei seiner Ankunft in Wien einen fertigen Entwurf einer konservativen Gesellschaftsreform bereit. Sein Konzept war vor allem auf die Erhaltung des Mittelstandes ausgerichtet. Er verstand es aber auch, in der Arbeiterfrage sehr essentielle Vorschläge zu erarbeiten[35].

Vogelsang trat für eine Aussöhnung der Klassen ein, wobei die Proletarier durch die Klasse der Besitzenden wieder aufgesogen werden sollten[36]. Er wollte die Arbeiter durch einen Gesellschaftsvertrag zu Miteigentümern an den Produktionsmitteln machen und begründete dies auf folgende Weise: Der Arbeiter bringe nicht nur die nackte Arbeitskraft, sondern auch die durch Schulbildung und Erziehung erworbene Fähigkeit mit, in betrieblicher Hinsicht mitzusprechen. Der

Arbeiter erhalte aber als Entlohnung praktisch nur die Regenerationsmittel und werde somit um die Früchte seiner ganzen Einlage betrogen[37]. Wie man sieht, wollte Vogelsang auf diese Weise das von Lassalle aufgestellte eherne Lohngesetz sprengen. Die große Bedeutung Vogelsangs lag darin, daß er den Staatsinterventionismus förderte und damit die soziologische Basis für die Bekämpfung der Wirtschaftsansichten des Liberalismus schuf, die ja auf Nichteinmischung des Staates ausgerichtet waren. Ein Staatssozialist, wie man ihm wiederholt vorwarf, war Vogelsang aber nie. Er wollte nicht, daß der Staat überall eingriff, er wollte, daß er nur die oberste Kontrolle ausübe und dort eingreifen solle, wo kleinere Gemeinschaften der Hilfe bedürfen. Vogelsang war ein Romantiker, ein Gegner des Allmachtstaates, seine Ideen zur Lösung des Arbeiterproblems, so gut sie auch gemeint waren, verfehlten aber ihr Ziel[38].

Sie enthielten nämlich nichts von dem, was ein Gebot der Stunde war: Der Aufbau einer schlagkräftigen Organisation katholischer Arbeitervereine, um den Einfluß der Gewerkschaften und der Sozialdemokratie zurückzudrängen. Vogelsang war Gesellschaftsreformer, allerdings war die Entwicklung, als er seine Reform propagierte, zum Teil schon über sie hinausgegangen. Seine Vorstellungen basierten, wie oben erwähnt, auf der Ideenwelt der Romantik. Vor allem der Staatsrechtler Adam Müller mit seinen sozialphilosophischen Ansichten[39], so z. B. die Lehre, daß Christus nicht nur für den einzelnen, sondern auch für die Staaten und deren gesellschaftliche Gebilde gestorben sei, haben Vogelsang stark beeinflußt[40].

Selbst Adeliger, sah Vogelsang im Adel ein wichtiges Element seines sozialreformatorischen Werkes. Die Mehrheit des Adels lehnte aber die Ideen Vogelsangs ab und sah in der Konservativen Partei die geeignete Institution, um ihre Interessen durchzusetzen[41]. Dies führte immer wieder zu Spannungen im katholisch konservativen Lager, da sich andere Gesellschaftsschichten durch den Großgrundbesitz übervorteilt fühlten[42]. Neben den ausgesprochenen Gegnern der Ideen Vogelsangs gab es aber auch Kreise, die sich so nebenbei auch für soziale Fragen interessierten, aber die echten Probleme kaum erfaßten und meistens auch nicht erfassen wollten[43]. Die wenigen und echten Anhänger Vogelsangs im Adel waren Graf Gustav Klome, Graf Egbert Belcredi und Graf Franz

Kuefstein[44]. Daß dieser kleine Kreis den übrigen Adel für eine soziale Gesetzgebung interessieren konnte, ist daraus zu erklären, daß der Großgrundbesitz dabei nichts zu verlieren hatte, weil sich die vorgesehenen Schutzbestimmungen nicht auf die landwirtschaftlichen und nur sehr selten auf die gewerblichen Arbeiter bezogen[45].

Vogelsang gelang es dann in den siebziger Jahren, sich durch die Schaffung der »Österreichischen Monatsschrift für Gesellschaftswissenschaften und christliche Sozialreform« ein Organ zu schaffen, in dem er entsprechend agitieren konnte, dies allerdings erst ab 1881, als er Alleinherausgeber wurde und die Zeitschrift in »Monatsschrift für christliche Sozialreform« umbenannte[46].

Als im Jahre 1879 die Konservativen durch ihre Wahlerfolge die Liberalen aus den politischen Schlüsselstellungen verdrängten, begann die Suche nach einer breiteren Basis. Dabei stieß man auf das Kleingewerbe[47]. Die sozialen Belange der Arbeiterschaft wogen damals noch nicht schwer genug. Die Kleingewerbetreibenden aber waren durch die industrielle Fabrikation und den Wucher schwer angeschlagen und vegetierten am Rande zwischen Bürgertum und Proletariat. Die Wahlreform von 1881 und die Änderung des Gewerbegesetzes 1883 waren Schritte zur Gewinnung des Kleingewerbes[48]. Diese Richtung schlug sich auch in der Steuergesetzgebung der Konservativen nieder, die nur die Arbeiterschaft arg traf, den Mittelstand aber zu entlasten versuchte[49]. Ebenso wurden diejenigen Arbeiter, die im Gewerbe tätig waren, gegenüber jenen, die in der Industrie arbeiteten, etwa in bezug auf die Schutzbestimmungen stark benachteiligt.

Dennoch genügten diese Maßnahmen anfangs nicht, um den Kleinbürger den Feudalen zuzuführen. Der Kampf der Liberalen gegen die Kirche hatte auch in diesen Schichten seinen Niederschlag gefunden und äußerte sich in durchwegs freisinnigen Anschauungen[50]. So war z. B. auch Lueger zu Beginn seiner politischen Tätigkeit absolut nicht kirchenfreundlich[51, 52].

Erst auf Basis des Antisemitismus konnte eine Verbindung zum katholischen Lager hergestellt werden[53].

Ab 1879 brachte Vogelsang in seiner Monatsschrift ständig Artikelserien über das soziale Elend der Arbeiterschaft[54]. Seine Berichte lösten einen wahren Sturm von Empörung, Gegendarstellungen und Auseinandersetzungen hervor, die aber für die Erörterung der sozialen Frage sehr fruchtbar waren[55]. Ausgelöst durch die Angst vor einer zunehmend radikalisierten Arbeiterschaft, brachten die achtziger Jahre in Österreich, wie auch im übrigen Europa, eine Welle sozialer Gesetzeswerke.

Schon der Katholikentag 1877 hatte beschlossen, einen Verein zur wissenschaftlichen Erörterung der sozialen Frage zu gründen. Diese Idee wurde allerdings zunächst nicht verwirklicht. Wohl gab es in Wien bereits Diskussionsrunden, die sich mit sozialen Themen beschäftigten, so z. B. in der Redaktion des »Vaterland«. Berühmt wurde der ab 1. Jänner 1879 an jedem Dienstag tagende »Konservative Klub« im Hotel Munsch, an dessen Beratungen über die soziale Frage führende Männer der damaligen konservativen Partei teilnahmen (Revertera, Blohme)[56].

Mit ein Grund für die sozialen Gesetze war auch die Überlegung der Konservativen als Vertreter der Landwirtschaft, die Arbeiterschaft als Abnehmerin der Agrarproduktion zu erhalten und wenn möglich zu stärken[57]. Am 21. Juni 1884 sanktionierte der Kaiser das Gesetz über die Einführung der Gewerbe- und Arbeitsinspektorate, das die Kontrolle aller Fabriken und Werkstätten vorsah[58]. Vom gleichen Datum stammt die sogenannte Arbeiternovelle, die die tägliche Arbeitszeit für Bergleute mit höchstens 10 Stunden festlegte. Gleichzeitig wurde die Sonntagsruhe und die Ausübung der Bergwerksarbeit für Kinder unter 14 Jahren durch Gesetz geregelt[59]. Am 8. März 1885 wurden jene novellierten Teile der Gewerbeordnung als »Arbeiterordnung« sanktioniert, die sich auf die Hilfsarbeit in Gewerbe und Industrie bezogen.

Die wichtigsten Bestimmungen, damals die fortschrittlichsten Europas, waren:

1. Die Altersgrenze für Frauenarbeit in den Fabriken wurde auf 21 Jahre hinaufgesetzt.
2. Männliche Arbeitskräfte durften in den Fabriken erst ab 14, im Gewerbe erst ab 12 Jahren herangezogen werden.
3. Die Arbeitszeit wurde auf 11 Stunden bei Erwachsenen, 10 Stunden bei 14- bis 16jährigen und 8 Stunden bei unter 14jährigen festgesetzt[60].

Bereits 1883 beschäftigte man sich mit der Einführung eines allgemeinen Unfallversicherungsgesetzes. Zur Verwirklichung kam es erst 1885, aber erst am 28. Dezember 1887 erhielt das Gesetz seine Sanktion und erst 1889 trat es in

Kraft. Allgemeine Versicherungspflicht galt für alle in industriellen oder landwirtschaftlichen Betrieben mit Maschinen beschäftigten Arbeiter. Zur Beitragsleistung wurden Arbeitnehmer und Arbeitgeber herangezogen, die auch gemeinsam die Verwaltung der Versicherungsanstalten durchführten. Durch ein weiteres Gesetz vom 29. Jänner 1889 wurden schließlich auch die bergmännischen Bruderladen in das allgemeine Sozialversicherungssystem eingegliedert[61]. Am 30. März 1888 wurde auch noch ein Krankenversicherungsgesetz sanktioniert, das die gewerblichen Arbeiter sowie die bei Bahn und Dampfschiffahrt Tätigen in den Kreis der Versicherten aufnahm[62].

Die Liberalen schlugen 1886 vor, Arbeiterkammern zu schaffen, doch scheiterte die Verwirklichung am Widerstand der Konservativen[64]. Der Ära der Sozialgesetzgebung waren eine Terrorwelle und eine Radikalisierung der Arbeiterschaft vorausgegangen[57]. Von seiten der Konservativen wurde versucht, die Sozialdemokraten zur Mitarbeit bei der Ausarbeitung einer »Arbeitszeitbeschränkungsregelung« zu gewinnen[65]. Der Versuch schlug aber fehl. Die Arbeiter wollten sich nicht als billiges Aushängeschild mißbrauchen lassen. Die Folge waren dann die Ausnahmegesetze Taaffes[66]. Im Februar 1886 wurde das Sozialistengesetz verabschiedet[67]. Erst am 8. Juni 1891 wurde der Ausnahmezustand wieder aufgehoben[68]. Das radikale Vorgehen der Regierung wurde von der Arbeiterschaft mit Erbitterung zur Kenntnis genommen, wobei die Vielzahl der sozialen Gesetzeswerke kaum besänftigend wirkte. Der Erfolg der getroffenen Maßnahmen ist daher als absolut negativ zu bewerten[69]. Wieder war es der Tüchtigkeit Vogelsangs zu verdanken, daß der Klerus auf die soziale Frage aufmerksam gemacht wurde. Ein neuer Typus von Priester tauchte auf: Der Arbeiterseelsorger, wie z. B. Rudolf Eichhorn[70]. Eichhorn konnte erst sehr langsam das Vertrauen der Arbeiterschaft gewinnen. Ein weiterer Vertreter dieses Priestertyps, der sich in der sozialen Frage engagierte, war Josef Scheicher, der 1884 sein Buch »Der Klerus und die soziale Frage« veröffentlichte[71].

Noch indifferenter als der niedere Klerus verhielten sich die Bischöfe zur Arbeiterfrage. Das änderte sich erst mit der Enzyklika »Rerum novarum«. In Wien gründete Pater Anton Maria Schwartz die »Kongregation der frommen Arbeiter des heiligen Calasanz«. Schwartz, 1852 in Baden geboren, war als

Spitalsseelsorger in der Wiener Vorstadt Fünfhaus auf die religiöse Verwilderung der Lehrlinge aufmerksam geworden. Er beschäftigte sich weiter mit der Lehrlingsfrage und gründete 1882 ein Lehrlingsoratorium, wobei er die Lehrlinge am Sonntag nachmittag bei Spiel, Jause und Andacht religiös betreute. Für die Lehrlinge der Provinz schuf er ein Lehrlingsasyl und zwei Jahre später auch eine Lehrstellenvermittlung. Die Organisation wuchs aber so, daß er immer mehr Mitarbeiter heranziehen mußte, für die er später eine Ordensregel schuf[72].

Zur Weiterbetreuung der dem Lehrlingsalter entwachsenen Arbeiter gründete Schwartz 1892 die »Marianische Arbeitersolidarität« und 1897 ein »Herz-Jesu-Arbeitsoratorium«. Die Kongregation der Calasantiner entfaltete in den folgenden Jahrzehnten eine sehr ersprießliche Tätigkeit auf den Gebieten der Arbeiterseelsorge und schuf eine Reihe von Niederlassungen in ganz Österreich. Pater Schwartz starb am 15. September 1929 als Ordensgeneral im Wiener Stammkloster. Sein bedeutendster Schüler ist der spätere Bundeskanzler Prälat Ignaz Seipel, der von Schwartz die Idee der »Seelensanierung« übernahm[73].

Was Schwartz für die Lehrlinge bedeutete, war Pater Adam Latschka für die Arbeiterinnen. Latschka schuf Arbeiterinnenasyle und auch einen christlichen Arbeiterinnenverein, außerdem nahm er sich besonders der Wiener Dienstmädchen an[74].

Alle diese Bestrebungen waren aber meist nur auf Einzelinitiativen zurückzuführen. So wichtig sie auch waren, es fehlte ein Gesamtkonzept. Eine solide Grundlage schuf erst das Erscheinen der Enzyklika Papst Leos XIII.

»Rerum novarum«

Am 15. Mai 1891 erließ Papst Leo XIII. seine berühmte Enzyklika, die eine neue Ära der christlichen Sozialpolitik einleitete. Die Enzyklika wurde in Österreich von Franz Kuefstein, Karl Scheimpflug, Peter Albert Maria Weiß und Karl Vogelsang vorbereitet[75]. Die Zeit für diese Enzyklika war reif, weil auf der einen Seite die Radikalisierung und die Emanzipation der Arbeiterschaft immer weiter fortschritten und auf der anderen Seite das soziale Gewissen in den fortschrittlichen bürgerlichen Kreisen sich immer lauter zu Wort meldete. Auch ein weiterer Aspekt war nicht zu übersehen: Die Arbeiterschaft strebte unaufhaltsam der politischen Mündigkeit zu. (Thunsche Wahlreform 1885.) So war das Interesse an der Gewinnung von Arbeiterstimmen sowohl im deutschnationalen, als auch im christlichen Lager sehr beträchtlich[76]. Papst Leo XIII. verwarf in seinem Rundschreiben die Rückkehr zum mittelalterlichen Ständeprinzip. Er erhoffte sich eine Lösung des Problems im Zusammenwirken von Staat, Kirche und Arbeiterschaft. Das Recht des »kleinen Besitzes«, somit einer beschränkten Eigentumsbildung durch den Arbeiter, wird diesem eingeräumt, ebenso seine freie Zustimmung zum Lohnsatz, der so hoch sein sollte, daß er zum Lebensunterhalt genüge. Außerdem wird den christlichen Arbeitern das Recht auf eine Vereinsbildung eingeräumt. Das geschah sicherlich unter dem Eindruck der schon mächtigen sozialdemokratischen Bewegung, wobei dem Staat wohl der Schutz, nicht aber die Bevormundung dieser Vereinigungen aufgetragen wurde. Von da an beginnt die Gründung der ersten christlichen Arbeitervereine, wogegen vorher nur Gesellenvereine bestanden hatten[77].

Der Aufstieg der Christlichsozialen

Aus dem großen Gegensatz zum Liberalismus und vor allem seinem Wirtschaftssystem, somit zum Teil auch aus der Gegnerschaft gegen einen Teil seiner Exponenten, der Juden, entwickelte sich ein antisemitischer Block, dem zunächst auch Lueger angehörte. Daraus lösten sich dann die späteren Christlichsozialen, die sich zunächst auf das Kleinbürgertum und die kleinen Gewerbetreibenden stützten und erst später auch Teile der Arbeiterschaft anziehen konnten[78].

Im Kampf gegen die Liberalen hatte sich aus der Partei Luegers eine provinzielle Gewerbegruppe unter der Führung des Komotauer Uhrmachers Adolf Muntlik abgespaltet, die rein gewerbliche Interessen vertreten wollte und auf politische, konfessionelle und nationale Fragen verzichtete. Allerdings konnte diese Gruppe die Christlichsozialen nie gefährden[79].

Der Vormarsch der Christlichsozialen begann mit der Erweiterung der Wahlkörper auf die »Fünf-Gulden-Männer«. Die ungeheuren Erfolge der Christlichsozialen zeigten sich zuerst auf kommunaler Ebene und hier wiederum besonders in Wien[80]. Bei den Gemeindewahlen im April 1895 erreichten sie 64 Mandate gegen 66 Mandate der Liberalen und 8 der Unabhängigen. Nun begann der Kampf der Christlichsozialen um den Bürgermeistersessel von Wien[81].

Bei der Bürgermeisterwahl am 29. April 1895 erhielt Lueger 70 Stimmen, nahm aber die Wahl nicht an. Daraufhin wurde der Gemeinderat aufgelöst, Neuwahlen wurden für den September 1895 ausgeschrieben. Jetzt erreichten die Christlichsozialen 93 Mandate gegenüber 46 der Liberalen. Lueger wurde wieder zum Bürgermeister gewählt, aber der Kaiser verweigerte die Bestätigung der Wahl. Am 12. November 1895 wählte der Gemeinderat Lueger neuerlich mit 92 Stimmen zum Bürgermeister.

Aber es nützte nichts: Der Gemeinderat wurde zum zweiten Mal aufgelöst[82].

Bei dieser Gelegenheit zeigte sich nochmals deutlich der massive Widerstand der Konservativen gegen die Christlichsozialen. Vor allem die Großgrundbesitzer und der Episkopat stellten die neue Partei als revolutionär hin. Man scheute sich nicht, über Kardinal Schönborn bei Papst Leo XIII. mit einer »Darstellung« der Christlichsozialen vorstellig zu werden[83]. Die Christlichsozialen hatten aber sowohl beim Wiener Nuntius Agliardi, als auch beim Papst selbst Verständnis gefunden. Die Christlichsoziale Arbeiterschaft trat am 6. Jänner 1896 zum ersten christlichen Arbeiterparteitag zusammen. Auf diesem Parteitag betonte Kunschak, das Programm dieses Arbeiterparteitages habe nur die Forderungen der Arbeiterschaft zu enthalten und »daß für die anderen Stände die Christlichsoziale Partei bereits vorgesorgt habe[84].« In 19 Artikeln wurde ein umfangreicher Katalog von Forderungen erhoben. Einige markante Beispiele:

Art. 4 – Abschaffung der Kinder- und Frauenarbeit in den Fabriken
Art. 6 – Sonn- und Feiertagsruhe
Art. 7 – Begrenzung der Arbeitszeit im Bergbau und ähnlichen Betrieben, im Gewerbe, in Fabriken sowie im Verkehrswesen mit maximal 10 Stunden täglich
Art. 9 – Lösung der sozialen Frage allein nach den Lehren des Christentums
Art. 11 – Unentgeltlicher Unterricht an sämtlichen Bildungsanstalten
Art. 12 – ausreichende Kranken-, Unfall- und Invaliditätsversicherung sowie Vorsorge für Witwen und Waisen
Art. 13 – Vereins- und Versammlungsfreiheit
Art. 14 – Pressefreiheit
Art. 15 – Allgemeines Wahlrecht für alle männlichen Personen, aktiv mit 24 Jahren, passiv mit 30 Jahren
Art. 19 – Aufrechterhaltung des auf gerechte Art erworbenen persönlichen Eigentums und weitgehende Reform des Erbrechtes[85].

Der Vormarsch der Christlichsozialen Partei ging weiter. Bei den Wiener Gemeinderatswahlen im März 1896 erreichten sie nunmehr 92 Mandate gegenüber 46 der Liberalen[86]. Nochmals verweigerte der Kaiser die Zustimmung, bis er dann endlich im April 1897 nachgab, nachdem eine neuerliche Wahl mit 93 von 132 Stimmen wieder auf Lueger gefallen war[87]. Aber nicht nur in Wien, auch in Niederösterreich – in der früheren Hochburg der Liberalen – gelangen der Christlichsozialen Partei gewaltige Einbrüche. Bei den Landtagswahlen im November 1896 eroberten die Christlichsozialen von 78 Landtagsmandaten 31[88]. Mit der Wahlreform vom 7. Mai 1896 wurde die Zahl der Wahlbeteiligten von zwei auf fünf Millionen erhöht. Bei den im März 1897 durchgeführten Reichsratswahlen gingen die Christlichsozialen und die Sozialdemokraten als eindeutige Sieger hervor. In der 5. Wahlkurie erreichten die Christlichsozialen 28, die Sozialdemokraten 15 Sitze[89]. Durch die Kämpfe um die Badenische Sprachverordnung wurde die Parlamentsarbeit aber völlig lahmgelegt. Das letzte Gesetz auf sozialem Gebiet war das Gewerbegerichtsgesetz vom Jahre 1896, Anträge der Christlichsozialen und der Sozialdemokraten über die gesetzliche Organisation der allgemeinen Alters- und Invaliditätsversicherung blieben unerledigt liegen[90]. Erst unter der Ministerpräsidentschaft Körbers wurde im Jänner 1900 eine planvolle Parlamentsarbeit wieder aufgenommen[82].

Die Leistungen, welche die christlichsoziale Wiener Gemeindeverwaltung in den ersten Jahren ihrer Tätigkeit erbrachte, waren richtungweisend. So wurden ein eigenes Gaswerk, ein städtisches E-Werk und die städtischen Straßenbahnen geschaffen, um den Vorrang des Gemeinwesens gegenüber dem Privatkapital durchzusetzen. Bis dahin war die Wiener Tramway und zwar die »Erste privilegierte Kaiser Franz Josef Pferdeeisenbahn«, die sich im Besitze des Bankiers Reizes befand, ein Musterbeispiel rücksichtslosester kapitalistischer Ausbeutung gewesen[92]. Erst Lueger konnte diese Mißstände endgültig beseitigen, indem er die Tramway in das Eigentum der Gemeinde Wien überführte und damit eine entscheidende soziale Besserstellung der Bediensteten erreichte[93].

1898 wurde ein eigenes städtisches Arbeitsvermittlungsamt geschaffen, daneben entstand ein Zentralrat für Armenwesen. Für damalige Verhältnisse modern war auch die Errichtung der städtischen Lebens- und Rentenversicherungsanstalt[94]. In dem Kampf für eine moderne Angestelltenpolitik stieß der christlichsoziale Arbeiterverein allerdings auf konservativen Widerstand auch in den eigenen Reihen[95]. Als durch die Wahlrechtsreform von 1896 auch die 4. Kurie geschaffen wurde, konnte dieser Widerstand gebrochen werden. Bei den Wahlen am 31. April 1900 zum 4. Wahlkörper entfielen bei einer Wahlbeteiligung von nur 49,5% 80 Mandate (darunter 9 Vertreter des Arbeitervereines) auf die Christlichsozialen[96]. Die Sozialdemokraten mußten sich mit 9 Sitzen begnügen.

Diese Wahlen führten aber zu einer ernsten Verstimmung zwischen Lueger und Kunschak. Es ging um die Kandidatur des Obmannes des Arbeiterreformvereines Nagoirzansky in Favoriten, die von Lueger befürwortet, von Kunschak und dessen Parteifreunden jedoch abgelehnt wurde[97]. Dieser Zwist zwischen Lueger und Kunschak konnte in der Folgezeit aber beigelegt werden[88]. Er war symptomatisch für das engstirnige Verhalten der bürgerlichen Seite innerhalb der Partei gegenüber den Arbeitern, wobei ja der Kunschak-Flügel innerhalb der Christlichsozialen bzw. der Konservativen als eigene Arbeiterpartei angesehen wurde. Allen Schwierigkeiten zum Trotz hielt Kunschak am gemeinsamen christlichsozialen Gedankengut fest[99], obzwar er die Unabhängigkeit und Selbständigkeit der Bewegung gegenüber der Partei immer wieder betonte[100], ja auch betonen mußte. Die Bewegung hatte in den ersten 10 Jahren ihres Bestehens große Fortschritte gemacht; 1909 gab es unter den insgesamt etwa 60.000 Mitgliedern christlicher Arbeitervereinigungen 13.200 Mitglieder von Arbeitervereinen, der Rest war in christlichen Gewerkschaften und in Gesellenvereinen zusammengeschlossen.

Die Ergebnisse der ersten russischen Revolution blieben auch für die österreichische Monarchie nicht ohne Folgen[102]. Es kam zu Demonstrationen in Wien und in Prag. Am 28. November 1905 demonstrierten 100.000 Arbeiter vor dem Parlament für das allgemeine Wahlrecht[103]. Die Regierung Gautsch scheiterte aber mit ihren Entwürfen für eine Wahlreform im Parlament, vor allem am Widerstand des feudalkonservativen Polenklubs[104]. Gautsch demissionierte, nach dem dreiwöchigen Intermezzo einer Regierung Hohenlohes wurde Wladimir Beck zum neuen Ministerpräsidenten ernannt. Das allgemeine Wahlrecht (sogenannte Becksche Wahlreform) war das Hauptziel seiner Regierung. Am 1. Dezember 1906 nahmen die Abgeordneten des Reichsrates die Vorlagen an, das Herrenhaus stimmte unter dem Druck der Revolution in Rußland und dem Drängen der Arbeiter ebenfalls zu, so daß mit kaiserlicher Sanktion vom 26. Jänner 1907 das Gesetz in Kraft treten konnte[105].

Im Mai 1907 fanden die ersten österreichischen Volkswahlen zum neuen Reichsrat statt. Die beiden neuen großen Parteien, die Sozialdemokraten auf der einen, und die Christlichsozialen auf der anderen Seite errangen eindrucksvolle Siege. Auf die Sozialdemokraten entfielen 1,040.000 Stimmen und 87 Mandate, auf die Christlichsozialen 562.869 Stimmen und 66 Mandate. Die katholischkonservativen Parteien erreichten 433.825 Stimmen und 30 Mandate. Am 10. April 1907 schlossen sich diese Parteien zur größten Partei im Abgeordnetenhaus zusammen[106]. Die Christlichsozialen erhielten in der Regierung zwei Ministerien und zwar das Ackerbau- und das Arbeitsministerium[107], die ersten christlichsozialen Minister waren Geßmann und Weiskirchner.

Beck hatte es sich zur Aufgabe gemacht, auch die Lösung der sozialen Frage in Angriff zu nehmen. Am 3. November 1908 wurde eine Regierungsvorlage »Gesetz betreffend die Sozialversicherung« im Abgeordnetenhaus eingebracht[108]. Sie sah eine gemeinsame Verwaltung mit einem Vorstand aus Arbeitern, Unternehmern und Fachleuten vor. Die Regierungsvorlage blieb aber wegen der Annexionskrise und der damit verbundenen slawischen Obstruktion im Parlament hängen. Durch den immer wieder aufflammenden Sprachenstreit in Böhmen wurde eine vernünftige Arbeit in der Volksvertretung verhindert[109].

Nach dem Tode Karl Luegers am 10. März 1910 erhob sich die Frage der Nachfolge in der Führungsspitze der Christlichsozialen Partei. In seinem politischen Testament forderte Lueger die Partei auf, eine »Volkspartei« zu werden und nicht nur die großstädtische Bevölkerung und Intelligenz, sondern auch die Bauernschaft für sich zu gewinnen. Lueger bestimmte als seinen Nachfolger Dr. Weiskirchner[110]. Dieser aber, zu dieser Zeit Handelsminister, trat zugunsten Geßmanns zurück. An der Nachfolgefrage und den damit verbundenen innerparteilichen Kämpfen drohte die Partei zu zerbrechen. Das Ergebnis manifestierte sich in den Wahlen von Juni 1911. Verschiedentlich kandidierten sogar christlichsoziale Mandatare gegeneinander. Der Wahlausgang war eine echte Katastrophe. Von den 20 Wiener Mandaten gingen nicht weniger als 17 verloren, die Sozialdemokraten wurden zur stärksten Partei und errangen 19 von 32 Mandaten[111]. Das Gesamtergebnis zeigte die Sozialdemokraten als stärkste Partei mit 82 und die Christlichsozialen mit 77 Abgeordneten. Alle deutschen Parteien zusammen verfügten über 89 Mandate[112]. Eine der Ursachen für die Niederlage war zweifelsohne auch der Umstand, daß die Christlichsozialen als Regierungspartei zu einer staatserhaltenden sozialkonservativen Partei geworden waren. Das Schwergewicht der Wähler lag in den besitzenden Klassen, was wiederum den Verzicht auf die Kleinbürger und die Proletarier voraussetzte. Infolge der Entwicklung der Christlichsozialen Partei von einer Oppositionspartei in eine Regierungspartei wandelte sich auch das Gesicht der Partei. Es kam dadurch zu einer Verlagerung der Wählerschichten, wobei den Christlichsozialen viele Kleinbürger und Proletarier verlorengingen, die zur Sozialdemokratie abwanderten[113].

Die Niederlage hatte auch einen heilsamen Einfluß: Die Partei begann sich zu konsolidieren und der Wille zur Erneuerung anstelle der früheren Fraktionszwistigkeiten setzte sich immer mehr durch. Zwar kam es zu kleinen Abspaltungen, aber sie verschwanden sehr bald wiederum von der politischen Bühne[114]. Die Reformbestrebungen gingen vor allem von den christlichsozialen Arbeitervereinen und hier besonders von Leopold Kunschak aus. So fand am 24. Juli 1911 eine machtvolle Demonstration für Kunschak und die Einigkeit der Partei vor dem Wiener Rathaus statt. Die Erneuerungsbewegung erhielt auch durch die Gründung des »Volksbundes der Katholiken Österreichs« einen starken Impuls[115, 116]. Von diesem Volksbund gingen auch kräftige Anregungen im Hinblick auf die soziale Frage aus.

Die letzten Jahre der Monarchie waren durch eine Serie von Zwistigkeiten, vor allem auf nationaler Ebene gekennzeichnet, so daß eine echte Parlamentsarbeit wie schon oben erwähnt, nicht mehr gewährleistet war. Das letzte größere Gesetzeswerk, das in den Ausschüssen beraten wurde, war jenes der Sozialversicherung. An diesen Beratungen hatten die Christlichsozialen, und hier vor allem wieder die Arbeitervertreter, hervorragenden Anteil[117].

Erst nach dem Weltkrieg sollten die Christlichsozialen ihre Arbeit für Österreich und deren Bevölkerung wieder im vollen Umfang aufnehmen.

Die Frage der Organisation

1892 war mit der Gründung des christlichsozialen Arbeitervereines der eigentliche Stammverein des christlichen Gewerkschafts- und Arbeitervereinswesens geschaffen[118]. In den neunziger Jahren entstanden die ersten Fachvereine, die aber lediglich der Unterstützung und Fortbildung dienten[119]. Beim zweiten Parteitag der Christlichsozialen Arbeiterschaft vom 31. Jänner bis 1. Februar 1897 in Wien wurde zum ersten Mal die Organisationsfrage aufgeworfen. Eine Resolution sprach sich für die Bildung von gewerkschaftlichen Fachvereinen aus. Sie wurde vom jungen Leopold Kunschak entschieden unterstützt, wogegen einige Delegierte, wie z. B. Pohl aus Zwittau bzw. Dr. Schöppl aus Graz, diese Ideen als verfrüht ablehnten. Die Resolution ist als Grundlage für eine christliche Gewerkschaftsbewegung von entscheidender Bedeutung, vor allem auch deshalb, weil der Siegeszug Luegers besonders in Wien der Bewegung viele neue Anhänger zugeführt hatte[120].

Die Fachvereine bzw. die christlichen Arbeitervereine wurden in den Landesverbänden der nichtpolitischen christlichen Arbeitervereinigungen zusammengefaßt und zwar 1895 in der Steiermark, 1896 in Salzburg, 1897 in Oberösterreich, 1898 in Niederösterreich, Schlesien, Mähren und 1899 in Kärnten und Tirol[121]. Als Dachverband dieser Landesverbände konstituierte sich dann am 7. September 1902 der »Reichsverband der nichtpolitischen Vereinigungen christlicher Arbeiter Österreichs[122]«. In den Landesverbänden und im Reichsverband wurde zunächst die Idee von Fachsektionen gefördert. So äußerte z. B. am 4. Verbandstag der nichtpolitischen christlichen Arbeitervereinigungen Niederösterreichs im Jahre 1901 der Delegierte Spalowsky die Meinung, daß zunächst in den Vereinen die oben erwähnten Fachsektionen zu bilden seien, die sich dann zu Landesverbandsfachsektionen zusammenzuschließen hätten. Gleichzeitig wurde auch die Idee erwogen, die Landarbeiter zu organisieren, die den Christlichsozialen mit großer Sympathie begegneten. Der Gedanke, auf dem Weg über Fachsektionen zu einem zentralen Berufsverband zu kommen, war allerdings damals bereits überholt, wie das Beispiel der Sozialdemokraten zeigt, die bereits die Idee der Zentralverbände massiv förderten[123].

Auf der konstituierenden Versammlung des Reichsverbandes im Jahre 1902 trat aber schon die Mehrheit der Delegierten, u. a. Dr. Drexel, Obmann des Vorarlberger Arbeiterbundes, dafür ein, eine einheitliche gewerkschaftliche Organisation zu schaffen. Eine Resolution diesen Inhalts wurde dann auch angenommen. Sie trug in der Folge dazu bei, den umständlichen Weg über die Fachsektionen vermeiden zu helfen. Der Zug zur Zentralisation wurde zweifellos durch die Haltung einiger Delegierter verstärkt, die am Münchner Gewerkschaftskongreß vom 19. Juni bis 27. Juni 1902 teilnahmen. Einige von ihnen waren Bittner, Spalowsky, Dobisch, Holaubek usw. Daß das Gebot der Stunde Zentralisation hieß, wurde rechtzeitig erkannt. Überhaupt empfing die gesamte christlichsoziale Bewegung Österreichs recht starke Impulse aus Deutschland[124].

Die Fachvereine sollten von lokalen zu zentralen, somit zu Reichsverbänden ausgestaltet werden. Bei Neugründungen ging man von Haus aus von der Idee der zentralen Verbände aus und schuf z. B. am 7. Dezember 1902 den »Verband christlicher Eisen- und Metallarbeiter Österreichs« als eine freie, neutrale und auf christlicher Grundlage stehende Organisation[125]. Der Begriff der Neutralität blieb indessen lange ungeklärt. Am 2. Reichsverbandstag 1904 definierte Spalowsky den Begriff der gewerkschaftlichen Neutralität folgendermaßen: Die Gewerkschaften sollten politische Neutralität einhalten, d. h. die wirtschaftlichen und sozialen Rechte der christlichen Arbeiter ohne Rücksicht auf die politischen Verhältnisse wahren, wobei die politische Neutralität aber keine weltanschauliche sein sollte[126]. Man wollte eine Abgrenzung zur Sozialdemokratie erreichen. Daß die Idee der Neutralität vor allem bei den Metallarbeitern so kräftig zutage trat, lag vielleicht darin, daß einige Funktionäre ehemalige Sozialdemokraten waren, wie z. B. Gollein. Vielleicht nahmen die Metallarbeiter auch die englischen Trade Unions mit ihrer Neutralität zum Vorbild[127].

Am 1. Februar 1903 wurde in einer Sitzung des Reichsverbandes die Schaffung einer Gewerkschaftskommission beantragt, deren Aufgabe die Durchorganisation der Gewerkschaften sein sollte. Aus der Kommission sollte ein ständiger Referent gewählt werden, ebenso sollten die Landesverbände »Referenten« wählen. Dagegen wurde eingewendet, daß dies eine Schwächung der christlichen Arbeitervereine bedeute. Besonders scharf äußerte sich der Innsbrucker Dr. Hillmann, der den Standpunkt vertrat, daß Mitglieder von katholischen Arbeitervereinen Tirols nicht gleichzeitig Mitglieder einer anderen gewerkschaftlichen Organisation sein dürften. Hillmann gelang es auch, einen Beschluß durchzubringen, wonach Beschlüsse der Gewerkschaftskommission keine Gültigkeit haben sollten, wenn die Landesorganisationen dagegen Einspruch erhoben[128].

Dennoch war der Gedanke der Schaffung zentraler Verbände nicht mehr umzubringen. Am 29. Juni 1903 wurde der christliche Holzarbeiterverband gegründet, im Jänner 1904 konstituierte sich in der sozialdemokratischen Hochburg Wiens, in Ottakring, der Verband christlicher Tabakarbeiter und Tabakarbeiterinnen[129]. Nach längeren Vorarbeiten des Reichsverbandsdelegierten Blaimauer aus Fohnsdorf wurde ein Zentralverband der christlichen Bergarbeiter Österreichs konstituiert. Auch Ortskartelle in Graz und Innsbruck wurden geschaffen[130]. Am zweiten Reichsverbandstag am 18. August 1904 in Donawitz wurde neuerlich die Frage der Organisation aufgeworfen, wobei Spalowsky darauf verwies, daß die Entwicklung der sozialdemokratischen Gewerkschaften in Deutschland und Österreich endgültig zur Zentralisation tendiere. Daher müßten auch die christlichen Gewerkschaften diese Idee aufgreifen und verwirklichen[131]. Das geschah auch. So wurde der Wiener Fachverein der Bäckergehilfen 1904 in den Verband der Christlichen Bäckereiarbeiter Österreichs umgewandelt, 1905 entstand der Verband der christlichen Textilarbeiter und 1906 der Verband der Bau- und Steinarbeiter, sowie der Verband der christlichen Schneider[132]. Die Vereinigung der Textilarbeiter bzw. der Bauarbeiter erfolgte nach Streiks und Aussperrungen, die ein neuerliches Beispiel dafür waren, daß nur durch eine zentrale, straffe Organisation Erfolge erzielt werden konnten[122]. Die immer größer werdende Schlagkraft der christlichen Gewerkschaften rief aber die Sozialdemokraten auf den Plan, die darin eine Gefährdung ihres Organisationsmonopols sahen und daher christlichsoziale Gewerkschafter als Streikbrecher, Lohndrücker usw. bezeichneten, obwohl z. B. die christlichen Textilarbeiter in Bielitz, die Fleischergesellen von Wien und Brünn, die Metallarbeiter in Wiesenburg in mehrwöchigen Streiks die Streikfonds fast bis zur Erschöpfung in Anspruch nahmen[134]. Im Grunde wollten die Christlichsozialen eine engere Zusammenarbeit mit den Sozialisten, aber diese lehnten in den meisten Fällen ab.

Nachdem anfangs 1906 eine Gewerkschaftskommission für Niederösterreich geschaffen worden war, wurde am 10. Juni 1906 bei der Reichsverbandskonferenz in Wien die Errichtung einer Reichsgewerkschaftskommission beantragt, die am 27. Juli 1906 auch tatsächlich erfolgte. Diese Kommission setzte sich erstens aus einem engeren Ausschuß des Reichsverbandes christlicher Arbeitervereine und zweitens aus je einem Vertreter der Zentralverbände zusammen[135].

Einen entscheidenden Wendepunkt stellte die am 17. November 1907 in Wien abgehaltene „Erste Konferenz der christlichen Gewerkschaften Österreichs« dar[136]. Sie brachte das erste Zusammentreffen christlicher Gewerkschafter aus allen Teilen Österreichs. Nach dem Bericht des Obmannes des Textilarbeiterverbandes Krikawa sah die Organisation folgendermaßen aus:

13 Zentralverbände mit 481 Ortsgruppen und 27.018 Mitgliedern, dazu zwei tschechische Gewerkschaftsverbände mit 21.000 Mitgliedern, slowenische Fachvereine mit 2140 Mitgliedern, sowie diverse deutsche bzw. deutschsprachige lokale Organisationen mit 11.609 Mitgliedern[137].

In einer programmatischen Rede erklärte Franz Spalowsky, Ziel der christlichsozialen Gewerkschaften sei es, die Organisation der Arbeiter und ihre unhaltbare Stellung in der Gesellschaft zu ändern. Dabei sei auf den Grundsätzen des Christentums ohne konfessionelle und politische Propaganda aufzubauen, so daß der Klassenkampf vermieden werde. Der Streik sei nur dann anzuwenden, wenn alle anderen Möglichkeiten erschöpft sind[138]. Organisatorisch wurde ein klares Bekenntnis zur Zentralisierung abgelegt, zur Deckung der Kosten von Lohnkämpfen wurde ein eigener Widerstandsfonds geschaffen. Die Konferenz beschloß ferner die Schaffung von Orts-, Bezirks- und Landeskartellen, die Verstärkung der Agitation, die Beteiligung an den Wahlen zu Gewerbegerichten, Krankenkassen und Gehilfenvertretungen. Zugleich wurde bei der Gewerkschaftskommisssion ein eigenes Sekretariat geschaffen, das bis 1911 vom Brünner Buchdrucker Josef Kuře und dann von Leopold Untermüller geleitet wurde. Um den Mangel an geschultem Personal zu begegnen, schuf man im August 1906 eine soziale Arbeiterschule, die in einmonatigen Kursen das geistige Rüstzeug für eine erfolgreiche Arbeit bereitstellen sollte. Vortragende waren z. B. Dr. Hemala, Kunschak, Spalowsky, die das Vorlesungsprogramm vielfältig gestalteten und auch Grundzüge der Volkswirtschaft, Geschichte der sozialen Bewegungen in Österreich, Geschichte des Sozialismus, Arbeitsvertretung und Arbeitsschutz, Pressewesen, Vereins- und Versammlungsrecht, Verfassungsrecht, Geschichte des Parlamentarismus, Wohnungsfrage und Wohnreform behandelten.

Die christlichen Gewerkschaften Österreichs beteiligten sich auch an den Vorarbeiten für die Schaffung einer christlichen Gewerkschaftsinternationale, die in der internationalen Konferenz von Zürich 1908 ihren Abschluß fanden. Kunschak vertrat damals Österreich, wobei er in der Konfessionsfrage einen sehr toleranten Standpunkt einnahm, der sich erst seit 1920 in der Internationale durchsetzte.

Vom 31. Jänner bis 2. Februar 1909 fand der erste Kongreß der christlichen Gewerkschaften Österreichs in Wien statt.

Hauptergebnis dieses Kongresses war die Schaffung einer eigenen Zentralkommission der christlichen Gewerkschaften Österreichs, da die Reichsgewerkschaftskommission beim Reichsverband der nichtpolitischen Vereinigungen christlicher Arbeiter Österreichs den Anforderungen nicht mehr gewachsen war. Die Gewerkschaften hatten nämlich die christlichen Arbeitervereine sowohl an Mitgliederzahl, als auch an innerer Kraft längst überflügelt. So nahm auch der 4. Reichsverbandstag vom 28. bis 29. Juni 1908 in Wien eine Trennung in der Leitung der christlichen gewerkschaftlichen Organisation und der Arbeitervereine vor. Der Reichsverband sollte in Zukunft die soziale und politische Schulung, die gewerkschaftliche Zentrale die Vertretung der Berufsinteressen übernehmen[133]. Die Statistik wies beim Kongreß 16 Zentralverbände mit 35.610 Mitgliedern, 30 deutsche Fachvereine mit 15.054 Mitgliedern sowie 12 slowenische mit 2846 Mitgliedern aus. Der tschechische Gewerkschaftsverein mit dem Sitz in Brünn zählte 22.000 Mitglieder, der polnische Gewerkschaftsverein mit dem Sitz in Krakau 6210 Mitglieder[139].

Das Pressewesen der christlichen Gewerkschaften

Der Ruf nach einem eigenen Organ der christlichsozialen Arbeiter war bereits in den Jahren 1894 und 1895 zu hören. Die dreimal einberufenen Pressekomitees konnten wegen Geldmangels keine Lösung vorschlagen. Darauf entschloß sich Kunschak, mit einem Kapital von 66,43 Kronen ein eigenes Blatt zu begründen. Am 1. November 1895 kündigte ein Flugblatt das Erscheinen der »Freiheit« für 1. Jänner 1896 an[140]. Das Blatt erschien zunächst zweimal monatlich, hatte vorerst mit ungeheuren Schwierigkeiten zu kämpfen, da die Abonnementenzahl kaum einige Hundert betrug. Erst der Beschluß des Ausschusses der christlichsozialen Arbeitervereine, das Abonnement der »Freiheit« für Mitglieder obligatorisch vorzuschreiben, konnte die finanziellen Schwierigkeiten einigermaßen beseitigen. Mit Ende 1896 war der Kreis der Bezieher auf etwas über tausend gewachsen[141]. Im Jahre 1900 wurde die »Freiheit« in ein Wochenblatt umgewandelt und in »Christlichsoziale Arbeiterzeitung« umbenannt[142]. Die Redaktion befand sich in der Kaiserstraße 8. Diese Adresse war bis 1938 ein Begriff für die Tätigkeit der christlichsozialen Arbeiterbewegung. Hier befand sich auch das Zentralsekretariat der christlichen Gewerkschaften, hier war auch der Reichsverband der christlichen Arbeiterjugend zu Hause[143].

Mit dem Aufschwung der Gewerkschaftsbewegung wurde die Forderung nach einem eigenen Gewerkschaftsorgan erhoben. Bis dahin hatte die »Christlichsoziale Arbeiterzeitung« nur eine Rubrik mit dem Titel »Gewerkschaftszeitung«, ab 1. April 1904 erschien das erste christliche gewerkschaftliche Zentralorgan, »Der Christliche Gewerkschafter[144]«. Später entstanden für die einzelnen Verbände und Nationen weitere Gewerkschaftsblätter. Hier an dieser Stelle sollen nur einige wenige angeführt werden, die für die christlichen Gewerkschaften von Bedeutung waren: z. B. »Der christliche Eisenbahner«, 1905, »Der Christliche Textilarbeiter«, Zentralorgan für Österreich 1906, ein Fachblatt der Tabakarbeiter, das Organ des Christlichen Tabakarbeiterverbandes Österreichs, Wien 1907. Unter anderen auch die »Holzarbeiter-Zeitung«, Organ des Verbandes christlicher Holzarbeiter Österreichs, Wien 1909, die Metallarbeiter-Zeitung, ein Zentralorgan des Verbandes christlicher Eisen- und Metallarbeiter Österreichs, Wien 1908, die Österreichische Kellnerzeitung, Wien, die Österreichische Fuhrwerker-Zeitung, Wien, und die »Wiener Kaufmännischen Blätter«.

An fremdsprachigen Zeitungen der christlichsozialen Gewerkschaftsbewegung wären zu nennen die tschechischen »Lidove Listy« und »Náse Listy«, beide in Prag herausgegeben, sowie die in Brünn herausgegebene »Obrana Prace a Delitva«. Weiters sind anzuführen der slowenische »Primorski List«, in Görz herausgegeben, sowie der italienische »Rede e Lonoro«, der in Trient erschien. In Graz kam seit 1895 mit Hilfe der Konservativen die Zeitung »Arbeiterfreund« heraus. In Salzburg erschien ebenfalls ein »Arbeiterfreund«, in Oberösterreich die »Katholische Arbeiterzeitung« und im böhmischen Industrierevier die »Gerechtigkeit«, in Innsbruck »Der Arbeiter«.

Die Organisation für die arbeitende Jugend

Das Erstarken der Gewerkschaften brachte es mit sich, daß auch der Kampf um die Rechte der Lehrlinge verstärkt wurde. Durch einige Resolutionen angeregt, kam es 1894 zur Gründung des »Vereines jugendlicher Arbeiter« unter Obmann Kulhanek[145]. In der Lehrlingsfrage erging es den Christlichsozialen aber ebenso wie auf anderen Gebieten, auf denen sie eine gewerkschaftliche Zusammenarbeit anstrebten: Die Freien, d. h. sozialdemokratischen Gewerkschaften lehnten jede Zusammenarbeit ab, so daß die Christlichsozialen letztlich gezwungen waren, auch für ihre Lehrlinge eigene Organisationen zu schaffen. So entstand der 1897 gegründete »Verein Christlicher Jugendlicher Arbeiter[146]«.

Unter anderen war auch der junge Student Anton Orel Mitglied dieses Vereines. Orel wurde als Sohn armer schlesischer Handwerker 1881 in Wien geboren. Er war vor allem über die Einstellung der damaligen jugendlichen Arbeiter erschüttert[147]. Als unbedingter Verfechter der Sozialtheorien Vogelsangs warb er um Lehrlinge und begann für diese verschiedene Veranstaltungen durchzuführen[148]. Mit 12 Lehrlingen begründete Orel den »Bund der Arbeiterjugend Österreichs« und vereinigte ihn mit dem »Christlichen Jugendbund Alsergrund« zum »Bund Österreichischer Arbeiterjugend«. Der Bund, von Orel geführt, hatte eine nur sehr lose Verbindung zur übrigen christlichsozialen Arbeiterbewegung. Auch diese sollte abreißen, da Orels Ideen ständig mit denen der kleingewerblichen Interessenvertreter in Konflikt gerieten[149].

Bereits beim 6. gesamtösterreichischen Katholikentag im Jahre 1907 in Wien kam es zu stürmischen Auseinandersetzungen zwischen dem Bund Orels einerseits und den katholischen Meistervereinigungen andererseits. Vor allem wurde Orel vorgeworfen, er verhetze die Arbeiterjugend[150/151].

Orel meinte dazu: »Man warf uns vor, daß wir die Lehrlinge gegen den Meister aufhetzten. Nichts liegt uns ferner als das, wir verlangen nur das gute Recht der Arbeiterjugend, wir verlangen, daß der Meister, der sich christlich nennt, die Pflicht hat, auch seinem Lehrling die Sonntags- und Nachtruhe zu gönnen, und so verhält es sich auch mit all unseren anderen sozialen Forderungen[152].« Orel bekämpfte das unsoziale Verhalten der kleingewerblichen Unternehmer unerbittlich und nahm vor allem die Engstirnigkeit gegenüber den sozialen Wünschen der Arbeiterjugend aufs Korn. Der Konflikt entzündete sich auch an der Frage des niederösterreichischen Berufsschulgesetzes, bei dem die Arbeitervertreter sich gegen das Kleinbürgertum nicht durchsetzen konnten[153]. Orel weigerte sich, der Überwachung des Verbandsrates zuzustimmen, und nahm den Bruch mit der Bewegung auf sich[154].

Kunschak nahm darauf mit Unterstützung Hemalas die Gründung einer Jugendbewegung in Angriff, die der christlichen Arbeiterbewegung angegliedert werden sollte. Er nannte die neue Organisation »Reichsbund der christlichen Arbeiterjugend Österreichs«. Am 14. November 1909 fand die konstituierende Sitzung statt, Kunschak erklärte dabei, die Gründung sei nicht das Ergebnis eines leichtfertigen Entschlusses, nicht ein Werk persönlichen Ehrgeizes, sondern habe im Interesse der Arbeiterpartei, der Jugend und des ganzen christlichen Volkes erfolgen müssen[155].

Der Organisator des Reichsbundes war Dr. Franz Hemala, der diesen vor allem auch durch Beitritte von Farbstudenten zu einem Reservoir von Gewerkschaftssekretären, Vertrauensleuten und Funktionären ausbaute. Aus den 50 Mitgliedern des Jahres 1909 wurden bis 1914 7200. Der erste Obmann war Karl Bittner, der auch 1917 die Zusammenfassung der lokalen Jugendorganisationen in den Kronländern zum »Reichsbund der Katholisch-deutschen Jugend Österreichs« durchführte[156]. Versuche des Reichsbundes, mit der Orel-Jugend zu einer Einigung zu kommen, scheiterten 1914 kläglich. So blieb Orel, der große Idealist und Vertreter der Vogelsangschen Lehre, aber ein schlechter Taktiker, außerhalb der christlichen Arbeiterbewegung, womit viele wertvolle Kräfte verlorengingen. Orels Weg führte nach der Gründung der »Deutsch-Österreichischen Volkspartei« (1918) über eine kurze Mitgliedschaft im Wiener Gemeinderat vollends ins politische Sektierertum. Sein Schicksal zeigte, daß Kunschak die Gefahren eines Abfalls von der Partei Luegers richtig vorausgesehen hatte[157]. Orel kehrte 1923 wegen der wirtschaftlichen Schwierigkeiten, die einen Weiterbestand seiner Partei unmöglich machten, mit seinen Gefolgsleuten wieder in die Christlichsoziale Partei zurück. Als es ihm nicht gelang, die Partei auf die Vogelsangsche Linie zurückzuführen, opponierte er neuerlich und wurde 1925 endgültig aus der Partei ausgeschlossen[158].

Orel führte seinen Kampf vor allem gegen die liberalen und kapitalistischen Strömungen in der Christlichsozialen Partei. Im November 1929 entstand auf seine Initiative die Studienrunde katholischer Soziologen, die 1932 ein katholisch-soziales Manifest veröffentlichte[159]. Zentraler Punkt der katholischen Gegner des Kapitalismus der Zwischenkriegszeit war zweifelsohne Orel. Viele seiner Anhänger gingen allerdings nach kurzer gemeinsamer Wegstrecke eigene Wege, wie z. B. der »kleine Otto Bauer«, Begründer des Bundes religiöser Sozialisten, Ernst Karl Winter, der spätere Vizebürgermeister von Wien, der vor allem durch seine Aussöhnungsversuche mit der Sozialdemokratie bekannt ist. Aus diesen Kreisen kam dann auch der bekannte Wiener Soziologe und Philosoph August Maria Knoll[160].

Orel geriet mit seinen Ansichten über den »wahren Staat« und die »wahre Gesellschaft«, die in der von Vogelsang übernommenen romantischen Sozialphilosophie verankert waren, bald in Widerspruch zum päpstlichen Rundschreiben[161]. Er verwarf die moderne Wirtschaftsordnung, nicht nur weil sie seiner Meinung nach einem Großteil der Gesellschaft wirtschaftlichen Schaden zufügte. Als noch größerer Mangel erschien ihm die Tatsache, daß der Proletarier seelisch und geistig verkümmerte. Sein Vorwurf ging darauf hinaus, daß der Kapitalismus die Materie über den Menschen stellte. Orel lehnte dieses Wirtschaftssystem ab, weil es unter Behauptung der Eigengesetzlichkeit den Eigennutz über das Allgemeinwohl stelle und daher in seinem Wesen zutiefst unchristlich sei[162]. Für Orel war daher der Kapitalismus Abfall vom Christentum, wobei die religiösen Aspekte der Kritik die volle Schärfe gaben. Orels romantische Ansichten sind etwa dadurch charakterisiert, daß er die Schaffung von Großbetrieben ablehnte und die kleinbetriebliche Wirtschaftsstruktur als angemessener bezeichnete. Weiters warf Orel dem kapitalistischen System vor, dem Menschen abstumpfende Arbeitsmethoden aufzuzwingen und so schwersten Schaden an der Persönlichkeit des Menschen zu verursachen. Wenn der Kapitalismus das Gewinnstreben als entscheidenden Motor der Wirtschaft anerkenne, korrumpiere er die Gesellschaft, da das Gemeinschaftsdenken durch ein egoistisches Einzeldenken verdrängt wird[163].

Als wichtigste Ursache für die Verelendung durch den Kapitalismus führte er den Eigentumsbegriff des römischen Rechtes an, der es gestatte, dem Wohl der Allgemeinheit ohne irgendwelche Rechtsfolgen zuwiderzuhandeln. Orel lehnte ebenso wie sein Lehrer Vogelsang den Zins ab, denn er glaubte, daß die Hauptursache für die Ausbeutung des Proletariats das Bestreben sei, sich mittels des Zinses ein arbeitsloses Einkommen zu verschaffen[164]. Seine Sozialideen zeigten im Laufe der Zeit ein hohes Maß an Beständigkeit, d.h. er hielt unbeirrt an der ständisch-konservativen Sozialidee fest. Orels Ansicht über die »wahre Gesellschaft« war der kleinbetrieblichen Struktur angepaßt, dem freien Wettbewerb der großindustriellen Produktion sollte aus dem Weg gegangen werden.

Orels Vorstellungen bezüglich einer Sanierung der Gesellschaft gingen darauf hinaus, die Großbetriebe auf das absolut notwendige Maß zu reduzieren und dabei freiwerdende Proletariermassen wieder in den Mittelstand zu überführen. Der Großbetrieb war für Orel in dem Augenblick entbehrlich, da seine Funktion ohne weiteres auch von einem Kleinbetrieb übernommen werden konnte; das gelte insbesondere von der handwerklichen Produktion, mit der sittliche, gesellschaftliche, wirtschaftliche und kulturelle Werte erhalten bleiben[165]. Die Fabrik bekämpfte er vor allem deshalb, weil sie die schöpferische Arbeitsfreude und somit das Berufsethos, das vom Gedanken der Selbständigkeit getragen sei, zerstöre. Orel stellte die schöpferische Tätigkeit des Menschen, seine Persönlichkeit und seine Seele über Technik, Massenproduktion, Gewinn und Geld[166]. Die Großbetriebe, die Orel akzeptierte, sollten der Struktur der ständischen Ordnung insoweit angepaßt werden, als sie aus dem Bereich der reinen Profitwirtschaft und vor allem des Aktienwesens herausgelöst werden sollten[167]. Für Monopole (Kohle, Erz, Wasserkraft) forderte Orel ebenso wie für die Riesenindustrien die Verstaatlichung oder Kommunalisierung. Dabei sollte auch eine Vergenossenschaftung und Beteiligung am Gewinn möglich sein, um den kapitalistischen Charakter des Betriebes zu überwinden[168].

Die Bauernschaft und das Kleingewerbe sollten durch Berufsgenossenschaften besonders gefördert werden. Diese Berufsgenossenschaften sollten für ihre Mitglieder Ein- und Verkäufe, Errichtung von Warenhäusern und Fachschulen. Kreditgewährung und Versicherungsstätigkeiten durchführen, wobei sie möglichst unter Ausschaltung des Zwischenhandels direkt miteinander verkehren sollten[169].

Den »römisch-rechtlichen« Eigentumsbegriff wollte Orel durch einen »christlich-germanischen« ersetzen, wobei eine Vernachlässigung der sozialen Pflichten zum Eigentumsverlust führen sollte. Der Begriff Berufsstand ist für Orel wesentlichster Baustein seiner sozialen Ordnung, der einzelne wird in seinem Beruf geboren und hat nur die Freiheit, seine

Pflicht zu erfüllen und nach Vollkommenheit zu streben. Den Berufsständen obliege es auch, ihre Angelegenheiten frei und selbständig zu regeln, wobei eine zentrale Überwachung durch Gemeinden und Staat erfolgen sollte. Orel war ein Gegner der Republik, seine Liebe galt der Monarchie, in welcher der Adel aufgrund berufsmäßiger Übung und Erziehung die Regierungsgeschäfte ausüben sollte[170].

ANMERKUNGEN

1 Gerhard Silberbauer, »Österreichs Katholiken und die Arbeiterfrage«, Wien 1966, Seite 52.
2 Edith Stempfe, »Die Entwicklung der katholischen Gesellenvereine in Österreich«, Diss., Wien 1949, Seite 37.
3 Ebenda, Seite 58, 62.
4 Otto Posch, »Anton Gruscha und der österreichische Katholizismus 1820–1911«, Diss., Wien 1947, Seite 41.
5 Alois Adler, »Die christlichsoziale Bewegung in Österreich von den ständischen Anfängen zur Volkspartei«, Diss., Graz, Seite 29, 30.
6 Karl Stefan Marvin, »Stückwerk im Spiegel«, Graz, Seite 174.
7 Wilhelm Salzer, »Geschichte der christlichen Arbeiterbewegung Oberösterreichs«, Bad Hall 1963, Seite 130.
8 Alois Adler, a. a. O., Seite 30.
9 Silberbauer, a. a. O., Seite 54.
10 Erika Weinzierl-Fischer, »Österreichischer Klerus und die Arbeiterschaft, Wort und Wahrheit«, Wien 1957, Seite 613 ff.
11 Ebenda, Seite 625 ff.
12 Otto Posch, a. a. O., Seite 75.
13 Wilhelm Salzer, a. a. O., Seite 38.
14 Wilhelm Salzer, a. a. O., Seite 39.
15 Hirtenbriefe von G. O. Kardinal Rauscher, Manz, Wien 1858.
16 Silberbauer, a. a. O., Seite 57 ff.
17 Alfred Celerin, »Die österreichischen Katholikentage des 19. Jahrhunderts«, Diss., Wien 1955, Seite 36.
18 Rudolf Till, »Die Anfänge der katholischen Volksbewegung«, Seite 92, 99.
19 Silberbauer, a. a. O., Seite 60.
20 Allmayer-Beck, »Johann Christoph Vogelsang – Vom Feudalismus zur Volksbewegung«, Wien 1952, Seite 60.
21 Kurt Brüls, »Geschichte der kath.-soz. Bewegung in Deutschland«, Münster 1958.
22 Silberbauer, a. a. O., Seite 61.
23 Friedrich Funder, »Prinz Aloys Liechtenstein, Im Staatslexikon der Görresgesellschaft Freiburg im Breisgau«, 1929, Bd. III, Spalte 1011 ff.
24 Friedrich Funder, »Aufbruch zur christlichen Sozialreform«, Wien 1953, Seite 42.

25 Silberbauer, a. a. O., Seite 63.
26 Erika Weinzierl-Fischer, »Alois von Liechtenstein«, Seite 99 in Neuösterr. Biographie, Zürich 1960, Bd. XIV.
27 Erika Weinzierl-Fischer, »Aus den Anfängen der christlichsozialen Bewegung in Österreich, Mitteilung des österr. Staatsarchivar«, Bd. XIV, Wien 1961.
28 Wiard-Klopp, »Die sozialen Lehren«, St. Pölten 1894.
29 Wiard-Klopp, »Über die Interessenvertretungen«.
30 Wilhelm Salzer, a. a. O., Seite 23.
31 Aloys Liechtenstein, a. a. O., Spalte 1011 ff.
32 »Verhandlungen des allg. Österr. Katholikentages für die gesamte Monarchie zu Wien am 30. April, 1., 2., 3. Juni 1877«, Wien 1877.
33 Wiard-Klopp, »Leben und Wirken des Sozialpolitikers Karl Freiherr von Vogelsang«, Wien 1930.
34 Silberbauer, a. a. O., Seite 68.
35 Wiard-Klopp, a. a. O., Seite 127.
36 Silberbauer, a. a. O., Seite 69.
37 Wiard-Klopp, a. a. O., Seite 6.
38 Silberbauer, »Das Problem kath. Kirche – österr. Sozialdemokratie in der Ersten österr. Republik im Spiegel kath. und sozialistischer Zeitschriften dieser Epoche«, Diss., Wien 1959, Seite 26 ff.
39 Silberbauer, »Österr. Katholiken«, Seite 71.
40 Silberbauer, ebenda, Seite 74.
41 »Biographisches Wörterbuch zur deutschen Geschichte«, München 1952, Seite 739 ff.
42 Otto Brunner, »Adeliges Landleben und europäischer Geist«, Salzburg 1949.
43 Walther Stöger, »Das Verhältnis der Konservativen zur christlichsozialen Partei«, Diss., Wien 1949; Norbert Miko, »Die Vereinigung der christlichsozialen Reichspartei und des kath.-konservativen Zentrums im Jahre 1907«, Diss., Wien 1949.
44 Allmayer-Beck, a. a. O., Seite 64.
45 Ebenda, Seite 73–74; Silberbauer, a. a. O., Seite 77.
46 Silberbauer, a. a. O., Seite 77.
47 Gustav Blenk, »Leopold Kunschak und seine Zeit«, Wien 1966, Seite 15.
48 Friedrich Funder, »Aufbruch zur christl. Sozialreform«, Seite 35 ff.
49 Gustav Kolmer, »Parlament und Verfassung 1898«, Wien 1902.
50 Friedrich Lerch, »Die Konservativen und die österr. soziale Gesetzgebung«, Diss., Wien 1948, Seite 1 ff.
51 Silberbauer, a. a. O., Seite 87.
52 Friedrich Funder, a. a. O., Seite 58.
53 Silberbauer, a. a. O., Seite 88.
54 Anton Tschörner, »Die materielle Lage des Arbeiterstandes in Österreich«, Österr. Monatsschrift für Gesellschaftswissen und Sozialreform, Jg. 1879, Seite 284–292, 320–333.
55 Silberbauer, a. a. O., Seite 92.
56 Wiard-Klopp, »Leben und Wirken des Sozialpolitikers Karl Freiherr von Vogelsang«, Wien 1930, Seite 101–102, 182.

57 Silberbauer, a. a. O., Seite 93.
58 Walter Knorr, »Das Ministerium des Grafen Tauffe und die soziale Frage«, Diss., Wien 1948, Seite 32.
59 Walter Knorr, ebenda, Seite 31.
60 Ebenda, Seite 35 ff.
61 Ebenda, Seite 40 ff., 74–75.
62 Ebenda, Seite 44.
63 Ebenda, Seite 78 b.
64 Ebenda, Seite 40.
65 Ebenda, Seite 35 ff.
66 Ebenda, Seite 36.
67 Ebenda, Seite 83.
68 Ebenda, Seite 85.
69 Silberbauer, a. a. O., Seite 100.
70 Richard Kuppe, »Pfarrer Eichhorn zur Arbeiterfrage«, seine zahlreichen Aufsätze gesammelt und mit Lichtbild versehen; herausgegeben von R. Kuppe, Wien 1926.
71 Hedwig David, »Josef Scheicher als Sozialpolitiker«, Diss., Wien 1946; Josef Wagner, »Josef Scheicher«, Hochland, 24 Bd., 1926, 1927, Seite 408 ff.
72 Johann Bruckner, »Der Wiener Arbeiterapostel P. A. M. Schwartz«, Wien 1935.
73 Silberbauer, a. a. O., Seite 110.
74 Franz Loidl, »Msgr. Adam Latschka, politisch-sozialer, vor allem Arbeiterinnenseelsorger und erster Pfarrer von Neu-Ottakring«, Neuottakring«, in: zur Wiener Diözesangeschichte, Mai 1962.
75 »Die Soziale Botschaft der Kirche von Leo XIII. bis Johannes XXIII.«, herausgegeben von Johannes Schaschnig, Seite 27.
76 Ludwig Bügel, »Geschichte der österr. Sozialdemokratie«, Bd. V, Wien 1923–1925, Seite 67 ff.
77 Gustav Blenk, »Leopold Kunschak und seine Zeit«, Wien 1966, Seite 35–36.
78 Gustav Blenk, ebenda, Seite 43.
79 Heinrich Waentnig, »Gewerbliche Mittelstandspolitik«, Leipzig 1918, Seite 158.
80 Felix Czeike, »Liberale christlichsoziale und sozialdemokratische Sozialpolitik 1861–1933«, Wien 1963, Seite 119.
81 Rudolf Kuppe, »Karl Lueger und seine Zeit«, Wien 1933, Seite 332.
82 Gustav Blenk, a. a. O., Seite 4 ff.
83 Kolmer, »Anmerkungen vom Parlament«, Bd. V, Seite 413; Ludwig Brügel, a. a. O., Bd. IV, Seite 26 ff.
84 »Freiheit«, Jahrgang 1896, Nr. 2.
85 Rudolf Kuppe, a. a. O., Seite 296 ff.
86 Eduard Pichl, Seite 54.
87 Rudolf Kuppe, a. a. O., Seite 383.
88 Rudolf Kuppe, a. a. O., Seite 366.
89 Friedrich Funder, »Vom Gestern ins Heute«, Wien 1952, Seite 190 ff.; Ludwig Brügel, a. a. O., Bd. V, Seite 310 ff.
90 Gustav Blenk, a. a. O., Seite 57.

91 Richard Chormatz, »Österreichische innere Geschichte von 1848–1907«, Bd. II, Seite 139.
92 Gustav Blenk, a. a. O., Seite 27–28.
93 Leopold Kunschak, »Freiheit«, 11. 10. 1952, Seite 59.
94 Gustav Blenk, a. a. O., Seite 60.
95 Leopold Kunschak, »45 Jahre christlichsozialer Arbeiterverein«, Wien 1937, Seite 35.
96 Felix Czeike, a. a. O., Seite 22.
97 Gustav Blenk, a. a. O., Seite 61.
98 Leopold Kunschak, »Steinchen vom Wege«, Wien 1937, Seite 50 ff.
99 Franz Bauer, »Leopold Kunschak«, Wien 1923, Seite 21.
100 Gustav Kudrna, a. a. O., Seite 271.
101 Protokoll des VIII. Parteitages der christlichen Arbeiterschaft.
102 Ludwig Brügel, a. a. O., Bd. IV, Seite 353 ff.
103 Gustav Blenk, a. a. O., Seite 77.
104 Gustav Blenk, a. a. O., Seite 78.
105 J. Chr. Allmayer-Beck, »Der Kaiser und die Wahlreform«, »Erinnerungen an den Kaiser Franz Josef II.«, Seite 139 ff.
106 Gustav Blenk, a. a. O., Seite 79.
107 Gustav Blenk, a. a. O., Seite 81.
108 Gustav Blenk, a. a. O., Seite 82.
109 Gustav Blenk, a. a. O., Seite 83.
110 Friedrich Funder, a. a. O., Seite 450.
111 Gustav Blenk, »Leopold Kunschak und seine Zeit«, Seite 86 ff.
112 Gustav Blenk, ebenda, Seite 87.
113 »Geschichte der Republik Österreich«, herausgegeben von Heinrich Benedikt, Wien 1954, Seite 310 ff.
114 Gustav Blenk, a. a. O., Seite 90.
115 Gustav Blenk, a. a. O., Seite 91.
116 Anton Orel, »Künder christlicher Sozial- und Kulturreform«, Festausgabe zu seinem 77. Geburtstag, Salzburg 1952, Seite 28.
117 Gustav Blenk, a. a. O., Seite 92.
118 Gustav Blenk, a. a. O., Seite 39.
119 Dr. Franz Hemala, »Geschichte der Gewerkschaften«, Wien 1922, Seite 110.
120 Ebenda, Seite 111.
121 Ebenda, Seite 112.
122 Ebenda, Seite 112.
123 Ebenda, Seite 112 ff.
124 Ebenda, Seite 113 ff.
125 Ebenda, Seite 114.
126 Protokoll des 2. Reichsverbandstages, 14. August 1904, Wien.
127 Dr. Franz Hemala, a. a. O., Seite 114.
128 Ebenda, Seite 115.
129 Ebenda, Seite 116.
130 Ebenda, Seite 117.
131 Ebenda, Seite 118.
132 Ebenda, Seite 118 ff.
133 Ebenda, Seite 119.

134 Ebenda, Seite 120.
135 Ebenda, Seite 122.
136 Ebenda, Seite 122 ff.
137 Ebenda, Seite 123.
138 Protokolle zur 1. Konferenz der christlichen Gewerkschaften Österreichs, Wien 1907.
139 Dr. Franz Hemala, a. a. O., Seite 123 ff.
140 Leopold Kunschak, »Die Gründungs- und Jugendzeit«, Wien, Seite 7.
141 Ebenda, Seite 7.
142 Silberbauer, »Österreichs Katholiken und die Arbeiterfrage«, Graz 1966, Seite 152.
143 Gustav Blenk, a. a. O., Seite 50.
144 Gustav Blenk, »Leopold Kunschak und seine Zeit«, Wien 1961, Seite 64.
145 Taschenbuch für die christlichsozialen Arbeiter, Wien 1905, Seite 50.
146 Gustav Blenk, a. a. O., Seite 66.
147 Anton Orel, »Die Jugendbewegung«, Wien 1910, Seite 8.
148 Alfred Stachelberger, »Anton Orels Leben und Werk«, Studien zur Kultur- und Sozialreform, Heft 2, 1961.
149 Silberbauer, »Österreichs Katholiken und die Arbeiterfrage«, Seite 157.
150 Ebenda, Seite 157.
151 Bericht über den VI. Allg. österr. Katholikentag in Wien vom 16.–19. November 1907, Wien 1908, Seite 43.
152 Silberbauer, a. a. O., Seite 158.
153 Ebenda, Seite 158.
154 Gustav Blenk, a. a. O., Seite 67.
155 Ebenda, Seite 68.
156 Ebenda, Seite 68.
157 Silberbauer, a. a. O., Seite 189.
158 Josef Rambauschek, »Biographie und biographische Daten Orels«, in: Anton Orel, Festschrift aus Anlaß seines 70. Geburtstages, Seite 28.
159 Silberbauer, a. a. O., Seite 191.
160 Ebenda, Seite 190.
161 Anton Orel, »Economica Peremis«.
162 Silberbauer, a. a. O., Seite 195.
163 Ebenda, Seite 196.
164 Anton Orel, »Proletarisierung oder Selbständigkeit«, Wien 1920, Seite 18.
165 Ebenda, Seite 19.
166 Anton Orel, »Kapitalismus und christliches Eigentum«, Volkssturmschriften, Heft 3/4, Wien 1920, Seite 17.
167 Ebenda, Seite 20.
168 Anton Orel, »Der wahre Sozialismus«, Wien 1920, Seite 13.
169 Anton Orel, »Falsche Demokratie und wahre Volksregierung«, Volkssturmschriften, Heft 11/12, Wien 1920, Seite 18.
170 Anton Orel, »Der wahre Sozialismus«, Wien 1920, Seite 1.

Gewerkschaftliche Tätigkeit des Christlichsozialen Arbeitervereins

Der von Leopold Kunschak am 21. September 1892 ins Leben gerufene christlichsoziale Arbeiterverein für Niederösterreich war als politischer Verein gegründet worden, weil ihm, wie Kunschak berichtete, nur als solchem die Möglichkeit offenstand, sich an den politischen Kämpfen zu beteiligen und für die politischen Forderungen der Arbeiterschaft einzutreten[1].

Kunschaks Gründung betätigte sich auch bis 1934, als durch die Auflösung der politischen Parteien die Umwandlung in den »Bund Christlicher Arbeiter und Angestellten« und dessen Beitritt zur Katholischen Aktion erzwungen wurde, vor allem auf politischem Gebiet und stellte die Keimzelle der Organisation von Arbeitnehmern im Rahmen der Christlichsozialen Partei und das Kernstück der Christlichsozialen Arbeiterpartei dar. Da die Gründung der ersten politischen Organisation christlicher Arbeitnehmer aber den meisten christlichen Gewerkschaftsgründungen vorausging – nur der spätere christlichsoziale Reichsratsabgeordnete Julius Axmann hatte schon 1890 den Verein österreichischer Handelsangestellter gegründet –, mußte der Christlichsoziale Arbeiterverein in den ersten Jahren seines Bestehens vielfach auch eine Tätigkeit entfalten, die stark gewerkschaftlichen Charakter besaß. Die Erfüllung der gewerkschaftlichen Aufgaben wurde aber jeweils nur so lange wahrgenommen, bis es eine entsprechende christliche Gewerkschaft gab; die gewerkschaftliche Tätigkeit des Christlichsozialen Arbeitervereines war nicht als Dauereinrichtung gedacht[2].

Es waren auf Wiener Boden auch vor allem Mitglieder des Christlichsozialen Arbeitervereines, die zur Gründung christlicher Fachvereine und Gewerkschaften schritten. So konstituierten die Arbeitervereinsmitglieder Spalowsky und Schwab am 11. August 1894 in Auteneder's Gasthaus den »Christlichen Fortbildungs- und Unterstützungsverein der Tischlergehilfen«. Die Tischlergehilfen hatten einen wesentlichen Teil der ersten hundert Mitglieder des Christlichsozialen Arbeitervereines gestellt und die Gründung der ersten christlichen Tischlergewerkschaft ist ein Beweis dafür, daß der politisch orientierte Christlichsoziale Arbeiterverein die Gründung christlicher Gewerkschaften maßgeblichst unterstützte. Ebenso war der »Verein der christlichen Pflasterergehilfen«, der am 20. September 1896 entstand, von Mitgliedern des Arbeitervereines ins Leben gerufen worden. Weitere Gründungen von Mitgliedern des Christlichsozialen Arbeitervereines waren der »Verband der christlichen Schuhmachergehilfen« (Gründung am 24. Jänner 1897) und der ebenfalls im Jänner 1897 konstituierte »Verband der christlichen Maurergehilfen«. Im Jahre 1897 wurden auf Initiative und mit Unterstützung des Christlichsozialen Arbeitervereines auch noch der »Verband der christlichen Kleidermachergehilfen« und am 28. September der »Fortbildungs- und Unterstützungsverein der christlichen Fleischselchergehilfen« gegründet. Bei den Fleischselchergehilfen mußte der Christlichsoziale Arbeiterverein Niederösterreich zweimal Pate einer christlichen Gewerkschaft spielen. Der Fortbildungs- und Unterstützungsverein der christlichen Fleischselchergehilfen fand nämlich schon im Jahre 1898 ein unrühmliches Ende, weil sein Obmann von den Sozialdemokraten durch das Versprechen eines Mandates in der Krankenkasse gekauft worden war, trotz des Übertritts zur Sozialdemokratie aber seine Obmannstelle beibehielt und damit den Verein aktionsunfähig machte. Den Sozialdemokraten half diese unfaire Gangart in keiner Weise, die christlichen Fleischselchergehilfen eroberten mit Unterstützung des Christlichsozialen Arbeitervereines wenig später, am 24. Jänner 1899, die Gehilfenvertretung in der Fleischselchergenossenschaft und im Februar desselben Jahres konnte ein neuer Verein, »Verein der christlichen Selchergehilfen«, konstituiert werden.

Auch noch im Jahre 1897, am 15. November, war durch Arbeitervereinsmitglieder der »Unterstützungs- und Hilfsverein der Maler, Anstreicher und Lackierer« gegründet worden; im Jahre 1898 entstanden der »Christliche Hausbesorger- und Portierverein« (Jänner), der »Christliche Fachverein der Buchbinder« (2. Februar), der »Verein der Ledergerber« (27. März) und schließlich am 15. Mai der »Christliche Fortbildungs- und Unterstützungsverein der Weber[3]«.

Die Bemühungen des Arbeitervereines um die Bildung einer christlichen Eisenbahnerorganisation, die ebenfalls im Jahre 1897 sehr vehement vorangetrieben wurde, waren nicht vom gleichen Erfolg gekrönt. Zwar wurden wiederholt Eisenbahnerversammlungen abgehalten, deren letzte am 16. Juni 1897 von mehr als 2000 Eisenbahnern besucht war und an der auch Bürgermeister Dr. Karl Lueger teilnahm, doch gab es Quertreibereien, vor allem des damals noch existierenden deutschnationalen Flügels der Christlichsozialen Partei, der sich einer künftigen Eisenbahnerorganisation bemächtigen wollte. Der Initiator dieser Quertreibereien, Dr. Eder, gab ein eigenes Fachblatt – »Das Signal« – heraus, das er zunächst als christlichsoziales Organ bezeichnete, ließ diese Bezeichnung nach kurzer Zeit aber wieder verschwinden. Dr. Eder wurde zwar bald aus der Christlichsozialen Partei ausgeschlossen, die Bemühungen um die Bildung einer christlichen Eisenbahnergewerkschaft waren aber durch seine Tätigkeit noch für längere Zeit schwer gestört und zeitweilig ganz unmöglich[4].

Dort, wo es noch keine christliche Gewerkschaft gab oder wo die Bemühungen um die Errichtung einer solchen noch nicht bis zur Gründung gediehen waren, übernahm der Christlichsoziale Arbeiterverein Niederösterreich selbst die Vertretung der wirtschaftlichen Interessen der Arbeitnehmer. Die erste große Gruppe von Arbeitern, für die der Arbeiterverein gewerkschaftlich aktiv wurde, waren die Bediensteten der Wiener Straßenverkehrsunternehmungen, die sich damals noch in privater Hand befanden. Die soziale Situation der Wiener Straßenbahner war, wie schon an anderer Stelle erwähnt, in jeder Hinsicht skandalös, die tägliche Dienstzeit betrug 16, ja selbst 18 Stunden, das spärliche Einkommen wurde durch willkürliche Geldstrafen der Unternehmungen, der Wiener Tramwaygesellschaft des Barons Reizes, der im Besitz der österreichischen Länderbank befindlichen »Neuen Wiener Tramwaygesellschaft« und der englischen Omnibusgesellschaft oft sehr empfindlich geschmälert. Die Bediensteten der Wiener Tramwaygesellschaft hatten schon 1889 versucht, mit einem Streik, der unter sozialdemokratischer Führung stand – der spätere sozialdemokratische Bürgermeister von Wien, Jakob Reumann, war der Initiator –, ihr Los zu verbessern. Dieser Streik artete in wenigen Stunden zu einem Aufruhr aus, brach unter Einsatz von Militär jämmerlich zusammen und führte nach seiner Beendigung zu einer weiteren Verschlimmerung der Lage der Tramwaybediensteten. Als sich der Arbeiterverein dieser Leute annahm, befanden sie sich in einem total verschüchterten Zustand. Die

Tramwaygesellschaften versuchten auch mit härtesten Maßnahmen, jede Bemühung des Christlichsozialen Arbeitervereines um die Tramwaybediensteten im Keim zu ersticken; so wurden im Herbst 1893 die Besucher einer Besprechung, die vom Arbeiterverein ausging, entlassen. Trotzdem wurden die Bemühungen fortgesetzt, schließlich kam es trotz weiteren scharfen Maßregelungen von Straßenbahnern, die mit dem Christlichsozialen Arbeiterverein in Verbindung standen, zu Vollversammlungen der Tramwaybediensteten, die erst nach Betriebsschluß, also um 2 Uhr morgens, stattfinden konnten und trotzdem immer gut besucht waren. Nach erfolglosen Verhandlungen mit der Direktion wurde von einer Vollversammlung am 1. Juni 1897 in der Volkshalle des Rathauses der Streik beschlossen und am Pfingstsonntag begonnen. Am dritten Streiktag griff Bürgermeister Dr. Lueger ein und drohte den Gesellschaften, für den Fall, daß der Verkehr am Mittwoch nach Pfingsten nicht aufgenommen werde, mit der Einsetzung eines Zwangsverwalters durch die Gemeinde. Noch am selben Tag konnte der Streik erfolgreich abgeschlossen werden[5].

Auch für eine Kategorie von Arbeitnehmern, die längst völlig ausgestorben ist, die Postillone, war der Christlichsoziale Arbeiterverein eine aktive Interessenvertretung. Die Postillone waren nicht Angestellte der Post, sondern eines Privatmannes, des Erbpostmeisters Ritter von Uhl, der aufgrund eines Privilegs seiner Familie den Fahrdienst der Post besorgte. Seine Postillone hatten miserable Löhne, eine Arbeitszeit bis zu 16 Stunden am Tag, keine Sonntagsruhe und keinen freien Tag. Der Arbeiterverein intervenierte bei der k. u. k. Postdirektion und beim Handelsminister Graf Wurmbrand und konnte schließlich, wie Kunschak selbst schreibt, »die Knechtschaft« der Postillone brechen[6].

Auch für eine andere typische Erscheinung des alten Wien wurde der Christlichsoziale Arbeiterverein aktiv, nämlich für die Wiener Dienstmänner. Die Wiener Dienstmänner waren eigentlich selbständige Unternehmer, allerdings der sogenannten Garantiegesellschaft tributpflichtig und in ihren Verdienstmöglichkeiten fühlbar beeinträchtigt. Mit Unterstützung der christlichsozialen Gemeindeverwaltung konnte Kunschaks Arbeiterverein eine Genossenschaft der Dienstmänner gründen, die wesentlich zur Verbesserung der sozialen Situation der Dienstmänner beitrug.

Weniger schwierig war die Aufgabe, die Vertretung der städtischen Angestellten wahrzunehmen. Bei der Übernahme der Gemeindeverwaltung durch die Christlichsoziale Partei gab es auf allen Gebieten der Verwaltung schwerste Mißstände, das vergangene liberale Gemeinderegime war sozial rückständig und gegenüber den kleinen städtischen Angestellten ungerecht gewesen. Allerdings gab es auch unter der christlichsozialen Gemeindeverwaltung Widerstände gegen soziale Verbesserungen, schon allein aus finanziellen Gründen, da jede auch nur bescheidene Verbesserung bei den vielen tausend städtischer Bediensteter riesige Summen erforderte. Dazu kam aber noch der Umstand, daß erst vom Jahre 1900 an auch christlichsoziale Arbeitervertreter im Gemeinderat saßen und die bürgerlichen Vertreter bis dahin keineswegs für alle Forderungen des Christlichsozialen Arbeitervereines das notwendige Verständnis hatten[7].

Nach und nach konnte der Christlichsoziale Arbeiterverein aber Verbesserungen der Lohn- und Dienstverhältnisse erreichen, zuerst der Lagerhausarbeiter, dann der Straßenarbeiter, dann kamen die Amtsdiener, dann die Schuldiener. So wurde nach und nach jede der vielen Kategorien der Gemeindebediensteten vom Christlichsozialen Arbeiterverein erfolgreich vertreten. Als die neuen Gaswerke in Betrieb gesetzt wurden, wurden von Anbeginn an die Lohn- und Dienstverhältnisse der Arbeiter unter sozialen Gesichtspunkten geregelt, das gleiche geschah bei der Betriebsaufnahme der städtischen Elektrizitätswerke. In wenigen Jahren war dank der Tätigkeit des Christlichsozialen Arbeitervereines die Gemeinde Wien zu einem sozialen Musterbetrieb aufgestiegen.

Durch Kunschaks persönliche Bemühungen kam es auch zur Errichtung einer großen Zahl von Wohnhäusern für Gemeindebedienstete, die den damals modernen Anforderungen der Wohnungshygiene in jeder Hinsicht entsprachen[8].

Als es im Jahre 1900 zu einem allgemeinen Bergarbeiterstreik kam und mit einer Ausnahme (Mariaschein in Böhmen) noch keine christliche Bergarbeiterorganisation bestand, wurde dieser Streik vom Christlichsozialen Arbeiterverein massiv, sowohl moralisch als auch finanziell, unterstützt. Ebenso unterstützte der Verein die Bestrebungen der Handelsangestellten zur Einführung der Sonntagsruhe[9].

Als nach dem Ersten Weltkrieg der Wiederaufbau der christlichen Gewerkschaftsbewegung in Angriff genommen

wurde und die seinerzeitige lokale Zersplitterung völlig vermieden wurde, gab der Christlichsoziale Arbeiterverein große Teile seines Mitgliederstocks an die christlichen Gewerkschaften ab, so die Straßenbahnbediensteten an die Eisenbahnergewerkschaft, die Gas- und E-Werk-Bediensteten an den Metallarbeiterverband, und konnte so seine gewerkschaftlichen Aktivitäten erfolgreich abschließen.
Gewerkschaftliche Tätigkeit des Christlichen Arbeitervereins

ANMERKUNGEN

1 Kunschak, »45 Jahre Christlichsozialer Arbeiterverein für Niederösterreich«, Wien 1937, Seite 15.
2 Ebenda, Seite 57.
3 Ebenda, Seite 58.
4 Ebenda, Seite 59.
5 Ebenda, Seite 31.
6 Ebenda, Seite 33.
7 Ebenda, Seite 35.
8 Ebenda, Seite 41.
9 Ebenda, Seite 39 f.

Katholische Gewerkschaften

Wie für die christlichen Gewerkschaften Österreichs die starke christliche Gewerkschaftsbewegung Deutschlands ein maßgebendes Vorbild war, so wurde auch von einigen wenigen Personen versucht, eine deutsche Fehlentwicklung nachzuahmen. Einer der drei deutschen Dachverbände katholischer Arbeitervereine, der »Verband der katholischen Arbeitervereine, Sitz Berlin«, unterstützte im Gegensatz zu den beiden anderen Verbänden die christlichen Gewerkschaften nicht, sondern bekämpfte sie energisch und bezeichnete sie als »wirtschaftliche Los-von-Rom-Bewegung[1]«. Im Gegensatz zu den interkonfessionellen christlichen Gewerkschaften, die angeblich ein verschwommenes Christentum erzeugten, propagierte der Berliner Verband Fachabteilungen der katholischen Arbeitervereine als gewerkschaftliche Organisation. Der Kampf, denn als solchen muß man ihn wohl bezeichnen, der Fachabteilungen gegen die christlichen Gewerkschaften tobte zeitweise sehr heftig und wurde schließlich sogar an den Heiligen Stuhl herangetragen. Im Jahre 1912 nahm Papst Pius X. zu dem Problem in der Enzyklika »Singulari quadam« Stellung. Demnach wurden die christlichen Gewerkschaften wohl geduldet, aber den Arbeitervereinen wurde der Vorzug gegeben. Diese Stellungnahme des Papstes wurde aber von den christlichen Gewerkschaften keineswegs als gegen sie gerichtet aufgefaßt, da sie nie einen alleinigen Organisationsanspruch für die christlichen Arbeiter erhoben hatten, sondern sich als wirtschaftliche Interessenvertretung betrachteten und stets darauf hinwiesen, daß sie den Beitritt ihrer Mitglieder zu den katholischen und zu den evangelischen Arbeitervereinen wünschten, damit konfessionelle Arbeitervereine und christliche Gewerkschaften einander ergänzen könnten. Für Österreich hatte »Singulari quadam« keine Bedeutung mehr, da zum Zeitpunkt des Erscheinens der Enzyklika der Streit um katholische Gewerkschaften längst beendet war. Die Berechtigung der christlichen Gewerkschaften in Österreich war zu diesem Zeitpunkt im konfessionellen Arbeitnehmerlager bereits unbestritten.

Wahrscheinlich eher aus Rücksicht auf die Autonomie der lokalen Organisationen als aus den prinzipiell gleichen Überlegungen wie der Berliner Verband, hatte sich zwischen 1903 und 1907 der schon erwähnte Innsbrucker Monsignore Dr. Hillmann zugunsten der Fachabteilungen und katholischen Arbeitervereine auch in Österreich engagiert. Schon am ersten Reichsverbandstag der nichtpolitischen christlichen Arbeitervereine Österreichs am 7. und 8. September 1902 hatte Hillmann eine enge Fühlung des Klerus mit den Gewerkschaftern verlangt, allerdings noch für den Weg »durch Fachorganisationen zur Gewerkschaft« plädiert. Mit diesem Weg hat er sich noch nicht in Widerspruch zur herrschenden Meinung in der christlichen Gewerkschaftsbewegung gestellt, da auch der auf dem Reichsverbandstag über die Fachorganisation referierende Grazer Arbeitersekretär Fischer für den Weg über die Fachsektion zu einheitlichen zentralen Gewerkschaftsverbänden eingetreten war[2].

Schon ein halbes Jahr später in einer Sitzung des erweiterten Ausschusses des Reichsverbandes präzisierte Hillmann jedoch: »Der Tiroler Landesverband steht der Gründung der gewerkschaftlichen Organisation sympathisch gegenüber, hält es aber im Interesse der Existenz der Arbeitervereine für notwendig, daß diese Organisationen als Fachabteilungen innerhalb der katholischen Arbeitervereine errichtet werden, und zwar so, daß ein Mitglied der katholischen Arbeitervereine Tirols nicht Mitglied einer anderen gewerkschaftlichen Organisation in Tirol sein darf[3].« In allen anderen Ländern Österreichs wurden aber keine Versuche unternommen, Fachabteilungen in den katholischen Arbeitervereinen als Konkurrenzorganisation zu den christlichen Gewerkschaften, also katholische Gewerkschaften, aufzubauen. Hillmann nahm in der Folge die Argumente des Berliner Verbandes auf und warf auch für Österreich den christlichen Gewerkschaften die Absicht vor, die katholischen Arbeitervereine konfessionell zu verwässern. Dieser Vorwurf wirkte gerade aus dem Munde Hillmanns unglaubwürdig, der selbst öfter erklärt hatte, daß in seinem Arbeiterverein, einem katholischen Arbeiterverein, auch evangelische Arbeiter aufgenommen würden[4]. Auf der anderen Seite wurde den christlichen Gewerkschaftern vorgeworfen, so seitens des protestantischen Lizentiaten Mumm aus Berlin, sie seien zu stark katholisch gefärbt[5].

Hillmann konnte selbst in Tirol nur Teilerfolge erringen. Auf dem Reichsverbandstag im Jahre 1904 erklärte z. B. ein anderer Tiroler Arbeitervereinspräses, Menke, daß man über den Standpunkt, Fachabteilungen in den katholischen Arbeitervereinen zu bilden, in Tirol doch schon hinaus sei. Auch dort werde die Ansicht vertreten, daß eigene Gewerkschaften gegründet werden sollen. Die Tiroler seien jedoch der Meinung, daß die Gewerkschaften nicht in den Verband der katholischen Arbeitervereine genommen werden sollten, und zwar nicht wegen der Frage »katholisch« oder »christlich«, sondern wegen der verschiedenen Ziele; die Gewerkschaften hätten rein wirtschaftliche Ziele, die katholischen Arbeitervereine hätten dagegen »daneben doch noch anderes zu besorgen«. Es sollten daher beide Arten von Organisationen gepflegt werden, sollten sich gegenseitig unterstützen, aber getrennt voneinander sein und jeder für sich einen Landesverband bilden[6].

Mit zunehmender Isolierung auch in der christlichen Arbeiterschaft des eigenen Landes scheint das Engagement Msgr. Hillmanns zur starrköpfigen Vertretung eigenbrötlerischer Ideen geworden zu sein. So versuchte er die Anwesenheit des Fürstbischofs von Brixen bei einer Arbeiterversammlung dazu auszunützen, um den interkonfessionellen Vereinigungen, d. h. den christlichen Gewerkschaften, vorzuwerfen, daß sie sich der Jurisdiktion der Bischöfe entzögen. Ganz im Stile der Gewerkschaftspresse jener Tage antwortete ihm darauf das Organ der christlichen Gewerkschaften Österreichs: »Es ist wirklich arg, was dieser Mensch treibt. Die Handwerker z. B. haben in ihren Genossenschaften auch keinen geistlichen Beirat, aber dennoch hat Hillmann noch nicht den Mut besessen, seinen Mitgliedern aus dem Meisterstande zuzumuten, daß sie dort nicht mehr mittun sollen, weil die Genossenschaften nicht der Jurisdiktion der Bischöfe unterstehen. Der Arbeiter hingegen soll sich in *seinen* wirtschaftlichen Angelegenheiten von einem Hillmann führen lassen[7].«

Nach diesem Versuch Msgr. Hillmanns, sich der Unterstützung des Fürstbischofs zu versichern und der ebenso demagogischen Behauptung, die Gewerkschaftsbeiträge würden zu neun Zehntel in Wien verausgabt und kämen den Tirolern daher nur zu einem Zehntel zugute, rückten immer mehr Freunde der christlichen Arbeiterbewegung in Tirol von Hillmann ab. Hillmanns Vorliebe für »katholische Gewerkschaften« wurde sowohl in katholischen Zeitungen Tirols angegriffen, als auch innerhalb der christlichen Arbeiterbewegung Tirols verurteilt. Am 5. März 1905 fand in Innsbruck eine Vertrauensmännerkonferenz des Christlichsozialen

Arbeiterbundes, des Christlichen Gewerkschaftsvereines sowie der christlichen Eisenbahner, Metallarbeiter und Holzarbeiter statt, die sich einhellig für die zentrale christliche Gewerkschaftsorganisation als die einzig richtige Organisationsform aussprach[8].

Die Auseinandersetzung war auch für Tirol entschieden, als die gewerkschaftliche Organisation im Mai des Jahres 1906 bei der Aussperrung von 6000 Bauarbeitern ihre Bewährungsprobe zu bestehen hatte. Katholische Fachabteilungen spielten dabei überhaupt keine Rolle, sehr wohl aber die christliche Bauarbeiterorganisation. Diese war mit Unterstützung durch den Reichsverband bzw. die Gewerkschaftskommission des Reichsverbandes und der Christlichsozialen Arbeiterpartei wesentlich an dem erfolgreichen Abschluß dieses Arbeitskampfes beteiligt. Damit hatte die Idee der katholischen Fachabteilungen in Österreich ein ähnliches Schicksal erlitten wie in Deutschland: Sie erreichte keine praktische Bedeutung.

ANMERKUNGEN

1 Hemala, Geschichte der Gewerkschaften, Wien 1922, Seite 70.
2 Christlichsoziale Arbeiterzeitung, VII/37, Wien, 13. 9. 1903, Seite 2.
3 Hemala, ebenda Seite 115.
4 Der Christliche Gewerkschafter, I/6, Wien, 24. 6. 1904, Seite 1.
5 Protokoll des II. Reichsverbandstages der nichtpolitischen Vereinigungen christlicher Arbeiter Österreichs, Wien 1904, Seite 1.
6 Ebenda, Seite 2.
7 Der Christliche Gewerkschafter, II/2, Wien, 27. 1. 1905, Seite 3.
8 Der Christliche Gewerkschafter, II/5, Wien, 10. 5. 1905, Seite 1.
9 Der Christliche Gewerkschafter, III/11, Wien, 8. 6. 1906, Seite 1.

Die Zeit des Weltkrieges

Die Zeit unmittelbar nach Kriegsbeginn brachte in Österreich ähnlich wie in Deutschland eine Art Burgfrieden, der jedoch mit zunehmender Belastung der Arbeiterschaft durch die ungeheuren Kriegsanstrengungen abzubröckeln begann. Eine Kooperation zwischen Sozialdemokraten und christlichsozialen Gewerkschaften war zeitweise gegeben, so z. B. im Jahr 1917 beim Streik in der Steyrer Waffenfabrik. Dagegen traf der Jännerstreik 1918 die christlichsoziale Arbeiterschaft völlig unvorbereitet. Man versuchte, um das sozialdemokratische Nachrichtenmonopol zu durchbrechen, ein eigenes Nachrichtenblatt herauszugeben.

Der Umsturz 1918 brachte für die Christlichsozialen völlig neue Verhältnisse, da die Sozialdemokraten die tatsächliche Herrschaft im Staat zumindest zeitweise erlangt hatten. Die christliche Gewerkschaftsbewegung erlitt durch den Krieg ungeheure Verluste, was schon allein der Vergleich der Mitgliederzahlen beweist:

1914 – 27.115 männliche, 10.122 weibliche,
1916 – 7.295 männliche, 6.496 weibliche.

Eine schwere Krise hatte die christlichen Gewerkschaften noch knapp vor Ausbruch des Krieges durch das Ausscheiden des »Verkehrsbundes«, der Organisation der Eisenbahner, aus der Zentralkommission getroffen, die sich dem deutschen Zentrum, einer von den ehemaligen Christlichsozialen Pantz und Kemetta gegründeten Partei, zuwandten. Daher sahen sich die Christlichsozialen am 19. September 1915 zur Gründung eines Reichsverbandes der Eisenbahner Österreichs gezwungen.

Das Selbstverständnis der christlichen Gewerkschaften

Er begreife wohl, daß die christlichen Arbeiter ihre Weltanschauung in der Arbeiterbewegung zum Ausdruck bringen wollen, nachdem die sozialdemokratischen Arbeiter ihre materialistische Weltanschauung in die Arbeiterbewegung hineingetragen haben. Freilich halte er beides für ein Unglück, erklärte im Jahre 1906 Universitätsprofessor Werner Sombart auf dem VI. Kongreß der christlichen Gewerkschaften Deutschlands. Eine vollständig neutrale Entwicklung der Gewerkschaftsbewegung wie in England wäre ihm lieber. Aber gerade deshalb, meinte Sombart weiter, wünsche er eine weitere günstige Entwicklung der christlichen Gewerkschaften, welche die Sozialdemokraten zur Anerkennung der christlichen Organisation und zur Zusammenarbeit mit ihr zwingen werde. Nur so könnte die Spaltung der Arbeiterschaft überwunden werden[1]. Diese Äußerung des der Sozialdemokratie durchaus wohlgesinnten Professors, der wenige Jahre vorher den Aufbau einer christlichen Gewerkschaftsbewegung noch als Spielerei abgetan hatte, fand auch bei den christlichen Gewerkschaften Österreichs große Beachtung und breiten Niederschlag in ihrer Presse. Werner Sombart war schließlich als linksstehend bekannt, trotzdem deckte sich seine Auffassung über die Existenzberechtigung von Richtungsgewerkschaften, so unwahrscheinlich dies klingen mag, mit jener der führenden Köpfe der christlichen Gewerkschaftsbewegung.

Hemala, der in seiner Broschüre »Die Gewerkschaften« aus dem Jahre 1921 die 15 Jahre vorher gefallenen Worte Sombarts ebenfalls zitiert, meint zu dieser Frage: »In den verschiedenen Staaten gibt es mit wenigen Ausnahmen keine einheitliche Gewerkschaftsbewegung, obwohl der Gewerkschaftsgedanke als solcher ein einheitliches Arbeiten in einer einheitlichen Organisation als wünschenswert erscheinen läßt. Dieses einheitliche Arbeiten und diese einheitliche Organisation wäre auch im Interesse der Arbeiterschaft gelegen, weil eine Zersplitterung der Gewerkschaften eine Schwächung der Arbeiterschaft bedeutet. Leider sind von sozialdemokratischer Seite in die Gewerkschaften parteipolitische Fragen, Fragen der Weltanschauung hineingetragen worden, und das mußte zu einer Spaltung der Gewerkschaftsbewegung führen. Es war nicht Schuld der christlichen Arbeiterschaft, daß es zu dieser Zersplitterung kommen mußte[2].«

Und auch er kommt zu demselben Schluß wie Sombart für Deutschland: »Nur ein Erstarken der christlichen Gewerkschaften wird auch die sozialdemokratische Gewerkschaftsorganisation in Österreich veranlassen, sich zu einem Zusammenarbeiten mit den christlichen Gewerkschaften in wirtschaftlichen Fragen im Interesse der Arbeiterschaft zu bequemen[3].«

Dieser Schluß mag heute als Binsenwahrheit gelten. In den scharfen und leidenschaftlich geführten Auseinandersetzungen der Richtungsgewerkschaften jener Jahre gehörten aber zu einem solchen grundsätzlichen Bekenntnis zur Zusammenarbeit eine gehörige Selbstüberwindung und ein großes Maß an Verständnis vor allem auf der Seite der christlichen Gewerkschaftsfunktionäre in den Betrieben, die in einem unerbittlichen Positionskampf mit den Freien Gewerkschaften standen und dabei ihren Arbeitsplatz und oft auch ihre körperliche Gesundheit riskierten. Das Bekenntnis zur Idee einer einheitlichen Gewerkschaftsorganisation zieht sich aber wie ein roter Faden durch die Entwicklung der christlichen Gewerkschaftsbewegung und wurde nie aufgegeben oder verleugnet. Die christlichen Gewerkschaften verstanden sich immer als die Heimstätte der christlichen Arbeiter, denen die sozialdemokratischen »freien« Gewerkschaften verschlossen blieben, weil jene sich als »siamesische Zwillinge« der Sozialdemokratischen Partei begriffen und auf dem Boden des von der christlichen Arbeiterbewegung abgelehnten Klassenkampfes standen.

So sehr aber diese Haltung, auch historisch betrachtet, richtig war, so sehr dürfte sie vielfach für den zaghaften und zögernden Beginn des Aufbaues christlicher Gewerkschaftsorganisationen verantwortlich sein. Anders läßt es sich auch nicht erklären, daß man trotz ganz anderen Ausgangspositionen in den neunziger Jahren, als die Sozialdemokraten schon schlagkräftige zentrale Berufsorganisationen aufbauten, zunächst den gleichen Weg einschlug, den die sozialdemokratischen Vorläufer in den siebziger Jahren genommen hatten, nämlich über lokale Fach-, Bildungs- und Unterstützungsvereine. Gewerkschaftlich und organisatorisch unerfahren – es gab nur sehr wenige christliche Arbeiter, die durch die freien

Gewerkschaften gegangen waren –, meinten die christlichen Gewerkschaftspioniere offensichtlich, diese überschaubaren kleinen Gemeinschaften genügten als Heimstätte, und erst die gesamtösterreichische Kontaktmöglichkeit im Reichsverband der nichtpolitischen Vereinigungen christlicher Arbeiter Österreichs ließ diese Notlösungsmentalität zurücktreten und das Wissen entstehen, daß zur Erreichung der Gewerkschaftseinheit die eigene Stärke notwendig sei. Was von der Idee her gesehen, für die christlichen Gewerkschaften gegenüber den Sozialdemokraten ein Vorteil war, erwies sich in der Praxis des entscheidenden ersten Jahrzehnts ihres Aufbaues somit als Nachteil. Aber man war eben nur notgedrungen, wie sich Dr. Franz Hemala einmal ausdrückte, zur Gründung eigener christlicher Gewerkschaften geschritten[4].

Angesichts der bereits erreichten Stärke der sozialdemokratischen Organisationen erkannte man aber trotzdem, daß die Gewerkschaftseinheit ein in weiter Ferne liegendes Zukunftsbild war und keine Chance für sofortige Nachahmungen der englischen Trade Unions bestand. Versuche in dieser Richtung gab es allerdings. So konstituierte sich der Verband christlicher Eisen- und Metallarbeiter am 7. Dezember 1902 als »freie, neutrale und auf christlicher Grundlage stehende Organisation[5].« Unter den Gründern des christlichen Metallarbeiterverbandes hatten sich einige ehemalige Sozialdemokraten befunden – daher auch der für christliche Gewerkschaftsverhältnisse frühe Zusammenschluß in einer zentralen Organisation! –, die die »Neutralität« extensiv so auslegten, daß auch Sozialdemokraten oder Deutschnationale in ihren Verband aufgenommen werden konnten: Diese Interpretation der Neutralität fand jedoch nicht die Zustimmung der übrigen christlichen Gewerkschafter. Franz Spalowsky, der spätere Vorsitzende der Zentralkommission christlicher Gewerkschaften, nahm am 2. Reichsverbandstag am 14. August 1904, wie schon erwähnt, für die politische, aber gegen jede weltanschauliche Neutralität der christlichen Gewerkschaften Stellung[6]. In seinem Referat wendete sich Spalowsky ausdrücklich gegen die Neutralitätsauffassung des Metallarbeiterverbandes und dessen Offenheit gegenüber den Sozialdemokraten, da man niemals von einem Sozialdemokraten erwarten könne, daß er sich an Aktionen beteilige, die vom Gesichtspunkt der christlichen Weltanschauung eingeleitet und unternommen werden. Allerdings war auch diese Diskussion eher theoretisch, da sich keine Sozialdemokraten fanden, die dem christlichen Metallarbeiterverband beitraten und der Verband selbst sich in harten Auseinandersetzungen mit der »freien« Metallarbeiterorganisation bewähren mußte. Die Ablehnung dieser Interpretation der Neutralität durch Spalowsky erfolgte daher auch aus einer realistischen Einschätzung der Möglichkeiten und Verhältnisse jener Zeit, im Fernziel waren sich Spalowsky und die Metallarbeiter wahrscheinlich einig.

Es gab hingegen auch andere Stimmen, die sich für eine unbedingte weltanschauliche Orientierung aussprachen. So verlangte der geistliche Vorarlberger Arbeiterführer Dr. Drexel für die Gewerkschaften auch religiös-sittliche Tendenzen, »sonst könne leicht der Materialismus Eingang finden[7]«. Der Präses der katholischen Arbeitervereine Tirols, Msgr. Hillmann, der der einzige prominente Befürworter »katholischer« Gewerkschaften in Österreich war, verlangte, daß zwischen dem Arbeiterpräses, also dem geistlichen Funktionär, und den Gewerkschaften engste Fühlung bestehe[8]. Hillmann galt jedoch wegen seines Eintretens für die »katholischen« Gewerkschaften nach dem Muster des Berliner Verbandes katholischer Arbeitervereine ohnedies als Außenseiter in der christlichen Arbeiterbewegung Österreichs. Er hatte, wie ebenfalls bereits an anderer Stelle ausgeführt wurde, vor allem in der christlichen Gewerkschaftsbewegung überhaupt keinen Einfluß und war vielmehr wiederholt scharfen Angriffen von Gewerkschaftsseite ausgesetzt. Drexels Meinung wiederum darf nicht als grundsätzlicher Gegensatz zur allgemeinen Auffassung in den christlichen Gewerkschaften verstanden werden; in Vorarlberg waren die christlichen Gewerkschaften den sozialdemokratischen zahlenmäßig stark überlegen, was auf eine weit engere Verflechtung der christlichen Gewerkschaften mit den katholischen Arbeitervereinen zurückzuführen war, als sie in anderen Kronländern gegeben war. Drexels Haltung ist daher in erster Linie aus der Sorge um die Erhaltung der in seinem Lande für die Bewegung besonders günstigen Verhältnisse zu verstehen.

Herrschende Meinung in der gesamten christlichen Arbeiterbewegung war jedenfalls, daß eine Aufgabenteilung notwendig sei. Den christlichen Gewerkschaften fiel im Rahmen dieser Aufgabenteilung die Vertretung der beruflichen und wirtschaftlichen Interessen der christlichen Arbeiter zu[9]. In einem grundsätzlichen Artikel, »Christliche Gewerkschaften«, in den ersten Nummern des vom Reichsverband geschaffenen Organs »Der christliche Gewerkschafter«, der wahrscheinlich aus der Feder des Herausgebers Franz Spalowsky stammen dürfte, heißt es dazu wörtlich: »Denn es ist niemals und nirgends gesagt worden, daß die Gewerkschaften sich mit der religiösen Erziehung der Arbeiter zu beschäftigen haben. Dies ist, soweit sich eben Organisationen damit zu beschäftigen haben, Aufgabe der katholischen Gesellen- und Arbeitervereine. Dieselben haben diese Aufgabe jederzeit mit großem Eifer erfüllt und die Gewerkschaften haben keinen Anlaß, sich diese Aufgabe aufzubürden. Aber andererseits ist doch das Christentum mit seinen Lehren von der Gerechtigkeit und der Nächstenliebe die Grundlage der Gewerkschaftsidee[10].«

ANMERKUNGEN

1 Der Christliche Gewerkschafter, III/14, 27. 7. 1906, Seite 2.
2 Hemala, Die Gewerkschaften, Wien 1921, Seite 9 f.
3 ebenda, Seite 15.
4 Hemala, Geschichte der Gewerkschaften, Wien 1922, Seite 107.
5 ebenda Seite 114.
6 Protokoll des Zweiten Reichsverbandstages, Wien 1904.
7 Christlichsoziale Arbeiterzeitung, VII/37, 13. 9. 1902, Seite 3.
8 ebenda, Seite 2.
9 Der Christliche Gewerkschafter, I/1, 8. 4. 1904, Seite 2.
10 ebenda, I/3, Seite 1.

Die christlichen Gewerkschaften im Arbeitskampf

Die christlichen Gewerkschaften lehnten von Anfang an den Klassenkampf – der in der Vorstellungswelt der Sozialisten und damit auch der Freien Gewerkschaften eine zentrale Rolle spielte – entschieden ab. Die Ablehnung des Klassenkampfes, das Streben nach Interessenausgleich, nach Klassenversöhnung, bedeutete jedoch nicht, daß die Existenz von Interessengegensätzen geleugnet worden wäre. Die christlichen Gewerkschaften betrachteten es aber als verfehlt, Interessenkonflikte als Klassenkampf zu werten. Der Klassenkampf verhindere vielmehr den Interessenausgleich und widerspreche dem Gewerkschaftsgedanken, hieß es in einem Schulungsbehelf für Vertrauensmänner der christlichen Gewerkschaften[1].

Den Interessenausgleich wollten die christlichen Gewerkschaften aber keineswegs nur mit »wirtschaftsfriedlichen« Mitteln erreichen. Von ihren Anfängen an bekannten sie sich zum Arbeitskampf als einem Mittel zur Wahrung der Interessen der Arbeiterschaft. Den sogenannten »Gelben« sprachen sie die Berechtigung ab, sich als Gewerkschaften zu bezeichnen. Grund dafür war der Verzicht auf das Streikrecht, der ein charakteristisches Kennzeichen dieser als vaterländische oder Werksvereine auftretenden Organisationen war. Im Gegensatz zu Frankreich oder Deutschland konnten die »Gelben« in Österreich kaum eine Bedeutung gewinnen und waren in der Zeit vor dem Ersten Weltkrieg nur bei Krupp in Berndorf und in einigen wenigen anderen großen Industriebetrieben präsent, wo sie vom Unternehmer gefördert bzw. selbst ins Leben gerufen worden waren[2].

Als gewerkschaftliches Kampfmittel betrachteten die christlichen Gewerkschaften den Streik, den Boykott und, mit eher theoretischer Bedeutung, die Gewerkschaftsmarke (die amerikanische »union label«). Die Gewerkschaftsmarke spielte in Österreich kaum eine Rolle. Es handelt sich dabei um die Kennzeichnung der Waren jener Firmen, die die Kollektivverträge einhielten, annehmbare Arbeitsbedingungen boten und die Gewerkschaften als Vertretung der Arbeitnehmerinteressen anerkannten. Mit der Kennzeichnung von Waren durch die Gewerkschaftsmarke sollten einerseits die Arbeitsplätze der Gewerkschaftsmitglieder in den ausgezeichneten Firmen gesichert, bzw. weitere Unternehmen von der Notwendigkeit überzeugt werden, mit den Gewerkschaften Vereinbarungen zu schließen und diese einzuhalten, andererseits ermöglichten sie den Boykott der nicht tariftreuen Betriebe. In einer indirekten Form kam die Idee der Gewerkschaftsmarke in Österreich nur durch die Veröffentlichung tariftreuer Firmen in den Gewerkschaftsorganen zum Tragen.

In Branchen mit Mangel an qualifizierten Arbeitskräften konnte auch die Tätigkeit der gewerkschaftlichen Arbeitsvermittlungen (»Arbeitsnachweis«) den Charakter eines gewerkschaftlichen Kampfmittels annehmen, wenn der Organisationsgrad sehr hoch war. Für die christlichen Gewerkschaften, die sich zumeist in der Situation einer Minderheit befanden, gewann die Arbeitsvermittlung aber äußerst selten den Charakter eines gewerkschaftlichen Kampfmittels. Zwar hielten sich die Arbeitsnachweise der christlichen Gewerkschaften strikte daran, Arbeitskräfte nur für solche Betriebe zu vermitteln, welche die Einhaltung der Tarifverträge und der vereinbarten Arbeitsbedingungen garantierten, und weigerten sich stets, Streikbrecher zu vermitteln, doch waren die Unternehmer in den seltensten Fällen ausschließlich auf die Arbeitsvermittlung der christlichen Gewerkschaften angewiesen.

Das Wichtigste der gewerkschaftlichen Kampfmittel war ohne Zweifel der Streik. Im Verhältnis zur Stärke und zur Anzahl ihrer Organisationen waren die christlichen Gewerkschaften in der Zeit von ihrer Gründung bis 1914 relativ häufiger in solche Arbeitskämpfe verwickelt als die sozialdemokratischen Freien Gewerkschaften. »Der Ausbruch zahlreicher Streiks ist das charakteristische Merkmal der Jugend der Arbeiterbewegung«, ist die Meinung Hemalas zu dieser Erscheinung[3]. Enthusiasmus, Anfangserfolge in der gewerkschaftlichen Organisation sowie der soziale Nachholbedarf gerade in jenen Branchen, deren gewerkschaftliche Organisation eben erst entstanden war, führten auch zu nicht entsprechend vorbereiteten und damit weniger erfolgreichen Streiks. Andererseits brachten junge gewerkschaftliche Organisationen weniger Erfahrung für die friedliche Beilegung von Arbeitskonflikten mit und Streikdrohungen solcher erst kürzlich gegründeter Gewerkschaften wurden von den Unternehmern weniger ernst genommen, so daß die junge Organisation faktisch zum Streik gezwungen war, wenn sie erreichen wollte, daß man ihr die Durchsetzung der Interessen ihrer Mitglieder zutraute.

Eine traurige Rolle in der Geschichte der österreichischen Gewerkschaftsbewegung spielt dabei aber auch die Tatsache, daß viele Streiks jener Jahre von den sozialdemokratischen Freien Gewerkschaften nur deshalb begonnen wurden, um eine junge christliche Konkurrenzorganisation »auszuhungern«. Die Streikkassen bzw. Unterstützungskassen der jüngeren christlichen Gewerkschaften waren naturgemäß vielfach nicht sehr leistungsfähig, so daß sich die Sozialdemokraten von größeren und längeren Streikbewegungen den finanziellen Zusammenbruch der christlichen Organisation erwarteten. Diese Rechnung ist allerdings dank der Solidarität anderer christlicher Gewerkschafts- und Arbeitsorganisationen nicht aufgegangen. Es gab aber auch Streiks, die von den Sozialdemokraten begonnen wurden, um die Entlassung christlicher Gewerkschafter zu erwirken, die Anerkennung eines Monopols des Arbeitsnachweises der sozialdemokratischen Gewerkschaft durchzusetzen oder im Tarifvertrag die obligatorische Zugehörigkeit zur sozialdemokratischen Gewerkschaft zu verankern. In solchen Fällen beteiligten sich die christlichen Gewerkschafter selbstverständlich nicht an dem Ausstand, da sie Streiks für nur politische oder organisatorische Ziele grundsätzlich ablehnten. »Der Streik darf aber auch nur wirtschaftliche Fragen und Vorteile zum Zwecke haben. Keinerlei Nebenzwecke oder direkt andere Absichten dürfen einem Streik zugrunde liegen; die Gewerkschaft hat sich in allen ihren Handlungen eben nur um wirtschaftliche Dinge zu kümmern«, heißt es dazu in einer grundsätzlichen Darlegung zum Problem des Streiks im Organ der christlichen Gewerkschaften Österreichs, dem »Christlichen Gewerkschafter«, im Jahre 1904[4].

Die Jugendtorheiten und die sowohl von den Unternehmern als auch von den sozialdemokratischen Freien Gewerkschaften oktroyierten Schwierigkeiten haben aber sehr bald dazu geführt, daß die christlichen Gewerkschaften sich sehr gut überlegten, wie sie bei Streiks vorgingen. Von da an waren die Erfolge bei solchen Arbeitskonflikten auch dementsprechend groß. Die christlichen Gewerkschaften machten es sich zum Prinzip, daß sie zuerst versuchten, durch friedliche Verhandlungen eine Beilegung des Arbeitskonfliktes zu erreichen. Gerade beim schlechten Organisationsgrad jener Zeit – die Gewerkschaftsorganisationen aller Richtungen hatten vor dem Ersten Weltkrieg keine fünf Prozent der Arbeitnehmer erfaßt – forderten Streiks von den meisten Arbeitern größte Opfer und Einschränkungen. Das konnte bei den nichtorganisierten Arbeitnehmern, wenn der Streik nicht zufriedenstellend ausging, eine antigewerkschaftliche Stimmung hervorrufen. Aber auch jene Gewerkschaftsmitglieder, die eine Streikunterstützung erhielten, mußten finanzielle Nachteile und Einschränkungen auf sich nehmen, so daß schon ihretwegen der Streik nur als letztes Mittel angesehen werden konnte. Daher verlangten die christlichen Gewerkschaften von ihrer Organisation eine genaue Prüfung, ob die vorhandenen Mittel für eine längere Dauer des Streiks ausreichten. War das nicht der Fall, dann war die Gefahr groß, daß die Streikenden die Arbeit unter Umständen sogar zu noch weit schlechteren Bedingungen als vor dem Streik wieder aufnehmen mußten, womit auf lange Zeit hinaus jede Aktion unmöglich geworden wäre.

Streiks wurden also von den christlichen Gewerkschaften sowohl allein als auch gemeinsam mit anderen Gewerkschaftsorganisationen durchgeführt. Bezeichnend ist dabei, daß es sich bei der Mehrzahl der gemeinsam durchgeführten Aktionen um solche handelte, wo die Mehrheit der beteiligten Arbeiter sozialdemokratisch organisiert war. Umgekehrt beteiligten sich die Sozialdemokraten dort, wo die christlichen Gewerkschaften in der Mehrheit waren, äußerst selten an Streiks. Die Freien Gewerkschaften standen vielfach auf dem Standpunkt, daß ein Streikbruch nur dort begangen werden könne, wo ein Streik aufgrund *ihres* Statutes und *ihres* Streikreglements zu Recht ausgerufen worden war. Während die Sozialdemokraten den christlichen Gewerkschaftern allzugerne – völlig zu Unrecht – Streikbrecherdienste vorwarfen und sie als »Gelbe« denunzierten, ließen sie es offiziell zu, daß Sozialdemokraten christlich organisierten Kollegen in den Rücken fielen.

Eine heute in Österreich kaum mehr bekannte Form ist die Aussperrung, d. h. ein von der Unternehmerseite begonnener Arbeitskampf. Auch davon waren die christlichen Gewerkschaften oftmals betroffen. So wie die sozialdemokratischen Gewerkschaften versuchten, christliche Konkurrenzorganisationen »totzustreiken«, versuchten die Unternehmer, aufblühende christliche Gewerkschaftsorganisationen durch Aussperrungen und die damit verbundenen finanziellen Belastungen (sie hatten die Aussperrungsunterstützung zu zahlen) zu zerschlagen. Der Solidarität der zuerst im Reichsverband und dann in der Zentralkommission zusammengeschlossenen christlichen Gewerkschaften gelang es, auch diese Anschläge auf neue Organisationen abzuwehren.

Die Ziele der Arbeitskämpfe jener Zeit waren unterschiedlich. Naturgemäß ging es vor allem um Verbesserungen der Lohnbedingungen, Verkürzung der Arbeitszeit, Einhaltung der Arbeiterschutzvorschriften, oder ganz allgemein um die bessere Behandlung der Arbeiter. Während jedoch die einen für die Einführung des Neunstundentages streikten, wie die Wiener Tischlergehilfen im Jahre 1904[6], mußten die anderen, etwa die Wiener Fleischselchergehilfen, ebenfalls unter Führung einer christlichen Gewerkschaft, noch zwei Jahre später um den Elfstundentag kämpfen[7]. Mangels eines anderen Schutzes der gewerkschaftlichen Tätigkeit gab es auch Abwehrstreiks, wenn es galt, sich gegen gewerkschaftsfeindliche Maßnahmen eines Unternehmers, wie z. B. die Entlassung von Arbeitern wegen ihrer Gewerkschaftszugehörigkeit, zu wehren. Die christlichen Gewerkschafter waren von solchen Maßregelungen genauso betroffen wie die sozialdemokratischen.

Unterschiedlich war auch die Form der Streiks. Es gab Streiks, die nur einen einzigen Betrieb betrafen, dann etwa, wenn Arbeiter vom Unternehmer gemaßregelt wurden oder eine weitere menschenunwürdige Behandlung der Arbeiter verhindert werden sollte. Andere Streiks, meist Lohnbewegungen, betrafen eine ganze Branche. Allerdings waren im Gegensatz zu heute solche Branchenstreiks lokal begrenzt. Und es war auch nicht immer die gewerkschaftliche Organisation selbst, die den Streik durchführte. Sie blieb oft im Hintergrund und sorgte durch die Streikunterstützung und die Verhinderung des Zuzugs von Streikbrechern für die Voraussetzungen eines Erfolgs, während die Verantwortung für den Arbeitsausstand bei einem Streikkomitee, dem Arbeiterausschuß, lag, der die Verhandlungen mit den Unternehmern führte. Wo es sich nicht um Konkurrenzstreiks handelte, die zumeist als Nebenziel die Niederringung der gewerkschaftlichen Organisation einer anderen Richtung zum Inhalt hatten, waren in den Streikkomitees oder Arbeiterausschüssen Vertreter aller am Streik beteiligten Gewerkschaftsrichtungen vertreten, wenn auch bei den Sozialdemokraten die Tendenz vorhanden war, christliche Gewerkschafter von diesen Funktionen auszuschließen. Wo das tatsächlich geschah, gingen die christlichen Gewerkschaften beim Streik selbständig vor und schlossen auch eigene Tarifverträge ab. Auch die offiziellen Gehilfenvertretungen in den Genossenschaften (Vorgänger der Innungen) konnten Streik- und Verhandlungsführer sein, wie es etwa beim Fleischselcherstreik im Oktober 1906 der Fall war. Die Gehilfenvertretung der Wiener Fleischselchergehilfen war in der Hand christlicher Gewerkschafter und der Obmann der Gehilfenvertretung, Franz Knauer, war zugleich Obmann des Fachvereines der christlichen Fleischselchergehilfen.

Eine besondere Rolle spielte in der theoretischen Auseinandersetzung über den Arbeitskampf die Frage des Generalstreiks. Der Gesamtparteitag der Sozialdemokratischen Arbeiterpartei hatte am 1. November 1905 nach einem Referat Dr. Viktor Adlers den Massenstreik als Kampfmittel gebilligt. Von den christlichen Gewerkschaften wurde der Massenstreik schärfstens abgelehnt[7]. Die christliche Arbeiterschaft sah in der Ausrufung eines Generalstreiks eine verbrecherische Gewissenlosigkeit, vor der sie in einer selbst für damalige Verhältnisse ungemein scharfen Weise warnte. Neben der prinzipiellen Ablehnung des politischen Streiks – der Parteitagsbeschluß der Sozialdemokraten war vor allem auf die Erlangung des allgemeinen und direkten Wahlrechtes gerichtet, das auch von den christlichen Gewerkschaften angestrebt wurde, sahen die christlichen Gewerkschaften vor allem die organisatorischen Schwierigkeiten, die bei der schwachen gewerkschaftlichen Organisation einen Generalstreik von vornherein zum Scheitern verurteilt hätten, und die mangelnden finanziellen Reserven, die ein Massenelend als Folge eines Massenstreiks befürchten ließen. Das Schlagwort der christlichen Arbeiterschaft gegenüber der Sozialdemokratie in dieser Frage war: »Generalstreik = Generalunsinn[8]«. Während es aber im Ausland von den Sozialdemokraten angezettelte Generalstreiks gab, wie z. B. 1902 in Holland oder in Berlin, blieb Österreich in der Zeit vor dem Ersten Weltkrieg ein Generalstreik erspart.

Rückschauend läßt sich feststellen, daß die Haltung der christlichen Gewerkschaften in den Fragen des Arbeitskampfes vernünftig und erfolgreich war. Die jungen christlichen Gewerkschaften hatten Hunderte von Streiks und Aussperrungen zu bestehen. Das Organ der christlichen Gewerkschaftsbewegung, »Der Christliche Gewerkschafter«, hatte in jeder Nummer über mehrere Lohnbewegungen und Arbeitskonflikte zu berichten. Die Erfolge für die Arbeiterschaft waren im Vergleich zur Stärke der Organisation der Christlichen Gewerkschaften, die ja viel jünger als die sozialdemokratischen Verbände waren, überdurchschnittlich.

ANMERKUNGEN

1 Hemala, Die Gewerkschaften, Wien 1922, Seite 11.
2 A. a. O., Seite 15.
3 A. a. O., Seite 22.
4 Der Christliche Gewerkschafter, I/5, 10. 6. 1904, Seite 1.
5 Hemala, ebenda, Seite 29.
6 Der Christliche Gewerkschafter, I/13, 14. 10. 1904, Seite 3.
7 A. a. O., Seite III/5, 9. 3. 1906, Seite 5.
8 Hemala, ebenda, Seite 27.

In die soziale Selbstverwaltung

Sosehr sich die christlichen Gewerkschaften ansonsten auf die wirtschaftliche Interessenvertretung beschränkten und die politische Agitation und Tätigkeit der Christlichsozialen Arbeiterpartei und den christlichen Arbeitervereinen überließen, wurden sie doch auf einem Gebiete direkt politisch tätig. Die Vertreter der Arbeiter in den Gehilfenvertretungen im Rahmen der gewerblichen Genossenschaften sowie in den Organen der Sozialversicherungsträger wurden in direkten Wahlen bestellt. Aufgrund der fachlichen Aufgliederung der Gehilfenvertretungen, aber auch meist der Krankenkassen war es selbstverständlich, daß die Sache der christlichen Arbeiterschaft von den zuständigen Fachorganisationen, also den christlichen Gewerkschaften, wahrgenommen wurde, die daher die Kandidaten nominierten und den Wahlkampf führten. Zum Teil ging aber der Anstoß zur Gründung christlicher Gewerkschaften von den Wahlkämpfen um die Gehilfenvertretungen oder Krankenkassen aus, wo sich christlichsoziale Arbeiter zu einer losen Wahlvereinigung zusammengefunden hatten und nach erfolgreich geschlagener, aber auch nach verlorener Wahl darangingen, sich fester zu organisieren. Das geschah aber leider nicht immer, so daß Mehrheiten in Gehilfenvertretungen oder Krankenkassen nach kurzer Zeit, manchmal sogar kampflos, verlorengingen und wieder eine Chance zur Gründung einer christlichen Gewerkschaftsorganisation vertan war. Ende des vorigen Jahrhunderts hatten in den Gehilfenausschüssen der Arbeiter im Buch-, Kunst- und Musikalienhandel, der Schirmmachergehilfen, der Uhrmacher, der Gastwirtsgehilfen, der Fleischselcher, der Rauchfangkehrer- und der Kaffeesiedergehilfen die christlichen Arbeiter eine Mehrheit.

Eine weitere Art von Sozialwahlen stellten die Gewerbegerichtswahlen dar, bei denen die Beisitzer der Arbeitnehmer für die Vorgänger der heutigen Arbeitsgerichte gewählt wurden. Alle diese Wahlen waren natürlich für die christlichen Gewerkschaften mit erheblichen organisatorischen und praktischen Schwierigkeiten verbunden. Die Wahlbeteiligung erreichte selten die gewünschte Höhe, was aber nicht verwundern darf, wenn man sich vor Augen hält, daß jeder Arbeiter für die Wahlen in die Gehilfenvertretung, in das Gewerbegericht, in die Krankenkasse und in die Unfallversicherung wahlberechtigt war. Wenn der Branchenumfang der Krankenkasse und der Gehilfenvertretung sich nicht deckte, bedeutete dies auch vier verschiedene Wahltage. Die Erfassung der Wahlberechtigten ließ ebenfalls meist zu wünschen übrig und Wahlschwindel gehörte nicht zu den seltensten Ereignissen. So berichtet »Der Christliche Gewerkschafter« zu den Gewerbegerichtswahlen im Jahre 1904 für die Branchen Nahrungsgewerbe, Gewerbe für persönliche Dienstleistungen und Verkehr, daß bei insgesamt 3881 abgegebenen Stimmen elf sozialdemokratische Wahlschwindler verhaftet wurden. Der genannte Bericht bringt zwar keine genaueren Angaben über die Zahl der Wahlberechtigten. Wenn man aber eine einzige Angabe über eine Wählerzahl herausgreift und feststellen muß, daß die Gast- und Schankgewerbeangestellten der Inneren Stadt, die zu dieser Gruppe zählten, allein 4500 Wahlberechtigte stellen, kann man sich eine Vorstellung von der schlechten Wahlbeteiligung machen. Bei dieser Wahl siegte übrigens die sozialdemokratische Liste mit 2380 Stimmen gegenüber 1501 Stimmen der christlichen Arbeiter. Dazu stellt »Der Christliche Gewerkschafter« fest, daß die Sozialdemokraten außer bei den Bäckern in dieser Gruppe keinen nennenswerten Anhang hatten. Die Fleischhauergehilfen und die Fuhrwerker, die zum überwiegenden Teil christlich organisiert waren, fehlten z. B. in der Wählerliste fast zur Gänze, weil sie sich trotz mehrmaliger Aufforderung um ihr Wahlrecht nicht gekümmert hatten[2].

Andere Wahlen verliefen erfolgreicher. Es gab etliche Ergebnisse, wo den Sozialdemokraten eine bisherige Mehrheit in einer Gehilfenvertretung oder Krankenkasse abgenommen wurde. So siegte 1904 der christliche »Bund der Gastgewerbeangestellten« bei der Gehilfenvertretungswahl mit 883 zu 449 Stimmen[3], auch die Organisation der Fleischselcher, die lange Jahre eine christliche Mehrheit aufzuweisen hatte, war erst 1899 den Sozialdemokraten abgenommen worden[4].

Solche Erfolge wurden aber nicht nur in typisch kleingewerblichen Branchen erzielt, sondern auch in der industriellen Arbeiterschaft. Bei der Gewerbegerichtswahl in der österreichisch-schlesischen Industriestadt Bielitz am 23. Oktober 1904, wo nach Groß- und Kleinbetrieben getrennt gewählt wurde, siegten beim Wahlkörper Kleinbetriebe die Christlichsozialen mit 319 Stimmen gegen 296 Sozialdemokraten, bei einer Wahlbeteiligung von 48%. Im Wahlkörper Großbetriebe hatten die Christlichsozialen 1242 gegen 959 sozialdemokratische Stimmen bei einer 50prozentigen Wahlbeteiligung auf sich vereinigen können[5].

Zum selben Zeitpunkt wurden aber andere Gehilfenvertretungen wieder kampflos den Sozialdemokraten überlassen, obwohl sie einstmals eine christliche Mehrheit aufgewiesen hatten. So kandidierten die christlichen Handelsangestellten im Jahre 1904 bei der Gehilfenvertretungswahl überhaupt nicht mehr, so daß die Sozialdemokraten freie Hand hatten. Dabei hatte die frühere christlichsoziale Gehilfenvertretung der Angestellten im Handel u. a. eine der besten Krankenkassen Österreichs gegründet und geleitet. Die christliche Handelsangestelltengewerkschaft sowie der Verein österreichischer Handelsangestellter waren von dem späteren christlichsozialen Reichsratsabgeordneten Julius Axmann im Jahre 1890 und damit ein Jahr vor der sozialdemokratischen Gewerkschaft gegründet worden. Umgekehrt gab es auch Fälle, wo die Sozialdemokraten bei späteren Wahlen auf eine Kandidatur einfach verzichteten, wie z. B. im Jahr 1905 bei der Gehilfenvertretungswahl der Fleischselcher, so daß alle 1082 abgegebenen Stimmen auf die Liste des christlichen Fachvereines entfielen[6].

Es wurde allerdings bei diesen Wahlen in die soziale Selbstverwaltung nicht nach dem Verhältniswahlrecht, sondern nach dem Mehrheitswahlrecht gewählt, so daß diese Urnengänge im besonderen Maße auch Persönlichkeitswahlen darstellten. Für die christliche Gewerkschaftsbewegung erwiesen die Sozialwahlen sich jedenfalls als ein leid- und freudvolles Auf und Ab. Da ein glänzender Sieg wie bei der Innsbrukker Bauarbeiterkrankenkasse, die am 8. April 1906 mit 400 zu 242 Stimmen den Sozialisten abgenommen werden konnte[7], da eine Niederlage, wo man sie nicht erwartet hätte, wie z. B. bei den Handelshilfsarbeitern im November 1906, die auf die »Lauheit der christlichen Handelshilfsarbeiter, die zu Tausenden zu Hause blieben«, zurückzuführen war[8].

Die unerwarteten Niederlagen, die auf mangelnde oder überhaupt fehlende Organisation zurückzuführen waren, sind leider auch Meilensteine der verlorenen und versäumten Chancen der christlichen Gewerkschaftsbewegung. »Wäre die günstige Situation (Anmerkung: die Mehrheiten in vielen Gehilfenvertretungen) für die Schaffung einer modernen

Gewerkschaftsbewegung ausgenützt worden«, schreibt Hemala, »hätte man mit dem gleichen Feuereifer wie zur selben Zeit in Deutschland für die christliche Gewerkschaftssache gearbeitet, dann hätte die Entwicklung der österreichischen Gewerkschaftsbewegung jedenfalls ein ganz anderes Gepräge erhalten[9].«

ANMERKUNGEN

1 Hemala, Geschichte der Gewerkschaften, Wien 1922, Seite 111.
2 Der Christliche Gewerkschafter, I/5, 10. 6. 1904, Seite 2.
3 Der Christliche Gewerkschafter, I/12, 23. 9. 1904, Seite 3.
4 Hemala, ebenda.
5 Der Christliche Gewerkschafter, I/14, 28. 10. 1904, Seite 1.
6 Der Christliche Gewerkschafter, II/12, Wien, 23. 6. 1905, Seite 1.
7 Der Christliche Gewerkschafter, III/7, Wien, 13. 4. 1906, Seite 1.
8 Der Christliche Gewerkschafter, III/21, Wien, 9. 11. 1906, Seite 3.
9 Hemala, ebenda.

Die nationale Frage in der christlichen Gewerkschaftsbewegung

Die Nationalitätenkonflikte, die die österreichisch-ungarische Monarchie in den Jahren vor dem Ersten Weltkrieg erschütterten, gingen auch an den Gewerkschaftsbewegungen nicht spurlos vorüber.

Bei den sozialdemokratischen freien Gewerkschaften gingen diese Konflikte bis zur echten Spaltung der Bewegung, die in harte Kontroversen vor allem mit den »separatistischen« tschechischen sozialdemokratischen Gewerkschaften ausartete[1]. Der Kampf zwischen der »zentralistischen« Gewerkschaftskommission in Wien und der »separatistischen« Kommission in Prag wurde sogar auf die internationale Ebene getragen, da die Prager Kommission bei internationalen Kongressen ein selbständiges Vertretungsrecht beanspruchte, das ihr aber von der Reichsgewerkschaftskommission in Wien mit Erfolg streitig gemacht wurde[2].

Die Zentralkommission der christlichen Gewerkschaften Österreichs hatte im Gegensatz zur sozialdemokratischen Reichsgewerkschaftskommission nie ein zentralistisches Monopol beansprucht, sondern unter Wahrung der nationalen Eigenständigkeit der Organisationen vor allem der nichtdeutschen christlichen Gewerkschaften eine kollegiale Zusammenarbeit mit allen christlichen Arbeiter- und Gewerkschaftsbewegungen in der Monarchie gepflogen, gleichgültig, ob diese der Zentralkommission angehörten oder nicht. Zum Teil war einzelnen Organisationen ein Beitritt zur Zentralkommission gar nicht möglich, wie den beiden tschechischen Gewerkschaftsvereinen mit ihren rund 30.000 Mitgliedern. Durch einen Anschluß an eine »zentrale« Kommission wären die beiden Vereine sofort ins Kreuzfeuer der separatistischen tschechischen Sozialdemokraten einerseits und der nationalistischen tschechischen Gewerkschaften andererseits geraten[3]. Außerdem hatten die beiden Vereine in Böhmen und Mähren nicht nur gewerkschaftliche, sondern im Rahmen der Tschechisch-Katholischen Volkspartei auch politische Aufgaben zu erfüllen.

Die Resolution des Ersten christlichen Gewerkschaftskongresses, die den Anschluß aller bestehenden nationalen Fachvereinigungen an die Zentralkommission empfahl, konnte daher nicht mehr sein als ein Bekenntnis zu einer Gewerkschaftspolitik ohne nationale Schranken[4]. Dort, wo nicht sehr handfeste politische Barrieren im Weg standen, wie etwa in den tschechischen Ländern, konnten aber doch auch organisatorische Erfolge erzielt werden. Italienische und slowenische Tabakarbeiter sowie Eisenbahner gehörten den zentralen Verbänden an, die christliche Gewerkschaftsbewegung der Polen schloß sich 1910 der Zentralkommission an[5].

Mit den christlichen Gewerkschaften von Italienisch-Tirol (Trentino) bestand eine enge Zusammenarbeit der Zentralkommission. Auch mit den zwölf slowenischen Fachvereinen, die der Zentralkommission allerdings nicht beitraten, bestanden enge Kontakte, vor allem auf dem Presse- und Bildungssektor. An den Kursen der sozialen Arbeiterschule in Wien nahmen immer wieder auch christliche Gewerkschafter anderer Nationen teil, die der Zentralkommission nicht angeschlossen waren.

Eine ausgezeichnete Zusammenarbeit zwischen den christlichen Gewerkschaftsorganisationen der Nationen Österreich-Ungarns wurde auch bei der Betreuung jener Arbeiter gepflogen, die man heute als Gastarbeiter bezeichnen würde. So gab es in der Vorarlberger Textilindustrie viele italienische Arbeiter aus dem Trentino. Der christliche Textilarbeiterverband agitierte dementsprechend in Vorarlberg mit zweisprachigen Flugblättern und gab für seine italienischen Mitglieder Mitgliedsbücher in deren Sprache heraus[6]. Als Referenten für Gewerkschaftsversammlungen holte man sich auch prominente italienische christlich-demokratische Politiker aus dem Trentino, wie den österreichischen Reichsratsabgeordneten und späteren italienischen Ministerpräsidenten Alcide de Gasperi, der in Bludenz 1908 vor Textilarbeitern sprach. Auf sozialdemokratischer Seite gab es übrigens ein Gegenstück, dessen man sich heute allerdings nicht mehr gerne erinnern wird: 1911 sprach in den Brändlesälen in Bregenz vor sozialdemokratischen italienischen Bauarbeitern Benito Mussolini.

Am erfolgreichsten in der Überwindung der Nationalitätenkonflikte war die christliche Tabakarbeiterorganisation, ihr gehörten die organisierten christlichen Gewerkschafter aller Nationen, einschließlich der tschechischen Tabakarbeiterorganisationen, an[7]. Selbst nach dem Zusammenbruch der

Monarchie wirkte sich das noch aus, als die Tabakarbeiter in der Tschechoslowakei als einzige Organisation keine Trennung von Tschechen und Sudetendeutschen kannten[8].

Zahlen über die Stärke der der Zentralkommission nicht angeschlossenen nationalen Organisationen liegen nur für das Jahr 1908 vor. Damals hatten die beiden tschechischen Vereine 30.000 Mitglieder, der polnische Gewerkschaftsverein 6210, zwölf slowenische Fachvereine 2846 und die italienische Organisation im Trentino 1600 Mitglieder[9].

ANMERKUNGEN

1 Klenner, Die österreichischen Gewerkschaften, Seite 208.
2 Klenner, a. a. O., Seite 289.
3 Hemala, Geschichte der Gewerkschaften, Seite 127.
4 Protokoll des Ersten christlichen Gewerkschaftskongresses.
5 Hemala, ebenda.
6 Archiv der Bundesfraktion »Christlicher Gewerkschafter«.
7 Hemala, a. a. O., Seite 128.
8 Hemala, a. a. O., Seite 160.
9 Hemala, a. a. O., Seite 126.

1918–1934

DER AUTOR

Gustav Blenk,

Dr. phil., wirklicher Hofrat, geboren 27. 1. 1892, Soldat im Ersten Weltkrieg, mehrfach verwundet, hochdekoriert, als Oberleutnant abgerüstet, Studium in größter materieller Not, 1926 Bibliothekar an der Nationalbibliothek, 1934 Bibliotheksleiter an der Hochschule für Welthandel in Wien, 1938 von den Nationalsozialisten entlassen, 1946 Leiter der Bibliothek des Nationalrates (Parlamentsbibliothek), die er modernisierte, ausbaute und öffentlich zugänglich machte, seit 1957 im Ruhestand, aber trotzdem weiterhin unermüdlich in der Gewerkschaftsbewegung tätig. Seit frühester Jugend christlicher Gewerkschafter, Weggenosse und Mitarbeiter aller führenden Gewerkschafter der Zwischen- und Nachkriegszeit, Autor zahlreicher wissenschaftlicher Darstellungen zur österreichischen Geschichte, »Historiograph des österreichischen Beamtentums«, Doyen der österreichischen Gewerkschaftspublizistik, bereits 1922 Pressereferent der Gewerkschaft christlicher Angestellter im öffentlichen Dienst, Redakteur der Gewerkschaft der öffentlich Bediensteten, verantwortlich für deren Zeitschrift »Der öffentlich Bedienstete«, Träger des Kunschak-Preises, den er für sein Werk »Kunschak und seine Zeit« erhielt, sowie Träger der selten vergebenen Johann-Böhm-Plakette des ÖGB.

Die alten Grundsätze gelten weiter

Der tiefe Riß, der die gewerkschaftliche Arbeitnehmerbewegung Österreichs in weltanschaulich und national getrennte Lager gespalten hatte, war auch in den Jahren des Ersten Weltkrieges nicht beseitigt worden. Immer noch hielten die Freien Gewerkschaften zähe an den Grundsätzen fest, die in der Kampfzeit, in der Zeit der Sozialistenverfolgung, aus der engen Verbindung zwischen Partei und gewerkschaftlichen Organisationen entstanden waren. Diese Grundsätze sind seit der Einigung der Sozialdemokraten am Hainfelder Parteitag ganz eindeutig in der Devise festgelegt: »Partei und Gewerkschaften sind eins.«

Hatte Karl Höger am zweiten österreichischen Parteitag 1891 nach einem Referat »Stand und Ziele der gewerkschaftlichen Organisation in Österreich« den »Parteigenossen« empfohlen, sich den bestehenden gewerkschaftlichen Organisationen anzuschließen[1], so gaben die Reden und Beschlüsse des ersten Kongresses der Freien Gewerkschaften 1893 ganz eindeutig ihr grundsätzliches Verhältnis zur Partei wieder, deren Bestreben, wie Julius Deutsch es einmal formulierte, darin bestand, in noch dringenderer Weise als früher die Taktik und Organisation der Gewerkschaften zu beeinflussen[2]. »Die gewerkschaftliche Organisation wird die Vorarbeit für die politische Organisation machen«, meinte damals Höger[3]. Und Dr. Viktor Adler, der Einiger der Partei zu Hainfeld, verkündete, nach dem Vereinsgesetz seien die Gewerkschaften nicht politisch, aber »durchaus beherrscht von sozialdemokratischen Ideen, von sozialdemokratischer Richtung und von sozialdemokratischer Energie«. Und: »Bei uns ist die Gewerkschaftsbewegung mit sehr wenigen Ausnahmen auf dem Boden der Sozialdemokratie[4].«

Viktor Adler war es auch, der das Wort prägte, Partei und Gewerkschaften seien siamesische Zwillinge. Das habe seine Unannehmlichkeiten, aber sie zu trennen, wäre eine lebensgefährliche Operation für beide. Das war Viktor Adlers Auffassung in einem Brief, den Anton Hueber vor dem zweiten deutsch-österreichischen Gewerkschaftskongreß verlas[5].

Richtung und Fahrplan der Freien Gewerkschaften waren also vorgegeben. Ihr großer Kampf um die wirtschaftliche und soziale Emanzipation der Arbeitnehmer war aber durch den

Ballast parteipolitischer Programme und durch die Praxis der sozialdemokratischen Partei belastet. Dies zeigte sich seit dem Novemberumsturz 1918 besonders deutlich. Die Wahlschlachten der Ersten Republik schlug die Partei mit Hilfe der Freien Gewerkschaften. In den Gewerkschaftsblättern wurde in fetten Lettern zur Wahl der sozialdemokratischen Kandidaten aufgefordert. Auch der antireligiösen, antikirchlichen Propaganda wurde breiter Raum gewidmet. Immer weiter entfremdeten sich die Freien Gewerkschaften dem Ideal der überkonfessionellen Haltung, wie die britischen Gewerkschaften es praktizierten. Zwar hatten sich auch dort schon vor dem Ausbruch des Ersten Weltkrieges Anzeichen parteipolitischen Einflusses gezeigt, aber die englischen Gewerkschaftsvereine nahmen auf die religiöse Überzeugung ihrer Mitglieder weitestgehend Rücksicht. Bezeichnend dafür ist, daß etwa nach dem Bericht des Korrespondenzblattes der Zentralkommission der Freien Gewerkschaften Deutschlands der britische Gewerkschaftskongreß 1913 in seinen Programmen kirchliche Veranstaltungen der Katholiken, Anglikaner und protestantischen Sekten ankündigte[6]. Leider waren die Freien Gewerkschaften Österreichs von solcher Toleranz weit entfernt. Das unglückliche Jahr 1927 mit dem Blutbad des 15. Juli – die mißglückte Formulierung in einer Rede des Bundeskanzlers Seipel, von der nur die abträgliche Kurzfassung »Verlangen Sie keine Milde« erhalten blieb, trug wesentlich dazu bei – führte zu einer maßlosen Hetze gegen Religion und Kirche. Auch die Freien Gewerkschaften wurden zu Trägern einer völlig einseitigen Propaganda für den Austritt aus der katholischen Kirche. So rief ein Flugblatt, das nach dem 15. Juli in einigen Ortsgruppen der Freien Eisenbahnergewerkschaft verteilt wurde, zum aktiven Kampf gegen die Kirche auf. »Religion ist Privatsache – sagt unser Parteiprogramm, aber Religion hat mit dieser Kirche nichts mehr zu tun, wo ihre Führer mit den Kapitalisten politische Geschäfte machen. Es ist eine proletarische Gewissenspflicht, aus dieser Kirche, deren Organe zu unseren größten Feinden gehören, auszutreten.« Eingehend verkündete »Der Eisenbahner« vom 19. August 1927 die ersten Erfolge einer Massenaustrittsbewegung[7].

Die engen Kontakte der Gewerkschaften mit der Sozialdemokratie zeigten sich bei Gewerkschaftstagen und Parteikongressen, in Beschlüssen und Reden maßgebender Führer. Nichtsozialisten konnten diese Verbindung mit einer Partei zwar ablehnen, was die christlichen Arbeitnehmer auch taten, weil sie den Klassenkampf und den Mißbrauch der Gewerkschaften für parteipolitische Zwecke verwarfen. Aber das nützte nichts. So war die Gründung einer eigenen, christlichen Gewerkschaftsbewegung unausbleiblich. Franz Spalowsky stellte einmal im Nationalrat fest: »Hätten Ihre Gewerkschaften sich so entwickelt, daß sie die religiöse und politische Überzeugung der einzelnen Arbeiter geachtet hätten, dann wäre die Schaffung christlicher Gewerkschaften von vornherein unmöglich gewesen[8].« Sie wäre, darf hinzugefügt werden, nicht nur unmöglich, sondern unnötig gewesen.

Am Ende des Ersten Weltkrieges hatten die christlichen Gewerkschaften auch in Österreich bereits eine gewisse Tradition, wobei Deutschland für die christlichen Arbeiter Vorbild und Lehrmeister war[9]. In Deutschland waren Ende der neunziger Jahre als Reaktion auf die immer offensichtlicher werdende Schlagseite der Gewerkschaften zur Sozialdemokratie die ersten christlichen Fachverbände entstanden. Ihr Programm war in den sogenannten »Mainzer-Grundsätzen« niedergelegt, die bis zur Auflösung der christlichen Gewerkschaften im tragischen Jahr 1934 in Geltung blieben. Danach sollten die Gewerkschaften interkonfessionell sein, d. h., für Mitglieder beider christlichen Konfessionen offen sein, aber auf dem Boden des Christentums stehen. Die Gewerkschaften sollten weiter unparteiisch sein, d. h., sich keiner bestimmten Partei anschließen. Die Erörterung parteipolitischer Fragen sollte vermieden, Reformen sollten auf dem Boden der bestehenden Gesellschaftsordnung angestrebt werden[10].

Die Übernahme dieser Grundsätze spiegelt sich in den Beschlüssen der christlichen Gewerkschaften und in den Reden ihrer Führer wider. Für unbedingte Neutralität in politischer und nationaler Hinsicht war Spalowsky beim 2. Reichsverbandstag 1904 und beim 1. Kongreß der christlichen Gewerkschaften eingetreten. In diesem Sinne wurde eine Resolution verabschiedet, die den Klassenkampf verwarf. Schon im November 1907 hatte Spalowsky auf der 1. Konferenz der christlichen Gewerkschaften Österreichs über die Grundsätze der Bewegung referiert, die in einer Entschließung ausdrücklich gebilligt worden waren. Diese Grundsätze besagten: Parteipolitische und konfessionelle Neutralität, Ablehnung des Klassenkampfes, Bekenntnis zu den sozialen Grundsätzen des Christentums und Kampf um die physische und psychische

Emanzipation der Arbeitnehmer. So traten die christlichen Gewerkschaften Österreichs im Jahre 1918 in das dritte Jahrzehnt ihrer Geschichte mit einem Programm ein, von dem sie nie abzuweichen brauchten.

Die christliche Gewerkschaftsbewegung war immer ein wichtiger Bestandteil der christlichen Arbeiterbewegung gewesen, aus der sie hervorgegangen ist. Sie war die Gesamtbewegung, die sich um die selbständige Interessenvertretung nicht nur in wirtschaftlicher, sondern auch in politischer Hinsicht bemühte[11]. In einer Entschließung des Reichsverbandes der christlichen Arbeitervereine vom Jahre 1921 hieß es, »die christliche Arbeiterschaft erstrebe die Erfüllung der ihr obliegenden Aufgaben innerhalb der christlich-sozialen Volkspartei. Sie fordere Beachtung, wie sie auch erwartet, daß die Partei allen klassenkämpferischen Bestrebungen, von welcher Seite sie auch immer kommen mögen, mit Entschiedenheit entgegentritt[12] [13].«

Vom 11. bis 13. August 1923 tagte der Reichsverband in Linz. Das von ihm beschlossene Programm hatte den damals 33jährigen Professor Dr. Karl Lugmayer zum Verfasser, der schon vor dem Ersten Weltkrieg in der sozialen Studentenbewegung tätig gewesen war und sich bereits durch volkswirtschaftliche Schriften und durch Kommentare zum Arbeiterrundschreiben Leos XIII. einen Namen gemacht hatte. Neben ihm war Pater Ferdinand Frodl an der Arbeit des Programmausschusses wesentlich beteiligt, auch Kunschak griff als Vorsitzender wiederholt in die Beratungen ein[14] [15] [16].

Das »Linzer Programm der christlichen Arbeiter Österreichs« fußte – so ergänzte Kunschak dessen Erläuterungen durch Lugmayer – gleich dem Programm vom Jahre 1913 auf den unveränderlichen Lehren des Christentums. Darin unterscheide es sich vom sozialdemokratischen Programm. Es bleibe dem Prinzip der Anerkennung des Privateigentums und der Ablehnung des Klassenkampfes treu. Der wesentliche Unterschied zwischen dem alten und dem neuen Programm liege in der Stellungnahme zu den einzelnen Zeitfragen. Das alte Programm sei in der Hauptsache eine Stellungnahme zu unmittelbaren Fragen des Arbeiterstandes gewesen. Das neue Programm lege die zwingenden Beziehungen des Gesellschaftslebens zum Gottesglauben, zu der Lehre des Christentums und dem Wirken der Kirche dar, definiere die Aufgaben der sozialen Gemeinschaften, der Familie, der Gemeinde, des

Staates und der Berufsgenossenschaften, bestimme die sich daraus ergebenden Richtlinien für die Entwicklung eines gesunden Wirtschaftslebens, »um schließlich in diesem System einer christlichen Gesellschaftsordnung die Stellung des Arbeiterstandes und seine Rechte zu formulieren und zu verankern«[17]. Das Linzer Programm, das jüngst Gerhard Silberbauer wieder analysiert hat[18], besagt:

Unsere Grundanschauungen von Gesellschaft und Wirtschaft

I. Die Gesellschaft treibt der Auflösung zu. Das Streben nach Macht und Gewinn stürzt die Völker in immer tieferes Elend. Wir brauchen neue Ordnung. Die Grundsätze und Heilskräfte des Christentums müssen sie uns bringen.

II. Es ist ein Gott; ihm ist jeder Mensch verantwortlich; er ist der Schöpfer aller Gesetzmäßigkeit. Der Gottesglaube ist das erste Gut jedes Volkes. Christus hat uns den Glauben an Gott den Vater wiedergebracht und uns die Sittengesetze gelehrt, die unser Verhalten zu Gott und untereinander ordnen. Die Kirche hütet die Lehre Christi. Für ihre Aufgaben kommt ihr eigene Hoheit zu.

III. Die christliche Lehre schützt die Arbeit und regelt den Gebrauch des Eigentums. Sie spricht der Arbeit ihren vollen Ertrag zu, stellt das Eigentum in den Dienst der Gemeinschaft und verdammt die heutige Beutewirtschaft.

Arbeit und Natur sind die Ur-Quellen wirtschaftlicher Werte. Der Wohlstand der menschlichen Gesellschaft ruht völlig auf der Arbeit.

Das Eigentum dient als Grundlage der Familie und findet hierin seine stärkste Begründung.

IV. Die Gesellschaft ruht auf drei Grundpfeilern: Familie, Beruf, Siedlung.

Ihr stärkster ist die Familie. Christliches Eherecht gibt ihr den Schutz, christliche Kindererziehung den Inhalt, Eigentum und Familienlohn die wirtschaftliche Möglichkeit.

Die Gleichheit des Berufes verbindet die Menschen zu Standesgruppen. Die Berufsstände bilden die nächsthöhere Gemeinschaft. Für ihren Kreis kommt ihnen entsprechende gesetzgebende, verwaltende und rechtssprechende Hoheit zu.

Die Siedlung verbindet die einzelnen Familien- und Berufsgruppen in räumlicher Gemeinschaft zu Staat und Gesellschaft.

Die gesellschaftlich-wirtschaftliche Stellung des Arbeiterstandes im allgemeinen

V. Der Arbeiterstand muß als vollwertiger Teil der menschlichen Gesellschaft gelten. Diese Geltung ist beeinträchtigt durch: Unsicherheit und Unzulänglichkeit des Arbeitsertrages, Mangel an Eigentum und Seßhaftigkeit, Gefährdung der Familie. Wie dieser Zustand zu beseitigen ist, zeigt Leo XIII. in seinem Arbeiterrundschreiben. Danach ist die sozialistische Lehre vom Klassenkampf abzulehnen.

Wir erstreben die Versöhnung der Betriebsherrschaft mit der Arbeitergemeinde nach den Grundsätzen der Gerechtigkeit und gegenseitigen Hilfe.

Vom Staat (Land, Gemeinde) fordern wir: Gerechte Verteilung der Steuerung und Abgaben, Ausbau und Sicherung des Arbeiterschutzes (im besonderen auf dem Gebiete der Sonntagsruhe, Arbeitszeit, Kinderarbeit, Frauenarbeit, Lohn, Betriebsschutz, Wohnungsfrage) und bestmögliche Ausgestaltung des Bildungsweges. An der Durchführung dieser Aufgaben hat die Betriebsgemeinschaft und die berufsständische Organisation mitzuwirken. Die berufsständische Organisation baut sich auf Arbeitgeber- und Arbeitnehmerverbänden (Gewerkschaften) auf. Ihre Selbstverwaltung bezieht sich auf Rechtspflege (Schiedsgericht, Einigungsamt), auf soziale Hilfe (Versicherungswesen, Betriebsschutz, Wohnungsfürsorge) und Aufbau der Bedarfswirtschaft.

Im besonderen

VI. Lohn: Der Lohn muß zum Arbeitsertrag im gerechten Verhältnis stehen. Er muß der Arbeiterfamilie eine standesgemäße Lebensführung gewährleisten (Familienlohn). Bei Kinderreichtum Ergänzung des Lohnes durch Zuschüsse aus Ausgleichskassen (Kinderversicherung).

Arbeitszeit: Durchschnittlicher Achtstundentag. Abweichungen darüber oder darunter unterliegen der Rücksicht auf die Gesundheit der Arbeitenden und den Kräfteverbrauch bei der Arbeitsleistung.

Sonntagsruhe: Sonn- und Feiertage sind nicht nur Ruhetage, sondern vor allem Tage des Seelen- und Geisteslebens. Sie dürfen nicht angetastet werden.

Urlaub: Die fortschreitende Mechanisierung der Arbeitsme-

thoden erzeugt in den Betriebsstätten eine Stimmung, in der Geist und Körper des Arbeiters verdorren. Der regelmäßige Urlaub ist neben der Sonn- und Feiertagsruhe ein Gebot der reinen Menschlichkeit.

Kinderarbeit: Kinderarbeit ist verboten. Jugendlichen ist eine geordnete Berufsausbildung zu sichern. Sie dürfen erst dann in einem Betrieb arbeiten, wenn Geist und Körper genügend ausgereift sind, keinesfalls vor Vollendung der Schulpflicht.

Frauenarbeit: Überleitung der Frauenarbeit in die Hauswirtschaft und in die Erziehungs-, Pflege- und Fürsorgeberufe. Befreiung der verheirateten Frauen von der Erwerbsarbeit. Verbot der Frauenarbeit und der Arbeit Jugendlicher in gesundheitsschädlichen Betrieben.

Betriebsschutz: Ausreichender Schutz gegen Berufskrankheiten und Betriebsunfälle.

Wohnungsfragen: Bodenreform, Förderung der gemeinnützigen Bautätigkeit und des Kleingartens, Bekämpfung des Bodenwuchers, Schutz für den kleinen Pächter.

Sozialversicherung: Schaffung einer allgemeinen Sozialversicherung. Diese hat folgende Aufgaben: Versicherung gegen Krankheit, Unfall, Alter, Arbeitslosigkeit, Arbeitsunfähigkeit, Ausgleichskassen (Kinderversicherung), Witwen- und Waisenversorgung. Ihre Träger sind die Berufsstände, der Staat übt Aufsichtsrecht.

Unsere politischen Grundsätze

VII. Hauptzweck des Staates ist die zeitliche Wohlfahrt der Gesamtheit.

Politik ist die richtige Wahl der Mittel, durch die jeweilig die Einzelzwecke des Staates erreicht werden. Die Grundsätze der Glaubens- und Sittenlehre müssen auch für die Politik oberste Richtschnur sein. Wir verwerfen jede Form von Staatsallmacht. Der Staat ist nicht die letzte Quelle des Rechtes.

Ist auch die politische Entwicklung Sache des ganzen Volkes, so muß doch die Arbeiterschaft dafür sorgen, daß ihre Anschauungen durch die eigenen Organisationen zur Geltung gebracht werden.

Wir stehen auf dem Boden der Demokratie und fordern volle Gleichberechtigung der Arbeiterschaft in Ausmaß und Ausübung der politischen Rechte, Freiheit der Gesinnung und des Organisationswillens, Ausdehnung des Verhältniswahlrechtes auf alle Wahlen.

Ein Aufsehen erregendes Rundschreiben des österreichischen Episkopates, das am 28. November 1923 unter dem Titel »Lehren und Weisungen der österreichischen Bischöfe über die sozialen Fragen der Gegenwart« veröffentlicht wurde, nahm auch zu den Gewerkschaften Stellung. Es wies darauf hin, daß eine Mitgliedschaft in den Freien Gewerkschaften mit der katholischen Überzeugung unvereinbar sei; Zugehörigkeit zu den Freien Gewerkschaften hieße Unterstützung eines Feindes der katholischen Religion, bedeute Mitschuld am Umsturz, den die Sozialdemokratie anstrebe. Der christliche Arbeiter gehöre nicht in die Sozialdemokratie, daher auch nicht in die sozialdemokratischen Gewerkschaften[19]. Schließlich heißt es in dem Rundschreiben: »Die Sozialdemokratie ist das Verderben der Gesellschaft. Arbeitet nicht selbst an diesem Verderben mit! Zeitliche Vorteile vermögen das Verderben an der eigenen Seele nicht aufzuwiegen. Die Entscheidung drängt. Sei sich jeder seiner Pflicht bewußt! Bemüht euch, euch aufzuraffen in eurer eigenen christlichen Organisation, eure Reihen zu stärken, und die übrigen Stände sollen euer Recht verteidigen helfen, auch zu ihrer eigenen Rettung[20]!«

Die Reaktion der Freien Gewerkschaften auf diese Kundgebung war begreiflicherweise sehr unfreundlich. Der »Christliche Gewerkschafter«, das Zentralorgan der Bewegung, besprach das Rundschreiben ausführlich und analysierte den Inhalt, wobei das Hauptgewicht auf die Ablehnung des Kapitalismus und des Sozialismus und auf den Aufbau einer Volkswirtschaft in christlichem Sinne gelegt wurde[21].

Leider ging auch in der Zeit nach 1918 der tragische Streit um die christliche Sozialreform und damit um die Grundlagen der christlichen Arbeiterbewegung weiter. Dieser Streit war seinerzeit aus der verhängnisvollen Spaltung der christlichen Arbeiterjugend entsprungen und hatte damals zum Konflikt mit Anton Orel geführt, »diesem großen, eigenwilligen Kämpfer voll Idealismus, aber schlechten Taktiker«[22]. Er blieb außerhalb der christlichen Arbeiterbewegung, kämpfte, ein begeisteter Jünger Vogelsangs, für seine Ideen weiter, schrieb zahlreiche Bücher, die Ausdruck seines universalen Denkens waren, und dichtete schwungvolle Lieder für seine Jugend.

Für die reinen Ideen Vogelsangs und mit Orel gegen eine Aussöhnung zwischen Katholizismus und Kapitalismus, wie sie etwa die Anhänger des Solidarismus erträumten, trat auch die »Studienrunde katholischer Soziologen« ein. Nach der »Katholisch-sozialen Tagung« des Katholischen Volksbundes 1929 entstanden, bei der ihrer Meinung nach kein positives Reformprogramm vertreten worden war, veröffentlichte die Studienrunde 1932 ein »Katholisch-soziales Manifest«. Es stellte eine Sammlung konservativer Sozialideen dar und trat auf der Grundlage von Korporationen für ein Ständeparlament ein[23].

Die christlichen Gewerkschafter wurden durch diesen Ideenkampf insofern berührt, als die akademische Jugend, die sich nach dem Ersten Weltkrieg immer stärker in der sozialstudentischen Bewegung betätigt hatte, alsbald in zwei Lager zerfiel, von denen das eine für Kunschak und die christliche Gewerkschaftsbewegung, das andere für die Ideen Orels eintrat.

Das Linzer Programm der christlichen Arbeiter vom Jahre 1923 enthielt, ohne die parlamentarische Idee abzulehnen, gleichfalls den Gedanken des ständischen Aufbaues der Gesellschaft, der zum 40. Jahrestag des Arbeiterrundschreibens Leos XIII. 1931 durch die Enzyklika »Quadragesimo anno« von Papst Pius XI. »mit wuchtigem Ruck mitten in die Geisteskämpfe der Menschheit« gestellt wurde[24]. Pius XI. wies darauf hin, »daß gegen die Neige des 19. Jahrhunderts die neue Wirtschaftsweise und die Industrialisierung mehr und mehr zu einer Spaltung der Gesellschaft in zwei Klassen geführt hat. Die eine Klasse, nur gering an Zahl, genoß vor allem die Annehmlichkeiten, welche die neuzeitlichen Erfindungen so reichlich zu bieten vermochten, die andere Klasse dagegen, die ungeheure Masse der Arbeiterschaft umfassend, litt unter dem Druck jammervoller Not, ohne sich, trotz angestrengtester Bemühungen aus ihrer kläglichen Lage befreien zu können. Die Arbeiterschaft ertrug wahrhaftig nur schwer diesen Stand der Dinge und bäumte sich auf gegen ein so unerträgliches Joch. Unter dem Einfluß der Verhetzung erstrebte ein Teil der Arbeiterschaft den völligen Umsturz der menschlichen Gesellschaft, aber auch in dem anderen Teil, der durch seine gediegene christliche Durchbildung gegen solche Verirrungen gefeit war, festigte sich die Überzeugung, daß ein tiefgreifender Wandel dringend geboten sei.«

Die Enzyklika gab einen Überblick über die segensreichen Wirkungen von »Rerum Novarum«. Sie gedachte jener drei Faktoren, die Leo XIII. hervorgehoben hatte: Der Kirche und ihrer Lehre, die in die weitesten Kreise drang; des Staates, der nicht mehr Wächter der Rechtsordnung nach liberaler Auffassung, sondern Rechts- und Wohlfahrtsstaat sein müßte; der

Selbsthilfe der Arbeitgeber und Arbeitnehmer »durch solche Veranstaltungen, durch die der Hilfsbedürftige geeignete Hilfe findet und die beiden gesellschaftlichen Gruppen einander näher gebracht werden«. Pius XI. erinnerte an das von Leo XIII. vertretene Koalitionsrecht. Das Arbeiterrundschreiben sei zur »Magna Charta christlicher Sozialarbeit« geworden.

Im Mittelpunkt von »Quadragesimo anno« steht die individuelle und soziale Natur des Eigentums; es wird auf die daraus entstehenden Pflichten verwiesen, ferner darauf, daß beim Eigentumsgebrauch nicht nur an den eigenen Vorteil zu denken, sondern auch auf das gemeinsame Wohl Bedacht zu nehmen sei. Der Staat könne mit Rücksicht auf wirkliche Erfordernisse des allgemeinen Wohles im einzelnen anordnen, was die Eigentümer hinsichtlich des Eigentums tun dürfen und was ihnen verwehrt ist. Arbeit und Kapital seien aufeinander angewiesen, »widerrechtliche Ansprüche des Kapitals«, aber auch widerrechtliche Ansprüche der Arbeiter werden zurückgewiesen. So sei es falsch, daß alle Erträgnisse oder Überschüsse, nach Abzug lediglich des Mindestbedarfes für die Kapitalerhaltung und Kapitalerneuerung, dem Arbeiter gebühren. »Entpolitisierung des Proletariats« sei das Ziel. Überwindung der »Proletarität« durch Vermögensbildung, Lohngerechtigkeit wird verlangt. Aus der Individual- und Sozialnatur der Arbeit ergebe sich die Notwendigkeit »eines wirklichen Sozialorganismus«. Bei Bemessung der Regelung des Arbeitslohnes seien drei Gesichtspunkte maßgebend: Lebensbedarf des Arbeiters und der Arbeiterfamilie, Lebensfähigkeit des Unternehmens und allgemeine Wohlfahrt. Die neue Gesellschaftsordnung wird als »berufsständische Ordnung« bezeichnet. »In heißem Bemühen«, heißt es wörtlich, »müssen unsere Staatsmänner und Staatsbürger trachten, aus der Auseinandersetzung zwischen den Klassen zur einträchtigen Zusammenarbeit der Stände sich emporzuarbeiten.« Die Wirtschaft müsse einem echten und durchgreifenden Regulationsprinzip unterstellt werden. Gewerkschaften werden anerkannt und schließen das Bestehen »rein tatsächlicher Vereinigungen auf beruflicher Grundlage« nicht aus. Vertreter der Arbeitnehmer und Arbeitgeber desselben Gewerbes oder Berufszweiges sollen die berufsständischen Organisationen bilden, »als wirkliche und eigentliche Staatsorgane und Staatseinrichtungen«.

Die Enzyklika gedenkt der »tiefgreifenden Wandlungen«, die seit Leo XIII. eingetreten sind. Die »Vermachtung« in der

Wirtschaft sei das Ergebnis der Wettbewerbsfreiheit als letzter Auswirkung des individualistischen Geistes. Abhilfe könne nur durch eine entsprechende Berücksichtigung der »Gemeinwohlgerechtigkeit« geschaffen werden. Entschieden wendet sich die Enzyklika auch gegen die »Vermachtung der scharfen Richtung des Sozialismus« – den Kommunismus. Doch wird auch der »gemäßigtere« Sozialismus abgelehnt. »Es ist unmöglich, gleichzeitig guter Katholik und wirklicher Sozialist zu sein.« Die so heiß ersehnte Erneuerung der Gesellschaft setze »innerliche Erneuerung im christlichen Geist« voraus. Den Hauptanteil an allem müsse die Kirche haben. Das wesentliche Mittel, um die Schwere des Werkes zu bewältigen, seien Laienhelfer. Einheit und Einigkeit seien zur Erneuerung der menschlichen Gesellschaft im christlichen Geiste wesentlich[26].

Begriffe wie »Neuaufbau der Gesellschaft« und »Ständestaat« fanden bald auch im politischen Leben Österreichs ein Echo. Aber sie wurden gründlich mißverstanden, wenn man damit später die Beseitigung der parlamentarischen Demokratie rechtfertigen wollte. Ludwig Reichhold wandte sich in seinem Buch »Opposition gegen den autoritären Staat« (»Christlicher Antifaschismus 1934 bis 1937«) eindeutig gegen die falsche Interpretation der Enzyklika »Quadragesimo anno«, die auch bei den Freien Gewerkschaften und den Sozialisten starke Beachtung gefunden hatte. Benedikt Kautzky, damals Sekretär der Wiener Arbeiterkammer, meinte in einem Artikel, die Enzyklika dürfe man am allerwenigsten so auslegen, daß man in ihr eine Aufforderung zur Bekämpfung nichtkatholischer Gewerkschaften mit Hilfe staatlicher Repressivmaßnahmen erblicke. »Man mag zu dem Weltbild, das die Enzyklika entwirft«, so schreibt er, »stehen, wie man will, keineswegs darf man es fälschen, wie es heute vielfach geschieht. Nicht eine Unterjochung der Arbeiterklasse, nicht eine Zerschlagung oder Aushöhlung ihrer gewerkschaftlichen oder sonstigen wirtschaftlichen Organisation plant die Kirche, sondern die Heranziehung der Arbeiter zum gesellschaftlichen Neuaufbau[27].«

Die Grundsätze der christlichen Gewerkschaften, die ja im Arbeiterrundschreiben Leos XIII. wurzeln, wurden durch »Quadragesimo anno« neuerlich bestätigt. Sie stellten, was oft angezweifelt wurde, in den 15 Jahren von 1918 bis 1933 das Fundament der Bewegung dar. »Schafft Klarheit«, hatte ein programmatischer Artikel im »Christlichen Gewerkschafter«

verlangt. Hier wurde im Interesse der Aktionsfähigkeit der Organisation ihr politisch neutraler Charakter betont, gleichzeitig jedoch ein Bekenntnis zur christlichen Weltanschauung abgelegt und klargestellt, daß »auf dem Boden des Materialismus und Klassenkampfes die Arbeiterfrage niemals zu einer glücklichen Lösung geführt werden kann«[28].

ANMERKUNGEN

1 Verhandlungen des 2. österr. sozialdemokratischen Parteitages 1891, Wien 1891, Seite 65.
2 Julius Deutsch, Geschichte der österreichischen Gewerkschaftsbewegung, Wien 1929/30, Bd. II, Seite 246.
3 Protokoll über die Verhandlungen des ersten Gewerkschaftskongresses, Wien 1903, Seite 5.
4 Ebenda, Seite 67.
5 Protokoll des 2. Deutsch-österreichischen Gewerkschaftskongresses 1923, Wien 1923, Seite 237.
6 Franz Hemala, Geschichte der Gewerkschaften, 2. Aufl., Wien 1930, S. 20.
7 Ebenda, Seite 171 f.
8 Stenogr. Protokoll der Sitzungen des Nationalrates 1920/21, Seite 489.
9 Hemala, a. a. O., Seite 75.
10 Ebenda, Seite 85.
11 Ebenda, Seite 187.
12 Protokoll über die Verhandlungen des 1. Kongresses der christlichen Gewerkschaften Österreichs 1909, Wien 1909, Seite 25 ff., Seite 74.
13 Hemala, a. a. O., Seite 187.
14 Gustav Blenk, Leopold Kunschak und seine Zeit, Wien 1966, Seite 122.
15 Franz Bauer, Leopold Kunschak, Wien 1948, Diss., Seite 62.
16 »Die christliche Arbeiterbewegung« 45 Jahre im Dienste Österreichs.
17 Blenk, a. a. O., Seite 126.
18 Gerhard Silberbauer, »Österreichs Katholiken und die Arbeiterfrage«, Graz 1966, Seite 198.
19 Zitiert bei Hemala, a. a. O., Seite 235.
20 Ebenda, Seite 235 f.
21 »Der christliche Gewerkschafter«, Jahrgang 1956, Folge 2.
22 Blenk, a. a. O., Seite 68.
23 Katholisch-soziales Manifest, Wien 1932.
24 Leopold Kunschak, »Österreich von 1918 bis 1934«, Wien 1934, Seite 144.
25 Adam Wandruszka, »Politische Struktur Österreichs« in »Geschichte der Republik Österreich«, Hrg. von H. Benedikt, Wien 1954, Seite 336.
26 Soziale Botschaft der Kirche von Leo XIII. bis Johannes XXIII., herausgegeben von Johannes Schasching, Innsbruck, Wien 1963.
27 Benedikt Kautzky, »Die Enzyklika Quadragesimo anno über Stände und Gewerkschaften«, in »Der österreichische Volkswirt«, 13. 1. 1934, zitiert bei Fritz Klenner, »Die österreichischen Gewerkschaften«, Seite 1071.
28 »Der Christliche Gewerkschafter«, N. F. Jg. 1, Folge 1.

Weltkrieg und Zusammenbruch

Am 7. und 8. September 1914 hätte der 3. Kongreß der Christlichen Gewerkschaften Österreichs tagen sollen. Der Erste Weltkrieg verhinderte ihn. Er machte damit auch einer hoffnungsvollen Entwicklung ein Ende.

Als sich die Nachricht von der Ermordung des Thronfolgers Franz Ferdinand über die Welt verbreitete, tagte gerade der Reichsverband, die nichtpolitische christliche Arbeiterorganisation Österreichs, der am 28. und 29. Juni in Linz versammelt war. Noch wußte niemand, was auf die Schüsse von Sarajewo folgen würde. Aber die Schatten eines drohenden Krieges senkten sich über das Land. Als die Donaumonarchie den verhängnisvollen Waffengang wagte, waren in erster Linie die Arbeiter die Leidtragenden. Das Kriegsleistungsgesetz vom 26. Dezember 1912, das die wirtschaftlichen Kräfte zusammenfassen wollte und eigentlich nicht gegen die Arbeiter gerichtet war, traf diese doch am härtesten. Die Betriebe wurden staatlich geschützte Unternehmungen, die Arbeiter wurden »Kriegsleister«, unterstanden dem Militärstrafrecht und der militärischen Leitung, die in den Unternehmungen nach dem Kriegsleistungsgesetz kommandierte. Im Verlauf des Krieges, als die Entbehrungen immer größer wurden, nahm die Unzufriedenheit der Arbeiter, die sich vergeblich gegen Lohndruck und schlechte Versorgung zur Wehr zu setzen versuchten, von Jahr zu Jahr zu. Oberstaatsarchivar Dr. Rudolf Neck hat jüngst diese Verhältnisse dokumentarisch dargestellt. Seine Aufzeichnungen geben ein erschütterndes Bild von der Unterdrückung und der Not der Arbeiter im »Stahlbad der Völker«[1]. Eine strenge Zensur verhinderte, daß die Öffentlichkeit etwas von den Zuständen in den Kriegsleistungsbetrieben erfuhr. »Beschwerdestellen«, die am 31. Oktober 1915 für Wien und Niederösterreich und mit Erlaß vom 21. März 1917 auch in den anderen Ländern errichtet wurden, brachten manche Abhilfe, da sie den Beschwerdeführern das Recht gaben, sich durch Berufsgenossen oder Berufsvereinigungen vertreten zu lassen. Sie waren die »erste gesetzliche Anerkennung der Gewerkschaften als rechtliche Vertreter der Interessen ihrer Mitglieder«[2], aber die Gewerkschaften konnten wenig oder nichts erreichen. Die zunehmende Verschlechterung der wirtschaftlichen Verhältnisse, die nur den Schiebern Vorteile brachte, den Erwerbstätigen im privaten und öffentlichen Dienst aber immer mehr Mühen, Entbehrungen, ja Hunger auferlegte, konnte nicht gebannt werden.

Die Gewerkschaften, obwohl in ihrer Wirksamkeit durch die Kriegsverhältnisse behindert, waren mit allen Kräften bemüht, Unerträgliches zu mildern. Aber sie hatten es nicht leicht. Die christliche Gewerkschaftsbewegung war eine junge Bewegung, ihre Mitglieder gehörten zumeist der Jugend oder dem besten Mannesalter an. Ähnlich verhielt es sich mit den Gewerkschaftsbeamten. Daher mußte nicht nur die Mehrheit der Mitglieder einrücken, auch ein Gewerkschaftssekretariat nach dem anderen mußte wegen Einrückung des Sekretärs geschlossen werden, eine lächerlich geringe Zahl von Arbeitskräften blieb zurück. Im Jahre 1917 waren von 18 freigestellten Kräften nur mehr 4 tätig. Kein Wunder, daß die Mitgliederverluste in den christlichen Gewerkschaften überaus stark waren. Die folgenden Zahlen vermitteln davon ein Bild:

1913 hatten die christlichen Gewerkschaften 27.113 männliche und 10.122 weibliche Mitglieder.

1914 waren es 14.809 männliche und 7884 weibliche Mitglieder,

1915 7075 männliche und 6581 weibliche Mitglieder,

1916 7295 männliche und 6496 weibliche Mitglieder[3].

Auch die Freien Gewerkschaften hatten Mitgliederverluste zu verzeichnen: 1913 verzeichneten sie noch 415.195 Mitglieder, 1914 fiel die Zahl auf 240.681, 1915 auf 177.113, 1916 auf 166.931[4]. Aber schon 1917 wurden 311.068 und 1918 wieder 418.910 Mitglieder gezählt[5].

Im Krieg kam es zwischen den christlichen und den sozialistischen Gewerkschaften zu einer Art »Burgfrieden«. Als 1917 in der Steyrer Waffenfabrik ein Streik ausbrach, verhandelten Vertreter der sozialdemokratischen und christlichen Gewerkschafter gemeinsam mit der Leitung des Unternehmens. Und als nach bewährtem Muster die »Streikhetzer« und »Aufwiegler« an die Front geschickt wurden, traf dieses Schicksal die christlichen Vertrauensmänner Berger und Grafleitner ebenso wie die Sozialdemokraten[6].

Je länger der Krieg dauerte, desto größer wurde die Not der Zivilbevölkerung. Das Parlament war mit Kriegsausbruch vertagt worden, die Willensäußerung des arbeitenden Volkes blieb auf die Kundgebungen der Parteien beschränkt. Sozialdemokraten und die Freien Gewerkschaften brachten wiederholt Wünsche, Forderungen und Anregungen vor, um die Lage erträglicher zu machen[7]. Auch die christlichen Arbeiter rührten sich. Zuletzt unterrichteten sie im April 1918 die Öffentlichkeit über ihre »Forderungen und Vorschläge«. Die Reichskonferenz legte dar, daß die politischen und gewerkschaftlichen Vertreter während der harten Kriegszeit ständig bemüht waren, ihre Pflicht zu erfüllen[8]. So hatte z. B. die Reichskonferenz der christlichen Arbeiterschaft einen Beschluß (10. Juni 1915) überreicht, in dem darauf hingewiesen wurde, daß die Arbeiter »die größten und schwersten Opfer, sowohl vor dem Feind, als auch im Wirtschaftsleben« bringen. Außerdem wurde betont, das Vaterland werde nur einen Vorteil davon haben, wenn es darauf bedacht sei, die schweren Nachteile, die die Teuerung den Arbeitern gebracht hat, nach Möglichkeit zu beseitigen. Ferner müßte eine Reihe schwerer Mängel in der Lebensmittelversorgung abgestellt werden. Am 10. September 1915 sprach sich eine Reichskonferenz für die Schaffung eines gemeinsamen österreichisch-ungarischen Versorgungsgebietes mit gemeinsamem Amt aus. Sie trat ferner für einen einheitlichen Verteilungsplan im Lebensmittelhandel unter schärfster staatlicher Kontrolle ein, für Teuerungsbeiträge an Staatsangestellte und Pensionisten, für die Anpassung der Unterhaltsbeiträge an die Zeitverhältnisse, für die Bekämpfung der Volkskrankheiten sowie für Änderungen der Kranken-, Alters- und Invalidenversicherung[9]. Auch mit dem Verfassungsproblem beschäftigten sich die christlichen Arbeiter. So wurde in einem Beschluß ihrer politischen Vertretung, der am 20. Februar 1916 dem Ministerpräsidenten überreicht wurde, die Notwendigkeit eines Umbaues der Monarchie betont. Gefordert wurde ferner die Ausdehnung der Sozialversicherung durch Schaffung einer Alters- und Invaliditätsversicherung. Am 9. September 1916 beriet eine Reichskonferenz über die wirtschaftliche Annäherung der Monarchie an Deutschland. Am 22. April 1917 schlug eine Reichskonferenz mit »Rücksicht auf das öffentliche und wirtschaftliche Interesse wie auf das Familienleben« die Demobilisierung der Heere vor. Sie forderte von dem wieder zusammengetretenen Parlament: Wiederaufrichtung des wirtschaftlichen Lebens und dessen Sicherung, Versorgung der Kriegsinvaliden, Witwen und Waisen, Sozialversicherung und Maßnahmen gegen die immer unzulänglicheren Bezüge der Staatsangestellten und Arbeiter[10].

Leopold Kunschak entwickelte sich in diesen Zeiten immer stärker zum großen österreichischen Patrioten, er war unentwegter Kritiker, dessen »Christlich-soziale Arbeiter-Zeitung« wiederholt der Zensur verfiel[11]. Besonders nahm er die Kriegsgewinner aufs Korn, die aus der Not des Volkes Kapital schlugen. Am 4. September 1917 sprach er im Wiener Gemeinderat gegen die Großbanken, gegen die Staatsverwaltung, der es zwar obliege, das Volk aus den Klauen des Wuchers und der Lebensmittelspekulanten zu retten, die es aber aus Furcht vor den Banken nicht tue. Der immer stärker werdenden Friedenssehnsucht gaben drei große Versammlungen Ausdruck[12]. In einer imposanten Versammlung im Wiener Rathaus forderte Kunschak am 8. Oktober 1917 den Frieden »im Namen der Menschlichkeit und der Menschenwürde«. Gleich wirkungsvoll waren Reden Kunschaks in Olmütz und Salzburg. Ungeachtet des Siegesrausches, den die damals angelaufene Offensive in Italien ausgelöst hatte, beharrte er auf dem Recht, vom Frieden zu reden. »Über allem Sieg steht der Sieg der Menschlichkeit und der Vernunft.« Es sei hoch an der Zeit, sich zu besinnen und der »wüsten Selbstzerfleischung ein Ende zu bereiten«. Kunschak kam zu dem Schluß, »daß wir trotz des Sieges in Italien, erst recht wegen der Siege in Italien, berechtigt sind, unseren Friedenswillen zu bekunden«[14].

Als im Jänner 1918 die Brotration neuerlich stark gekürzt wurde, nahm Kunschak im Wiener Gemeinderat scharf dagegen Stellung, nannte den Tag der Verordnung einen »schwarzen Tag«, die Maßnahme sei ein »frivoles Beginnen, ein Attentat auf die Gesundheit des Volkes«. Er kritisierte die Regierung scharf. Die Polizei verbot die Plakatierung der beschlossenen Protestresolution[15]. Auch auf dem ersten christlichen Arbeiterkongreß vom 21. bis 23. September 1918 in Wien, auf dem Franz Spalowsky (»Die christliche Arbeiterschaft in Staat und Gesellschaft«), Franz Ullreich (»Die Ziele der christlichen Arbeiterschaft im Wirtschaftsleben«) und der Steirer Christian Fischer referierten, wandte sich Kunschak gegen die Gefahren einer Hungersnot. Zur »Sicherung der Volksernährung« forderte er ein einheitliches Ernährungsgebiet in Österreich-Ungarn und die Beseitigung bürokratischer Ernährungsprogramme. Ein freier Handel habe in dieser Zeit keinen Platz[16].

Not und Hunger waren seit 1916 unerträglich geworden; im

Volke, aber auch bei den im Hinterlande stationierten militärischen Einheiten gärte es. Mochte Kaiser Karls Thronrede, mit der er am 30. Mai 1917 den Reichsrat eröffnete, auch der Arbeiter gedenken, mochte sie Maßnahmen für die Hebung der Volksgesundheit, die Ausgestaltung der Jugendfürsorge, die Befriedigung des Wohnbedarfes der breiten Massen, den Ausbau des Arbeiterschutzes vor allem für die Frauen und Jugendlichen in Aussicht stellen, so waren das alles nur Versprechungen, die nicht erfüllt wurden[17]. Mochte im Herbst 1917 ein Ministerium für soziale Fürsorge errichtet werden und der erste Inhaber dieses Ressorts, Dr. Mataja, in seiner Antrittsrede vor den Abgeordneten die Sozialversicherung zu einer Hauptaufgabe erklären sowie andere lösungsbedürftige Fragen des Sozialrechtes aufgreifen[18], so waren dies nur hoffnungsvolle Worte in einem gärenden sozialen Milieu. Das Morden an den Fronten ging weiter, die Friedensbemühungen des Kaisers scheiterten endgültig im Frühjahr 1918. Im Hinterland hungerte die Mehrzahl der Österreicher, hungerten die Arbeitnehmer, hungerten die Soldaten der Ersatzkader. In Rußland vollzog sich indessen der Sturz des Zarismus, dem, als die demokratische Regierung kläglich versagte, die Novemberrevolution 1917 folgte. Sie brachte den Bolschewismus an die Macht. Der gefährliche Funkenflug aus Rußland konnte leicht auch den in Österreich aufgespeicherten Zündstoff zur Explosion bringen.

Tatsächlich brach im Jänner 1918 der lang aufgestaute Unmut sich Bahn. »Die Kürzung der Kopfquote von Mehl bringt langsam aber sicher die soziale Bewegung und die Bewegung für den Frieden ins Rollen«, notierte der Reichstagsabgeordnete und Pazifist Professor Josef Redlich am 17. Jänner 1918[19]. Die Belegschaft der Daimler-Werke in Wiener Neustadt trat in den Ausstand, der Streik griff alsbald auf das niederösterreichische Industriegebiet, aber auch auf Wien, die Steiermark, Oberösterreich und Ungarn über[20]. Nicht die Brotkürzung allein, auch Nachrichten über das arrogante Auftreten der deutschen Delegation – der Leiter des österreichischen Außenministeriums, Ottokar Czernin, »spielte eine klägliche Rolle« (Redlich) – bei den Friedensverhandlungen mit Rußland wirkten auf den Streik ein. Kommunistische Agitation heizte die Stimmung in den Betrieben noch mehr an. Die Streiks waren politisch, die Gewerkschaften »nahmen auf den Gang der Ereignisse keinen direkten Einfluß« – »sie schalteten sich dort ein, wo es galt, die Bewegung in geregelte Bahnen zu lenken und zu verhindern, daß sie ergebnislos bleiben« (Klenner). Am 23. Jänner forderte die Gewerkschaftskommission zur Wiederaufnahme der Arbeit auf. Nur zögernd folgten die Streikenden, zum Teil durch kommunistische Flugblätter aufgehetzt, dem Rufe. Der Jänner-Streik traf die christlichen Gewerkschaften völlig unvorbereitet. Sie nahmen gegen ihn Stellung und gaben während des Streiks ein eigenes Nachrichtenblatt für die christliche Arbeitnehmerschaft heraus[21].

Der Jännerstreik war bereits ein Vorbote der Revolution. Die Teuerungsunruhen und Arbeitsniederlegungen – besonders bei den Eisenbahnern – rissen nicht mehr ab. Sie führten immer wieder zu scharfmacherischen Vorschlägen von Hinterlandsgenerälen, die im Aushungern und in der Einkerkerung der »Rädelsführer« Vorbeugungsmittel gegen die Arbeiterbewegung sahen[22]. Immer deutlicher zeigten sich auch in der Armee Zersetzungserscheinungen. »Brot und Frieden« war die Parole der Matrosenmeuterei in Cattaro, deren Führer füsiliert wurden. Im Februar 1918[23] folgten Meutereien in zahlreichen Garnisonen[24]. Von ihnen trug jene in Judenburg am 13. Mai 1918[25] bereits »den Charakter einer nationalen und sozialen Revolutionsbewegung«. Selbst Reserveeinheiten des bisher als zuverlässig geltenden slowenischen I. R. Nr. 17 wurden erfaßt[26]. Aber immer noch glaubten die Regierenden, sie könnten die Streikbewegungen durch verstärkten Truppeneinsatz niederhalten[27].

Das Ende des Habsburgerstaates nahte unaufhaltsam. Schon wurden Tschechen, Polen und Südslawen von den Alliierten als »kriegführende Nationen« anerkannt und immer noch redeten die Verantwortlichen vom »Endsieg«. Auch in Österreich wurden die edlen Bemühungen eines Lammasch, eines Josef Redlich und anderer um den Frieden bemühter Männer von einer rücksichtslosen Kriegspropaganda übertönt[28]. Der Zusammenbruch Bulgariens und der Türkei sowie die eindeutige militärische Niederlage Deutschlands im Westen beschleunigten die Katastrophe. Die österreichischen Völker verlangten volle Unabhängigkeit. »Ihre Willenskundgebungen kündigten den Zerfall des Reiches an«, der durch »versäumte Gelegenheiten« und durch die Einsatzlosigkeit der Regierungen diesseits und jenseits der Leitha vorbereitet wurde.

Das Ende konnte auch durch Kaiser Karls Oktober-Manifest nicht aufgehalten werden. Aufgrund dieses Manifestes, das aber nur für die österreichische Reichshälfte galt, sollte »Österreich dem Willen seiner Völker gemäß zu einem Bundesstaat werden, in dem jeder Volksstamm auf seinem Siedlungsgebiet sein eigenes staatliches Gemeinwesen bildet«. Es forderte die Völker auf, »an dem großen Werk durch Nationalräte mitzuwirken[29]«. Dieser Versuch hat gewiß den Zerfall des alten Reiches nicht hervorgerufen, ihn aber jedenfalls besiegelt (Goldinger)[30]. Mit Recht schrieb damals Kunschak in der »Christlich-sozialen Arbeiter-Zeitung«: »Österreich ist ein geschichtlicher Begriff geworden, seit das Bekenntnis zum Selbstbestimmungsrecht der Nationen Tatsache wurde.« Dieses stelle die Nation über das Reich, Österreich aber habe den Reichsgedanken über die Nation gestellt. »So werden alle Nationen Österreichs ihre selbständige Staatlichkeit bilden. Ob es auch der Weg zu ihrem Glück sein wird?« schloß Kunschak prophetisch, in Vorahnung des schweren Schicksals der Völker des Donauraumes, das nach dem Zweiten Weltkrieg vollends besiegelt wurde[31].

Am 21. Oktober 1918 schloß sich Österreich dem Beispiel der anderen Donauvölker an. Deutsch-Österreich war da. Die deutschsprachigen Abgeordneten des österreichischen Reichsrates bildeten die »Provisorische Nationalversammlung«. Eine von Dr. Karl Renner entworfene Verfassung wurde beschlossen, ein Staatsrat eingesetzt, die erste deutschösterreichische Regierung von ihm einberufen, die eine Konzentration aller Parteien (Kunschak) darstellte. Zwölf aufregende, nervenzermürbende Tage folgten. Das allgemeine Chaos drohte[32].

Die Frage, ob der neue Staat eine Monarchie oder eine Republik sein sollte, war noch nicht gelöst. Für die Republik hatte sich die Sozialdemokratie auf ihrem Parteitag Anfang November ausgesprochen, für sie agitierten die Soldatenräte der Garnison Wien. Gegen die Monarchie hatten auch nationale und freiheitliche Studenten vor dem Parlament demonstriert. In der Christlich-sozialen Partei waren die Meinungen geteilt. Der Tiroler Josef Schraffl hatte in der Provisorischen Nationalversammlung im Namen der Partei die Monarchie verlangt. Der Ausschuß des christlichen Arbeiterkongresses, oberste Instanz der christlichen Arbeiterbewegung, somit auch der Gewerkschaften, hatte in einem Aufruf erklärt: »Die christlichen Arbeiter fordern für Deutsch-Österreich die auf breitester demokratischer Grundlage aufgebaute Monarchie. Die Ausnahmestellung des Monarchen darf sich nur auf seine eigene, engste Familie erstrecken[33].«

Die Wiener Katholiken hatten einen Ausschuß gebildet, dem u. a. Kunschak und Dr. Franz Hemala angehörten. Eine Vertrauensmännerkonferenz begrüßte den deutsch-österreichischen Staat. Sie gab jedoch noch immer der Hoffnung Ausdruck, daß er sich auf demokratischer Grundlage mit den anderen Nationalstaaten zu einem Bund unter einem Monarchen vereinigen werde. Den unter ganz anderen Voraussetzungen gewählten Reichstagsabgeordneten, welche die provisorische Nationalversammlung bildeten, wurde die Legitimation bestritten, eine Entscheidung über die Staatsform zu fällen. Verlangt wurde eine Volksabstimmung über die Frage: »Monarchie oder Republik«[34].

Die politischen Realitäten behielten die Oberhand[35]. Im Deutschen Reich siegte die Revolution, Wilhelm II., der im Gegensatz zu Kaiser Karl ins Ausland geflüchtet war, dankte ab, die Bundesfürsten folgten seinem Beispiel, die Republik wurde ausgerufen. Diese Ereignisse haben gewiß auch auf die Entscheidungen Kaiser Karls und der Nationalversammlung bestimmenden Einfluß ausgeübt. Dazu kam die revolutionäre Politik der österreichischen Sozialdemokratie, »weil sie gut verstand, den wesentlichen Teil des Machtapparates, die Wehrmacht, in eine Machtposition der Arbeiterklasse umzuwandeln. In den Arbeiterräten wurde die revolutionäre Energie der Massen in eine Kraft zur Sicherung der Revolution umgeformt[36].« Am 11. November verzichtete der Kaiser, wobei er im voraus die Entscheidung akzeptierte, die Deutsch-Österreich über seine künftige Staatsform treffen würde, »auf jeden Anteil an den Staatsgeschäften«. Die Regierung Lammasch trat zurück, ihr Finanzminister, Josef Redlich, notierte: »Nun ist das alte, schwarz-gelbe Österreich für immer tot[37].«

Der 12. November 1918 war der »Tag der Republik«, die nun feierlich ausgerufen wurde. Unwürdige Szenen störten jedoch die Feier. Die rotweißrote Fahne wurde zerrissen, das Weiß war plötzlich verschwunden, von den Fahnenmasten des Parlaments wehte nur noch ein rotes Tuch. Kommunistische Putschversuche folgten. Handelte es sich um »unüberlegte Aktionen[38]« oder um Agitation der Kommunistenführer

Steinhardt und des Ehepaares Friedländer[39]? Die Stimmung in den grauen Novembertagen 1918 war bei aller Sympathie, die viele dem abtretenden Monarchen entgegenbrachten, für die Republik. »Wenn sie auch eigentlich nur in sozialdemokratischen Kreisen mit Freude aufgenommen wurde, fand sie doch nur sehr wenige Gegner. Selbst in bürgerlichen Kreisen überwog die Zahl jener, welche an diese Änderung der Staatsform Hoffnung auf eine Besserung der Zustände des politischen und öffentlichen Lebens knüpften[40].«

Nur wenig Erfreuliches ist über die ersten Jahre der Ersten Republik zu berichten. Dazu gehört nicht zuletzt das soziale Gesetzeswerk dieser Zeit, das mitgeholfen hat, Österreich vor dem Chaos zu retten. Es war ein Glück, daß bis zum Oktober 1920 die Zusammenarbeit aller Parteien für den Neubau Österreichs verantwortlich war. Der erste Winter der Republik war ein Kriegswinter wie in den vorhergegangenen Jahren, voll Not, Hunger, Kälte für alle Nichtbesitzenden, Festbesoldeten, Hochsaison für Kriegsgewinner, Schieber, Spekulanten, für Räuber und Plünderer. Es war die Zeit willkürlicher Übergriffe einer linksstehenden Minderheit, die es aber verstand, psychologisch durch grelle Schlagworte und radikale Forderungen auf die ausgepowerten Arbeiter, Heimkehrer und Kriegsbeschädigten zu wirken. Sie propagierte ungescheut den Rätestaat und die »Diktatur des Proletariats«.

Sie schreckte auch vor blutigen Gewalttaten nicht zurück, wie die Vorfälle beim Parlament am Gründonnerstag des Jahres 1919 und die Zusammenstöße in der Hörlgasse am 15. Juni 1919 drastisch zeigten. Es war die Zeit, in der ein Teil der sozialdemokratischen Presse überheblich vom »feigen Bürgertum« sprach, in der die österreichische Vergangenheit maßlos geschmäht wurde und in der Heimkehrer von den Fronten, die nichts für die Übelstände konnten, immer wieder angegriffen und beschimpft wurden. Und es war schließlich die Zeit der Koalition, der »schwarz-roten« Koalition, die nach dem März 1919, seit den Wahlen in die Konstituierende Nationalversammlung (72 Sozialdemokraten, 69 christlichsoziale, 26 Deutschnationale, 1 Zionist, 1 Tscheche, 1 bürgerlicher Demokrat) 14 Monate Österreichs Geschicke lenken sollte. Diese Koalition hatte eine Fülle wichtiger innen- und außenpolitischer Entscheidungen zu treffen. Hierher gehörten vor allem die Entscheidungen über den Ausbau der Sozialpolitik, über die endgültige Verfassung und über den Diktatfrieden von St. Germain, der Österreichs Verstümmelung besiegelte und Wilsons Forderung nach dem »Selbstbestimmungsrecht der Völker« als eine Phrase enthüllte.

Die Zeit zwischen 1918 und 1921 war nicht zuletzt die Blütezeit der Arbeiterräte, einer Institution, die auch für die christlichen Arbeitnehmer von Bedeutung war. Die Arbeiterräte halfen mit, Österreich vor dem Abenteuer einer Räterepublik zu bewahren[41]. Entstanden während des Jänner-Streiks 1918, waren sie seit der Gründung der KPÖ (November 1918) zunächst eine Art »gemeinsamer Kampfboden der KP und Sozialdemokratie[42]«. Im März 1919 kam es zur 1. Reichskonferenz der Arbeiterräte, die einen Reichsvollzugsausschuß bildete und die Rätediktatur nicht für alle Länder und nicht für alle Zeiten ablehnte[43]. Zwar wurden die »imperialistischen Siege« verdammt, doch wagte man es nicht, den Kampf gegen die Entente aufzunehmen, weil dadurch die Brotversorgung gefährdet worden wäre[44]. Unverhüllt sympathisierte man noch mit den kommunistischen Budapester Machthabern[45]. Nach dem mißglückten Putsch in der Hörlgasse tagte in Wien am 30. Juni 1919 die 2. Rätekonferenz. Sie wandte sich in einer Resolution gegen die kommunistischen Räte, die gefordert hatten, der Arbeiterrat solle zur Diktatur und zur Beseitigung sowohl des parlamentarischen, als auch des gewerkschaftlichen Systems schreiten. Gleichzeitig protestierte die Konferenz gegen den Gewaltfrieden und begrüßte die Arbeiter Ungarns und Rußlands[46]. Die Kontrolle der Arbeiterräte über Lebensmittel wurde vom Staatsamt des Inneren anerkannt. Im November 1919 kam es sogar zu Eingriffen in die Verwaltung[47]. »In ihnen (den Arbeiterräten, d. Verf.) suchte und fand das erstarkte Machtbewußtsein, der gewerkschaftliche Betätigungsdrang der entfesselten Massen ihr Betätigungsfeld« (Otto Bauer). Seit dem Frühjahr 1919 wurden die Arbeiterräte aufgrund eines Statuts gewählt, demzufolge alle Arbeiter, die das 20. Lebensjahr erreicht hatten, wahlberechtigt waren. Das passive Wahlrecht besaßen nur Funktionäre, die sich ausdrücklich zum Klassenkampf bekannten. Die christlichen Arbeiter lehnten die Teilnahme an der Wahl ab und wählten christliche Arbeiterräte[48]. Bei den Arbeiterrätewahlen Ende 1920 entfielen über 90 Prozent der Stimmen auf die Sozialdemokraten, die KP blieb mit ihren 4,7 Prozent in hoffnungsloser Minderheit und stellte von da an ihre Mitarbeit ein[49]. 1924 verschwanden die Arbeiterräte.

ANMERKUNGEN

1 Rudolf Neck, Arbeiterschaft und Staat im Ersten Weltkrieg 1914–1918, Wien 1964/68.
2 Fritz Klenner, Die österreichischen Gewerkschaften, Wien 1951, Bd. V, Seite 425.
3 Hemala, Geschichte der Gewerkschaften, 2. Auflage, Seite 206 f.
4 Klenner, a. a. O., Seite 411.
5 Ebenda, Seite 465.
6 Hemala, a. a. O., Seite 208.
7 Klenner, a. a. O., Seite 389 ff.
8 Die christlich-soziale Arbeiterschaft und der Krieg, Wien 1918.
9 Ebenda.
10 Ebenda.
11 Blenk, Kunschak, Seite 97.
12 Ebenda.
13 Ebenda, Seite 97 f.
14 Kunschak, Österreich 1918–1934, 1934, Seite 16.
15 Neck, a. a. O., Bd. I/II, Seite 619 und 620.
16 Ebenda, Seite 696.
17 Julius Deutsch, a. a. O., Bd. III, Seite 23.
18 Klenner, a. a. O., Bd. I, Seite 430.
19 Josef Redlich, Schicksalsjahre Österreichs 1909–1918, Bd. II, Seite 255.
20 Dazu Neck, a. a. O., passim.; Klenner, a. a. O., Seite 449 ff.; E. Winkler, Jännerstreik, Wien 1968; L. Jedlicka, Ende und Anfang Österreichs 1918/19, Salzburg 1969, Seite 911; in: Friede – Freiheit – Recht, Der Jännerausschuß des innerösterreichischen Proletariates, Wien.
21 Hemala, a. a. O., Seite 209.
22 Neck, a. a. O., passim.
23 RG Plaschka, Cattaro-Prag, Graz 1923.
24 Deutsch, a. a. O., Bd. II, Seite 59 ff.
25 Johann Amdritsch, Die Meuterei in Judenburg im Mai 1918, Judenburg 1968.
26 Jedlicka, a. a. O., Seite 11.
27 Neck, a. a. O., Seite 704 ff.
28 Blenk, Kunschak, Seite 99.
29 Rumpler, Das Völkermanifest Kaiser Karls vom 16. Oktober 1918, Wien; Arthur Polzer-Hodik, Zum Verständnis des Oktobermanifestes; Spittelsberg, Kaiser Karl, Wien 1928, Seite 546 ff.; Hans Karl Zessner, Kaiser Karl, Salzburg 1953, Seite 200 ff.; Reinhold Louze, Kaiser Karl und der Untergang der Donaumonarchie, Graz 1956, Seite 479 ff.; Gordon Brook-Sheppard, Um Krone und Reich, Wien 1968, Seite 194 ff.; Jedlicka, a. a. O., Seite 40 ff.
30 Walter Goldinger, Die Geschichte der Republik Österreich, Wien 1962.
31 Kunschak, a. a. O., Seite 21 f.
32 Blenk, a. a. O., Seite 105.
33 Kunschak, a. a. O., Seite 41.
34 Friedrich Funder, Vom Gestern ins Heute, Wien 1952, Seite 589 ff.
35 Kunschak, a. a. O., Seite 44.

36 Otto Leichter, Glanz und Elend der Ersten Republik, Wien 1964.
37 Redlich, a. a. O., Bd. II, Seite 332.
38 Hans Leo Mikoletzky, Österreichische Zeitgeschichte, Wien 1962, Seite 61 ff.
39 Goldinger, a. a. O., Seite 44.
40 Jedlicka, a. a. O., Seite 61.
41 Zu der älteren Literatur »Rätediktatur oder Demokratie«, geschrieben März 1919, Wien 1919; Julius Braunthal, Die Arbeiterräte in Deutsch-Österreich, Geschichte Juli 1919, Wien 1919; Kurt Reventlow, Zwischen Alliierten und Bolschewismus, Die Arbeiterräte in Österreich 1918 bis 1923, Wien 1969.
42 Reventlow, a. a. O., Seite 51.
43 Rätediktatur, Seite 13.
44 Reventlow, a. a. O., Seite 59 f.
45 Braunthal, a. a. O., Seite 45.
46 Reventlow, a. a. O., Seite 81 ff.
47 Ebenda, Seite 106 f.
48 Kunschak, a. a. O., Seite 60 f.
49 Reventlow, a. a. O., Seite 126 ff.

Die Organisation

Die Grundlagen der christlichen Gewerkschaften wurden in der Zeit geschaffen, da sie als nichtpolitische Arbeitervereinigung dem 1902 entstandenen Reichsverband der nichtpolitischen Arbeitervereine angehörten. Der Gedanke der Zentralisierung setzte sich bald unter dem Einfluß des Münchner Kongresses der christlichen Gewerkschaften Deutschlands durch, als im »Reichsverband« eine ständige Gewerkschaftskommission eingerichtet wurde (1903). Die Fachvereine bildeten sich zu Zentralverbänden um, die Fachsektionen in den einzelnen Arbeitervereinen wurden schließlich durch Gründung von Zentralverbänden illusorisch. Der Gedanke der zentralen Organisation setzte sich bei den christlichen Gewerkschaften siegreich durch[1]. Schon damals hatten die Freien Gewerkschaften mit diesen Gründungen wenig Freude, sie gaben im Gegenteil ihrem Unmut in kräftigen Worten Ausdruck[2], und nahmen die Meinung hervorragender Kenner der Gewerkschaftsbewegung, etwa Werner Sombarts, nicht zur Kenntnis, der einmal geschrieben hatte: »Als Arbeiterberufsverband stehen die christlichen Gewerkschaften durchaus und entschlossen auf dem Boden der Gewerkschaftsidee[3].«

Schon bei der ersten Konferenz der christlichen Gewerkschaften 1907 sprach sich Franz Spalowsky für Zentralverbände aus[4]. Die Zentralisationsbestrebungen wurden nachhaltig durch die Schaffung einer Zentralkommission der christlichen Gewerkschaften Österreichs unterstützt. Beim ersten christlichen Gewerkschaftskongreß 1909 waren bereits 16 Zentralverbände vertreten, aber auch deutsche und slawische Fachvereine sowie ein tschechisch-polnischer Gewerkschaftsverein[5]. Damals wandte sich der Kongreß gegen die nationale Zersplitterung der christlichen Gewerkschaften (sie hatte noch stärker auch die Freien Gewerkschaften ergriffen). Aber die Resolution des Kongresses blieb »nur ein frommer Wunsch«. Die tatsächlichen Verhältnisse erwiesen sich als stärker. Die Sonderstellung der nationalen Fachverbände blieb zum größten Teil unangetastet. Das Verhängnis des alten Österreich, der nationale Kampf[6], belastete auch die Arbeit der christlichen Gewerkschaften.

Nach dem Zusammenbruch setzte das Heldenzeitalter der christlichen Gewerkschaften ein. Sie nahmen mit schwachen

Kräften den Kampf für die Emanzipation der Arbeitnehmer auf, aber auch den Kampf gegen einen übermächtigen Gegner, die Freien Gewerkschaften. Diese versuchten leidenschaftlich und oft mit undemokratischen Mitteln, den hundertprozentig organisierten Betrieb zu schaffen, der in Wahrheit das Monopol einer einzigen Interessenvertretung bedeutet hätte. Die organisatorischen Grundlagen der christlichen Gewerkschaften blieben auch in dieser Zeit unverändert die Zentralverbände. Zu den alten traten neue hinzu. Zu den Organisationen der privaten Arbeitnehmer kamen die der Staatsarbeiter, die bereits 1913 eine Reichskonferenz abgehalten, der Eisenbahner, die nach dem endgültigen Ausscheiden des »Verkehrsbundes« aus der Zentralkommission sich entschieden zur christlichen Gewerkschaftsidee bekannt hatten, der Post- und Telegraphenbediensteten, der staatlichen Beamten, der Lehrer, Gemeindebediensteten und Soldaten.

Die Seele der Bewegung blieb die Zentralkommission, ihr erster Sekretär war Josef Kuře, den 1911 Leopold Untermüller ablöste. Er war bis Herbst 1921 tätig, 1920 trat ihm ein junger Akademiker, Dr. Gustav Blenk, zur Seite. Sein Nachfolger wurde Matthias Allinger (bis Juli 1927) und nach ihm Johann Staud. Vorsitzender war bis zum Ende der Bewegung Franz Spalowsky.

Der Sitz der Zentralkommission befand sich bis Herbst 1920 in der Kaiserstraße Nr. 8. In kleinen Zimmern wurde amtiert, in dem der Zentralkommission saßen Leopold Untermüller, Blenk und eine Kanzleikraft (Melanie Pillwar, verehelichte Rechberger). Aber auch der Sekretär des christlichsozialen Arbeitervereines, Johann Zaradnik, arbeitete dort in bescheidensten Verhältnissen. Die Redaktion der »Christlichsozialen Arbeiter-Zeitung« war in zwei Zimmern untergebracht, eine Fülle von Makulatur, Berge von Zeitschriften und Büchern gab es da, in denen Franz Hemala, immer bepackt mit einer riesigen Aktentasche, herumstöberte. Das Haus beherbergte auch mehrere andere Verbände (Nahrungsmittelarbeiter, Privatangestellte). Bis Ende 1918 war die Kaiserstraße Nr. 8 schließlich noch Sitz des Reichsverbandes der Katholischen Arbeiterjugend Österreichs. Trotz den beengten Verhältnissen, unter denen die Arbeit geleistet werden mußte, wurden in der Kaiserstraße wichtige Entscheidungen getroffen.

1920 zog die Zentralkommission in das Salesianerkloster

am Rennweg um, das ebenfalls Zeuge bedeutsamer Entwicklungen war, so der Gründung der christlichen Beamten- und Soldatengewerkschaften. Hier trat ferner das Stadtkartell Wien ins Leben. Es war die Parallelorganisation zu den Landeskartellen der Bewegung in Linz, Salzburg, Innsbruck, Dornbirn, St. Pölten und Graz. Nach einem dreijährigen Aufenthalt in der Elisabethstraße erfolgte im Jahre 1926 der Umzug in ein eigenes Haus in der Laudongasse Nr. 16.

Zentralorgan der Bewegung war seit 1903 »Der Christliche Gewerkschafter«. Der junge Jurist Richard Schmitz war der erste Redakteur. Josef Kuře, Franz Spalowsky, Franz Hemala, Gustav Blenk und seit 1926 Franz Waschnigg redigierten dann das Blatt, das ab Anfang 1921 in »Neuer Folge« herausgebracht wurde, aber unverändert die alten Grundsätze vertrat.

ANMERKUNGEN

1 Hemala, Geschichte der Gewerkschaften, Seite 192.
2 A. a. O., Seite 193 f.
3 Werner Sombart, Theorie und Geschichte der gewerkschaftlichen Arbeiterbewegung, Jena 1900, Seite 114.
4 Hemala, a. a. O., Seite 198.
5 Ebenda, Seite 202.
6 Ebenda, Seite 207 f.

Persönlichkeiten

Zeiten des Kampfes erfordern Männer, die führen können, die Vorbild sein müssen, Idealisten der Tat und der Praxis. Die Bewegung hatte zum Glück solche Männer, als die christlichen Gewerkschaften 1918 schwere Aufgaben zu bewältigen hatten. Leopold Kunschak, der jetzt im kräftigsten Mannesalter stand, sollte gerade im bewegten Dezennium zwischen 1920 und 1930 einen der Höhepunkte seines langen Wirkens erreichen und in diesen Jahren zum Staatsmann reifen, wenngleich er der einfache, bescheidene Volksmann blieb, dessen alte, enge Bindungen zu den christlichen Gewerkschaften fortdauerten[1].

Weggefährten Kunschaks aus der Gründungszeit der christlichen Arbeiterbewegung und aus der Zeit der Anfänge der Gewerkschaften begleiteten diese auch nach 1918 auf ihrem weiteren Weg. Franz Maria Bittner, schon als junger Priester für soziale Fragen besonders aufgeschlossen, in den nichtpolitischen christlichen Arbeitervereinen verdienstvoll tätig, Verfechter der christlichen Gewerkschaftsidee, Vorkämpfer für parlamentarisches Proporzwahlrecht und Schöpfer des »Österreichischen Arbeiterkreises« in Form einer gemeinnützigen Genossenschaft, war immer in der Kaiserstraße 8 anzutreffen, obwohl er hauptberuflich im Lehrfach tätig war. Ein früher Tod beendete sein Wirken[2]. Bittner hatte der Katholischen Akademischen CV-Verbindung »Norica« angehört, die den christlichen Gewerkschaften noch manchen wertvollen Mitkämpfer aus der sozialstudentischen Bewegung zuführte.

Als junger Priester war auch August Schaurhofer schon früh zur christlichen Arbeiterbewegung gestoßen. Seine Broschüre »Wie stellen wir uns zum Sozialismus?« hatte allgemeines Aufsehen erregt. Seine Überzeugung war, daß nicht Verurteilung und Bekämpfung des Sozialismus, sondern dessen »Erlösung« die Parole sein müsse (Alfred Missong, August Schaurhofer, Seite 52 ff.).

Auch Dr. Franz Hemala gehörte zu den Pionieren der Bewegung. Er hatte sich als Politiker und Gewerkschafter schon vor 1914 einen Namen gemacht, mehrere Schriften über die Geschichte der Arbeiterbewegung verfaßt und ein Handbuch für den Vertrauensmann geschaffen. Nun kam für ihn die Zeit überströmender Aktivität, da er in Wort und

Schrift für die Sache der christlichen Gewerkschafter kämpfte. Seine Schriften waren durch das Bestreben charakterisiert, die mächtigen Freien Gewerkschaften durch Selbstzeugnisse zu demaskieren. Er belehrte, agitierte und warb unermüdlich in zahllosen Kursen und Versammlungen. Immer war er in erster Linie Gewerkschafter, obwohl er zeitweise politische Mandate bekleidete und bis 1934 Bundesrat war. Mit knapp 66 Jahren starb er am 17. Oktober 1943, ein Opfer verfehlter ärztlicher Behandlung. Sein Begräbnis im Meidlinger Friedhof gestaltete sich zu einer Demonstration der Liebe und Verehrung seiner vielen Freunde.

Vorsitzender der Zentralkommission seit 1909 bis zum Ende der christlichen Gewerkschaften und deren Nachfolgeorganisationen war Franz Spalowsky. Der Mariahilfer Tischlergeselle (geboren 1875), ein Mann von außerordentlichem Wissen, war an der Wiege der christlichen Gewerkschaftsbewegung gestanden, hatte immer wieder auf Konferenzen und Kongressen Grundsätze und Programme vertreten und war auch als politischer Mandatar (Niederösterreichischer Landtag, Wiener Gemeinderat) immer für die Interessen der Arbeitnehmer eingetreten. Seit 1919 Mitglied des Nationalrates, war er »der bedeutendste christlich-soziale Sozialpolitiker jener Zeit[4]«, der bei den Beratungen über sozialpolitische Fragen im Parlament als hervorragender Fachmann sich erwies. Seine manchmal spröde Natur, die Kritik nicht vertrug, führte des öfteren dazu, daß er seine Demission gab. Aber schließlich blieb er doch immer wieder – zum Glück für die Bewegung. Auch er ging zu früh dahin. Sein Begräbnis im Baumgartner Friedhof wurde im Juni 1938 zu einer stillen Kundgebung der christlichen Arbeiterbewegung.

Lange Zeit war Franz Ullreich Spalowskys Stellvertreter im Vorsitz der Zentralkommission, ein Mann, der sich bleibende Verdienste um die Organisation der christlichen Tabakarbeiter und um den Aufbau der christlichen Baugenossenschaften erworben hat. Er verstand es, in trockener, doch überzeugender Rede auf seine Zuhörer zu wirken. Er trat um 1910 bei einer Tagung des Katholischen Volksbundes zum ersten Mal an die Öffentlichkeit. Schon damals war seine sachliche, nüchterne Argumentation beeindruckend. Im autoritären Österreich war er Vorsitzender der Staatsarbeiter, brachte sich dann als Buchhalter durch und aktivierte 1947 wieder seine Baugenossenschaft »Heim«.

Leopold Untermüllers Arbeit als Sekretär der Zentralkommission ist in die Geschichte der Bewegung eingegangen, weil sie die leidvolle Zeit des Ersten Weltkrieges und des Zusammenbruches umfaßte, wo es in erster Linie auf den Mann ankam. Josef Kure aus Brünn, sein Vorgänger, war später initiativer Leiter der »Typographischen Anstalt«, in deren Verlag zahlreiche Schriften über die Bewegung erschienen. Die widrigen Verhältnisse, unter denen Leopold Untermüller 1918–1920 in der Kaiserstraße 8 zu amtieren hatte, bleiben allen, die in diesen Jahren mit ihm zusammenarbeiteten, in steter Erinnerung: Ein Kammerl – Sitz des Zentralsekretariates, Mitgliedsbeiträge, durch wachsende Geldentwertung überholt, unzulänglich für den notwendigen Ausbau der Organisation, sehr bescheidenes Gehalt, neben dem Bemühen um die Sicherung der finanziellen Basis noch der Versuch, billige Lebensmittel und Bekleidung für notleidende Kollegen zu beschaffen. Im Sommer 1921 legte Untermüller das Sekretariat der Zentralkommission zurück und wurde nach längerer Tätigkeit in Wirtschaftsorganisationen schließlich Krankenkassenbeamter. Immer aber hat er ehrenamtlich in verschiedenen Organisationen der christlichen Arbeiter mitgearbeitet. Hochbetagt ist er vor wenigen Jahren gestorben.

Sein älterer Bruder, Karl Untermüller, war das Muster eines gewerkschaftlichen Funktionärs, Organisator der christlichen Privatangestellten und Jahrzehnte hindurch Mitglied der Zentralkommission. Im Wiener Gemeinderat war er wegen seiner scharfen Kritik gefürchtet. Sein Sarkasmus, seine ironischen Bemerkungen haben auch Spalowsky manchmal aus der Fassung gebracht. Karl Untermüllers Wirken als Sozialversicherungsfachmann bleibt unvergessen. Im Dritten Reich war er staatlicher Vertragsbediensteter. Sein Schicksal nach 1945 gereicht der Bewegung nicht gerade zur Ehre. Er, um die alte Organisation hochverdient, wurde auf relativ unbedeutende Posten abgeschoben und starb zu Unrecht vergessen.

Einer der alten Funktionäre war Hans Preyer, der Organisator der christlichen Gastgewerbeangestellten, ein treuer Mitarbeiter Kunschaks im Christlich-sozialen Arbeiterverein, durch viele Jahre Wiener Gemeinderat und Mitglied der Zentralkommission. Ein schlichter, braver Gewerkschafter, ein impulsiver Redner, dem es nach 1938 nicht sehr gut ging.

Ferdinand Krikawa, Obmann der christlichen Textilarbeiter, hochbefähigter Organisator, niederösterreichischer Landtagsabgeordneter, gehörte gleichfalls zur älteren Garde der Bewegung: leider schied er bald von ihr, ein Opfer verfehlter wirtschaftlicher Pläne.

Franz Haider, überzeugter Anhänger der christlichen Gewerkschaftsidee, der 1915 aus der Eisenbahnerorganisation »Verkehrsbund« ausgeschlossen worden war und die Gewerkschaft der Eisenbahner gegründet hatte, schuf damit eine Musterorganisation. 1920 errang er bei den Nationalratswahlen ein Mandat und bekam später einen Sitz im Bundesrat. Unter dem Naziregime teilte er das harte Los vieler christlicher Gewerkschaftskollegen, die als Versicherungswerber ihr Brot verdienten. Seine Kollegen in der Eisenbahnergewerkschaft, Josef Bradler und Karl Holaubek, waren ebenfalls über den Durchschnitt begabte Organisatoren.

Hans Waldsam, eine der liebenswürdigsten Persönlichkeiten unter den damaligen Gewerkschaftsfunktionären, Redakteur der »Christlich-sozialen Arbeiter-Zeitung«, Obmann der christlichen Metallarbeiter, Gemeinderat der Stadt Wien und später deren Vizebürgermeister, stammte aus Oberösterreich, arbeitete lange Jahre als Metallarbeiter und war »einer jener Helden, die von 1919 bis 1922 unter größtem Terror und unter persönlichen Opfern die christliche Gewerkschaftsbewegung Niederösterreichs und Wiens aufrechterhielten[5]«.

Hans Rott ist der unvergessene Führer der christlichen Postgewerkschaft, die er 1919 zusammen mit Otto Paul gegen die übermächtigen Freien Gewerkschaften gründete. Er scheute auch vor Protest und berechtigter Kritik in den eigenen Reihen nicht zurück. Später Staatssekretär für soziale Verwaltung in der Zeit von 1936 bis 1938, zuletzt auch Ressortchef, ging er nach dem »Anschluß« in die Emigration, über die er nach seiner Rückkehr in die alte Heimat fesselnd zu berichten wußte.

Franz Bierbaumer war ein Pionier der christlichen Gewerkschaftsbewegung im hartumkämpften Raume Wiener Neustadt, auch als Obmann der gewerkschaftlichen Krankenkasse tätig und wurde nach einigen mißglückten Kandidaturen für den Österreichischen Reichsrat Mitglied des Nationalrates[6].

Sein engerer Landsmann, Johann Heitzinger, war Pionier der Bewegung im St. Pöltner Gebiet. »Er war es, der zu Fuß von Ort zu Ort ging, um die wenigen zurückgebliebenen Kollegen zu sammeln[7].« Von Beruf Eisenbahner, referierte er im Nationalrat wiederholt über Arbeiterfragen. Er war ein großer, starker Mann, der im Dienste der Bewegung im St. Pöltner Arbeitersekretariat und bei der »Volksbekleidung in der Kaiserstraße 8« auch vor manueller Arbeit niemals zurückschreckte.

Noch lebt, uralt geworden, Anton Gasperschitz, geborener Kärntner, aber in Oberösterreich überaus erfolgreich als Organisator der christlichen Arbeiterbewegung, als oberösterreichischer Landtagsabgeordneter und durch 15 Jahre als Landesrat tätig, immer in engster Fühlung mit der Zentrale in Wien. Sein Sohn, Oberlandesgerichtsrat Dr. Alfred Gasperschitz, Vorsitzender der Gewerkschaft öffentlich Bediensteter im heutigen ÖGB, trägt sein geistiges Erbe weiter.

Anton Gasperschitz' Landsmann und Weggefährte, Emil Grinzinger, oberösterreichischer Landesbediensteter, war besonders organisatorisch begabt[8].

Seit 1908 führte Hermann Kletzmayr das Landeskartell Oberösterreich der christlichen Gewerkschaften, für die er viele Opfer brachte. Als Fünfundvierzigjähriger erhielt er ein politisches Mandat und zog 1919 in den Nationalrat ein, dem er bis 1934 angehörte und in dem er über zahlreiche arbeitsrechtliche und sozialpolitische Gesetze referierte[9]. Kletzmayr stand seit 1919 als Landessekretär Franz Kriz zur Seite, der der jüngeren Generation angehörte. Er war mehrfach Mandatar der christlichen Arbeiterbewegung, der er verdienstvoll diente[10].

Der Oberösterreicher Rudolf Markschläger, ein Lehrer, dem es die Sorgen der Salinen- und Forstarbeiter im Salzkammergut angetan hatten, wurde ihr Organisator und ihr Interessenvertreter im Nationalrat, dem er seit 1920 und dann wieder ab 1945 angehörte. »Ein sehr gescheiter, entschiedener und schneidiger Vertreter der christlichen Arbeiterbewegung[11].«

Der Steirer Christian Fischer, seit langer Zeit in der Bewegung stehend, war in ihr bereits führend tätig, als die christlichen Gewerkschaften geschaffen wurden. Er wurde später ihr unermüdlicher Anwalt im Parlament und war Initiator zahlreicher sozialpolitischer Anträge, etwa über die Arbeiter- und Beamtenkammern.

Aus Tirol kam im Sommer 1921 Matthias Allinger nach Wien, um Leopold Untermüller in der Zentralkommission abzulösen. Aus Garmisch-Partenkirchen stammend, hatte er die damals noch üblichen Wanderjahre als Tischlergeselle absolviert, war Mitglied der christlichen Holzarbeiter geworden und hatte als Obmann des Landeskartells Tirol in Innsbruck vorbildliche Gewerkschaftsarbeit geleistet. In Wien war es ihm vergönnt, Grundlegendes zu schaffen. Fritz Klenner schreibt über ihn: »Der Mann, der Vertrauen nahm und gab[12], dem starke Persönlichkeit zu eigen war, der idealer Gewerkschafter war, der sich ein steinernes Denkmal durch den Erwerb eines eigenen Gewerkschaftshauses, Laudongasse 16, geschaffen hatte.« Allinger blieb bis zum Schluß der schlichte, einfache Arbeiter, als der er seinen Weg begonnen hatte. Wegen seiner Ruhe und Besonnenheit war er allgemein geschätzt und sein Rat wurde viel begehrt. Wer ihn in seiner Ruhe und Sicherheit bewundern konnte, der wußte: »Hier steht ein Steuermann, der das Schiff der christlichen Gewerkschaftsbewegung mit mutigen und sicheren Händen durch die stürmische Brandung in den sicheren Hafen steuern wird, hier steht ein Mann, auf den man sich in jeder Weise verlassen kann[13].« Nur sechs Jahre durfte Allinger in Wien wirken. Ein heimtückisches Leiden raffte den erst Siebenundvierzigjährigen am 20. Juli 1927 dahin.

Sein Nachfolger wurde Johann Staud. Er ist in die Geschichte nicht nur der christlichen, sondern der gesamten österreichischen Gewerkschaftsbewegung eingegangen[14]. Schon vor seinem Aufstieg zu Spitzenfunktionen zählte er zu den Säulen der Bewegung, zu der er sich zeitlebens und auch dann bekannte, als sie 1934 auf ein Machtwort von oben dem »Gewerkschaftsbund der österreichischen Arbeiter und Angestellten« des autoritären Österreich weichen mußte. Auch er war von schlichter Art, überzeugungsbewußt, kein mitreißender Redner, schmucklos, aber stets wahr.

Otto Troidl ist aus der Gewerkschaftsgeschichte Vorarlbergs und Tirols nicht wegzudenken. In Dornbirn, in Innsbruck war er damals unentbehrlich. Später wirkte er in Wien, überlebte Gefängnis und KZ der braunen Ära und wirkte auch nach 1945 bis ins hohe Greisenalter verdienstvoll in Wirtschaftsaktionen der christlichen Arbeiterbewegung.

Der vielen Frauen und Männer zu gedenken, die in den Jahrzehnten seit 1919 der Bewegung dienten, als Vertrauensleute, als Sekretäre, Inkassanten, Werber, hieße den Rahmen dieses Buches zu sprengen. Sie alle – wie etwa Höretzauer oder Jakobi, Dengler, Saber – zählen zu den Pionieren der christlichen Arbeiter- und Gewerkschaftsbewegung.

Aber auch von den Männern soll gesprochen werden, die

nicht eigentliche Funktionäre der christlichen Gewerkschafter waren, aber ihr durch ihre Zugehörigkeit zur gemeinsamen Arbeiterorganisation und ihren Ideen verbunden waren und durch Mitarbeit einen Beitrag zu ihren Erfolgen leisteten.

Unvergeßlich bleibt Dr. Karl Drexel, der Demokrat aus tiefster Überzeugung. Nach seiner Heimkehr aus russischer Kriegsgefangenschaft zog er in den Nationalrat ein, in dem er viele Jahre eifrig für die sozialen Rechte der Angestellten und Kriegsopfer eintrat. Der Mann mit dem »genialen Demagogenkopf« (Burghardt Breitner) legte auch später, als ein freies Wort nicht gerne gehört wurde, aufrecht und ohne Furcht seine Auffassungen dar.

Hier ist ferner dreier Männer aus dem Katholischen Volksbund für Österreich zu gedenken, jener Organisation, die seit 1909 immer stärker in das soziale und politische Leben Österreichs eingriff. Richard Schmitz, der erste Redakteur des »Christlichen Gewerkschafters«, behielt alte Kontakte mit den Gewerkschaften und schulte trotz steigenden parteipolitischen Verpflichtungen in Rednerkursen im Salesianerkloster Generationen von Funktionären. Als Minister für soziale Verwaltung hatte er häufig Gelegenheit, mit den Gewerkschaften zu verhandeln, als es um den weiteren Ausbau der österreichischen Sozialpolitik ging. Auch Hans Schmitz, sein jüngerer Bruder, sozialpolitischer Referent des Katholischen Volksbundes, profilierte sich in praktischer, sozialstudentischer Arbeit. Er trat später als Referent und Programmatiker auf gewerkschaftlichen Kongressen und in Schulungskursen profiliert in den Vordergrund. Nach dem 2. Weltkrieg wirkte er als Generaldirektor der Pensionsversicherungsanstalt der Angestellten und als Universitätsprofessor.

Josef Resch schließlich, gelernter Glasergeselle, später Doktor der Rechte, Sozialversicherungsfachmann, nahm großen Anteil an der österreichischen Sozialgesetzgebung der Jahre nach 1918. Er war neben Hanusch als Staatssekretär zuerst im Jahr 1919 im Sozialministerium tätig, das er in der Ersten Republik wiederholt leitete. Er blieb mit der Gewerkschaftsbewegung immer in engstem Kontakt. Immer bereit zu Informationen, nie abhängig – er war ja Fachmann – von Einflüssen der Bürokratie, nahm er manchmal in Gegenwart von Arbeitnehmern oder Kriegsopfern sogar entschieden gegen bürokratische Einwände Stellung und verstand es auch, seine Auffassungen durchzusetzen.

ANMERKUNGEN

1 Zu Kunschak. Vor allem dessen autobiographische Schriften Steinocher am Weg, Geschichte des christlich-sozialen Arbeitervereines der Christlichen Arbeiterzeitung, dann die Festschrift Franz Hemalas zum 60. Geburtstag Leopold Kunschaks, Stamprechs Kunschak-Artikel in der Neuen Österr. Biographie und schließlich Gustav Blenk, »Kunschak und seine Zeit«, Wien 1966.
2 Josef Dengler – Berg und Tal, St. Pölten, Flg. 2, Seite 37 f.
3 Gustav Blenk, »Hemala mit Bibliographie im Österreichischen biographischen Lexikon«, 1953, April bis August über Franz Hemala von Josef Pultar, Gustav Blenk und Ferdinand Geißlinger.
4 Gerhard Silberbauer, »Österreichs Katholiken und die Arbeiterfrage«, Graz 1966, Seite 262.
5 Dengler, a. a. O., Flg. 3, Seite 61.
6 Ebenda, Flg. 1, Seite 74 f.
7 Ebenda, Flg. 1, Seite 4.
8 Wilhelm Salzer, Geschichte der christlichen Arbeiterbewegung Oberösterreichs, Linz 1963, Seite 340.
9 Ebenda, Seite 340.
10 Ebenda, Seite 342 f.
11 Ebenda, Seite 347.
12 Fritz Robert Kirchner, Vom katholischen Gesellen zum Gewirkschaftsführer, Wien 1928, Seite 100 ff. und 105 ff.
13 Hemala, a. a. O., Seite 247.
14 Lois Weinberger, Schustergeselle macht Geschichte, in »Freiheit«, 1959; Kluwich-Muckenhuber Christl, »Johann Staud – ein Leben für die Arbeiterschaft«, Wien 1969.

Eine junge Generation – Die Gewerkschaftsjugend

Als Österreich-Ungarn zerfallen und die Republik entstanden war, hatte die christliche Gewerkschaftsbewegung, wie schon angedeutet, einen organisatorischen Tiefstand erreicht. Leere Sekretariate, Mangel an Vertrauensmännern, zahlenmäßige Unterlegenheit gegenüber der wachsenden Macht der Freien Gewerkschaften und ihrer rücksichtslosen Kampfesweise kennzeichneten die Situation.

Es galt, neu aufzubauen. Da war es ein Glück, daß zu den altbewährten Sekretären, Funktionären, Vertrauensleuten und Mitarbeitern neue junge Kräfte stießen und zu der Generation aus den siebziger Jahren die Jüngeren aus den neunziger Jahren kamen. Hauptsächlich waren Reichsbündler und CVer (Angehörige des Cartellverbandes der katholischen farbentragenden Hochschulverbindungen) unter ihnen. Die Gewerkschaftsidee hatte im Reichsbund der christlichen Arbeiterjugend Österreichs viele Anhänger gefunden. Dazu hatte Franz Hemalas unentwegte Aufklärungs- und Schulungsarbeit besonders beigetragen.

Der Reichsbund, die Katholische Studentenverbindung »Academia«, die CV-Verbindungen »Norica« und »Aargau« waren Zentren sozialstudentischer Betätigung. Die »Academia« mit Franz Vosatka, Leopold Husinsky, dem späteren Redakteur der »Reichspost«, der nach dem Zweiten Weltkrieg Chefredakteur des »Kleinen Volksblattes« wurde, ferner mit Lesowsky, der eher zur Orel-Richtung tendierte. In der »Norica« waren Halusa, Pultar und Schlüsselberger sowie der junge Blenk, der 1920/21 Sekretär der Zentralkommission war, die Wortführer. Blenk wirkte an der Gründung der Gewerkschaft der öffentlich Angestellten und des »Wehrbundes« mit, denen er viele Jahrzehnte diente. »Aargau« trat durch Karl Lugmayer[1] hervor, der ein philosophisch geschulter Kopf war, sich als geschickter Interpret des Rundschreibens »Rerum novarum« erwies, das Linzer Programm von 1923 entwarf und sich besonders um die Volksbildung verdient machte. Ihm war ein über fünfzigjähriges Wirken in der Bewegung beschieden, wo er sich zu einem der entschiedensten Kämpfer für die Verwirklichung der christlichen Sozialreform entwickelte. 1945 war er kurze Zeit Unterstaatssekretär im Unterrichtsressort, danach viele Jahre Bundesrat und ÖVP-Bezirksparteiobmann in Ottakring. Auch im Ruhestand war er noch unermüdlich tätig, so hat er sich als Nachfolger Ullreichs in der Baugenossenschaft »Heim« manche Verdienste erworben.

Ein anderer CVer, Viktor Czastka, wurde nach erfolgreicher Tätigkeit für die Gewerkschaft der Privatangestellten Opfer eines tragischen Verkehrsunfalles[2].

Der Kärntner Freiheitskämpfer Franz Waschnigg trat 1927 als Redakteur des »Christlichen Gewerkschafters« in Erscheinung. Überaus rührig, immer voll neuer Ideen, wirkte er nach 1934 als Pressechef des damaligen Gewerkschaftsbundes, nach 1938 ging er in die Emigration, in der er es sehr schwer hatte und sich nur mit Mühe über Wasser halten konnte. Eine Verwendung, die nicht ganz seinen Fähigkeiten entsprach – Landessekretär der Gewerkschaft der öffentlich Bediensteten –, die aber die Sorge um den Lebensunterhalt beseitigte, füllte den Rest seiner Jahre aus.

Vom »Reichsbund« kam Heinrich Woboril, der Schneidersohn organisierte die christlichen Bekleidungsarbeiter und zeigte in den Sitzungen der Zentralkommission, was in ihm steckte. In der berufsständischen Ära bekleidete er verschiedene Funktionen, von den Nationalsozialisten wurde er aus seiner Stellung entfernt und war einer der Organisatoren des Widerstandes gegen Hitler. Nach 1945 war er als Direktor einer Krankenkasse auf dem richtigen Platz.

Ferdinand Rechberger, der das Schuhmacherhandwerk erlernt hatte, sammelte seine ersten gewerkschaftlichen Lorbeeren in dem aus vielen Berufsschichten zusammengesetzten Fabriksarbeiterverband. Er war ein äußerst tüchtiger Funktionär, der vor allem im Sozialrecht sehr bewandert war. Seine etwas cholerische Veranlagung spielte ihm manchen Streich. Auch er war in der Zeit von 1934–1938 Gewerkschaftsführer, auch er wurde 1938 verhaftet, aber später als Inhaber eines Schuhmachergeschäftes am Neubaugürtel einer der Führer der Widerstandsbewegung. Seine gewerkschaftliche Vergangenheit brachte ihn nach 1945 in die Funktion eines Zweiten Vorsitzenden der Gewerkschaft der Handels- und Transportarbeiter.

Einer der jüngsten, die in dieser Zeit in den Vordergrund traten, war Erwin Altenburger. Schon 1923 wird der geborene

Steirer, erst zwanzigjährig, Sekretär der christlichen Gewerkschaft in Salzburg. 1927 wird er Zentralsekretär der christlichen Textilarbeiter in Wien. Im Gewerkschaftsbund des Ständestaates hat er ebenfalls hohe Positionen inne. Nach 1945 stieg er zu hohen Ämtern auf, wurde Minister und Vizepräsident im Gewerkschaftsbund sowie Vorsitzender der von ihm ins Leben gerufenen »Fraktion Christlicher Gewerkschafter«. Fast 25 Jahre lang war Altenburger Abgeordneter zum Nationalrat.

Altenburgers Mitarbeiterin bei den christlichen Textilarbeitern war die kaum zwanzigjährige Grete Daurer. Sie wurde als Grete Rehor der erste weibliche Sozialminister Österreichs.

Zur Kriegsgeneration gehörte auch Alfred Gruber. Zuerst Sekretär im Wiener Stadtkartell und dann maßgebender Funktionär des Wehrbundes, hat er wegen seiner monarchistischen Überzeugung im »Dritten Reich« viel Bitteres erleben müssen.

Josef Dengler wurde von den jungen Leuten, die vor 50 Jahren zur Bewegung kamen, einer der bekanntesten. Als schmächtiges Bürschchen, der sich gegen den Terror unter den Textilarbeitern wehrte, tauchte der mehrfach dekorierte Frontkämpfer des Ersten Weltkrieges in der Zentralkommission auf. Er machte sich bald als guter Organisator in den christlichen Gewerkschaften und Arbeitervereinen und als Führer des Freiheitsbundes bemerkbar. Als Dreiunddreißigjähriger zog er in den Bundesrat ein und blieb über die Nazizeit hinweg unermüdlicher Streiter bis zur Wiedererstehung Österreichs. Nach 1945 gehörte er viele Jahre dem Nationalrat an.

Der Bundesbahnbeamte Ferdinand Geisslinger, der aus der Kalasantiner-Jugendbewegung des Wiener Arbeiterapostels Pater Schwartz kam, betätigte sich nicht nur im Vorstand der christlichen Eisenbahner, er war auch im Wiener Stadtkartell tätig und publizierte fleißig und vielseitig. Ausgezeichnet durch Mutterwitz, durch volkstümliche Beredsamkeit, war er ungemein populär. 1945 wurde er in den Nationalrat gewählt. Nach dem jähen Tod Anton Krogners trat er an die Spitze des Wiener Verkehrsbüros. Krogner, Dr. phil., ab 1920 Sekretär bei den christlichen Eisenbahnern, hatte sich durch profunde Sachkenntnis und hervorragende Rednergabe schon in jungen Jahren einen Namen gemacht.

Schon vor dem Ersten Weltkrieg war der noch nicht

18jährige Leopold Jochberger Funktionär der christlichen Metallarbeitergewerkschaft in Steyr. Der als »sehr befähigter« Organisator beschriebene junge Mann wurde bald Sekretär des christlichen Landeskartells Oberösterreichs, von wo er später nach Wien kam. Von den Nazis fristlos entlassen, hatte er schwere Jahre zu überstehen. Nach 1945 wurde er in den Bundesrat berufen und zeichnete sich als genauer Kenner der österreichischen Sozialversicherung und als Generalsekretär und Organisationsreferent des ÖAAB aus[3].

Johann Müller, der zunächst steirischer Landessekretär war, berechtigte schon Ende der zwanziger Jahre zu den schönsten Hoffnungen. Für immer wird in den Annalen der christlichen Gewerkschaften sein offenes, mannhaftes Eintreten für deren Ideen, für ihr Weiterbestehen fortleben, als nach den tragischen Februarereignissen 1934 der übermächtige Heimwehrdruck ihr Ende erzwang. Auch der junge Hans Kostenzer wirkte bereits erfolgreich in Innsbruck, wo Heinrich Schaidreiter 10 Jahre dem Landeskartell vorstand, in Salzburg war Hermann Struber überaus tüchtig.

Ein junger Sekretär im Zentralverband christlicher Privatangestellter zog schon früh die Aufmerksamkeit auf sich: Franz Lifka, dessen Fähigkeiten erst nach 1945 besonders in Erscheinung traten. Der blutjunge Emmerich Arleth, als Organisator der christlichen Friseure tätig, wurde später als Interpret des Wiener-Liedes und nach 1945 als Präsident der Artistengewerkschaft bekannt. Auch Karl Flödl, der die Buchdrucker organisierte, trat schon früh hervor. Seine organisatorische Begabung brachte ihn nach 1945 in den Wiener Stadtrat und dann bis 1962 auf den Posten des Generaldirektors im Österreichischen Verlag.

Marie Orator war schon in den frühen Zwanzigerjahren eine Stütze Karl Untermüllers im Zentralverband der christlichen Privatangestellten und später bei den christlichen Gemeindeangestellten. Käthe Neumayer errang sich besondere Verdienste um die Organisation der christlichen Hausgehilfinnen.

Ende der zwanziger Jahre tauchte im Zentralverband christlicher Angestellter der Name des Bankbeamten Lois Weinberger auf. Zwei Jahrzehnte später sollte er einer der Gründer des ÖGB und der ÖVP werden und zu hohen politischen Funktionen, Minister und Vizebürgermeister von Wien, aufsteigen.

Der damals jüngsten Generation gewerkschaftlicher Pioniere ist auch Josef Krainer, später steirischer Landeshauptmann, zuzuzählen. Er war einer der Führer in der Arbeitsgemeinschaft der Landarbeiter. Einer der Jungen war auch Franz Bauer von den Gastgewerbeangestellten, der ebenfalls erst nach 1945 weiterhin bekannt wurde und besonders als Stadtrat in Wien eine verdienstvolle Tätigkeit entfaltete.

Aber nicht nur bei den Arbeitnehmern der Privatwirtschaft gab es junge Kämpfer für die christliche Gewerkschaftsidee. Männer wie der redegewandte Ignaz Putschin, alle kaum 30 Jahre alt, hatten die Gründung der Gewerkschaft der öffentlich Angestellten gewagt, an deren Spitze zunächst der Stadtrat Karl Rummelhardt, nach ihm der etwas ältere Eduard Tomaschek standen. Tomaschek war ein genauer Kenner des Beamtenrechtes, dessen Wirken jedoch gelegentlich durch parteipolitische Gedankengänge gehemmt war. Zwischen 1934 und 1938 war er Bundeswirtschaftsreferent und leidenschaftlicher Propagandist legitimistischer Ideen. Im Konzentrationslager hatte er für seine österreichische Überzeugung zu büßen. Er überlebte und war wieder zur Stelle, als die öffentlich Bediensteten nach 1945 im Rahmen des Gewerkschaftsbundes organisiert wurden.

Von den Staatsbeamten, die zwischen 1925 und 1930 sich als Mitarbeiter für die christlichen Gewerkschaften zur Verfügung stellten, sind Josef Leinwather und Franz Latzka zu erwähnen. Leinwather wurde im Konzentrationslager zu Tode gequält, Latzka, dem es in der NS-Zeit ebenfalls sehr schlecht ging, gehörte nach 1945 zeitweise dem Bundesrat an, und war lange Jahre Sektionsschef im Finanzministerium.

Zwei Angehörige des öffentlichen Dienstes, die über ihre Organisation hinaus bereits allgemeine Beachtung gefunden hatten, wurden im September 1925 kurz hintereinander vom Tode ereilt: Adolf Leth und Karl Gillmayer. Leth stellte als Sekretär der Gewerkschaft christlicher Angestellter im öffentlichen Dienst »sein Wissen, seine gute Feder, sein geschicktes Verhandlungstalent« der jungen Bewegung zur Verfügung. Er wurde später Obmann des Fünfundzwanziger-Ausschusses, des gemeinsamen Forums der Freien, christlichen, nationalen und richtungslosen Beamtenorganisation[4]. Karl Gillmayer war als Obmann der christlichen Gemeindebediensteten tätig, die der »Idealist und unentwegte Kämpfer unter schwerer Mühsal und Kämpfen gesammelt hat[5].«

In den schweren Wirtschaftskrisen der Nachkriegszeit war der Schutz der arbeitenden Jugend eine besonders wichtige Aufgabe. »Aus der Monarchie wurde eine völlig unzureichende soziale Jugendgesetzgebung übernommen ... das letzte Kriegsjahr und der Zusammenbruch hatten Hungersnot und Krankheiten der Jugend zur Folge. Die Inflation brachte vielen Verarmung und die Arbeitslosigkeit wurde durch die Weltwirtschaftskrise noch enorm gesteigert, was sich vor allem wieder bei der Arbeiterjugend auswirkte[6].« Eine ganze Reihe von Organisationen, vor allem die Gewerkschaften, die Arbeiterkammern und der Reichsbund der katholischen-deutschen-Jugend Österreichs, in dem der Reichsbund der christlichen Arbeiter Österreichs 1917 aufgegangen war, bemühte sich, der Jugend zu helfen. Der Reichsbund wurde »unerschrockener Anwalt für die Rechte der Arbeiterjugend« und entfaltete verschiedene soziale Initiativen, immer in engster Zusammenarbeit mit den christlichen Gewerkschaften[7]. Im Einvernehmen mit dem Reichsbund kam es im Februar 1923 zur Gründung der »Hauptstelle für gewerkschaftliche Jugendarbeit«, von der aus die gewerkschaftliche Jugendorganisation aufgebaut werden sollte[8]. Erster Obmann war Karl Aschenbrenner, in Spitzenfunktionen waren bereits Johann Wastl und Erwin Altenburger tätig. Dieser referierte am ersten Jugendgewerkschaftskongreß am 7. April 1924 über das Lehrlingsschutzprogramm, Berufsberatung, Lehrstellenvermittlung, Durchführung der Meisterlehre, Arbeitszeit, Urlaub, Fortbildungsschule, Lehrlingsinspektion, Jugendausschüsse und Lehrlingsheime[9]. Hemala war auch in der Gewerkschaftsjugend »treibende Kraft, Lehrer und Organisator«.

Die Freien Gewerkschaften hatten seit 1919 der Lehrlingsfrage ebenfalls große Aufmerksamkeit gewidmet. Lehrlingssektionen waren entstanden und entwickelten sich günstig[10]. Das Nebeneinander der christlichen und der sozialistischen Gewerkschafter führte aber wie in der großen Politik zu scharfen Gegensätzen. Im Jugendbeirat der Wiener Arbeiterkammer fanden sich schließlich die Spitzen der katholischen und der sozialdemokratischen Jugend zu gemeinsamer Arbeit im Dienste der arbeitenden und notleidenden Jugendlichen des Landes an einem Tisch zusammen – 1924 entstand dieser Jugendbeirat[11]. Drei christliche Organisationen (Reichsbund der katholischen deutschen Jugend Österreichs, Reichsverband der katholischen Mädchen, christliche Gewerkschaftsjugend) verfolgten mit drei sozialdemokratischen Lehrlingssektionen des Bundes Freier Gewerkschaften und dem Verband der sozialistischen Arbeiterjugend »in der ersten Phase ihrer Tätigkeit das Ziel, die Idee des Lehrlings- und Jugendschutzes zu propagieren[12].« Hauptanliegen waren Erholungsurlaub für die Jugend, Ermittlung der Arbeits- und Lebensverhältnisse der erwerbslosen Jugend, Protestaktionen gegen eine Regierungsvorlage, welche die Arbeitslosenunterstützung so eingeschränkt hätte, daß 10.000 Jugendliche sie verloren hätten. Es kam zu gemeinsamen Aktionen der katholischen und der sozialistischen Jugend. Dem Jugendbeirat war es zu danken, daß der Nationalrat 1926 auf Antrag des christlichen Gewerkschaftsführers Heitzinger eine Reform der Gewerbeordnung beschloß, nach der Lehrlinge mindestens noch drei Monate nach Abschluß der Lehre vom Lehrherrn zu behalten waren. Als die Gewerbetreibenden energisch protestierten, löste das eine machtvolle Kundgebung der katholischen Arbeiterjugend in der Volkshalle des Wiener Rathauses aus[13]. Zu scharfen Protesten der gesamten Jugend kam es 1931, als ein Regierungsentwurf die Gewerbeordnung zuungunsten der Lehrlinge verschlechtern wollte. (Verlängerung der Lehrzeit um ein Jahr u. ä. m.)[14] Auf katholische Initiative im Jugendbeirat wurde auch die Winterhilfe der öffentlichen Hand gefördert[15]. Die Not der erwerbslosen Jugend wurde der Öffentlichkeit durch einen Aufruf vor Augen geführt, der die Gründung eines Hilfswerkes anregte – Ausgangspunkt für die Aktionen »Jugend in Not« und »Jugend am Werk«. Unter dem Titel »Jugend in Not« veranstaltete der Jugendbeirat am 23. Jänner 1931 im Sitzungssaal des Wiener Gemeinderates eine Tagung, in der Vertreter der christlich-sozialen, der sozialdemokratischen Partei und der christlichen und sozialistischen Jugend sprachen[16]. In einer Resolution wurden Maßnahmen zugunsten der berufslosen Jugend verlangt (u. a. Lehrlingsheime in den Betrieben, Pflichtbesuch gewerblicher Fortbildungsschulen für arbeitslose Jugendliche von 14 bis 18 Jahren, Vermittlung von Lehrlingen, die ohne Verschulden entlassen wurden, Schaffung von Tagesheimen für arbeitslose Jugendliche, Heranziehung zu Notstandsarbeiten und Überführung arbeitsloser Jugendlicher in die Landwirtschaft)[17].

»Jugend in Not«, die 1932 in die Arbeitsgemeinschaft »Jugend am Werk« überging, brachte in den kritischen

Wirtschaftsjahren 1930 bis 1933 vielen Jugendlichen Arbeit und Betätigung[18]. So gab es im Jugendbeirat eine gemeinsame Einrichtung, welche die haßerfüllten Parteimeinungen überbrückte und in der wertvolle Arbeit für Jugendschutz und Fürsorge geleistet wurde[19]. Besonders segensreich wirkten in ihm der Reichsbündler Hans Scheffel, der Freunde auch bei den Sozialisten hatte, Grete Daurer verehelichte Rehor, der brave Johann Wastl und Karl Rehor, Organisationsleiter der von Hemala gegründeten »Jugendfront im Arbeitsbund[20]« in Wien, der sich vor allem auf sozialem Gebiet große Verdienste erwarb[21]. Wastl und Rehor kehrten aus dem Zweiten Weltkrieg nicht mehr zurück; Rehor fiel, erst 36 Jahre alt, im Inferno von Stalingrad. Aus der Gewerkschaftsjugend kam auch Josef Weimann, der zunächst bei den Bekleidungsarbeitern seine organisatorische Begabung bewies und sie später in der Einheitsorganisation 1934 bis 1938 neuerlich zeigte. Ebenfalls in jungen Jahren fiel er im Zweiten Weltkrieg.

ANMERKUNGEN

1 Salzer, a. a. O., 346.
2 Dengler, a. a. O., Flg. 2, Seite 10 f.
3 Salzer, a. a. O., Seite 337.
4 Hemala, a. a. O., Seite 233.
5 Ebenda, Seite 234.
6 Gerhard Schultes, »Der Reichsbund der Katholisch-Deutschen Jugend Österreichs«, Wien 1967, Seite 253.
7 Schultes, ebenda, Seite 253 ff.
8 Schultes, ebenda, Seite 255, »Die Jugend«, in: »Der christliche Gewerkschafter«, Jg. 1923, Flg. 10.
9 Schultes, ebenda, 6. Kongreß der christlichen Gewerkschaften Österreichs, 1929, Seite 73.
10 Klenner, a. a. O., Bd. II, Seite 922 f.
11 Anton Kimmel »Jugendparlament der Ersten Republik«, »Der Jugendbeirat der Arbeiterkammer Wien 1921–1938«, Wien 1965. Auch Schultes, a. a. O., Seite 256 ff.
12 Kimmel, a. a. O., Seite 12.
13 Schultes, a. a. O., Seite 257.
14 Ebenda, Seite 258.
15 Kimmel, a. a. O., Seite 133 f.; Schultes, a. a. O., Seite 258 f.
16 Kimmel, ebenda, Seite 44 ff.
17 Ebenda, Seite 75 f.
18 Schultes, a. a. O., Seite 259 f.
19 Schultes, ebenda, Seite 347.
20 Schultes, ebenda, Seite 345 f.
21 Kimmel, a. a. O., Seite 176.

Aufstieg trotz Wirtschaftsnot und Terror

Die Gewerkschaftsbewegung war nach 1918 zersplittert. Die Freien Gewerkschaften, seit 1918 bedeutend stärker geworden, wiesen Ende 1919 772.146 Mitglieder aus, deren Zahl Ende 1920 auf 900.820 stieg und per 31. Dezember 1921 die Millionengrenze, nämlich 1,079.777, überschritt[1 2 3]. Die deutschnationalen Gewerkschaften Österreichs, hervorgegangen aus der Arbeiter- und Gehilfenbewegung der achtziger Jahre des 19. Jahrhunderts, konzentriert in der »Deutschen allgemeinen Gewerkschaftskommission für Österreich« (1906), seit 1918 im »Deutschen Gewerkschaftsbund«, umfaßten vorwiegend Eisenbahner, Postler und Privatangestellte (DHV). Sie zählten Anfang 1919 26.165, Ende 1921 40.163 Mitglieder[4]. Richtungslosen und neutralen Organisationen dürften etwa 40.000, zumeist öffentlich Bedienstete, angehört haben[5]. In den christlichen Gewerkschaften waren anfangs 1919 25.933 Mitglieder organisiert[6].

»Freie« und »Christliche« hatten zwar ein Ziel, die physische und psychische Emanzipation der Arbeiterschaft, gemeinsam, aber sie bildeten, von den gewerkschaftlichen Organisationen des öffentlichen Dienstes abgesehen, noch keine gemeinsame Front gegen die Phalanx der Unternehmer. Noch standen die Freien Gewerkschaften den Christlichen mißtrauisch gegenüber, weil sie in ihnen »Gelbe«, »Organisationsschädlinge« oder »Schmarotzer« sahen[7]. Seither haben die Meinungen sich geändert und auch die Sozialisten anerkennen heute, daß die christlichen Gewerkschaften von den Arbeitgebern völlig unabhängig und in ihren Entschlüssen selbständig waren. (Klenner[8].) Noch galt die spätere Einsicht des Obmannes der Freien Reichskonferenz der Metall- und Bergarbeiter nicht, die am 2. November 1929 einen klaren Trennungsstrich zwischen gelben und christlichen Gewerkschaften zogen. »Wir nehmen für uns das Recht in Anspruch, die Zusammenarbeit mit Gelben und Faschisten zu verwerfen ... Ich möchte bei dieser Gelegenheit sagen, daß unser Verband den übrigen gewerkschaftlichen Organisationen, den christlichen und den anderen, die nicht im gelben Lager stehen, die nicht von den Unternehmern ausgehalten werden, die sich nicht in den Reihen der von Unternehmern bestochenen Subjekte befinden, sondern an dem Kampfe für die Interessen der Arbeiterschaft teilnehmen, in den Betrieben kein Haar krümmen will und krümmen wird[9].« Und noch war nichts von der Toleranz und der Anerkennung zu spüren, die 1928 der Direktor des Internationalen Arbeitsamtes, der frühere sozialdemokratische Minister Albert Thomas, für die christlichen Gewerkschaften aufbrachte, als er nach einem Besuche bei den christlichen Gewerkschaften Westdeutschlands feststellte, daß sie die Arbeiterbewegung nicht nur als reine Interessenvertretung, sondern auch als eine kulturelle Bewegung auffassen, die bewußt darauf hinarbeitet, den Menschen wieder zum Mittelpunkt der Wirtschaft zu stellen[10]. Um 1920 waren solche Meinungen für den Großteil der Freien Gewerkschafter noch nicht charakteristisch. Die christlichen Gewerkschaften mußten daher eine doppelte Frontstellung beziehen: sie mußten das hundertprozentige Organisationsziel der Freien Gewerkschaften, nämlich die von ihnen erstrebten »geschlossenen Betriebe« bekämpfen und gleichzeitig versuchen, ihr sozial- und wirtschaftspolitisches Programm durchzusetzen.

Die Gewerkschaften standen 1918 vor noch größeren Aufgaben als vor dem Ersten Weltkrieg, weil sie es nun auch noch mit den Problemen zu tun hatten, die ihnen der Zusammenbruch eines großen Reiches stellte. Im Vordergrund stand die Bewältigung der wirtschaftlichen Not. Durch den Friedensvertrag von St. Germain, der ja in Wirklichkeit ein Diktat war, wurden weite Gebiete Böhmens, der Steiermark und Tirols ohne Volksabstimmung von Österreich getrennt. Überdies sollten noch empfindliche Reparationen geleistet werden. Kunschaks große Rede in der Nationalversammlung, die den Friedensvertrag scharf kritisierte, weil er Macht über Recht stellte[10], entsprach ganz der Auffassung der christlichen Gewerkschaften[11]. Übrig blieb das kleine Restösterreich, »losgelöst von seinem agrarischen und industriellen Hinterland« (Klenner), das nach der Volkszählung von 1920 6,057.017 Einwohner zählte. Die Alpenländer konnten sich nicht mehr selbst versorgen, weil ihre eigene landwirtschaftliche und industrielle Produktion völlig unzureichend war. Industrielle Rohstoffe, die in dem autarken Versorgungsgebiet des Habsburgerstaates vorhanden gewesen waren, gab es nun nur in geringem Ausmaß. Es fehlte an Kohle und

Transportmitteln. Die Alpine Montan-Gesellschaft mußte sechs von sieben Hochöfen stillegen. Die Blockade durch die Entente-Staaten war zwar im März 1919 aufgehoben worden; ausländische Kredite – 1919 40 Millionen, 1920 70 Millionen Dollar – ermöglichten wenigstens den Ankauf von Lebensmitteln[12], aber der andauernde Rohstoffmangel wirkte sich bereits auf den Arbeitsmarkt aus: Im Dezember 1918 gab es 45.675 Arbeitslose, im Februar 1919 bereits 161.803, im März 185.235[13]. »Zur Überwindung der wirtschaftlichen Notlage müssen vor allem ausreichende Arbeitsmöglichkeiten gegeben und alle Schichten der Bevölkerung zur Wiederaufnahme produktiver Tätigkeit veranlaßt werden«, meinte damals das christlich-soziale Aktionsprogramm vom 3. März 1919[14].

Unaufhörlich sank der Lebensstandard der Arbeitnehmer, vor allem die öffentlich Bediensteten waren davon betroffen. Die Denkschrift der Freien Gewerkschaften an die freigewerkschaftliche Internationale über die wirtschaftlichen Verhältnisse Österreichs und die Lage der Arbeiterschaft war ein erschütterndes Dokument aus dieser Zeit[15]. Ständig blieb der Reallohn gegenüber den rasch steigenden Preisen zurück, der Lebenshaltungsindex stieg besorgniserregend. Er kletterte von 28,37 im Februar 1919 auf 830 im Jänner 1922[16]. Unaufhörliche Zunahme der Lohnbewegungen, immer aufs neue aufflammende Streiks waren die Folge. Die Entwertung der Krone machte rapide Fortschritte. Wenn man im Kriege für eine Krone noch 1,05 Schweizer Franken bekommen hatte, so notierte sie in Zürich Ende 1918 nur noch 30 Centimes, Ende 1919 3 Centimes. Die Blütezeit der Schieber und Spekulanten, der Castiglione und Bosel, begann, der Ausverkauf Österreichs war in vollem Gange. Trotzdem konnte aber mit der langsamen Wiederbelebung der industriellen Produktion auch ein Rückgang der Arbeitslosigkeit verzeichnet werden.

Noch vor den Höhepunkten der Wirtschaftskrise hatte die neugewählte konstituierende Nationalversammlung am 14. Mai das Gesetz über die Vorbereitung der *Sozialisierung* beschlossen[17]. Es bestimmte, daß aus Gründen des öffentlichen Wohles bestimmte Wirtschaftsobjekte zugunsten des Staates, der Länder und der Gemeinden enteignet werden konnten. Die Christlichsoziale Partei nahm zwischen den erklärten Gegnern der Sozialisierung und den Sozialdemokraten, die einer allgemeinen Sozialisierung das Wort redeten, eine Mittelstellung ein. Die Christlichsozialen traten für eine Sozialisierung dort ein, wo Unternehmer zum Schaden der Allgemeinheit arbeiteten, waren aber gegen eine allgemeine Sozialisierung, die das öffentliche Wohl nicht erforderte[18]. Am 28. Februar 1919 war die »Reichspost« für die Sozialisierung der Verkehrs- und Bergwerksunternehmungen, soweit sie den allgemeinen Bedürfnissen der Bevölkerung dienten, sowie der großen Industriekonzerne eingetreten[19]. Aufgrund einer Anfrage in der Nationalversammlung gab die Regierung ihr Sozialisierungsprogramm bekannt: Es umfaßte Privatunternehmungen des Kohlenbergbaues und des Kohlengroßhandels, der Eisenerzgewinnung und der Roheisenerzeugung sowie deren verarbeitende Betriebe und die Elektrizitätswirtschaft. Das Programm sah gemeinwirtschaftliche Anstalten, Gesellschaften gemeinwirtschaftlichen Charakters und gemeinwirtschaftliche Unternehmungen vor[20]. Eine Sozialisierungskommission wurde gewählt, deren Vorsitzender zuerst Otto Bauer, später Wilhelm Ellenbogen war. Von Christlichsozialer Seite gehörten ihr Ignaz Seipel und Leopold Kunschak an, außerdem wurden Fachleute der Arbeitnehmer und Arbeitgeber zur Mitarbeit berufen. Hauptaufgabe der Sozialisierung sollten die Überführung der Produktionsmittel in die Hand der Gesamtheit, die Organisation der Produkte im Interesse der Gesamtheit und die Verteilung der Produkte nach sozialen Grundsätzen sein. Die Sozialdemokraten bezeichneten als Voraussetzungen für die Sozialisierung eine bestimmte Stufe der ökonomischen Entwicklung und der ökonomisch-politischen Struktur des Staates, die politische Macht der Arbeiterklasse sowie die geschichtliche und soziale Einsicht der Arbeiterklasse[21].

1921 gab es nach Klenner sechs gemeinwirtschaftliche Anstalten, drei Gesellschaften gemeinwirtschaftlichen Charakters, gemischtwirtschaftliche Unternehmungen mit teilweise gemeinwirtschaftlichem Charakter, und vier gemischtwirtschaftliche Unternehmungen ohne gemeinwirtschaftlichen Charakter. Aber die großen Hoffnungen, welche die Arbeiter auf die Sozialisierung gesetzt hatten, erfüllten sich nicht. Nur zwei gemeinwirtschaftliche Unternehmungen blieben bestehen – die »Gemeinnützigen Werke Arsenal« und die »Heilmittelstelle«[22].

Die Macht der Sozialdemokratie, deren Grundlagen die

Volkswehr, die Arbeiterräte und die Freien Gewerkschaften waren, hatte 1919 und 1920 ihren Zenit erreicht. Die Freien Gewerkschaften hatten Massenbeitritte zu verzeichnen. Immer stärker zeigte sich ihre feste Entschlossenheit, die hundertprozentige Betriebsorganisation zu verwirklichen. Seit November 1918 kam es zu Terrormaßnahmen gegen die nicht freigewerkschaftlich Organisierten. Klenner stellt 35 Jahre später fest: »Die Freien Gewerkschaften bemühten sich, in der jungen Republik eine möglichst geschlossene und starke Gewerkschaftsorganisation zu schaffen. Die Christlichen Gewerkschaften wollten aber nicht nur ihre Selbständigkeit behaupten, sondern gleichfalls ihre Bewegung stärken. Es kam oftmals in den Betrieben zu Konflikten, die meist zugunsten der weit stärkeren Freien Gewerkschaften entschieden wurden[23].« In Wirklichkeit diskreditierten diese »Konflikte« die junge Demokratie. Immer wieder forderten die Sozialdemokraten die hundertprozentige sozialdemokratische Betriebsorganisation. »Wer nicht den Freien Gewerkschaften angehört, wird im Betrieb nicht geduldet«, hieß die Parole. In allen größeren Betrieben, besonders in den Staatsbetrieben, setzte ein Terror ein, der jeder Beschreibung spottete. Tag um Tag wurden christliche Arbeiter, die sich weigerten, der Freien Gewerkschaft beizutreten, aufs Pflaster geworfen. Die Unternehmer schauten diesem Treiben tatenlos zu, vielfach leisteten sie sogar Schützenhilfe[24]. Für die christlichen Arbeiter war eine Zeit der Bewährung gekommen. Was Tausende christliche Arbeiter damals an Grundsatztreue und Opfermut aufbrachten, sollte nicht vergessen werden. Besonders hart traf der Terror den Verband der christlichen Arbeiter und Arbeiterinnen der Papier- und chemischen Industrie. In einem Zeitraum von drei bis vier Monaten gingen vier Betriebsgruppen verloren. Besonders arg ging es in der Papierfabrik Hilm-Kematen zu[25].

Die christlichsoziale Vereinigung in der Nationalversammlung beschäftigte sich bereits am 3. März 1919 mit den Anschlägen gegen die Koalitionsfreiheit und verurteilte das Vorgehen der Sozialisten scharf. Es werde »ihr redliches Bestreben sein, der christlichen Arbeiterschaft das Koalitionsrecht uneingeschränkt zu sichern«[26]. Einen Monat später, am 4. April, brachten die christlichsozialen Arbeiterabgeordneten eine Anfrage an Staatskanzler Renner ein, in der die Terrorfälle im einzelnen aufgezählt wurden. Der Staatskanzler wurde gefragt, ob »er geneigt sei, Maßnahmen zu treffen, durch welche jede Verletzung der Koalitionsfreiheit verhindert und diese auch praktisch jedem Staatsbürger, ohne Unterschied der Gesinnung, gewährt werde«[27]. Am 26. April forderte eine Massenversammlung christlicher Gewerkschafter im Hause des Katholischen Gesellenvereines in Gumpendorf, »die Sozialdemokratische Partei solle dem Gewissenszwang, einer Schädigung des freien Volksstaates, einer Schmach für die Republik« entsagen. Republikanische Pflicht der Regierung sei es, die Organisations- und Gewissensfreiheit aller Bürger, daher auch der christlichen Arbeiter und Angestellten, sicherzustellen. Es sei ein Gebot der Selbsterhaltung aller christlich Gesinnten, die christlichen Arbeiter und Angestellten bei der Abwehr des Terrors tatkräftig zu unterstützen. Diese wurden aufgefordert, in ihrer Standhaftigkeit nicht nachzulassen und zum Schutz ihrer persönlichen und politischen Freiheit die eigenen Organisationen und deren Presse weiter auszubauen. Spalowsky unterbreitete diese Resolution dem Staatskanzler Renner[28]. Aber noch hatten sich die Sozialdemokraten und viele Funktionäre der Freien Gewerkschaften nicht zu einer uneingeschränkten Anerkennung der Koalitionsfreiheit durchgerungen. Ihr Ziel blieb die (sozialistische) Einheitsgewerkschaft. Die Auffassung des Staatssekretärs für Verkehr, Paul, der den Organisationszwang in der Bahnverwaltung ablehnte (12. Mai 1919), fand nicht den Beifall der Sozialdemokraten[29]. Im Zentralorgan der Freien Gewerkschaften bekannte sich Julius Grünwald zum Organisationszwang[30]. Die Agitationsmethoden der im Handels- und Transportarbeiterverband organisierten Wiener Straßenbahner waren so, daß im Herbst 1919 unter den »Christlichen« Unruhe und Besorgnis entstanden[31].

Nach mehrjähriger Verspätung, die der Weltkrieg verursacht hatte, fand vom 5. bis 7. September 1919 der 3. Kongreß der Christlichen Gewerkschaften statt. Spalowsky erstattete das Hauptreferat, »Gewerkschaften und Demokratie«. In einer Entschließung verlangte der Kongreß volle Koalitionsfreiheit. »Die christlichen Gewerkschaften halten an dieser Forderung umsomehr fest, als die sozialdemokratischen Gewerkschaften diese von ihnen jahrzehntelang verfochtenen Grundsätze verraten haben und sich schamlos zur Zwangsorganisation bekennen.« Ausdrückliche Sicherung der Koalitionsfreiheit verlangten Unterstaatssekretär Dr. Josef Resch und Spalowsky am 17. September in einer Vorsprache bei Kanzler Renner[32]. Dessen Erklärung, er sei persönlich ein entschiedener Anhänger der Koalitionsfreiheit und er werde entsprechende Schritte unternehmen, damit diese Frage zufriedenstellend gelöst werde, wurde am 23. Oktober 1919 in der Regierungserklärung bestätigt, in der es u. a. hieß:

»Jedem Staatsbürger steht das freie Vereins- und Koalitionsrecht zu. Kein Staatsbürger darf wegen der Zugehörigkeit zu einer Organisation oder wegen seiner politischen Gesinnung gemaßregelt oder benachteiligt werden. Die Freiheit der politischen Gesinnung und ihre Betätigung ist eine der Grundlagen der Demokratie: Die Regierung appelliert an alle Behörden, autonomen Vertretungskörper, Parteien und Organisationen, der Freiheit der individuellen Überzeugung, dem freien Vereins- und Koalitionsrecht überall Geltung zu sichern. Verurteilt werden die Fälle von ›Vergewaltigungen Andersgesinnter‹ in industriellen Betrieben, in Dörfern von Bauern gegen andersgesinnte landwirtschaftliche Arbeiter, Häusler und Lehrer. Die Regierung appelliert an die demokratische Überzeugung aller, solche Vorkommnisse nach Kräften zu verhindern und der Freiheit der individuellen politischen Überzeugung Geltung zu sichern[33].«

Anton Hueber, Sekretär der Freien Gewerkschaftskommission, rang sich im Juli 1920 ebenfalls zu einer Anerkennung des Koalitionsgedankens durch. Bei Verhandlungen über Lohnforderungen der Bergarbeiter erklärten die Repräsentanten der freien Gewerkschaften vor Vertretern der Zentralkommission und den Gewerkschaften der christlichen Metallarbeiter, Bergarbeiter und Angestellten, sie »würden den Organisationszwang auf andersgesinnte Arbeiter und Angestellte im Sinne der demokratischen Überzeugung der Gesamtorganisation der Gewerkschaften nicht anwenden«. Trotzdem wurden immer wieder neue Terrorfälle bekannt. Aber der Terror konnte die aufwärtsstrebenden christlichen Gewerkschaften nicht mehr bremsen: Aus den 30.725 Organisierten von 1919 waren 1920 bereits 64.478 geworden. Und obwohl 1920 ein Kampfjahr war, in dem die schwarz-rote Koalition endete, die kommende Inflation sich bereits ankündigte und neue Spannungen zwischen Freien und Christlichen Gewerkschaften aufbrachen, zeichnen sich die Erfolge harter Arbeit in der Entwicklung der christlichen Gewerkschaften bereits deutlich ab.

ANMERKUNGEN

1 Klenner, Gewerkschaften, Bd. I, Seite 506.
2 Ebenda, Seite 520, Bd. I.
3 Ebenda, Bd. II, Seite 1097.
4 Hemala, Geschichte der Gewerkschaften, Seite 272 ff.
5 Klenner, a. a. O., Bd. II.
6 Hemala, a. a. O., Seite 211.
7 »Die Gewerkschaft«, Organ des Österr. Gewerkschaftsbundes »Organisationszwang«, Jg. 1921/2, Seite 10.
8 Klenner, a. a. O., Bd. II, Seite 1019.
9 »Österr. Metallarbeiter«, Nr. 45, 9. 11. 1929, bei Hemala, a. a. O., Seite 177.
10 Zit. bei Hemala, a. a. O., Seite 128 f.
11 Stenographisches Protokoll der konst. Nationalversammlung der Republik Österreich 1919/20, Seite 788 ff.
12 Deutsch, a. a. O., Bd. II, Seite 108.
13 Gulick, a. a. O., Bd. I, Seite 105.
14 Gimpel, Christlichsoziale Arbeit, Wien 1920, Bd. I, Seite 3.
15 Klenner, a. a. O., Bd. I, Seite 517 ff.
16 Deutsch, a. a. O., Seite 116.
17 Dazu Klenner, a. a. O., Seite 474 ff., Wilhelm Ellenbogen, »Sozialisierung in Österreich«, Wien 1921.
18 Gimpel, a. a. O., Seite 57.
19 Zit. bei Gulick, a. a. O., Bd. I, Seite 88.
20 Ellenbogen, a. a. O., Seite 5.
21 Ebenda, Seite 8 ff.
22 Klenner, a. a. O., Seite 476.
23 Ebenda, Bd. II, Seite 1050.
24 Kunschak, a. a. O., Seite 53.
25 Hemala, a. a. O., Seite 209 f.
26 Kunschak, a. a. O., Seite 53 f.
27 Ebenda, Seite 54.
28 Hemala, a. a. O., Seite 210 f.
29 Kunschak, a. a. O., Seite 549.
30 Hemala, a. a. O., Seite 211.
31 Ebenda, Seite 213, auch Kunschak, Seite 55.
32 Ebenda, Seite 212.
33 Ebenda.

Inflation

So begann das Jahr 1921 für die Christlichen Gewerkschaften sehr hoffnungsvoll. Nicht gerade schlechtes Abschneiden bei den ersten Arbeiterkammerwahlen und Erfolge bei der Erfassung der öffentlich Bediensteten waren die ersten Anzeichen für eine günstige Entwicklung. Die Eisenbahner hatten unter Franz Haiders tüchtiger Führung bei den Personalvertretungswahlen des Jahres 1919 2453 Stimmen erzielt, ein Resultat, das sie 1923 auf 4257 Stimmen erhöhen konnten. 1920 hatte die Zentralkommission mit der Organisierung der Soldaten begonnen. Es ist festzuhalten, daß nur die Zentralkommission Initiator war und daß andere Darstellungen Legende oder byzantinische Lobhudelei sind. Nicht Carl Vaugoin war der Gründer des »Wehrbundes«, er war als Heeresminister bewußter Förderer seiner Bestrebungen, vielmehr gab die Zentralkommission den Anstoß, gewann die ersten Vertrauensmänner in Vorarlberg und Tirol und verstärkte seit Februar 1921 die Bemühungen um den Ausbau der christlichen Soldatengewerkschaft, der noch der übermächtige Militärverband gegenüberstand. Ende 1921 sind bereits 1365 Soldaten Mitglieder des Wehrbundes, Ende 1927 sind es 5291, Ende 1930 17.154. Noch 1921 erschien die Lage des Wehrbundes hoffnungslos, seine Angehörigen wurden verfolgt und beschimpft, die Stimmenzahl bei den Vertrauensmännerwahlen war unbedeutend. Aber in den zehn Jahren bis 1930 wurde im österreichischen Bundesheer eine Organisation aufgebaut, die sich sehen lassen konnte.

In der Zentralkommission wurden im Winter 1920/21 auch die ersten Schritte zur Organisierung der christlichen Landes- und Bundesbediensteten unternommen. Die Gewerkschaft der öffentlichen Angestellten entstand, zunächst vorwärtsgetrieben durch die Kriegsbeschädigten, später auch Lehrer, Sicherheitswache und Gemeindeangestellte erfassend, die nach kurzer Zeit eigene Gewerkschaften gründeten. Der damalige Sitz der Zentralkommission im Salesianerkloster auf dem Rennweg war von diesem dynamischen Organisations- und Agitationsleben erfüllt. Er bot den entstehenden Organisationen Unterkunft und half ihnen mit Sekretär und Kanzleibedarf. Aber die gewerkschaftliche Tätigkeit war nicht nur auf den Ausbau der Organisation beschränkt, sie erschöpfte sich auch nicht in der Mitarbeit am großen Werk der Sozialpolitik, sie äußerte sich auch in wirtschaftlichen Aktionen. Die Solidarität der christlichen Gewerkschafter in der Schweiz und in den Niederlanden ermöglichte eine Reihe von Aktionen, welche die Lage der hungernden Kollegen und ihrer Familien erleichtern sollten. Lebensmittel, wie Mehl, Erdäpfel, Fett sowie Textilien konnten ausgegeben werden, so daß die ärgste Not gelindert werden konnte. Aber die Wirtschaftskrise war damit nicht behoben. Arbeitslosigkeit, Streiks, Teuerungsdemonstrationen waren die Kennzeichen dieser Zeit. Obwohl anfangs 1920 eine leichte Besserung in der Ernährungslage eingetreten war, kam es bald infolge der immer schneller werdenden Entwertung der Krone zu neuen Krisen. Der Wert der Krone sank ins Bodenlose, »eine Folge der geradezu verbrecherischen Valutenspekulation«. Schon am 14. September 1920 wurde eine nie dagewesene Hausse ausländischer Zahlungsmittel verzeichnet: Ein Dollar notierte 1649 Kronen, ein englisches Pfund 6484, die deutsche Mark 14,78, der Schweizer Franken 292,73, die Tschechenkrone 21,28 Kronen[1].

In dieser schweren Zeit trat vom 4. bis 7. September 1921 der 4. Kongreß der Christlichen Gewerkschaften Österreichs zusammen, »eine eindrucksvolle Kundgebung des christlichen Gewerkschaftsgedankens« (Der Christliche Gewerkschafter). 64.478 Mitglieder wiesen die der Zentralkommission angeschlossenen Verbände aus. 40.000 christliche Landarbeiter Oberösterreichs waren zwar nicht der Zentralkommission, aber dem oberösterreichischen Landeskartell angeschlossen. Von den erst jüngst gegründeten Organisationen verzeichneten die öffentlich Bediensteten 2628 und der Wehrbund 1365 Mitglieder[2].

Leopold Untermüller, der Vorgänger Matthias Allingers im Zentralsekretariat, bezeichnete in seinem Bericht die Zeit von 1919 bis 1921 als eine Zeit des Aufschwungs der christlichen Gewerkschaften. Das Bekanntnis zur Volksgemeinschaft wurde zwar bestätigt, aber gleichzeitig auch festgestellt, daß die gewerkschaftliche Arbeit unter der Haltung mancher Unternehmer leide, die nicht ungern den Ausschluß der »Christlichen« von den Lohnverhandlungen sähen[3]. Nach Referaten Allingers über »Organisation und Taktik«, Spalowskys über »Wege und Ziele der Sozialpolitik in Österreich« und des Vorsitzenden des christlichen Textilarbeiterverbandes Deutschlands, Bernhard Otte, über »Christliche Gewerkschaften und Sozialismus«, beschloß der Kongreß eine Kundgebung an die christlichen Gewerkschafter Österreichs, in der der Aufstieg der christlichen Gewerkschaftsbewegung in Österreich festgestellt wurde.Die Bewegung mache trotz dem Widerstand der Gegner Fortschritte. Unter diesen wachse die Erkenntnis, daß man Ideen nicht mit Gewalt unterdrücken, nicht mit Verfolgungen aus der Welt schaffen könne. »Was unsere kämpfenden Brüder und Schwestern so stark macht«, heißt es weiter, »und mit unerschütterlicher Zuversicht erfüllt, ist die Überzeugung, daß ohne soziales Tatchristentum die Welt im Schlamm des Materialismus und Mammonismus zugrunde gehen muß. Die Überzeugung, daß wir für den Wiederaufbau der Gesellschaft die wertvollste Arbeit leisten, wird uns befähigen, alle Verfolgungen auf uns zu nehmen, sie wird uns mit starkem Mute erfüllen und die ideal gesinnten Berufskollegen, die aufrechten Charaktere zu uns zu führen.« Der Kongreß wandte sich aber auch an das gesamte christliche Volk Österreichs, von dem er Verständnis für den schweren Kampf der christlichen Gewerkschaftsbewegung erwarte und Mithilfe erhoffe. Er grüßte schließlich die christliche Gewerkschaftsinternationale[4].

Dem 4. Gewerkschaftskongreß folgte am 8. September der 2. christliche Arbeiterkongreß, der sich u. a. gegen die Schieber und Spekulanten wandte, die die kranke österreichische Wirtschaft immer schamloser ausbeuteten.

Die Entwertung der Krone hatte seit Herbst 1920 rapide Fortschritte gemacht. Mit jedem Tag fand die Ansicht, Österreich sei nicht lebensfähig, neue Anhänger, bis schließlich auch die Signatarmächte sich ihr anschlossen. So entstand beim »Obersten Rat in Paris der Gedanke, Österreich auf seine Nachbarn, ausgenommen Deutschland, aufzuteilen«. Dieser Plan war bereits fix und fertig, seine Verwirklichung hätte in allerkürzester Frist erfolgen können. Das Ende Österreichs schien bevorzustehen[5]. Die Regierungen Mayr und Schober, die nach dem Ende der schwarz-roten Koalition mehr schlecht als recht ihres schweren Amtes walteten, erkannten zwar die kritische Lage, standen aber dem durch die Inflation wachsenden wirtschaftlichen Chaos machtlos gegenüber. Das Tempo der Inflation wurde immer schneller: Am 9. Mai 1922 kostete ein Dollar 8431,50, ein englisches Pfund 37.475, ein Hollandgulden 2247,50, ein Schweizer

Franken 1633,70, eine Tschechenkrone 163,02, eine ungarische Krone 10,98 Kronen. Am 30. Mai notierte der Dollar bereits 11.419, das Pfund 50.575, der Hollandgulden 4502,50, der Schweizer Franken 2203,75 Kronen[6]. Die Wirkung der Inflation war verheerend, die Vernichtung des Spar- und Rentengutes hatte eine tiefgreifende Verarmung weitester Volkskreise zur Folge, die Konsumkraft verfiel, Handel und Produktion brachen zusammen, Massenarbeitslosigkeit war das Ergebnis. Da von der Entwertung der Krone auch das Betriebskapital betroffen wurde, geriet die Wirtschaft in eine verzweifelte Lage[7]. Zweimal, ja dreimal in der Woche mußten Löhne und Gehälter ausgezahlt werden und schon hatten die Papierkronen – die Notenpresse arbeitete unermüdlich, der Banknotenumlauf bewegte sich in Milliardenzahlen – wieder beträchtlich an Wert verloren. Mit ausländischem Kapital konnte man um einen Pappenstiel Häuser und Grundstücke erwerben. Die Schieber machten riesige Gewinne, Arbeiter, Angestellte und Beamte waren die Opfer einer immer unheimlicher werdenden Entwicklung. Die sprunghafte Verteuerung des Lebens zeigte sich im Lebenshaltungsindex, der im Jänner 1919 um 22,58 Prozent, ein Jahr später um 73,78 Prozent, 1922 um 622 Prozent gestiegen war[8]. Die chaotischen wirtschaftlichen Verhältnisse führten zu einer bedenklichen Gärung unter den Arbeitnehmern. 1921 gab es 391 Streiks und 24 Aussperrungen, von denen 6965 Betriebe erfaßt wurden[9]. Diese Streiks entsprangen aber trotzdem nicht immer wirtschaftlichen Gründen. Im Jänner 1921 war es zu einer Arbeitsniederlegung im Münzamt gekommen, als einige christlich gesinnte Arbeiterinnen sich weigerten, der Freien Metallarbeitergewerkschaft beizutreten. Kurz darauf streikten die Post- und Fernsprechangestellten. Am 1. Dezember 1921 kam es zu bedauerlichen Ausschreitungen in der Innenstadt von Wien, als nach einem Demonstrationsaufmarsch von Floridsdorfer Arbeitern dunkle Elemente das Signal zur Plünderung von Geschäften und Gaststätten gaben und beträchtlichen Schaden anrichteten. Im Juni 1922 endlich legte ein mehrtägiger Streik der Eisenbahner und der Wiener Straßenbahner wegen der Indexberechnung den gesamten Verkehr lahm.

Alle Finanzpläne, die für die Jahre 1921 und 1922 ausgearbeitet worden waren, hatten die Not in Österreich nicht beheben können. Die Finanzminister Dr. Gürtler und Segur waren gescheitert. Gab es für Österreich überhaupt noch einen Ausweg? Konnte es aus eigener Kraft die Gefahren meistern, die seiner Wirtschaft und damit vielleicht seiner Existenz drohten? Die christlich-soziale – großdeutsche Koalition unter der Führung Ignaz Seipels hatte zu entscheiden, ob eine Behebung der Krise aus eigener Kraft oder nur mit fremder Hilfe möglich war. Seipel entschloß sich für eine Sanierung mit Hilfe des Auslandes.

Zwar erreichte der Bundeskanzler im Nationalrat die Aufnahme einer Zwangsanleihe im Betrag von 500 Millionen Kronen, zwar gelang es ihm, die Banken zu veranlassen, ihren Besitz an fremden Valuten zur Errichtung einer eigenen Notenbank zur Verfügung zu stellen, aber seine Reisen nach Berlin, Prag und Verona hatten den Zweck, Auslandskredite zu erhalten. Italien, die Tschechoslowakei und Frankreich stellten der österreichischen Regierung Kredite zur Verfügung. Die Stabilisierung der Krone zeichnete sich bereits ab. Zwei Reisen Seipels nach Genf beseitigten die letzten Schwierigkeiten, die sogenannten Genfer Protokolle wurden am 4. Oktober 1922 zwischen Großbritannien, Frankreich, Italien und der Tschechoslowakei auf der einen und Österreich auf der anderen Seite unterzeichnet. Am 24. November wurden sie im Nationalrat mit 103 gegen 68 sozialdemokratischen Stimmen genehmigt[10].

Die Genfer Protokolle stellten Österreich freilich unter fremde Kontrolle. An ihrer Spitze stand das Anschlußverbot, dafür wollten die Signatarmächte Österreichs territoriale Integrität garantieren. Österreich wurde zur Ausgabe einer steuerfreien Anleihe im Gesamtbetrag von 650 Millionen Goldkronen ermächtigt, für deren Verzinsung und Tilgung die Vertragsstaaten bis zu 84 Prozent garantierten. Für die Sicherung der Anleihe verpfändete Österreich die Einnahmen aus den Zöllen und dem Tabakmonopol. Auch mußte es sich zur Durchführung eines Reform- und Sanierungsprogramms verpflichten. Ein Generalkommissär des Völkerbundes sollte in Wien die Durchführung überwachen. Die Genfer Protokolle legten der österreichischen Bevölkerung empfindliche Opfer auf. Die Sozialdemokraten hatten im Parlament leidenschaftlich gegen die Genfer Abmachungen Stellung genommen, auch die Freien Gewerkschaften und die Arbeiterkammern hatten sie verworfen. Im Namen der christlichen Arbeiter war Kunschak im Nationalrat für Seipels Politik eingetreten[11]. In der Silvester-Nummer der »Christlichsozialen Arbeiter-Zeitung« hatte er geschrieben: »Das Jahr 1922 ist zu Ende, und wir leben noch als Bürger eines selbständigen Staates. Es gibt noch ein freies, selbständiges Österreich. Seipel ist es als Steuermann gelungen, das österreichische Staatsschiff aus schäumendem Tod hart vor der Brandung wieder auf hohe See zu bringen[12].«

ANMERKUNGEN

1 Der Christliche Gewerkschafter, N. F. Jg. 1921, Nr. 3.
2 Alle Angaben über Mitgliederstärke stets nach den Berichten der Zentralkommission im »Christlichen Gewerkschafter«, N. F. Jg. 1921 ff.; für allfällige Vermerke über Freie Gewerkschaften: Klenner, a. a. O.
3 Der Christliche Gewerkschafter, N. F. Jg. 1921, Nr. 4.
4 Hemala, a. a. O., Seite 217.
5 Kunschak, a. a. O., Seite 68.
6 Ebenda, Seite 69.
7 Ebenda, Seite 70.
8 Blenk, Kunschak, Seite 119.
9 Klenner, a. a. O., Bd. I, Seite 539 f.
10 Dazu: Rudolf Freund, »Die Genfer Protokolle, ihre Geschichte und Bedeutung für das Staatsleben Deutsch-Österreichs«, Wien, Berlin 1924, und Gottfried Ladner, »Seipel als Überwinder der Staatskrise vom Sommer 1922«, Wien, Graz 1964, Klenner, a. a. O., Seite 610 ff.
11 Blenk, a. a. O., Seite 119 f.
12 Kunschak, a. a. O., Seite 73 f.

Aufwärts

Österreich war gerettet. »Die Sanierung, deren Fragwürdigkeit in vielen Punkten nicht verborgen blieb« – Seipel betrachtete sein Werk bloß als einen schwankenden Notsteg über einem gähnenden Abgrund –, hat im geistigen Bereich den einen Erfolg gehabt, daß die Republik sich zum ersten Mal seit ihrer Errichtung auf sich selbst besann. Die Tragik im Sanierungswerk Seipels lag darin, daß es Stückwerk blieb, daß es ihm zwar gelang, die Währung zu stabilisieren und damit die Voraussetzungen für den Wiederaufbau zu schaffen, eine tatsächliche Sanierung der Volkswirtschaft aber nicht erreicht wurde[1]. Mit der Durchführung des Sanierungswerkes ist der Name Dr. Viktor Kienböck eng verbunden. Seit 14. November 1922 Finanzminister, setzte er die große Anleihe durch, war maßgebend an der Errichtung der Nationalbank beteiligt und hatte schließlich den Sanierungsplan in die Tat umzusetzen.

Der Österreicher konnte etwas ruhiger in die Zukunft blicken, wenn auch dann und wann wirtschaftliche Nachgewitter (Bankenzusammenbrüche) aufzogen und die Ruhe störten. Der wertbeständige Schilling trat an die Stelle der Inflationskrone. Der Nationalrat blieb bei der Durchführung des Sanierungsprogramms ausgeschaltet, denn Seipel hatte sich in Genf verpflichtet, dem Parlament einen Gesetzentwurf vorzulegen, »der jede Regierung, die während der nächsten zwei Jahre im Amt sein wird, ermächtigte, ohne neuerlich an das Parlament herantreten zu müssen, innerhalb der Grenzen des vereinbarten Programms alle Maßnahmen zu ergreifen, die nach ihrer Meinung notwendig sind, um bis zum Ende dieses Zeitabschnittes das budgetäre Gleichgewicht zu wahren[2]«. Für diese Vollmachten an Seipel wurde am 6. Dezember 1922 ein »außerordentlicher Kabinettsrat« eingesetzt, dem auch Sozialdemokraten angehörten. Der »Völkerbundkommissär« Dr. Zimmermann war Beauftragter der ausländischen Kontrolle über Österreich. Ein »Abbaukommissär« war für die Verringerung der Zahl der öffentlich Bediensteten verantwortlich, von denen bis Ende 1922 bereits 25.000 pensioniert oder abgefertigt waren. Bis Ende 1925 sollten ihnen weitere 75.000 folgen. Gewiß blieben die Zeiten schwierig, größere Arbeitslosigkeit infolge vorübergehender Industriekrisen, häufige Kurzarbeit waren die Folgen. Lohnkämpfe und Streiks waren »Schattenseiten der Sanierung von 1922 bis 1925[3]«. Aber sie konnten nicht verhindern, daß bei den Nationalratswahlen im Oktober 1923 den Christlichsozialen 82, den mit ihnen verbündeten Großdeutschen 10 und dem Landbund 5 Mandate zufielen, wogegen die Sozialdemokraten trotz ihrer Propagandakampagne gegen die Sanierung nur 68 Mandate erreichen konnten. Es war ein Votum, das nach Kunschak die Zustimmung der großen Mehrheit der österreichischen Wähler zu den Genfer Abmachungen und für Seipel einen mächtigen Vertrauensbeweis bedeutete[4].

Der große Gegensatz zwischen »Bürgerlichen« und »Sozialisten«, der in der Tagespolitik, aber auch bei Tagungen und in Resolutionen der Freien Gewerkschaften und der Arbeiterkammern immer wieder zutage trat, schien unüberwindbar. Schon kam es zu bedauerlichen rechtsextremistischen Exzessen, die Arbeiterblut kosteten. Auch die ersten Ansätze zur Aufstellung von Parteiarmeen wurden sichtbar. Immer noch gab es Monopolansprüche der Sozialisten. Die christlichen Gewerkschaften wiesen Ende 1921 78.737 Mitglieder aus, sie zählten Ende 1922 trotz Einschränkungen und Sparmaßnahmen, welche die Verbandsarbeit ungünstig beeinflußten, 78.105 Mitglieder. Ende 1923 konnten sie einen Mitgliederstand von 79.377 und Ende 1924 von 80.128 buchen. Die »Freien« gingen deutlich zurück: Von 1,079.777 (Ende 1921) auf 1,049.949 (Ende 1922) auf 896.763 (Ende 1923) und auf 828.088 Ende 1924. Immer stärker traten die christlichen Gewerkschaften in den Vordergrund. Aber noch immer mußte Seipel in einer Versammlung des Wiener Stadtkartells zu Silvester 1922 darauf hinweisen, daß eine Mauer die christlichen Gewerkschaften von ihren Arbeitskollegen im sozialdemokratischen Lager trenne. Sie müßten trachten, diese Mauer des Vorurteils zu durchbrechen[5]. Darum war die christliche Arbeiterschaft in den folgenden Monaten redlich bemüht. Hemala sprach von einer künstlichen Mauer der Mißverständnisse, der Unkenntnis und der Unwahrheit. Die Ausgangssitution war nicht günstig. Im österreichischen Berufsheer waren die »Wehrbündler« seit Herbst 1921 in schwere Auseinandersetzungen mit dem »Militärverband« verwickelt, christliche Wehrmänner wurden in Steyr, Stockerau und St. Pölten insultiert. Noch Ende 1922 standen 21.184 »Militärverbändler« 3280 »Wehrbündlern«

gegenüber, bei den Vertrauensmännerwahlen im Herbst 1922 waren noch 781 Sozialdemokraten, 16 Kommunisten und nur 20 Nichtmarxisten gewählt worden. Trotzdem konnte der christliche Gewerkschaftsgedanke nicht mehr unterdrückt werden.

»Die Mauer durchstoßen« – hieß die Parole dieser Jahre. War es in Traun den Freien Gewerkschaften noch gelungen, 30 Arbeiterinnen, die dem christlichen Textilarbeiterverband beigetreten waren, mit Gewalt am Betreten des Betriebes zu hindern und schließlich ihre Rückkehr in die freien Gewerkschaften zu erzwingen, so war diesem »dunklen Kapitel in der Geschichte der Freien Gewerkschaften Österreichs« (Hemala) der Kampf in der Reithofferschen Gummifabrik in Steyr-Garsten gefolgt[7]. An die 200 Arbeiter und Arbeiterinnen waren ungeachtet der Gegenagitation dem christlichen Reichsverband der Fabriks-, Handels- und Verkehrsarbeiter beigetreten. Vergeblich forderten die Vertrauensmänner der Freien Gewerkschaften die Rückkehr zu ihren Organisationen, wobei sie sich, als man sie auf das Ungesetzliche dieser Forderung aufmerksam machte, zu der Erklärung verstiegen, sie stünden über den Gesetzen. Schließlich griffen sie zum Mittel des Streiks, der 14 Tage dauerte, aber die christlichen Arbeiter nicht beugen konnte. Verhandlungen in Wien führten die Wiederaufnahme der Arbeit herbei. In einer Kundgebung der Betriebsleitung und der sozialdemokratischen Betriebsräte erfolgte die wichtige grundsätzliche Feststellung: »Wir fordern alle Arbeiter auf, jede politische Tätigkeit innerhalb der Betriebsstätte zu unterlassen, um dem mit schwerer Mühe und Opfern auf allen beteiligten Seiten errungenem Burgfrieden nicht neuerdings zu gefährden. Es möge niemand vergessen, daß jedem Angehörigen eines demokratischen Staatswesens das Recht der freien Meinung zugestanden werden muß und daß gerade in unserem besiegten Österreich nichts so wichtig ist wie die Arbeit, die allein wieder bessere wirtschaftliche Verhältnisse schaffen kann.«

Dennoch folgten neue Kämpfe. Die Freien Gewerkschaften wollten ihr Monopol nicht aufgeben. Streiks, passive Resistenz in privaten und öffentlichen Betrieben galten weniger der Verbesserung von Löhnen, als der Betonierung dieses Monopols. Die Zentralkommission glaubte damals, rechtzeitig vorsorgen zu müssen, um für alle Fälle gerüstet zu sein. In einem Aufruf wurde die Schaffung eines »Schutz- und Trutzfonds«

verlangt. Der Aufruf erinnert an den schweren Kampf und die ungezählten Opfer, die christliche Arbeiter und Arbeiterinnen seit 1918 für ihre Überzeugung gebracht hatten. Viele seien auch Zwangsmitglieder der »Freien« Gewerkschaften geworden, aber die Sehnsucht nach Freiheit von diesem Zwang sei geblieben und habe sich in den letzten Wochen mit elementarer Gewalt Bahn gebrochen, als die Machtmittel der Freien Gewerkschaften mißbraucht worden seien, um die Kirchenaustrittsbewegung zu propagieren. Da christliche Arbeiter und Angestellte durch ihre Mitgliedschaft bei den Freien Gewerkschaften nicht an der weiteren Versklavung der christlich denkenden Arbeiterschaft mitschuldig werden wollten, seien zahlreiche Austritte aus den Freien Gewerkschaften erfolgt. Sie seien als Kämpfe und »Einleitungsgefechte« »zur großen Entscheidungsschlacht um die Freiheit der Arbeit und der Arbeiterschaft« zu verstehen. Durch Aufbringung der erforderlichen Mittel solle den christlichen Arbeitern in ihrem Kampf geholfen werden. Deshalb möge jeder zum »Schutz- und Trutzfonds«, zum »Freiheitsfonds der christlichen Arbeiterschaft« sein Scherflein beitragen[8].

Langsam wurden die Erfolge dieses Kampfes sichtbar. Personalvertretungswahlen bei den Eisenbahnen brachten im Jänner 1925 den christlichen Eisenbahnern 4257 Stimmen gegen 2453 im Jahre 1919, ein Mandat im Zentralausschuß und 105 Vertrauensmänner gegen 6 im Jahre 1919. In der Kleinmünchner Aktienspinnerei behaupteten sich 30 Mitglieder des Christlichen Textilarbeiterverbandes gegen 600 der Union der Textilarbeiter[9]. Ähnliche Terroroffensiven wurden in der Papierindustrie in Hilm-Kematen, in Steyrermühl, in Bruck an der Mur, in dem Textilzentrum des niederösterreichischen Waldviertels Groß Sieghart, in der Preßverein-Druckerei in St. Pölten abgewehrt. Überall zeigte sich das gleiche: Zwang, Verhöhnung, ja tätliche Insultierung der christlichen Gewerkschafter, überall aber auch opferwilliger Bekennermut. Die Bekenntnistreue der christlichen Arbeiter trug ihre Früchte. Sie fand ihren weithin sichtbaren Ausdruck im *5. Kongreß der christlichen Gewerkschaften,* der vom 11. bis 14. Juni 1925 in Wien tagte. 80.128 Mitglieder waren Ende 1924 in den der Zentralkommission angeschlossenen Verbänden organisiert gewesen. Der Abgeordnete zum Nationalrat Schönsteiner würdigte im Namen der Christlichsozialen Partei die Bedeutung des Kampfes der christlichen Arbeiter und Angestellten und versprach die Hilfe seiner Partei bei der Aufgabe, »im freien Staat den christlichen Organisationen weiteste Freiheit zu erkämpfen, um unseren Staat vor der Schande zu bewahren, daß ein Arbeiter oder Angestellter seiner Gesinnung wegen materiellen Schaden erleidet und von Arbeitsplatz zu Arbeitsplatz gehetzt wird[10]«. Es gab einige bedeutungsvolle Referate und Berichte. Allinger sprach über die Tätigkeit der Zentralkommission, Spalowsky über »Die Stellung der christlichen Gewerkschaften zur Wirtschaftslage«, Richard Schmitz über »Die Sozialpolitik in Österreich«, Dr. Krogner über »Die Haltung der christlichen Gewerkschaft zu den sozialen und kulturellen Fragen«.

Aber auch 1925 und 1926 blieben die ständigen Spannungen zwischen den weltanschaulich getrennten Gewerkschaftsrichtungen erhalten. Größere Aufregung bei den Freien Gewerkschaften rief eine Stellungnahme der Bischöfe hervor, die sich scharf gegen die antireligiöse Propaganda in den sozialistischen Gewerkschaften wandte. Aber kurz darauf bewiesen Vorfälle im Wiener Münzamt neuerlich die Richtigkeit der Vorwürfe. Sozialdemokratische Arbeiter aus dem Münzamt veranstalteten Protestkundgebungen gegen die traditionelle Wallfahrt zur Erinnerung an das Jahr 1679, als die Pest die Angehörigen des Münzamtes verschont hatte. Diese Kundgebungen führten zur Entstehung einer christlichen Gewerkschaftsgruppe[11]. Unerquicklich waren auch Vorfälle in der Wiener Ankerbrotfabrik. Anfang Februar 1920 hatte das Personal dieses Betriebes gegen den Firmenchef Mendl gestreikt, weil dieser für einen Betriebsangehörigen eingetreten war, der sich geweigert hatte, weiterhin der Freien Gewerkschaft anzugehören. Die Gewerkschaftskommission hatte den Streik mißbilligt, der ohne Zustimmung und Wissen der gewerkschaftlichen Organisation erfolgte. Die Arbeiter hätten sich durch das Verhalten des Firmenchefs nicht »provozieren« lassen sollen. Es sei nicht Gepflogenheit der organisierten Arbeiter, mit Kanonen auf Spatzen zu schießen[12]. Fünf Jahre später traten 40 Brotführer der Ankerbrotwerke zum christlichen Fabriks-, Handels- und Transportarbeiterverband über. Die sozialdemokratischen Arbeiter sahen darin eine Verletzung des Kollektivvertragswesens von 1920, der die sogenannte Organisationsklausel enthielt. In dieser war die Verpflichtung ausgesprochen, daß nur solche Arbeiter und Arbeiterinnen beschäftigt werden dürfen, die Mitglieder der vertragsschließenden Organisationen sind. Ein Feststellungsprozeß, den die Leitung der Ankerbrotfabrik gegen den Freien Gewerkschaftsbund zur Wahrung der Koalitionsfreiheit anstrengte, wurde vom Wiener Oberlandesgericht und vom Obersten Gerichtshof gegen die Freien Gewerkschaften entschieden, aber es nützte nichts. Die Entscheidung wurde von den Freien Gewerkschaften nicht anerkannt, die nicht freigewerkschaftlich Organisierten wurden entlassen[13].

Die Schillingwährung war mit Gesetz vom 19. Dezember 1924 an die Stelle der Kronenwährung getreten, ein Schilling war gleich 10.000 Papierkronen. Dennoch waren die finanziellen Schwierigkeiten des Staates nicht zu Ende, das Defizit des Budgets stieg weiter, die Bilanz des Außenhandels war schwer passiv. Im Dezember 1924 gab es 183.771 zur Vermittlung vorgemerkte Arbeitslose und 154.492 Unterstützte. 1925 besserte sich die Lage auf dem Arbeitsmarkt leicht: im August wurden 116.363 unterstützte Arbeitslose gegen 197.099 im Jänner gezählt, aber schon im Jänner 1926 stieg ihre Zahl wieder auf 231.361 Unterstützte. Dazu kamen innenpolitische Krisen. Bundeskanzler Seipel, von einer schweren Verletzung, die er bei einem Attentat durch einen fanatischen Einzelgänger davongetragen hatte, kaum genesen, trat zurück, weil er einen Erfolg des Sanierungswerkes gefährdet sah, wenn man aus dem Gebäude auch nur einen Stein herausnahm (Goldinger). Es folgte die »Länderregierung« Rudolf Ramek, die fast zwei Jahre im Amte blieb. Aber auch sie konnte der ständigen Wirtschaftskrisen nicht Herr werden. Genf zögerte, die internationale Kontrolle aufzuheben, weil immer nur Beweise für Österreichs Lebensunfähigkeit vorgebracht wurden. Zwei Experten des Völkerbundes stellten im Herbst 1925 fest, Österreich sei lebensfähig, leide aber im besonderen Maße unter den Schwierigkeiten, mit denen im Grund ganz Europa zu kämpfen hätte. So kam es im September 1925 zu Verhandlungen, denen im nächsten Jahr der Abbau der Kontrolle folgte[14].

Allerdings verschlechterte sich die wirtschaftliche Lage durch neuerliche Bankenzusammenbrüche weiter. Durch den Zusammenbruch der »Zentralbank Deutscher Sparkassen« wurde eine tiefreichende Korruption sichtbar. Einen weiteren Skandal gab es in der Postsparkasse, deren Verluste in der Höhe von 125 Millionen Schilling durch leichtfertige Frankenspekulationen entstanden waren. Finanzminister Dr. Ahrer hatte von ihnen gewußt und war mit den Nutznießern in Verbindung gestanden.

Aber selbst diese turbulente Zeit mit ihren wirtschaftlichen und politischen Krisen konnte die günstige Entwicklung der christlichen Gewerkschaften nicht aufhalten. Sie wurde besonders durch den Erwerb des Gewerkschaftshauses in Wien, Laudongasse 16, sichtbar. Wie Hemala feststellte, war die Schlagkraft der christlichen Gewerkschaftsbewegung dadurch beeinträchtigt, daß ihre einzelnen Organisationen und ihre Sekretariate in mehreren Wiener Bezirken untergebracht waren. Immer wieder wurde verlangt, daß alle Organisationen in einem eigenen Haus zusammengefaßt werden müßten. Matthias Allinger, der Sekretär der Zentralkommission, setzte durch, daß die Erfüllung dieses Wunsches energisch betrieben, ein altes Amtsgebäude in der Laudongasse gekauft und adaptiert wurde. Am 12. September 1926 fand die Einweihung statt, die Dr. Karl Drexel vornahm. Tausende christliche Arbeiter und Angestellte waren aufmarschiert, Kunschak und Spalowsky wiesen auf die Zeiten des Kampfes und der Unterdrückung hin. Kunschak gedachte voll Dankbarkeit der Tausende, die Opfer des sozialdemokratischen Terrors geworden waren. Er sagte: »Diesen Männern und Frauen soll heute der erste Gruß, der erste Dank gelten. Sie sind die Säulen, auf denen unsere Bewegung aufgebaut ist, die Vorbilder für uns alle. Aus dieser Überzeugung hat sich die christliche Gewerkschaftsbewegung aufgerichtet und ist sie das geworden, als was sie heute vor uns steht.«

ANMERKUNGEN

1 Goldinger, a. a. O., Seite 130.
2 Blenk, a. a. O., Seite 120.
3 Klenner, a. a. O., Bd. I, Seite 612 ff.
4 Kunschak, a. a. O., Seite 79.
5 Hemala, a. a. O., Seite 220.
6 Ebenda, Seite 219 f.
7 Ebenda, Seite 220 ff.
8 Ebenda, Seite 223 f.
9 Ebenda, Seite 225 ff.
10 Ebenda, Seite 232 f.
11 Ebenda, Seite 230 f.
12 Klenner, a. a. O., Bd. I, Seite 507 f.
13 Hemala, a. a. O., Seite 241 f.
14 Goldinger, a. a. O., Seite 137.
15 Hemala, a. a. O., Seite 243.

Gefahren und Extremismus

Mit der Stabilität der Währung begann auch die Wirtschaft sich langsam zu erholen. Ende 1927 war die Währung zu 70 Prozent durch Gold und Valuten gedeckt. Der »Alpendollar« war im Kommen. Aber im Verhältnis der verschiedenen Gewerkschaftsorganisationen zueinander hatte sich wenig oder nichts geändert. Die Spannungen bestanden weiter. Noch immer versuchten die Freien Gewerkschaften die »Christlichen« zu diskriminieren. Johann Staud, damals Obmann der christlichen Textilarbeiter, die in Traun, Kleinmünster, Groß-Siegharts, Neufeld und Stadl Paura wieder gegen den Organisationszwang auftreten mußten, wußte ein Lied davon zu singen. Er wurde vom sozialdemokratischen Zentralorgan als Streikbrecher und Unternehmersöldling hingestellt[1].

So wandte sich 1927 die Zentralkommission in ihrem Kampf um die Koalitionsfreiheit auch an die Genfer Internationale Arbeitskonferenz. In einem Memorandum wurden die Haltung der Freien Gewerkschaften gegenüber gegnerischen Gewerkschaftsrichtungen, ihr Kampf gegen die Koalitionsfreiheit, der Mißbrauch der kollektiven Arbeitsverträge und der öffentlichen Arbeitsnachweise zugunsten der Freien Gewerkschaften geschildert. Diese Erscheinungen seien von den Wortführern der Freien Gewerkschaften nicht nur nicht mißbilligt, sondern im Parlament und in der Arbeiterkammer sogar offen verteidigt worden. Die Zentralkommission appellierte an die Delegierten der Arbeitskonferenz »im Namen der Freiheit und der Demokratie«, sie mögen nach Kräften dazu beitragen, der gewerkschaftlichen Freiheit in Österreich zur Geltung zu verhelfen. Der Appell war leider vergebens. Die freigewerkschaftlichen Delegierten, aber auch die Delegierten der Unternehmer, waren gegen Verhandlungen über die Organisationsfreiheit[2].

Nach der Genfer Tagung wurde der erste Erfolg um die Organisationsfreiheit in Österreich selbst errungen. In der Wiener Arbeiterkammer brachte am 25. Mai 1927 Kammerrat Dr. Hemala die Entscheidung des Obersten Gerichtshofes im Ankerbrot-Prozeß zur Sprache. Als der Vorsitzende Domes die aus den Freien Gewerkschaften ausgetretenen Arbeiter als »Verräter« bezeichnete, kam es zu stürmischen Auseinandersetzungen. Schließlich wurde aber doch eine von

Hemala beantragte Entschließung zur Frage der gewerkschaftlichen Freiheit angenommen: »Die Arbeiterkammer begrüßt es, daß auf der Internationalen Arbeitskonferenz die Frage der gewerkschaftlichen Freiheit zur Erörterung gelangt. Sie gibt der Erwartung Ausdruck, daß es gelingen wird, Maßnahmen zu treffen, die einen Schutz der bedrohten gewerkschaftlichen Freiheit in allen Staaten gewährleisten[3].«

Diese Auseinandersetzungen, heute kaum mehr verständlich, sind aus den parteipolitischen und ideologischen Gegensätzen der damaligen Zeit zu erklären. Die Wirtschafts- und innenpolitischen Ereignisse der Jahre 1925 und 1926 haben zu diesen Auseinandersetzungen reichlich beigetragen. Im Parlament und seinen Ausschüssen betrieben die Sozialdemokraten »eine lärmende und tobende« Obstruktion, so z. B. im Sonderausschuß für die Beratung der Mietenreform. Als die Regierung im Herbst 1925 den Entwurf einer totalen Mietenreform vorlegte, antworteten die Sozialdemokraten mit der Forderung nach Neuwahlen[4]. Auseinandersetzungen, die auch auf gewerkschaftlichen Boden übergriffen, gab es auch bei den Neuaufnahmen für das Heer. Bundesminister Carl Vaugoin tat das, was Julius Deutsch als Staatssekretär 1919 und 1920 im sozialistischen Sinne getan hatte: Er versuchte, aus dem Bundesheer eine Machtposition für seine Partei zu machen. Die Stärke des Militärverbandes sank von 21.148 Mitgliedern Ende 1922 auf 7679 Ende 1927. Dem Wehrbund gehörten am 31. Dezember 1927 bereits 7336 Soldaten an und schon konnte Hauptmann Carl Witsch, der seit Februar 1921 unermüdlich an dessen Organisation gearbeitet hatte, feststellen: »Der Wehrbund ist da. Mit ihm muß man rechnen, er ist der Gesundheitsbazillus im Bundesheer. Wer sich gegen den Wehrbund stellt, stört die Aufbauarbeit des Bundesheeres[5].« Die Vertrauensmännerwahlen zeigten die politischen Verschiebungen, die im Bundesheer eingetreten waren, mehr als deutlich: 1925 betrug das Verhältnis Wehrbund zu Militärverband noch 3498 zu 12.094, 1928 gab es zum ersten Mal eine Mehrheit des Wehrbundes. Aus der sozialdemokratischen Machtposition war unter Vaugoin eine christlichsoziale geworden.

Extremistische Strömungen rechts und links verhinderten immer wieder eine gedeihliche Zusammenarbeit. Dazu gesellte sich der Aufstieg der freiwilligen Wehrverbände. Frontkämpfer, Heimwehren, Republikanischer Schutzbund zernierten ihre Privatarmeen. Auf der anderen Seite gerieten die Gewerkschaften in eine Krise. Die Mitgliederzahlen zeigten es. Ende 1926 wies die Statistik nur noch 756.392 Freie Gewerkschafter aus. Ein Jahr früher waren es noch 807.513 gewesen. Auch die christlichen Gewerkschaften mußten Einbußen hinnehmen, sie zählten Ende 1926 76.122 Mitglieder, d. h. um etwa 1000 weniger als ein Jahr zuvor. Nur im öffentlichen Dienst konnte sich die Idee der Zusammenarbeit durchsetzen. Hier kam es im Rahmen des »Fünfundzwanziger-Ausschusses« zu einem Zusammenschluß verschiedener Richtungen, um ein gemeinsames Verhandlungsorgan zur Bekämpfung besserer dienst- und besoldungsrechtlicher Verhältnisse zu schaffen. Eine Streikdrohung der öffentlich Bediensteten führte am 15. Oktober 1926 sogar zum Sturz der Regierung Ramek.

Und nun verschärften sich die politischen Gegensätze immer mehr. Ramek wurde neuerlich durch Seipel abgelöst, der durch Neuwahlen eine neue Kräfteverteilung im Nationalrat herbeiführen wollte. Sein Kerngedanke war ein Bündnis der Christlichsozialen mit den »antimarxistischen« und »bürgerlichen« Gruppen der Großdeutschen und Landbündler; er wagte das Experiment einer sogenannten Einheitsliste. Kunschak wies auf die Schwierigkeiten hin, die es bei den Großdeutschen und Landbündlern gab und erinnerte: »Auch im christlichsozialen Lager herrschte über die Einheitsliste keineswegs ein überstimmendes Urteil, vielfach wurde die Befürchtung ausgesprochen, daß sich die Unentwegten in beiden Lagern abgestoßen fühlen werden, besonders die kulturelle Einstellung werde den Katholiken auf der einen und den Katholiken auf der anderen Seite die Entscheidung schwer machen[6].«

Die Wahl vom 25. April 1927 war »ein schwerer Mißerfolg« Seipels und der Christlichsozialen (Kunschak). Nur mehr 72 christlichsoziale Abgeordnete zogen in den Nationalrat ein, 9 Sitze waren an die Einheitsliste, die zusammen 85 Sitze errang, und die Sozialdemokraten, die es auf 71 Sitze (+ 3) und 42,7% der Stimmen brachten, verlorengegangen.

Durch diesen Wahlausgang wurden die Spannungen noch verschärft. In einer gewitterschwülen Stimmung sollten sie sich in den Ereignissen des 15. Juli 1927 unheilvoll entladen – »ein trauriger Markstein in der Geschichte der Ersten Republik[7]«. In den letzten Jahren war es wiederholt zu Schießereien zwischen den Schutzbündlern und Angehörigen der rechtsstehenden Wehrverbände gekommen, aber keine hatte so tragische Folgen wie die vom 23. Jänner 1927 im burgenländischen Ort Schattendorf. Schutzbündler wollten angeblich ein Haus stürmen, in dem sich die Teilnehmer an einer Kundgebung der Frontkämpfer zurückgezogen hatten. Die Frontkämpfer fühlten sich bedroht und schossen. Zwei Tote blieben liegen. Am 14. Juli fand der Prozeß gegen die Todesschützen statt. Die Geschworenen verneinten die Schuldfrage, die Richter mußten die Angeklagten freisprechen. Zwei Leitartikel, die am folgenden Tag, dem 15. Juli, erschienen, wirkten wie Funken in einem Pulverfaß. Ein Leitartikel der »Reichspost« sah in dem Wahrspruch der Geschworenen ein »gerechtes Urteil«, der Leitartikel in der »Arbeiter-Zeitung«, von Friedrich Austerlitz geschrieben, berauschte sich »in wahrer Verblendung an tönenden Worten und nicht ahnend, daß die brennenden Flammen seiner Leidenschaft in dem brennenden Justizpalast emporlodern würden« (Goldinger).

Das Urteil der Geschworenen löste das gräßliche Blutbad der folgenden Tage aus. Eine führerlose Demonstration der Arbeiter, die gegen das Urteil demonstrieren wollten, mündete in Zusammenstöße der Polizei, der Justizpalast wurde in Brand gesteckt, die Unruhen und blutigen Zusammenstöße griffen von der Innenstadt auf die äußeren Bezirke über. Schutzbund und sozialdemokratische Führer bemühten sich vergeblich, die Situation, in der immer mehr unverantwortliche dunkle Elemente an die Oberfläche drängten, wieder in den Griff zu bekommen. Die Zentralkommission der Freien Gewerkschaften proklamierte am 16. Juli den Generalstreik. In sämtlichen Betrieben, mit Ausnahme der Brotfabriken, der Spitäler und der Verkehrsbetriebe, ruhte die Arbeit. Am 17. Juli kehrte die Ruhe zurück. 90 Menschen waren tot, 128 Schwerverletzte (unter ihnen 57 Demonstranten) und 654 Leichtverletzte wurden gezählt. Es gab 232 Verhaftete, die in 10 Schwurgerichtsprozessen ausnahmslos freigesprochen wurden[8].

Die Zentralkommission der christlichen Gewerkschaften wandte sich am 17. Juli scharf gegen die Vorfälle vom 15. Juli. Die Saat der systematischen sozialistischen Hetze sei blutig aufgegangen. Die volle Schuld treffe die sozialistische Gewerkschaftskommission und den sozialdemokratischen

Parteivorstand. Der Generalstreik sei ein gewissenloser Mißbrauch der Arbeiter und Angestellten Österreichs und der Gewerkschaften für die »sozialistischen Diktaturpläne« gewesen. Er wurde von den christlichen Gewerkschaften »als Sympathiekundgebung für die Mörder und Brandstifter« verurteilt[9].

In den großen parlamentarischen Auseinandersetzungen, die der Katastrophe des 15. Juli folgten, sprach Bundeskanzler Dr. Seipel ein Wort, das auch auf gewerkschaftlichem Boden eine vehemente Propaganda für den Austritt aus der katholischen Kirche auslöste: »Verlangen Sie nichts vom Parlament und von der Regierung, was gegenüber den Opfern und Schuldigen dieser Unglückstage milde erscheint, aber grausam wäre gegenüber der verwundeten Republik.« Es war eine wenig geschickte Formulierung, von der nur die mißverständliche und abträgliche Kurzfassung »Verlangen Sie keine Milde« erhalten blieb. Sie übte, von den Sozialisten ständig wiederholt, auf die Innenpolitik der nächsten Jahre einen verhängnisvollen Einfluß aus[11].

Kunschak bezeichnete in einer Rede im Nationalrat das Schattendorfer Urteil als »Fehlurteil«. Über die Frage der Geschworenengerichte habe aber das Parlament und nicht das auf die Straße geführte Volk zu entscheiden. Die Vorfälle des 15. Juli seien nicht geeignet, die Gebrechen der Rechtspflege in Ordnung zu bringen. Um Tötung durch Waffengebrauch zu verhindern, sollten nur diejenigen Waffen tragen dürfen, die kraft ihres Dienstes dazu verpflichtet sind[12].

Der Juli 1927 brachte auch in der christlichen Gewerkschaftsbewegung einen Führungswechsel, der aber nicht mit den Ereignissen zusammenhing. Matthias Allinger, der Sekretär der Zentralkommission, starb am 20. Juli unerwartet; sein Nachfolger wurde Johann Staud, der von Jugend an dem christlichen Gewerkschaftsgedanken gedient hatte. Als Obmann des Graphischen Zentralverbandes (1920–1923), als Obmann des Verbandes christlicher Textilarbeiter (ab 1922) und als Sekretär des Stadtkartells Wien der christlichen Gewerkschaften hatte Staud seine Befähigung für diesen Posten in stürmischen Zeiten bewiesen.

ANMERKUNGEN

1 Christl Kluwick-Muckenhuber, Johann Staud, Wien 1969, Seite 22 ff.
2 Hemala, a. a. O., Seite 241 f.
3 Ebenda, Seite 83.
4 Kunschak, a. a. O., Seite 83.
5 Ebenda, Seite 82.
6 Ebenda, Seite 85.
7 Zima Herbert und Eduard Hochenböhler, 100 Jahre Wiener Sicherheitswache, Wien 1969, Seite 55.
8 Mikoletzky, a. a. O., Seite 116 und Seite 117.
9 Hemala, a. a. O., Seite 246.
10 Kunschak, a. a. O., Seite 89.
11 Goldinger, a. a. O., Seite 352.
12 Stenographisches Protokoll über die Sitzungen des Nationalrates der Republik Österreich, 1927/1930, Seite 150 ff.

Trotz Krisen weiterer Aufstieg

Im Sommer 1927 war die wirtschaftliche Lage etwas besser geworden, die Zahl der unterstützten Arbeitslosen hatte 1925 durchschnittlich 145.532, 1926 176.744, 1927 172.478 betragen, sie sank 1928 auf 155.582[12]. Die Entspannung wirkte sich auch auf die Mitgliederbewegung günstig aus. Ende 1928 waren 100.087 Männer und Frauen in den christlichen Gewerkschaften organisiert. Ende 1927 waren es 78.906, bei den Freien Gewerkschaften gab es hingegen eine geringfügige Abnahme gegenüber Ende 1927. Ihr Gesamtmitgliederstand betrug Ende 1928 766.768.

Zufrieden konnten die christlichen Gewerkschaften auch mit den Ergebnissen einiger Krankenkassenwahlen sein, die durch eine gesetzliche Neuordnung der Sozialversicherung notwendig geworden waren. Es kam zur Zusammenlegung zahlreicher Krankenkassen und Beseitigung der nicht leistungsfähigen Kassen. Verschiedene Kassenleitungen waren seinerzeit ohne Wahl durch Vereinbarung zwischen den Gewerkschaftsrichtungen eingesetzt worden. Gewählt wurde in Wien bei drei Krankenkassen. Bei der Wahl in die Gehilfenkrankenkassen erzielten die christlichen Gewerkschaften bei schwacher Wahlbeteiligung 396, die Freien 1803 Stimmen. Bei den Gastgewerbeangestellten gab es 8158 freigewerkschaftliche Stimmen gegen 1395 christliche und bei der Wahl in die Arbeiterkrankenkassen des Gremiums der Wiener Kaufmannschaft entfielen 624 Stimmen auf die christlichen, 9188 auf die Freien Gewerkschaften. Es waren beachtenswerte Ergebnisse, wenn man weiß, »daß die Sozialdemokraten den ganzen Wahlapparat in ihren Händen hatten, daß die christlichen Gewerkschaften keine Wählerlisten zur Verfügung hatten und daß bei dieser Wahl der sozialdemokratische Terror wahre Orgien feierte[3]«. Auch bei der Wahl in die Krankenversicherungsanstalt der Bundesangestellten wurden günstige Resultate erzielt. Die christlichen Gewerkschaften gewannen ein Mandat im Hauptvorstand, vier in Tirol und Niederösterreich. Im 3. Wahlkörper (Akademiker) wählten 1329 Wahlberechtigte christlich und 6019 den richtungslosen Reichsverband der öffentlich Angestellten. Im 5. Wahlkörper gab es 5476 Stimmen für die christlichen Gewerkschaften,

8497 für den Reichsverband und 5567 für die Freigewerschaften.

Zu den Hauptaufgaben der Zentralkommission zählte in dieser Zeit die stärkere Konzentration der christlichen Gewerkschaften. Sie war nach Stauds Ansicht unbedingt nötig, um die Schlagkraft der Organisation zu erhöhen. Er erwartete sich von der Zentralisierung eine Vereinfachung der Verwaltung, die Vermeidung unnötiger Doppelarbeit und eine bessere Agitation. Vielen speziellen Arbeitsgebieten könne man sich erst dann richtig widmen, wenn Kräfte durch Zusammenschluß frei würden[4].

Bildung und Schulung wurden seit 1925 immer wichtiger. Geschulte Vertrauenspersonen waren im Kampfe gegen den noch immer übermächtigen freigewerkschaftlichen Gegner unbedingt notwendig. Allgemeine Bildungs-, Wochenend- und Fachkurse, die der beruflichen Ertüchtigung der Arbeiter und Angestellten dienten, waren in der Arbeit der Gewerkschaften besonders wichtig. Die Kursprogramme erstreckten sich auf alle Zweige der Bildung[5].

Vorbild der gewerkschaftlichen Bildungsarbeit war das Bildungsheim der christlichen Gewerkschaften Deutschlands in Königswinter am Rhein. Nach diesem bewährten Muster war das Bildungsheim der christlichen Gewerkschaften Österreichs in Neubruck bei Scheibbs geschaffen worden, das den Namen »Matthias-Allinger-Haus« führte und am 3. Juni 1928 eingeweiht wurde. 5000 christliche Arbeiter nahmen an dem Festakt teil, Ministerpräsident a. D. Adam Stegerwald, der oft schon an Tagungen der christlichen Gewerkschaften Österreichs teilgenommen hatte, und Leopold Kunschak würdigten die Bedeutung des Tages. Das Allinger-Haus »war von da an eine Stätte weitgehender Schulungsarbeit im Dienste und im Interesse der christlichen Gewerkschaften« (Hemala). Hunderte Gewerkschafter wurden dort ausgebildet und geschult.

Von besonderer Bedeutung für die weitere politische Entwicklung erwies sich das Erstarken der Heimwehr seit dem 15. Juli 1927. Ihr Eingreifen in Innsbruck war »ein bedrohliches Zeichen für die Zukunft[6]«. Sie war eine unbedingt antimarxistische, unter dem Einfluß deutscher Verbände stehende Bewegung. Aus der ursprünglich in der Steiermark, in Kärnten und Tirol zum Schutze der Heimat gegen mögliche Angriffe der Nachbarstaaten und zur Sicherung der Ordnung im Lande aufgestellten Formation war eine Organisation geworden, die offensichtlich Verbindung mit antimarxistischen reichsdeutschen Gruppierungen hatte.

Waffen kamen aus Deutschland, Geld gab die Schwerindustrie. Die Julirevolte brachte für die Heimwehr eine entscheidende Wendung. Nichtsozialistische Kreise begünstigten aus Furcht vor einer Wiederholung der Ausschreitungen die Heimwehr, sie sahen in ihr die »antimarxistische Feuerwehr« und den »Selbstschutz des Bürgertums«. Aber die Heimwehr, der Sympathie der Antimarxisten sicher, ging unter demagogischer Ausnützung der innenpolitischen Lage und der schweren Fehler, die von den politischen Parteien begangen wurden, zu einer Generaloffensive gegen den Parlamentarismus über. Seipel sah in der Heimwehr einen, wenn auch nicht gerade angenehmen, so doch willkommenen Partner seiner gegen die Sozialdemokraten gerichteten Politik[7].

Mochten die christlichen Arbeitnehmer am Anfang eine gewisse Sympathie für die Heimwehr empfinden, mochte zunächst ein »erträgliches Verhältnis« zwischen ihnen bestehen, so kam es doch bald zu den ersten Meinungsverschiedenheiten, als die Heimwehr auch auf gewerkschaftlichen Boden vordrang. Am 19. Mai 1928 wurde die »Unabhängige« Gewerkschaft gegründet. Sie sagte auch den christlichen Gewerkschaften den Kampf an, deren »Mitglieder im Bereich der Alpine fortan den schwersten Schikanen ausgesetzt waren« (Kunschak). Das Schicksal ihrer steirischen Arbeitsbrüder und die Erfahrungen, die diese mit dem Heimatschutz gemacht hatten, veranlaßte die Wiener christliche Arbeiterschaft, ihre eigene Selbstschutzorganisation ins Leben zu rufen, die für das alte Heimwehrprogramm eintrat und sich die Befreiung der Arbeiterschaft vom sozialdemokratischen Terror zur Aufgabe stellte. Das war die Geburtsstunde des »Freiheitsbundes[8]«, dessen Gründung Helmer eher als eine Aktion gegen den Republikanischen Schutzbund, denn als Maßnahme gegen das Eindringen der Heimwehr in die christliche Arbeiterbewegung auffaßte[9]. Nach Hemala war der Ausgangspunkt der Gründung eine Versammlung in der Wiener Volkshalle, in der Kunschak gegen die Finanzpolitik Hugo Breitners, des Finanzreferenten der Gemeinde Wien, sprechen sollte. Sozialdemokratische Gegenaktionen wurden angekündigt, ein Leitartikel der »AZ« prophezeite: »Kunschak wird nicht reden!« Daraufhin widerrief Magistratsdirektor Dr. Hartel, der Zusammenstöße befürchtete, die Erlaubnis zur Benutzung der Volkshalle. Kunschak appellierte deshalb im Gesellenvereinshaus in der Gumpendorfer Straße an die christlichen Arbeiter, in die Reihen der christlichen Arbeiterordner einzutreten. Im Gewerkschaftshaus in der Laudongasse wurde dann der »Freiheitsbund« aus der Taufe gehoben, der eine Selbstschutzorganisation der christlichen Arbeiter sein und die »verläßlichsten und opferwilligsten Vertrauensmänner« zusammenschließen sollte[10]. Im ersten Werbeaufruf des Freiheitsbundes heißt es: »Die Erringung der wirtschaftlichen, politischen und gewerkschaftlichen Freiheit, dem Kampfe um die Freiheit der Gesinnung und ehrlichen Überzeugung, dem Kampfe um die soziale Gerechtigkeit gilt die Arbeit unseres Freiheitsbundes. Er wird sich in dieser seiner Arbeit nur von dem Gedanken leiten lassen, der christlichen Arbeiter- und Angestelltenschaft zu dienen, ihre Bewegung zu fördern, ihr eine Arbeits- und Kampftruppe zu sein. In diesem Sinne wird der Freiheitsbund arbeiten, wird er die freie, christliche und soziale Republik erkämpfen«. St. Pölten war einer der Stützpunkte des Freiheitsbundes. Bei der Einweihung des Allingerhauses in Neubruck trat er zum ersten Male vor die Öffentlichkeit. Niederösterreichische und Wiener Freiheitsbündler marschierten unter dem Kommando von Josef Dengler auf, der den sozialdemokratischen Terror in Niederösterreich am eigenen Leib erfahren hatte.

In den folgenden Monaten rief die Rivalität zwischen Heimwehr und Schutzbund neue Krisen hervor. »Seipel sah die Heimwehr als willkommenen Prellbock an, der zur Zurückdrängung der Sozialdemokratie dienen konnte. Er glaubte, sich ihrer als Mittel bedienen zu können und fürchtete nicht, daß sie dem Staate über den Kopf wachsen könnte[11]. Darum duldete er die zahlreichen uniformierten Aufmärsche, die wieder Gegenkundgebungen zur Folge hatten; sein Streben ging dahin, die Heimwehr daran zu hindern, eine eigene Partei zu werden und sie doch als Figur auf dem politischen Schachbrett zu gebrauchen.« Bereitwillig anerkannte er daher die Forderung der Heimwehr nach dem »Recht auf die Straße«. So kam es am 7. Oktober 1928 in Wr. Neustadt zum Aufmarsch der Heimwehr und zum Gegenaufmarsch des Schutzbundes. Dank eines riesigen Aufgebotes von Gendarmerie, dank der Disziplin, welche beide Seiten durch strikte Einhaltung der Verabredungen ihrer Führer an den Tag legten, verliefen die Aufmärsche ohne Zwischenfälle[12].

Noch schien zwischen Heimwehr und Freiheitsbund ein leidliches Verhältnis zu bestehen. Beide gehörten dem »Wiener Wehrverband« an. Noch täuschte sich auch Seipel über die Ziele der Heimwehr, wenn er am 18. Dezember 1928 in Graz erklärte: »Nichts ist falscher, als wenn behauptet wird, die Heimwehrbewegung bedrohe irgendwie die Demokratie. Im Gegenteil! Die Sehnsucht nach wahrer Demokratie ist eine der stärksten Triebkräfte der Heimwehr.« Kunschak nahm am 29. Jänner 1929 in der Versammlung des Christlichsozialen Arbeitervereines zur Heimwehrfrage wie folgt Stellung: »Die Heimwehr nimmt da und dort eine Entwicklung, die sie als eine Gefahr für das parlamentarische System erscheinen läßt.« Offen erklärte er, er vermöge die Heimwehr nur insoweit als berechtigt und begründet anzuerkennen, als sie sich als Instrument des demokratischen Gedankens fühle[13]. Seit dem Frühjahr 1929 wurden die Beziehungen zwischen Freiheitsbund und Heimwehr immer gespannter. Entgegen den Hoffnungen Seipels entwickelte sich die Heimwehr immer mehr zu einem parteiähnlichen Gebilde, zu einer Bewegung mit ausgesprochen antidemokratischem Programm. Der Freiheitsbund hatte in ihr nichts mehr zu suchen[14]. Seine Zielsetzung deckte sich nicht mehr mit den faschistischen Plänen der Heimwehr. Den ersten Schuß gab Dr. Steidle gelegentlich einer Bannerweihe der Wiener Heimwehr vor der Votivkirche ab. »Er sprach dort unter deutlicher Anspielung auf mich« – erzählte Kunschak – »von den gewissen Leuten, die es nicht erwarten können, mit der roten Hure im Bett zu liegen[15].« Mit solchen Reden mußte die Gemeinsamkeit in Trümmer gehen. Eine üble Hetze gegen Kunschak setzte ein, über die selbst Karl Renner entrüstet war[16]. Kunschak sagte dazu: »Es gibt nur einen Weg, auf dem noch Rettung einer besseren Zukunft Österreichs winkt, das ist der Weg der Entspannung, das ist der Weg der inneren Befriedung, der Weg der Verständigung zu positiver Arbeit[17].« Davon wollte aber die Heimwehr nichts wissen. Ihre Schlagworte in den Versammlungen des Sommers 1929 wurden immer radikaler, und es kam zu tätlichen Auseinandersetzungen, als Heimwehranhänger Versammlungen Kunschaks zu sprengen versuchten und mit Brachialgewalt aus den Sälen entfernt wurden[18].

Die christlichen Arbeiter machten gegen den Faschismus Front. Als in einer Leitungssitzung der Wiener Heimwehr festgestellt wurde, die Landesgruppenführer müßten Befehlen der Landesleitung unbedingt Gehorsam leisten, verließ der Freiheitsbund endgültig den Wiener Heimatschutz. In voller Einmütigkeit beschloß am 12. September 1929 die Neubrukker Reichskonferenz der Vertrauensmänner der christlichen Arbeiter und Angestellten ein Manifest, das sich gegen die vom Großunternehmertum gegründete und von Heimwehrgruppen geförderte »Unabhängige Gewerkschaft« wandte. Sie sei »eine Gefährdung des Wesens und der Ziele der Gewerkschaftsbewegung«, hieß es wörtlich. Das Manifest verwies auf die Ziele des Freiheitsbundes und protestierte gegen alle Versuche, die politischen und sozialen Errungenschaften der Arbeiter und Angestellten zu beschneiden oder deren Ausbau zu verhindern. Gefordert wurde im Sinne des Linzer Programmes von 1923 eine zeitgemäße Reform der Verfassung. Erwartet wurde von der Regierung, daß sie »frei von jedem Druck und jeder Bedrohung ihre Pflicht erfülle, als Diener des Staates und der Volkswirtschaft[19]«. Kunschak wurde vom Gesamtausschuß der Gewerkschaften der Dank ausgesprochen »für sein mannhaftes Eintreten für wahre Demokratie und eine ruhige Entwicklung der politischen und wirtschaftlichen Verhältnisse in Österreich[20]«. Aber »führende Männer der Christlichsozialen Partei rückten von der Heimwehrbewegung auch in diesem Augenblick nicht ab, als sie den schärfsten Kampf gegen Leopold Kunschak eröffnete[21]«.

In dieser Situation tagte der *6. Kongreß der Christlichen Gewerkschaften Österreichs*[22]. Ein halbes Jahr vorher hatte Bundesrat Dr. Hemala beim Christlichsozialen Parteitag über »Partei und Gewerkschaft« referiert und betont, das Wachstum der christlichen Gewerkschaften würde in beschleunigtem Tempo erfolgen, wenn die Christlichsoziale Partei eine Politik betreibe, die für den schwer ringenden, wirtschaftlich schwachen und doch kräftig aufstrebenden vierten Stand volles Verständnis zeige. Es wurde eine vom Referenten beantragte Entschließung angenommen, in der der Bundesparteitag den dem Arbeiterstand angehörenden Parteimitgliedern den Beitritt zu den christlichen Gewerkschaften empfahl. Die Parteimitglieder aus dem Arbeitgeberstand wurden aufgefordert, die christliche Arbeiterschaft in ihrem schweren Kampfe gegen den roten Terror dadurch wirksam zu unterstützen, daß sie bei Besetzung freigewordener Arbeitsplätze mit den christlichen Gewerkschaften in Verbindung treten, um durch

Unterbringung christlicher Arbeiter oder Angestellter das bestehende sozialdemokratische Arbeitsvermittlungsmonopol zu durchbrechen. Der Parteitag versprach, die christlichen Gewerkschaften in ihrem Befreiungskampf zu unterstützen und durch Stärkung der gewerkschaftlichen Organisation die Gleichberechtigung der christlichen Gewerkschaft und damit den Arbeitsfrieden zu sichern[23]. Mit dem »Arbeitsfrieden« war es aber nicht weit her. Zwar hatte auch Seipel nach den Wiener Neustädter Aufmärschen im Herbst 1928 vom Arbeitsfrieden und von der Überwindung dessen gesprochen, was ihm und einem auf Recht und Freiheit begründeten Nebeneinander der gewerkschaftlichen Organisation entgegenstehe[24]. Der Bundesvorstand der Freien Gewerkschaften jedoch war der Meinung, »der Arbeitsfriede in Österreich beruhe auf den zwischen den Gewerkschaften und den Unternehmerverbänden abgeschlossenen Kollektivverträgen. Die Freien Gewerkschaften, die mit den Unternehmern im Vertragsverhältnis stehen, waren immer bereit und sind selbstverständlich auch jetzt bereit, Verhandlungen über die Fortentwicklung der vertragsmäßigen Arbeitsverhältnisse zu führen, wenn dies von der Gegenseite gewünscht wird[25]«. Über das »Nebeneinander« der Gewerkschaften schwieg sich der Bundesvorstand aus. Es fehlte allerdings in den der Sozialdemokratie nahestehenden Presseorganen nicht an Andeutungen, daß die Freien Gewerkschaften nicht abgeneigt sein würden, an Verhandlungen mit den christlichen Gewerkschaften teilzunehmen, wogegen sie jede Fühlungnahme mit den »gelben« Gewerkschaften ablehnen würden. Aber das sozialdemokratische Zentralorgan warf in einer Reihe von Artikeln den Christlichen immer wieder »Streikbruch« vor, wieder kam es zu Terrorfällen, immer noch flammten Gegensätze bei Lohnverhandlungen auf, wie bei den Grazer Straßenbahnen im September 1928, als von den Freien Gewerkschaften der Streik beschlossen wurde, während die christlichen Gewerkschaften noch weiter verhandeln wollten und dafür des »Verrates« bezichtigt wurden[26].

Solche Diskriminierungen konnten freilich nichts an der Bedeutung ändern, die den christlichen Gewerkschaften bereits zukam. Sie trat auf dem 6. Kongreß eindrucksvoll in Erscheinung. Tausende marschierten zur Feldmesse auf den Karlsplatz, Jakob Kaiser sprach für den Gesamtverband der Christlichen Gewerkschaften Deutschlands. Gäste aus Ungarn und der Tschechoslowakei waren gekommen, Hunderte Delegierte vertraten die Bewegung, deren Mitgliederstand am 31. Dezember 1928 das erste Hunderttausend überschritten hatte. Dem Kongreß lag ein gedruckter Bericht der Zentralkommission vor, den Zentralsekretär Staud kurz kommentierte. Er verwies auf die Beziehungen zwischen Wirtschaft und Arbeiterschaft, beleuchtete die Konjunkturentwicklung in der österreichischen Wirtschaft, erörterte die Stellung der Arbeiter zur Wirtschaftskonzentration und zur Rationalisierung, schilderte Lohnentwicklung, Preisbildung, Lebenskostenindex, Kapitalneubildung, Einkommensschichtung und legte die Stellung der Gewerkschaften zum Kredit- und Geldwesen dar.

Der Bericht über die christliche Gewerkschaftsbewegung bekannte sich zum Gedanken der gewerkschaftlichen Konzentration, zur Schaffung der großen Industrieverbände und würdigte die Fortschritte auf sozialpolitischem Gebiet und die Tätigkeit in den Arbeiterkammern. Auch über die unzureichenden Löhne, über Streiks und Kollektivverträge berichtete Staud. Nach dem Bundesamt für Statistik gab es:

	1925	1926	1927	1928
Streiks	287	186	195	240
Beteiligte Betriebe	1.677	653	440	685
Zahl der Streikenden	46.743	18.624	28.769	32.915
Aussperrungen	38	18	21	24
Zahl der Ausgesperrten	20.203	3.319	6.531	5.342[27]

Von den Lohnkämpfen war außer dem schon erwähnten Streik bei den Grazer Straßenbahnen jener bei der Alpine-Montan in Donawitz vom 21. September bis 16. Oktober 1925 wegen »des vollkommen solidarischen Vorgehens der christlichen und sozialdemokratischen Gewerkschaften« beachtenswert[28]. Hingegen war der Kampf der Wiener Bekleidungsarbeiter im Jänner 1928 durch scharfe Auseinandersetzungen zwischen christlichen und Freien Gewerkschaften gekennzeichnet, in denen den ersteren »Verrat« und »Streikbruch« vorgeworfen wurden[29].

Stauds Bericht zog für die Zeit 1925 bis 1928 eine günstige Bilanz[30]: Trotz Fehlern und Mängeln machtvoller Aufstieg der christlichen Gewerkschaften unter tausendfältigen Schwierigkeiten, Gegnerschaft der Freien Gewerkschaften, »ein vielfach verständnisloses Bürgertum«, »das die Zeichen der Zeit nicht begreift, entweder alle Schläge der sozialistischen Machthaber apathisch erträgt, oder sich in die Arme eines rechtsgerichteten Radikalismus wirft[31]«. Staud berichtete auch über die Neugestaltung der Bewegung: über den Umbau der Zentralkommission, die Konzentration der Organisation, den Ausbau des Bildungswesens[32]. Über Wirtschaft, Rationalisierung und Gewerkschaften sprach Dr. Hans Schmitz, damals wissenschaftlicher Referent des Katholischen Volksbundes und bereits seit mehreren Jahren als Lehrer auf sozialpolitischen- und Bildungsveranstaltungen der Bewegung tätig. Die Rationalisierung[33] hatte auch vor Österreichs Grenzen nicht Halt gemacht. Sie war eine ganz Europa umfassende Bewegung, die von der Produktionsseite her auf die Umgestaltung des Preisaufbaues einwirkte, so durch technische Umgestaltung des Produktionsprozesses, durch Arbeitsintensivierung sowie durch organisatorische Maßnahmen. Das Problem der Rationalisierung, so meinten die Christlichen Gewerkschaften, erschöpfe sich jedoch nicht in diesen betriebsmäßigen Gesichtspunkten. »Die Frage der Kosumfinanzierung beschäftigt heute vor allem die Industrien, die in den Rationalisierungsmaßnahmen führend sind.« Nur dann könnte sich aber ein volkswirtschaftlicher Erfolg der Rationalisierung zeigen, wenn das Mehrerträgnis der Produktion in entsprechender Weise allen am Produktionsprozeß Beteiligten zugute komme. Notwendig seien gleichzeitige Ertrags- und Lohnsteigerungen[34]. Die Gewerkschaften müßten Rationalisierungsmaßnahmen, die zu einer Verbesserung der gesamten Wirtschaftslage führen, begrüßen. Da jedoch die Rationalisierung nicht ursprünglich aus diesem Motiv, sondern betriebsweise zur Hebung der privatwirtschaftlichen Rentabilität in Angriff genommen werde, sei eine allgemeine Zustimmung nicht möglich, sondern die verschiedenen Arten der Rationalisierung müßten gesondert beurteilt werden. Die Gewerkschaften glaubten nicht an eine dauernde Freistellung von Arbeitskräften durch die Rationalisierung, auch hätten sich keine bedeutenden Vergrößerungen der Arbeitslosigkeit durch sie ergeben. Das Zentralproblem liege vielmehr in der Lohnfrage. »Gelingt es im Lohnkampf, den Arbeitern einen entsprechenden Anteil zu erringen, dann wird durch die Rationalisierung das Verhältnis von Produktion und Kaufkraft nicht gestört[35].«

Hans Schmitz ging in seinem Referat von der »Erscheinung Arbeitslosigkeit« aus. Er sah sie hauptsächlich durch die Strukturänderungen der österreichischen Wirtschaft seit 1923 bedingt. Rationalisierung sei eine Angelegenheit der Gesamtwirtschaft. Ihre Erfolge seien von der Behandlung der Lohnfrage abhängig. Hebung der Kaufkraft bewahre den Kreislauf der Wirtschaft bei Produktionssteigerungen vor empfindlichen Störungen. Wahre Rationalisierung dürfe nicht zum Raubbau an der menschlichen Arbeitskraft führen. Schmitz verlangte ferner die Schaffung eines modernen Kartellrechtes. Franz Spalowskys Referat »Gewerkschaftsarbeit – Kulturarbeit« beendete die Beratungen des 6. Kongresses, der auseinanderging »mit dem festen Entschluß, alles zu tun, im Interesse der christlichen Gewerkschaftsbewegung«. Angenommen wurden die Statuten der Zentralkommission, Entschließungen über wirtschafts- und sozialpolitische Forderungen, zur Landarbeiterfrage und zum Schutz der Feiertage.

ANMERKUNGEN

1 Jahrbuch des Bundes der Freien Gewerkschaften Österreichs, 1929, Seite 17.
2 Der 6. Kongreß der Christlichen Gewerkschaften Österreichs, Seite 35 f.
3 Hemala, a. a. O., Seite 249.
4 Kluwick-Muckenhuber, a. a. O., Seite 19.
5 Programme im »6. Kongreß«, Seite 68 ff.
6 Blenk, Kunschak, Seite 135 f.
7 Kunschak, a. a. O., Seite 92.
8 Blenk, a. a. O.
9 Oskar Helmer, 50 Jahre erlebte Geschichte, Wien 1957, Seite 120.
10 Hemala im »Jahrbuch der christlichen Arbeiterschaft«, Jg. 1936, Seite 136 ff.
11 Goldinger a. a. O. Seite 152.
12 Kunschak a. a. O. Seite 99.
13 Ebenda, Seite 99 f.
14 Hemala Jahrbuch Seite 141.
15 Kunschak a. a. O. Seite 100 f.
16 Karl Renner »Von der Ersten zur Zweiten Republik,« Wien 1952, Seite 359.
17 »Christlichsoziale Arbeiter-Zeitung«, 1. Juli 1929.
18 Blenk, Tagebücher.
19 Hemala, Gewerkschaften, Seite 262.
20 Ebenda, Seite 263.
21 Hemala, Zum 60. Geburtstag Kunschaks, Wien 1931.

22 6. Kongreß der Christlichen Gewerkschaften Österreichs, Bericht, Protokoll, Wien 1929.
23 Hemala, Gewerkschaften, Seite 259 f.
24 Ebenda, Seite 255.
25 Ebenda.
26 Ebenda, Seite 253 ff.
27 6. Kongreß, Seite 58.
28 Ebenda, Seite 59, Hemala, a. a. O., Seite 172 f.
29 6. Kongreß, Seite 60 f, Hemala, a. a. O., Seite 249 ff.
30 Kongreß, Seite 80.
31 Ebenda, Seite 110 ff.
32 Ebenda, Seite 123 ff.
33 Dazu noch: Grundlagen und Richtlinien gewerkschaftlicher Rationalisierungspolitik, Wien 1929; Otto Bauer: Rationalisierung und Fehlrationalisierung, Wien 1931; Hans Schmitz: Rationalisierung und Arbeiterschaft, in: »Die katholischsoziale Tagung in Wien 1929; Klenner, a. a. O., Bd. I, S. 722 ff., S. 793 f., S. 868 ff.
34 6. Kongreß, Seite 17 ff.
35 Ebenda, Seite 23 ff.

Kein Ende der Notzeit

Der glanzvolle Verlauf des 6. Kongresses der Christlichen Gewerkschaften konnte nicht darüber hinwegtäuschen, daß die allgemeine Lage unbefriedigend war. Politische Spannungen und wirtschaftliche Schwierigkeiten beeinflußten auch die gewerkschaftliche Tätigkeit. Die innenpolitische Situation war um die Wende von 1928 auf 1929 immer verworrener geworden. Das Mietenreformgesetz kam infolge des Widerstandes der Sozialdemokraten nicht zustande. Der großdeutsche Koalitionspartner war über die Behandlung der Beamtenfrage ungehalten und ließ auch unverhohlen die alte Neigung erkennen, in kirchenpolitischen Fragen, z. B. in der Reform des Eherechtes, mit den Sozialdemokraten gemeinsam zu stimmen. Die Landbündler waren wegen der Agrarfragen kaum mehr bei der Koalitionsstange zu halten. Mühsam verkleisterte Seipel die Risse und Sprünge im Regierungslager, Kunschak beurteilte die Lage eher pessimistisch. Er meinte, die Hilflosigkeit des Nationalrates, sein Unvermögen, die ihm zukommenden Aufgaben zu lösen, hätten in breiten Schichten der Bevölkerung tiefgehendes Mißtrauen und daneben auch eine rücksichtslose Hetze gegen den Nationalrat ausgelöst. Im Lande selbst würden dadurch Bestrebungen angefacht, an deren Ende nichts anderes als der Bürgerkrieg stehen könne[1]. Im Frühjahr 1929 verschärfte sich die Parlamentskrise zusehends und drohte zur Staatskrise zu werden. Seipel trat mit der Begründung zurück, die inneren Spannungen hätten ein bedrohliches Maß erreicht. Es bestehe die Gefahr, daß infolge der Spannungen einige für das wirtschaftliche und politische Leben gleich wichtige Fragen keine befriedigende Lösung fänden, die, rein sachlich betrachtet, durchaus möglich wäre[2]. Dem Rücktritt Seipels folgten schwierige Verhandlungen über die Bildung einer neuen Regierung. Kunschak, der die Übernahme des Kanzleramtes abgelehnt hatte, war an ihnen führend beteiligt. Sie hatten schließlich die »Zangengeburt« des Kabinetts Ernst Streeruwitz zum Ergebnis. Zwar konnte die neue Regierung einige Erfolge erzielen. Das Mietengesetz und das Kleinrentnergesetz wurden beschlossen. »Indessen zog Seipel hinter den Kulissen in seiner gewohnten indirekten Art weiter die Fäden« (Mikolltzky) und ließ seiner Sympathie für die »große

Volksbewegung« der Heimkehr in verschiedenen Reden freien Lauf[3].

Bürgerkrieg lag in der Luft. Die paramilitärischen Verbände waren schwer bewaffnet. Schutzbund und Heimwehr lieferten einander förmliche Gefechte, bei denen es Tote und Verwundete gab.

Die Heimwehr stand auf dem Gipfel ihrer Macht. Sie hatte, verbunden mit der üblichen Hetze gegen den Parlamentarismus, die Regierung Streeruwitz als zu schwach bezeichnet und nach einer Regierung der starken Hand gerufen. Schließlich setzte sie den Rücktritt der Regierung Streeruwitz durch und verhalf der Regierung Schober in den Sattel. Schober war seit seinem Eingreifen in die Juliereignisse – als Polizeipräsident von Wien – der Heimwehr besonders sympathisch. Sie erhoffte sich von ihm eine Verfassungsreform in ihrem Sinne sowie ein rücksichtsloses Vorgehen gegen die Sozialdemokraten. Im Gegensatz zu ihren Erwartungen wurde die Verfassungsfrage allerdings in relativ kurzer Zeit demokratisch gelöst.

Unmittelbar vorher hatte ein wirtschaftliches Chaos nur mit knapper Not vermieden werden können[4]. Eine der reichsten Banken im alten Reich, die Boden-Creditanstalt, war in Schwierigkeiten geraten. Der Zusammenbruch schien unvermeidlich, schwerste wirtschaftliche Folgen drohten. Schober nötigte die Creditanstalt zur Übernahme der Boden-Creditanstalt und konnte so für den Augenblick das Ärgste verhüten. Aber das dicke Ende ließ nicht lange auf sich warten. Kaum war diese Affäre beigelegt, vervielfachten neue Ereignisse die wirtschaftlichen Schwierigkeiten Österreichs. Im Oktober 1929 brach mit dem berühmten Kurssturz an der New Yorker Börse die Weltwirtschaftskrise aus. Es kam zu einem Zusammenbruch »unter panikartigen Erscheinungen« (Klenner), »zu einer Krise der amerikanischen Wirtschaft, die von nachhaltiger Wirkung auf die Krisen der Welt sein mußte[5]«. In Österreich begann die Arbeitslosigkeit wieder zu steigen. Zählte man Ende 1928 160.101 unterstützte Arbeitslose, so war man Ende Dezember 1929 bereits bei 226.507 angelangt. Die Freien Gewerkschaften verloren 1928 6594 Mitglieder, 1929 aber bereits 28.901. Bei den Christlichen Gewerkschaften stand es besser, sie verzeichneten Ende 1929 eine Zunahme um 20.556 auf 107.667 Mitglieder.

Das Jahr 1930 stand bereits im Zeichen einer schweren

Wirtschaftskrise. Auf allen Gebieten war nach einem Bericht des österreichischen Institutes für Konjunkturforschung ein deutlicher Rückgang spürbar. Das Gespenst der Arbeitslosigkeit ging unheilvoll durch das ganze Land. Im Jänner 1930 gab es 273.197 Arbeitslose, am Ende des Jahres 294.845. In 40 Ländern hatte die Arbeitslosigkeit einen katastrophalen Stand erreicht. Die Krise führte in der ganzen Welt zu Zusammenbrüchen von Bank- und Industrieunternehmungen.

Die Arbeitslosigkeit berührte die christlichen Gewerkschaften in entscheidender Weise. »Die christlichen Gewerkschaften sind sich darüber im klaren«, meinte Franz Waschnigg, »daß die Arbeitslosigkeit nur im Zusammenwirken aller wirtschaftlichen und politischen Faktoren wirksam bekämpft werden kann. Die Regierung allein kann diese Leistung nicht vollbringen. Es kommt vor allem auch auf die österreichischen Unternehmer an, die ihre Preispolitik revidieren müssen. Rationalisierung ohne entsprechende Preispolitik, ohne Senkung der Preise, kann nur neue Arbeitslosigkeit zeitigen und dadurch das ganze Wirtschaftsleben weiter zerstören.« »Wachsende Not« war das Thema, das die christlichen Gewerkschaften immer aufs neue behandelten[7].

Ihre Reichskonferenz vom 25. November 1930 forderte öffentliche Kontrolle aller Preisverabredungen mit Produktionsverringerungen, sprach sich gegen einseitigen Lohnabbau aus, verlangte produktive Arbeitslosenfürsorge und Verbesserung der Notstandsunterstützung[8].

Die politischen und wirtschaftlichen Schwierigkeiten erschütterten aber die soliden Grundlagen der christlichen Gewerkschaften noch nicht. Ihre Mitgliederzahlen stiegen 1930 sogar von 107.657 auf 111.939, wogegen die Freien Gewerkschaften 82.073 Mitglieder verloren, so daß ihr Gesamtmitgliederstand am 31. Dezember dieses Jahres nur noch 655.204 betrug.

Das Jahr 1930 brachte aber nicht nur die größte Wirtschaftskrise, welche die Welt bisher erlebt hatte, sondern auch deutliche Anzeichen für den Verfall der parlamentarischen Demokratie in Österreich. Noch befand sich die Heimwehr, obzwar von inneren Machtkämpfen erschüttert, in der Offensive. Starhemberg und Steidle sagten der Regierung offen den Kampf an. Eindeutig bewies der »Korneuburger Eid« die antidemokratische Einstellung der Heimwehr. »Wir wollen nach der Macht im Staate greifen« verkündete er. »Wir bekennen uns zu den Grundsätzen des Faschismus« hieß es. Gegen die Gewerkschafter richtete sich der Passus: »Für jede Standesgruppe (Branche) gibt es eine einzige beauftragte und staatlich anerkannte Vertretung, nicht wie heute rote, schwarze, gelbe, grüne Gewerkschaften und Verbände.« So sahen die christlichen Arbeiter sich einem neuen Kampf gegenüber. Sie waren mit Kunschak der Meinung, daß ein ehrliches Bekenntnis zur Republik ebenso wie die katholischen Lehren mit den totalitären Elementen des Heimwehrprogrammes unvereinbar seien[9]. Kunschak bezeichnete in den Maifeiern der christlichen Arbeiterschaft den Freiheitsbund als Schutzdamm gegen den Materialismus und das Freidenkertum. Der Freiheitsbund strebe die Freiheit und Wohlfahrt eines wahrhaft christlichen Volkes in einem wiedererstandenen christlichen Österreich an[10]. Am 7. Juni erklärte eine Reichskonferenz der christlichen Arbeiterschaft: »Das Korneuburger Programm steht in wesentlichen Punkten mit den kulturellen und politischen Grundsätzen der christlichen Arbeiter- und Angestelltenbewegung in Widerspruch und wird daher abgelehnt[11].«

Der sicherste Damm gegen den drohenden Faschismus, der bereits in engster Fühlung mit Mussolini und dem halbautoritären »weißen« Regime in Ungarn stand, wäre freilich die Einigkeit der demokratisch gesinnten Arbeiter in den Christlichen und Freien Gewerkschaften gewesen. Aber davon war man noch weit entfernt. Die Gegensätze entzündeten sich aufs neue, als die christlichen Gewerkschaften den gesetzlichen Schutz der Koalitionsfreiheit durch ein Antiterrorgesetz verlangten. Das Ziel der Freien Gewerkschaften war immer der hundertprozentig sozialistisch organisierte Betrieb gewesen, was häufig dazu geführt hatte, daß die Arbeiter es einfach ablehnten, mit Mitgliedern der nichtsozialistischen Gewerkschaften zu kooperieren[12]. Die christlichen Gewerkschaften hatten daher immer gegen das »System des Terrors« gekämpft und verlangt, »durch eine gesetzliche Regelung die Freiheit der Gesinnung und Organisationswahl zu sichern[13]«. Schon in der konstituierenden Nationalversammlung hatte der Vorsitzende der Zentralkommission, Franz Spalowsky, eine gesetzliche Sicherung der Koalitionsfreiheit gefordert[14]. 1926 und 1927 folgten neue Anträge Spalowskys im Nationalrat, die bereits auf härtesten sozialdemokratischen Widerstand stießen, als Spalowsky am 6. März 1928 im Justizausschuß die

Behandlung beantragte. Sie bezweckte ausschließlich Maßnahmen gegen Nötigungen im Betrieb, gleichgültig, ob diese vom Arbeitgeber oder von den Arbeitnehmern ausgingen. Die Sozialdemokraten erreichten, daß der Antrag unerledigt blieb. Unter der Regierung Streeruwitz wurde auf Betreiben der Heimwehr der Entwurf eines »Gesetzes zum Schutze der Arbeits- und Versammlungsfreiheit« eingebracht, der auf Spalowskys Gedankengängen von 1927 beruhte, aber einzelne Bestimmungen enthielt, gegen die die christlichen Gewerkschafter schwere Bedenken äußerten. Vor allem verlangten sie, das Gesetz müßte mit einer jeden Zweifel ausschließenden Deutlichkeit feststellen, daß wirtschaftliche Streiks nicht unter den Nötigungsparagraphen fallen[15].

Sofort setzte scharfer Widerstand der Sozialdemokraten ein[16]. Das Präsidium des Arbeiterkammertages und die Reichskonferenz der Freien Gewerkschaften bezogen geharnischt Stellung gegen das »Schandgesetz«, das »ganz ungeheuerliche Neuerungen« bringe[17]. Schützenhilfe für die Sozialdemokraten leistete ein Artikel der »Neuen Freien Presse«. Der Entwurf trage »den höchst unerwünschten Stempel einer Sondergesetzgebung gegen einen bestimmten Stand, nämlich die Arbeiterschaft[18]«. Die Polemik des sozialdemokratischen Zentralorganes und einzelner Führer der Freien Gewerkschaften führte neuerlich zu gehässigen Attacken gegen die christlichen Gewerkschaften, denen nach altem Muster Solidaritätsbruch vorgeworfen wurde. Am 17. März 1930 verlangte die Reichskonferenz der christlichen Gewerkschaften, daß die Schaffung des Antiterrorgesetzes nicht weiter verzögert werde, den Abänderungsanträgen werde bei der endgültigen Fassung des Gesetzes Rechnung getragen[19]. Kunschaks Anregung, die Terrorfrage auf außerparlamentarischen Wegen zu lösen, wurde nicht verwirklicht. Er hatte ausdrückliche oder stillschweigende Abmachungen aller echten Gewerkschaften vorgeschlagen. Was dann an Fällen von Betriebsterror übrig bleibe, liege außerhalb eines empörenden Gewissenszwanges, falle in den Bereich der Notwehr gegen Lohndrücker und entstamme nicht mehr einem abzulehnenden Monopol. Durch die Entwicklung der Heimwehr und gelber Organisationen seien wahrscheinlich schon viele Angehörige echter Gewerkschaften, freier und christlicher, dem Gesinnungszwang ausgesetzt[20].

Am 5. Mai 1930 wurde das Gesetz beschlossen. Bezirkshauptmann Dr. Kneußl hatte für den Justizausschuß berichtet. Er erklärte, das Gesetz diene zum Schutze der Arbeiter vor Terror und Nötigung, es wolle den Arbeitsfrieden und die Arbeitsfreiheit sichern. Es gebe kein Vorrecht für gewisse Gewerkschaften[21]. Das Antiterrorgesetz – »kein Gesetz gegen die Arbeiter, wohl aber ein Gesetz gegen die Gewalt[22]« – sprach die Nichtigkeit des Organisationszwanges aus und stellte Nötigung zur Organisation unter Strafsanktion.

Die innenpolitischen Spannungen, durch eine wachsende Agitation der Heimwehren gegen Schober und durch dessen Gegensatz zu den Christlichsozialen um Vaugoin gekennzeichnet, erreichten im Frühherbst 1930 wieder einmal einen Höhepunkt. Der Rücktritt Vaugoins führte zur Demission der Regierung Schober und zum Austritt der Großdeutschen und Landbündler aus der bisherigen Koalition mit den Christlichsozialen. Vaugoin wurde Kanzler eines Minderheitskabinetts, dem zwei Heimwehrführer, unter ihnen Starhemberg, angehörten. Da es keine fruchtbringende Arbeit leisten konnte, kam es sehr bald zur Auflösung des Nationalrates. Das Ergebnis der Neuwahlen vom 9. November, bedeutete eine schwere Niederlage der Christlichsozialen, vor allem aber eine schwere Niederlage des »Vaugoin-Kurses«. Die Sozialdemokraten wurden zum ersten Male seit 1919 mit 72 Mandaten wieder stärkste Partei. Die Christlichsozialen, auf deren Liste die Heimwehrgruppe des Theresienritters Emil Fey kandidiert hatte, erhielten nur 66 Mandate, der von Schober geführte »Nationale Wirtschaftsblock« eroberte 19 Sitze, der faschistische Heimatblock zog mit 8 Mandaten in den Nationalrat ein. Durch diesen Wahlausgang war die Stellung der Regierung Vaugoin vollends unhaltbar geworden. Sie demissionierte am 20. November. Der Vorarlberger Landeshauptmann Ender bildete mit dem Schoberblock eine Regierung.

ANMERKUNGEN

1 Mikoletzky, a. a. O., Seite 128.
2 Kunschak, a. a. O., Seite 103.
3 Blenk, a. a. O., Seite 142 f.
4 Jahrbuch des Bundes Freier Gewerkschaften, Jg. 1930, Seite 11.
5 Klenner, a. a. O., Seite 865.
6 Kunschak, a. a. O., Seite 116 f.
7 Der Christliche Gewerkschafter, 1930, Flg. 2, Seite 1.

8 Ebenda, Jg. 1930, Flg. 12, Seite 7.
9 Alfred Diamant, Die österreichischen Katholiken und die Erste Republik, Wien 1964, Seite 240.
10 Franz Hemala in »Jahrbuch der christlichen Arbeiterschaft« 1936, Seite 240.
11 Kunschak, a. a. O., Seite 119.
12 Glick, Von Habsburg bis Hitler, Bd. III, Seite 151.
13 Ebenda, Seite 12 f.
14 Franz Spalowsky, Das Antiterrorgesetz, Wien 1930.
15 Hemala, Gewerkschaften, Seite 264 f.
16 Klenner, a. a. O., Bd. II, Seite 852 ff.
17 Jahrbuch des Bundes der Freien Gewerkschaften, 1930, Seite 35.
18 Zitiert bei Klenner, Bd. II, Seite 852.
19 Hemala, a. a. O., Seite 265.
20 Klenner, a. a. O., Bd. II., Seite 852 ff.
21 Stenographische Protokolle des Nationalrates, Seite 3568 ff.
22 Franz Waschnigg, Schutz der Gesinnungsfreiheit (in »Der Christliche Gewerkschafter«, Jg. 1930, Flg. 4, Seite 1).

Letzte Jahre der Ersten Republik

Von den schwarzen Wolken, die den Horizont der österreichischen Politik seit Jahren verdunkelten, sollte auch die Regierung Ender nicht verschont bleiben. Schon Ende November 1930 hatte es 213.968 unterstützte Arbeitslose und 39.000 »Ausgesteuerte« gegeben. Die Heimwehr wurde im Parlament zum unsicheren Partner, sie zeigte insofern bedrohliche Verfallserscheinungen, als hitlerfreundliche Strömungen sich in beträchtlichen Teilen des Heimatschutzes bemerkbar machten. Die parlamentarische Arbeit ging nicht recht vorwärts, die wirtschaftliche Lage wurde immer ernster. Bundeskanzler Ender erklärte beim Christlichsozialen Parteitag im Jahre 1931: »Der Weg liegt klar erkennbar vor uns, aber er ist ein steiniger. Es herrscht bittere Not, unser Wirtschaftsleben entbehrt der Fruchtbarkeit[1].« Der Parteitag, der durch eine gewisse Resignation gekennzeichnet war, wurde durch die Krise der Creditanstalt überschattet. Am 11. April 1931 teilte sie dem Finanzminister Juch mit, ihre Bilanz habe für 1930 einen Verlust von 140 Millionen Schilling ergeben. Die Hauptschuld an diesem katastrophalen Ergebnis trage die seinerzeit von Schober erzwungene Übernahme der Boden-Creditanstalt. Im Mai 1931 mußte die Creditanstalt durch mehrere Bundesgesetze saniert werden[2].

Die Wirtschaftslage blieb weiter schlecht. Die Arbeitslosenziffern erkletterten Rekordhöhen: Im Jänner 1931 hatte es bereits 316.993 Arbeitslose und 46.000 »Ausgesteuerte« gegeben. Aber nicht nur Österreich, die gesamte »kapitalistische Welt« befand sich »in einem Zustand schwerster Krankheit[3]«. Ende 1931 wurden 303.000 unterstützte Arbeitslose gezählt. Auch der Schillingkurs begann zu wanken, er fiel im Jahre 1931 auf 99,5%, 1932 auf 83 und 1933 auf 78,8% seines ursprünglichen Wertes. Der Handel im Donauraum verringerte sich zusehends[4].

Der Zusammenbruch der Creditanstalt bedeutete das Ende der Regierung Ender. Handelsminister Schürff trat am 30. Mai zurück, weil er gegen eine Kürzung der Beamtengehälter war. Enders Ultimatum an die Parteien, unverzüglich allen für die Budgetsanierung notwendigen Gesetzen zuzustimmen, blieb ohne Wirkung. Er demissionierte am 16. Juni. Nach vergeblichen Bemühungen des Altkanzlers Seipel um eine Konzentrationsregierung aller Parteien bildete Buresch eine neue Regierung. Mit ihr begann die trübe Zeit der Budgetsanierung, eine Zeit harter Maßnahmen, vor allem für die öffentlich Bediensteten, die damals, wie es im Organ der christlichen Gewerkschaften hieß, zwar »zum Kampfe bereit« waren, sich aber am Ende doch den bitteren Notwendigkeiten beugen mußten[5]. Zur Budgetsanierung erklärte Kunschak am 30. September 1931 im Nationalrat: Polemik sei in einem Augenblick fehl am Platze, da durch die Straßen der Städte, aber auch durch die Dörfer der Schatten eines völligen Zusammenbruches der Wirtschaft und damit des österreichischen Staates geistere[6]. Die neuen Sparmaßnahmen waren im Hinblick auf die Aufnahme einer Anleihe im Ausland nötig gewesen. Rost van Tonningen war vom Völkerbund als Kontrollor über die österreichischen Finanzen entsendet worden[7].

In diesen düsteren Tagen, als Österreich wieder einmal an einer gefährlichen Klippe vorbeigekommen war und die akuten Gefahren für die Staatswirtschaft gebannt waren, tauchte zum ersten Mal das Gespenst des Bürgerkrieges auf. Der Judenburger Rechtsanwalt Dr. Walter Pfrimer inszenierte im September 1931 einen Putsch, der die Heimwehr an die Macht bringen sollte. Das dilettantische Unternehmen wurde von der Regierung liquidiert[8]. Kunschak verurteilte die »Narretei« des Putsches als Einzelaktion, durch die der Heimatschutzgedanke nichts von seiner Berechtigung eingebüßt habe[9].

Auf das Wachstum der Gewerkschaften wirkten die widrigen Wirtschaftsverhältnisse sich natürlich nachteilig aus. Die christlichen Gewerkschaften zählten Ende 1931 108.420 Mitglieder in 21 Organisationen. Ein Jahr vorher waren es noch 111.930 gewesen. Die Freien Gewerkschaften hatten 11 Prozent ihrer Mitglieder verloren, ihre Mitgliederzahl war unter 600.000 gesunken. 1932, das letzte Jahr der freien Demokratie in der Ersten Republik, war wieder ein Jahr voll wirtschaftlicher und politischer Krisen. Der Schilling verlor an den ausländischen Plätzen immer mehr an Wert[10]. Stabilisierung war die Devise der staatlichen Finanzpolitik, die aber gleichzeitig zu einer weiteren Verschärfung der Arbeitslosigkeit führen mußte. Durch das Bundesbahnsanierungsgesetz vom 5. Jänner 1932 wurden die Bezüge der öffentlich Bediensteten um 23 Millionen gekürzt. Eine passive Resistenz der deutschnationalen Eisenbahnergewerkschaft blieb erfolglos, da die christlichen und die freien Gewerkschafter nicht mitmachten. Kabinettskrisen setzten ein. Das Kabinett Buresch II war bereits eine Minderheitsregierung aus Christlichsozialen und Landbündlern. Versuche, die paramilitärischen Verbände zu entwaffnen, blieben erfolglos. Der niederösterreichische Freiheitsbund regte am 5. März 1932 an: »Die Regierung möge durch Gesetze eine Frist stellen zur freiwilligen Ablieferung verbotener Waffen, unter gleichzeitiger Androhung, daß alle, die nach einer gewissen Frist im Besitz verbotener Waffen angetroffen werden, barbarische Strafen zu gewärtigen haben.« Als Sicherheitsminister Bachinger die Wehrverbände zu einer gemeinsamen Aussprache einlud, erklärte Dr. Steidle: »Die Heimwehr macht ein solches Affentheater nicht mit[11].«

Da brach die schwärende Wunde der Creditanstalt neuerlich auf: Die niederländische Amstelbank stellte ihre Zahlungen ein und brachte der Creditanstalt einen weiteren Verlust von 40 Millionen Schilling, für den eine Bundeshaftung herangezogen wurde. Verhandlungen des Bundeskanzlers mit den Gesandten Großbritanniens, Frankreichs, Italiens und Deutschlands, die einer Erweiterung des Österreichischen Wirtschaftsraumes durch die Gewährung von Vorzugszöllen dienen sollten, blieben vergeblich. Ungehört blieb ferner ein Appell Buresch' an den Völkerbund. Österreich hoffe, hieß es darin, daß das Finanzkomitee so rasch wie möglich zusammentrete, es erwarte den Rat und die Hilfe des Völkerbundes[12]. Nach all dem war die Lage der Regierung Buresch unhaltbar geworden. Zu den wirtschaftlichen Sorgen kamen die Ergebnisse der Wahlen in den Wiener Gemeinderat und die Landtage Niederösterreichs und Salzburgs vom 24. April 1932. Sie brachten für die Nationalsozialisten bedeutende Erfolge auf Kosten der Christlichsozialen. Der Einzug des Nationalsozialismus in die innenpolitische Arena führte zu einer weiteren Verwilderung der Kampfesweise. Die Notlage der Arbeitnehmer wurde von einer demagogischen Propaganda, vor allem in den staatlichen Ämtern, ausgenützt. Sozialpolitische Rückschläge lieferten willkommenes Material für die nationalsozialistische Propaganda[13]. Buresch demissionierte, an seine Stelle trat am 20. Mai 1932 das Kabinett Engelbert Dollfuß. Die innenpolitische Situation war trostlos. Die Regierung verfügte im Nationalrat über eine

Mehrheit von einer einzigen Stimme. Die Großdeutschen waren seit den Frühjahrswahlen 1932 in Auflösung begriffen, die Christlichsozialen, nicht mehr einig, in ihrer Wiener Organisation durch Kunschaks Rücktritt als Parteiobmann geschwächt, waren nicht bereit, in dieser Situation das zu machen, was vielleicht Österreichs Rettung aus den Wirren der Zeit bedeutet hätte, nämlich einen Weg zu einer Koalition mit den Sozialdemokraten zu suchen. Sie waren nach den Ausführungen Richard Schmitz in der »Reichspost« nicht bereit, »nach links auszuweichen, und dem Versucher, der sich schon heute meldet, auch nur den kleinen Finger einer Hand zu reichen[14]«. Der Kurs blieb der alte: Antimarxismus, Ablehnung jeder Koalitionsmöglichkeit mit den Sozialdemokraten. Nur der Landbund stand noch zur Regierung.

Die nächste und dringlichste Aufgabe der Regierung Dollfuß war, Ordnung in die bedrohliche finanzielle und wirtschaftliche Lage Österreichs zu bringen. Nach langen Verhandlungen gelang es ihm am 30. Juni in Lausanne, die Zusage einer Anleihe von 300 Millionen Schilling zu erreichen, ferner wurde der österreichischen Regierung die Aufnahme einer inneren Anleihe von 200 Millionen bewilligt[15]. Für diese Hilfeleistung wurden Österreich materielle und politische Bedingungen auferlegt. Gegen die Lausanner Vereinbarungen setzte ein wilder Kampf ein, der vor allem von den Nationalsozialisten erbittert geführt wurde. Kunschaks Rede vom 29. Juli 1932 im Parlament trug ihm wüste Beschimpfungen durch die österreichische Nazipresse und die bereits gleichgeschaltete reichsdeutsche Presse ein. Wie die »Reichspost« feststellte, hatte sich Kunschak mit dieser Rede »wieder als der alte österreichische Führer und Kämpfer bewährt«. Kunschak wandte sich scharf gegen die Nationalsozialisten, deren Propaganda jede Anstrengung, Österreich am Leben zu erhalten, illusorisch mache[16]. Die christlichen Gewerkschaften bekannten sich zu Lausanne. Im Parlament herrschten immer noch labile Mehrheitsverhältnisse, immer noch gab es die Fronde Sozialdemokraten–Großdeutsche. Der Heimatschutz zeigte nun unverkennbar seine Sympathie für den italienischen Faschismus, das ihm gleichgesinnte Ungarn, von Gömbös geführt, stand ebenfalls mit der Heimwehr im Bunde und übte einen starken Druck auf Dollfuß' Politik aus[17]. »Die Gefahr einer schwarz-roten Koalition war für Ungarn eine latente innenpolitische Bedrohung.« (Jedlicka.)

Hatte Kunschak bei einer Konferenz der christlichen Gewerkschaften in Neubruck schon im Herbst 1932 die innenpolitische Situation als äußerst krisenhaft bezeichnet[18], so war sie ein Jahr später noch unübersichtlicher. Die innere Ruhe wurde immer wieder durch die Nationalsozialisten gestört, die nach reichsdeutschem Muster offen zur Gewalt griffen. Sie betrachteten Österreich als »Zwangsjacke«, die sie – je eher, desto besser – abstreifen wollten[19].

Die Wirtschaftskrise überschattete nach wie vor das gesamte Leben. Im Jahre 1931 gab es im Jahresdurchschnitt 256.558 Unterstützte und 303.865 zur Vermittlung vorgemerkte Arbeitslose. Diese Zahlen stiegen 1932 auf 311.418 und 379.285 an. Eine Verkürzung der Arbeitszeit hätte einen Teil der Arbeitslosen wieder in den Produktionsprozeß eingliedern können. Eine Enquete über dieses Problem scheiterte jedoch im Februar 1932 am Widerstand der Unternehmer, die einwendeten, die dadurch erforderliche Neueinstellung von Arbeitskräften würde eine starke Erhöhung der Produktionskosten nach sich ziehen[20]. Einen Ausweg aus der katastrophalen Arbeitslosigkeit sollte der »freiwillige Arbeitsdienst« bieten[21]. Nach dem Muster einer reichsdeutschen Notverordnung vom Jahre 1931 wurde ein Gesetzentwurf ausgearbeitet, der vor allem die Arbeitsenergie der Jugend mobilisieren sollte. Bereits im April 1931 hatte Kunschak den Plan des freiwilligen Arbeitsdienstes als »Phantom« bezeichnet, dem wir nicht nachlaufen sollten, um nicht Hoffnungen zu erwecken, die nicht realisierbar seien[22]. Der Entwurf wurde am 18. August 1932 als ein »Kind der heutigen Notstandszeit« im Nationalrat beschlossen. Die Freien Gewerkschaften waren gegen eine Einführung des Arbeitsdienstes, die Christlichen standen ihm skeptisch gegenüber.

Die ungünstigen wirtschaftlichen Verhältnisse drückten weiter auf die Entwicklung der Gewerkschaften. 1932 nahm der Gesamtmitgliederstand der Freien Gewerkschaften um 62.525 ab, er betrug jetzt nur mehr 520.162. Auch die christlichen Gewerkschaften verloren gegenüber 1931 7814 Mitglieder. Sie hatten jetzt 100.606 Mitglieder, davon 16.300 allein im Wehrbund. Die Gesamtzahl aller in christlichen Verbänden (Gewerkschaften plus Landarbeiterbund) organisierten Arbeitnehmer betrug Ende 1932 130.000.

Nach wie vor zählten die christlichen Gewerkschaften zur Elitetruppe der christlichen Arbeiterbewegung. Zu den alten

Führern Kunschak, Preyer, Waldsam, Ullreich, Rott, Staud, Karl Untermüller und Hemala war die Generation der Jüngeren gekommen, erprobte Kämpfer der Bewegung, genaue Kenner der Sozialpolitik, Männer um die Dreißig: Rechberger, Dengler, Woboril, Geißlinger sind typische Vertreter dieser Generation, Blenk gehörte der Richtung der sozialstudentischen CVer an, von denen Lugmayer immer deutlicher hervortrat. Aber auch ein hoffnungsvoller Kreis der ganz Jungen war bereits tätig: Altenburger, Wastl, Kabesch, Flödl, Grete Daurer. Starke Stützen und wertvolle Helfer fand die christliche Gewerkschaftsbewegung in sozial aufgeschlossenen Priestern. Nach dem allzufrüh verstorbenen August Schaurhofer stellten sich Hausleithner und Pater Wagner als Mitarbeiter ein. Dr. Hans Schmitz galt in der Bewegung schon seit Mitte der zwanziger Jahre als geachteter und geschätzter Redner, Lehrer und Schriftsteller.

Die Bewegung wurde gut geführt, sie hatte eine Fülle wertvoller Kräfte und Köpfe aufzuweisen: Johann Staud als Generalsekretär, Franz Spalowsky, seit fast 25 Jahren Vorsitzender der Zentralkommission, Franz Ullreich, der die Idee der Baugenossenschaft erfolgreich vertrat, Karl Untermüller, der Organisator der Privatangestelltenbewegung. Diese Männer prägten das Gesicht der christlichen Gewerkschaftsbewegung. Sie hatten sich im Kampf mit den Freien Gewerkschaften und gegen den Terror der »Unabhängigen Gewerkschaften« bewährt. Stärker geworden waren die Gewerkschaften des öffentlichen Dienstes – die Hoheitsbeamten, die Postler mit ihren namhaften Führern Rott und Paul, die Eisenbahner, musterhaft geführt von Haider und Bradler. Der Wehrbund hatte längst schon den freigewerkschaftlichen Militärverband überrundet; zahlenmäßig stark waren auch die christlichen Lehrer geworden. Eine Minorität gegenüber den Freien Gewerkschaften blieben die christlich organisierten Gemeindeangestellten. Von den Landarbeiterbünden war nur ein kleiner Teil der Zentralkommission angeschlossen.

So traten die Gewerkschaften im Bewußtsein ihrer Stärke in das Schicksalsjahr 1933. Es begann mit der Hirtenberger Waffenaffäre. Die »Arbeiter-Zeitung« meldete, die Hirtenberger Waffenfabrik sei dabei, entgegen den Bestimmungen des Friedensvertrages einige Dutzend Waggons Gewehre nach Ungarn zu schmuggeln. Es kam zu diplomatischen Interventionen Frankreichs, Großbritanniens und der kleinen Entente.

Anfangs März wurde diese »überaus gefährliche außenpolitische Affäre« beigelegt. Sie fand ein Nachspiel mit dem Rücktritt des Generaldirektors der Bundesbahnen, Seefehlner, der angeblich versucht hatte, den Führer der Freien Eisenbahnergewerkschaft, Berthold König, durch Bestechung für das Hirtenberger Geschäft zu gewinnen[24]. Kaum war diese Angelegenheit beigelegt, trat ein neues Ereignis ein, das Österreichs Schicksal endgültig besiegeln sollte. Der Plan, die Gehälter der öffentlich Bediensteten in drei Raten auszuzahlen, sowie die Ankündigung einer Pensionskürzung riefen den Widerstand der Eisenbahnergewerkschaften hervor. Am 1. März gab es einen zweistündigen Proteststreik. Vergebens hatte der neuernannte Generaldirektor der Bundesbahnen, Dr. Schöpfer, unter Berufung auf eine verstaubte kaiserliche Verordnung vom 25. Juli 1914 vor der Störung des öffentlichen Dienstes gewarnt und auf die möglichen Strafsanktionen verwiesen, als der Streik dennoch durchgeführt wurde. Schöpfer glaubte, mit Lohnkürzungen und Entlassungen vorgehen zu können. Diese Verletzung des Grundrechtes der arbeitenden Menschen, des Koalitionsrechtes, löste am 4. März 1933 im Nationalrat erbitterte Auseinandersetzungen aus. Unter den Anträgen, die dem Parlament vorlagen, war auch einer, den Kunschak eingebracht hatte. Er forderte die Eisenbahner auf, Material über den Konflikt dem zuständigen Minister zur Verfügung zu stellen, unter der Voraussetzung, daß er jede Strafmaßnahme vermeide und die Entscheidung dem Parlament überlasse[25]. Was nun folgte, sollte sich als Einleitung einer schwerwiegenden, ja tragischen Entwicklung erweisen. Es kam zu einer chaotischen Abstimmung über den Eisenbahnerstreik, zum unüberlegten Rücktritt des ersten Präsidenten des Nationalrates, Dr. Karl Renner, zur ebenso impulsiven Demission des zweiten, Rudolf Ramek, und des dritten, Sepp Schraffner. Der Nationalrat hatte sich dadurch aktionsunfähig gemacht und der Regierung einen willkommenen Anlaß für die Ausschaltung des Parlaments geliefert. Die Reaktion der Präsidenten war in Wirklichkeit ein Dolchstoß gegen die Demokratie, natürlich auch gegen die gewerkschaftliche, gewesen.

Die christlichen Gewerkschaften begrüßten zunächst in verschiedenen Enuntiationen die Vorfälle des 4. März und ihre unmittelbaren Folgen. Das erklärt sich wohl daraus, daß viele der Funktionäre schon den Gedankengängen von »Quadragesimo anno« folgten, ohne sich über die konkrete Situation im klaren zu sein. Noch konnten die Gewerkschaften fast ein Jahr weiterleben, aber es war ein Leben ohne echten gewerkschaftlichen Inhalt, ein beständiges Auflehnen gegen deutliche sozialpolitische Rückschläge und gegen eine zunehmende Einschränkung der Freiheit. Die Zeit des kriegswirtschaftlichen Ermächtigungsgesetzes, die Zeit verkappter und bald unverhüllter Diktatur, markiert als »autoritär«, hatte begonnen. Der 4. März leitete das Ende der demokratischen Gewerkschaftsbewegung in Österreich ein, auch das der christlichen. Mochten ihre Führer auch gelegentlich noch gehört werden, ihre Bedeutung als gewerkschaftliche Interessenvertretung schwand schnell dahin.

ANMERKUNGEN

1 Friedrich Funder, Als Österreich den Sturm bestand, Wien 1957, Seite 15.
2 Ebenda, Seite 44 ff., Kunschak, a. a. O., Seite 132 f.
3 Jahrbuch des Bundes Freier Gewerkschaften, 1931, Seite 51.
4 Klenner, a. a. O., Bd. II, Seite 896 f.
5 Ebenda, Seite 899 f.
6 Stenographisches Protokoll über die Sitzung des Nationalrates, IV GP, Seite 193 ff.
7 Funder, a. a. O., Seite 53 f.
8 Josef Hofmann, Pfrimer-Putsch, Wien 1965.
9 Kunschak, a. a. O., Seite 138 ff.
10 Klenner, Bd. II, Seite 896 f.
11 Kunschak, a. a. O., Seite 143 f.
12 Ebenda, Seite 149.
13 Klenner, Bd. II, Seite 899 f.
14 Ludwig Jedlicka – Schicksalsjahre Österreichs, 1932–1935, in »Die allgemein bildenden höheren Schulen«, 1963.
15 Grete Klingenbrunner, Die Anleihe von Lausanne, Wien 1965.
16 Kunschak, a. a. O., Seite 159 f.
17 Lajos Kerekes, Abenddämmerung der Demokratie, Gömbös, Mussolini und die Heimwehr, Wien 1964.
18 Blenk, Tagebuch.
19 Kunschak, a. a. O., Seite 164 f.
20 Klenner, Bd. II, Seite 894.
21 Dazu Josef Hammerl, Franz Keller, Der freiwillige Arbeitsdienst in Österreich, Wien 1932.
22 Zitiert bei Fritz Rager, Der soziale und wirtschaftliche Widersinn des Arbeitsdienstes, Wien 1931, Seite 89.
23 Stenographisches Protokoll des Nationalrates, IV GP, Seite 2554 ff.
24 Kunschak, a. a. O., Seite 170 ff.
25 Ebenda, Seite 172 f.

Arbeiterkammern und Gewerkschaften

In der Ersten Republik war es gelungen, einen über siebzig Jahre alten Traum der österreichischen Arbeiter zu verwirklichen: den Traum von der Mitwirkung der arbeitenden Menschen in sozial- und wirtschaftspolitischen Fragen durch die Schaffung der Arbeiterkammern. Über Sinn, Wesen und Ziel der Arbeiterkammern hatten selbst die Arbeiter verschiedene Vorstellungen. 1848 plante ein Wiener Arbeiterverein ein »Arbeiterparlament« zur Ermittlung der Arbeitsverhältnisse. Die Oktoberrevolution verhinderte die Ausführung[1]. Stand dieser Plan im Zeichen sozialreformatorischer Ideen, so erklärt sich die spätere Forderung nach der Schaffung von Arbeiterkammern als Interessenvertretungen der Arbeiter aus der Tatsache, daß diese im Klassen- und Kurienwahlrecht von 1861 vom aktiven und passiven Wahlrecht ausgeschlossen waren. Im Reichsrat saßen die Vertreter des Großgrundbesitzes, der Höchstbesteuerten, der Landgemeinden und der Handelskammern. Einige Hunderttausend genossen die Privilegien des Wahlrechtes, aber die Arbeiter hatten weder politische Rechte, noch genossen sie den primitivsten sozialrechtlichen Schutz und das in der Zeit der industriellen Revolution, die zu rücksichtsloser kapitalistischer Produktionsweise führte, wie sie durch die Ära der »Gründungszeit« gekennzeichnet ist. Aber die Arbeiter waren bereits aus den Heloten, aus Proletariern vergangener Zeiten zu einer organisierten, politisch denkenden Masse geworden. Sie hatten die ersten Gewerkschaften gegründet, sie hatten sich in Bildungsvereinen und politisch gefärbten Organisationen zusammengeschlossen, sie hatten im Dezember 1869 eine große historische Demonstration für die Koalitionsfreiheit und politische Mitbestimmung durchgeführt – auf dem Weg über »Arbeiterkammern« lautete die Forderung, die für lange Zeit die Diskussion beherrschte. Arbeiterkammern, zusammengesetzt aus Arbeitgebern und Arbeitnehmern, sollten nach den Vorschlägen des Gumpendorfer Arbeiterbildungsvereines die sich aus dem Arbeitsverhältnis ergebenden Differenzen schlichten[2]. Arbeiterkammern sollten 1872, als die Regierenden in immer größere Angst vor der Sozialistischen Internationale gerieten, nach einem Vorschlag von Regierungsseite die Situation der Arbeiter verbessern[3]. Im gleichen Jahre forderte eine Versammlung im Wiener Colosseum die Einführung von Arbeiterkammern[4]. Abgeordneter Dr. Josef Kopp sprach sich im Reichsrat durchaus positiv für das Wahlrecht der Arbeiter in Arbeiterkammern aus, die indirekt durch die Fachvereine zu wählen seien[5]. Hier zeigten sich Ansätze zu einer liberalen, arbeiterfreundlichen Politik der damals allmächtigen Verfassungspartei. Abgeordneter Max Menger verfaßte 1872 eine Broschüre über die Errichtung von Arbeiterkammern[6]. Drei Jahre später vertrat Prinz Aloys Liechtenstein, der dem Kreis christlicher Sozialreformer um Karl Vogelsang angehörte, die gleiche Idee[7].

Im Parlament unternahm Ernst von Plener einen Vorstoß zugunsten einer politischen Interessenvertretung der Arbeiter durch Arbeiterkammern. Nach einem Antrag, den er und seine Klubkollegen Exner und Wrabetz einbrachten, sollten die Arbeiterkammern Wünsche, Wahrnehmungen und Vorschläge in Arbeiterangelegenheiten beraten und zur Kenntnis der Behörden bringen. Auch sollte ihnen auf Vorschlag des zuständigen Ministers ein Begutachtungsrecht eingeräumt werden. Ferner sollten sie statistische Nachweise führen[8].

Der Antrag Plener-Wrabetz-Exner verschwand in der Versenkung. Viktor Adler hatte gegen ihn Stellung genommen[9] und die Befugnisse aufgezählt, die Arbeiterkammern haben müßten: Einfluß auf Handhabung der Gewerbeordnung und des Koalitionsrechtes, Begutachtung der sozialpolitischen Gesetze[10]. Eine St. Pöltner Volksversammlung sprach sich im Oktober 1886 gegen den Antrag Plener aus, der »in keiner Weise den Anforderungen, welche an die zweckdienliche Vertretung der Interessen der Lohnarbeiter gestellt werden müsse, entspricht[11]«. Auch der sozialdemokratische Hainfelder Parteitag 1889/90 verwarf den Antrag Plener-Wrabetz-Exner[12].

Noch einmal wurde die Arbeiterkammerfrage aktuell, als im Februar 1889 eine von einem parlamentarischen Ausschuß veranstaltete Enquete tagte. Eine Reihe von Resolutionen der Arbeitervertreter stimmte prinzipiell der Errichtung von Arbeiterkammern zu, man »erwarte jedoch deren ersprießliche Tätigkeit nur dann, wenn diesen ein Wirkungskreis zugewiesen wird, welcher die tatsächlichen Arbeitsverhältnisse berücksichtigt. Der vorliegende Gesetzesentwurf aber entspreche weder unseren wirtschaftlichen noch politischen Anforderungen[13]«. Plener urteilte pessimistisch: »Leider ließ das Übelwollen und die Mißgunst der Rechten die Vorlage nicht zustandekommen[14].« Sein Plan für eine Vertretung der Arbeiter im Reichsrat durch eine Delegation von Arbeiterkammern blieb 1893 erfolglos[15]. Der 1898 im Handelsministerium geschaffene Arbeitsrat sicherte eine Mitarbeit der Arbeiter nur in unzulänglicher Weise. Aber die Forderung nach Errichtung von Arbeiterkammern sollte nicht mehr verstummen. Im Ersten Weltkrieg wurde sie von einer Reichskonferenz der Freien Gewerkschaften neuerlich erhoben und in einer Resolution eingehend ihr Wirkungskreis umschrieben[16]. Nach dem Zusammenbruch von 1918 wurde vom Ersten Deutschösterreichischen Kongreß der Freien Gewerkschaften 1919 festgestellt, die Arbeiterschaft solle von dem Recht auf Begutachtung der volkswirtschaftlichen Entwicklung nicht ausgeschlossen werden. Ein Arbeiterkammergesetz sei notwendig[17].

Die Schaffung von ständischen Arbeitervertretungen war altes Gedankengut; von ihnen war in der christlich-sozialreformatorischen Bewegung und in der christlichsozialen Arbeiterbewegung immer wieder die Rede. Im Reichsrat lagen Anträge von Leopold Kunschak und Dr. Ämilian Schöpfer zu dieser Frage vor[18]. Das sozialpolitische Forderungsprogramm der Christlichsozialen von 1919 enthielt auch Forderungen nach einer »Standesverfassung der Arbeiter[19]«. In der provisorischen Nationalversammlung hatten christliche Arbeitervertreter mehrmals die Verwirklichung der Arbeiterkammern verlangt. So liefen die Ansichten in den beiden großen Parteien der Ersten Republik, den Christlichsozialen und den Sozialdemokraten, in diesen Fragen parallel. Auch die dritte politisch maßgebende Partei, die Großdeutschen, gingen damit konform, wenn sie – auch ihnen gehörten einige Zehntausend gewerkschaftlich organisierte Privatangestellte und Eisenbahnbedienstete an – eigene Kammern für Angestellte verlangten. So konnte die Koalitionsregierung am 26. Februar 1920 dem Parlament eine Vorlage über die Errichtung der Kammern für Arbeiter und Angestellte zur Entscheidung übermitteln. Sie hing eng mit dem Betriebsrätegesetz zusammen, da Staatssekretär Hanusch der Auffassung war, die Arbeiterkammern müßten die Initiativen der Betriebsräte ergänzen[20]. Die Arbeitnehmer bekamen endlich ihre gesetzliche Interessenvertretung, welche die Unternehmer mit den Handelskammern bereits über 70 Jahre besaßen und auch andere Berufsschichten, etwa Anwälte und Ärzte ebenfalls hatten. Berufen waren die Arbeiterkammern zur »Vertretung der wirtschaftlichen Interessen der im Gewerbe, in der Industrie, im Handel, Verkehr und im Bergbau tätigen Arbeiter und Angestellten und zur Förderung der auf die Hebung der wirtschaftlichen und sozialen Lage der Arbeiter und Angestellten abzielenden Bestrebungen«. Auch sollten sie Berichte, Gutachten, Vorschläge an die Behörden und gesetzgebenden Körperschaften über die Regelung der Arbeitsverhältnisse, des Arbeiterschutzes, der Arbeiterversicherung und des Arbeitsmarktes erstatten und zu allen Angelegenheiten des Gewerbes, der Industrie, des Handels und des Verkehrs Stellung nehmen, die unmittelbar oder mittelbar das Interesse der Arbeiter oder Angestellten berühren, endlich in den Fragen der Wohnungsfürsorge, der Volksernährung, der Volksgesundheit und der Volksbildung mitwirken. Begutachten sollten die Kammern auch die Errichtung und Organisation von öffentlichen Anstalten und Einrichtungen, die der Förderung des Gewerbes, der Industrie, des Handels und Verkehrs dienen. Die Arbeiterkammern sollten an der Gewerbe- und Wirtschaftsverwaltung mitarbeiten. Sie sollten Vertreter in andere Körperschaften und Stellen entsenden, Verzeichnisse der beruflichen Vereinigung der Arbeiter und Angestellten führen, bei der Arbeitsstatistik und bei Erhebungen über die wirtschaftliche und soziale Lage der Arbeiter und Angestellten mitwirken. Die Schaffung und Verwaltung von Einrichtungen zur Hebung der wirtschaftlichen und sozialen Lage der Arbeiter und Angestellten waren weitere Befugnisse, die den Arbeiterkammern eingeräumt wurden.

Das Arbeiterkammergesetz wurde am 26. Februar im Nationalrat einstimmig angenommen[21]. Der Gewerkschaftsführer Domes als Berichterstatter hatte auch einer Resolution Spalowskys zugestimmt, wonach die Wahlen »unbeeinflußt und ungehindert vor sich gehen sollten[22]«. Spalowsky nahm zur Gesetzesvorlage positiv Stellung, wobei er betonte, daß auch die christlichen Arbeiter jahrzehntelang die Errichtung von Arbeiterkammern verlangt hätten. »Wenn man nun in der Arbeiterkammer eine Körperschaft schafft, in der die Arbeiterschaft ihre Standesinteressen beraten und ihre Wünsche der

Regierung mitteilen kann«, sagte er weiter, »wenn die Arbeiterkammern auch dazu dienen, daß die Arbeiterschaft auf dem Umwege über die Arbeiterkammern auch in die verschiedensten staatlichen Stellen ihre Vertreter entsenden und ihr Gutachten abgeben könne, so ist das zweifellos ein ganz bedeutender Fortschritt.« Die ursprüngliche Bestimmung, daß die Arbeiterkammern nur aus zwei Sektionen, je einer für Arbeiter und für Angestellte, bestehen, wurde durch die Novelle vom 1. Oktober 1920 beseitigt. Zwei weitere Sektionen für Arbeiter und Angestellte in den Unternehmungen für den öffentlichen Verkehr wurden hinzugefügt. Wichtig für die wirkungsvolle Arbeit der neuen Kammern war das Gleichstellungsgesetz vom 14. Juli 1921. Es räumte den Arbeiterkammern in allen Fällen, in denen die Handelskammern zur Mitwirkung an der Gesetzgebung und Wirtschaftsverwaltung sowie an Maßnahmen, die das Arbeitsverhältnis und die Verbesserung der wirtschaftlichen und sozialen Lage der Arbeitnehmer betreffen, herangezogen würden, das gleiche Recht ein.

So waren die Arbeiterkammern Tatsache geworden. Man hatte sich in Österreich zur Errichtung von Arbeiterkammern und nicht von »Arbeits-Kammern« entschlossen, wie sie in einigen europäischen Ländern bestanden und noch heute existieren. Ihre Tätigkeit sollte »sich auf alle Zweige der Sozial- und Wirtschaftspolitik und praktisch auf jede Maßnahme erstrecken, die irgendwo die Interessen der Arbeitnehmer berührte«. Sie sollten ferner im engsten Einvernehmen mit den Gewerkschaften arbeiten. Sie waren nicht berufen, Aufgaben der Gewerkschaften zu übernehmen oder diese zu ersetzen, sondern hatten durch ihre Tätigkeit die Gewerkschaften zu unterstützen[23]. Demnach hatten auch die christlichen Gewerkschaften ein starkes Interesse an der Zusammensetzung der Arbeiterkammern. Es ging ihnen um die Frage, ob die freien Gewerkschaften dort dominieren und die Arbeiterkammern Instrumente ihrer noch stark vorherrschenden sozialistischen Einstellung werden würden. So setzte ihre Agitation für die kommenden Wahlen sofort ein, die Aufklärungsarbeit in den Betrieben begann, in christlichsozialen Versammlungen wurde auf die Bedeutung der Arbeiterkammern verwiesen, so auch im Frühjahr 1920 in einer großen Versammlung, in der Kunschak über Österreichs Lebensfähigkeit spach und der Sekretär der Zentralkommission, Blenk, die Wichtigkeit der Arbeiterkammern hervorhob. Im Herbst 1920 begann eine intensive Agitation, deren Mittelpunkt in Wien die Zentralkommission war. Auch in der Presse, vor allem in der »Christlichsozialen Arbeiter-Zeitung«, wurde eifrigst für die Wahlen agitiert und immer aufs neue auf den engen Zusammenhang der Freien Gewerkschaften mit den Sozialdemokraten hingewiesen.

Die ersten Wahlen im Jahre 1921 brachten einen klaren Sieg der Freien Gewerkschaften[24]. Sie sind kein Ruhmesblatt in der Geschichte der Freien Gewerkschaften. Die Wahlen standen im Zeichen der Betriebsräte. Die Hüter der »Fabriksdemokratie« mußten vielfach, gleich Arbeitern in einer Plantage, die Arbeiter ihres Betriebes zur Wahl schleppen, die Wahlbeteiligung kontrollieren und namentlich das Betreten der Wahlzelle, d. h. eine geheime Wahl, verhindern[25]. Die Freien Gewerkschaften erzielten 466.831 Stimmen und 341 Mandate, für die Christlichen wurden 65.747 Stimmen abgegeben, das ergab 20 Mandate, die Nationalen soweit sie nicht mit den Christlichen Gewerkschaften eine Wahlgemeinschaft gebildet hatten, bekamen 7909 Stimmen, die KP erreichte 15.131, außerdem wurden 1100 »neutrale« Stimmen abgegeben.

Zum zweiten und zugleich letzten Mal in der Ersten Republik fanden 1926 die Wahlen in die Arbeiterkammern statt. Sie standen jetzt im Zeichen des Aufstieges der christlichen Gewerkschaftsbewegung. Die sozialistischen Hoffnungen auf Ausmerzung der christlichen Gewerkschaften erfüllten sich nicht[26]. In der Arbeitersektion der Wiener Kammer verloren die Freien Gewerkschaften 5931 und die KP 5294 Stimmen, die Christlichen gewannen 6870 und die Nationalen 3124 Stimmen. Besonders schmerzlich für die Freien Gewerkschaften waren die Ergebnisse in Vorarlberg. In den Arbeitersektionen standen hier 4551 Christliche 4600 Freien Gewerkschaftern gegenüber. Diese verfügten nur mehr über 22 Sitze gegen 16 der Christlichen und 4 der Nationalen. Das Ergebnis gab dem Organ der Wiener Arbeiterkammer »Arbeit und Wirtschaft« Anlaß, über »Willkürlichkeiten« der Behörden zu klagen, über »Brutalität und Terror der Unternehmer« sowie über »Eingriffe der Pfarrämter[27]«. Diese Behauptungen muten angesichts der sattsam bekannten Kampfesweise mancher freigewerkschaftlichen Organisationen etwas seltsam an. Das Gesamtergebnis der Kammerwahlen 1926 war: Freie

Gewerkschaften – 430.820, Christliche – 56.837, Nationale – 42.960, KP – 15.272 und Neutrale – 1049. Die freie Gewerkschaftskommission stellte zum Wahlergebnis fest: »Die österreichische Arbeiterklasse ist aus der Phase des revolutionären Idealismus der Gesinnung in die Phase des nüchternen, aber nicht weniger revolutionären Realismus der Gestaltung eingetreten.«

Die Arbeiterkammern haben in der Zeit von 1921 bis 1933 ihre gesetzlichen Aufgaben zum Wohle der Arbeitnehmer weitgehend erfüllt. Wenn auch sehr oft parteipolitische Einflüsse vorherrschend waren, wenn auch der alte Standpunkt, Gewerkschaft und Partei seien eins, noch oft genug bezogen wurde, so sind doch die Erfolge nicht zu übersehen, die sie trotz der schweren wirtschaftlichen Krisen in ihrer zwölfjährigen Tätigkeit erreichten. Die Christlichen Gewerkschaften waren in den Kammern Wächter der gewerkschaftlichen Demokratie, immer zu offener Kritik, aber auch zu ehrlicher Mitarbeit bereit. Vom autoritären Regime sollte die Freiheit der Arbeiterkammern für 12 Jahre begraben werden.

ANMERKUNGEN

1 Ernst Viktor Zenker, Die Wiener Revolution in ihren sozialen Voraussetzungen, Wien 1898, Seite 212.
2 J. Deutsch, a. a. O., Bd. I, Seite 79.
3 Ludwig Brügel, Die sozialpolitische Gesetzgebung in Österreich von 1848–1918, Wien 1919, Seite 85 ff.
4 Klenner, a. a. O., Bd. I, Seite 121 ff.
5 Gustav Strakosch, Graßmann, Das allgemeine Wahlrecht in Österreich seit 1948, Leipzig 1906, Seite 41 f.
6 Ebenda, Seite 40 f.
7 Prinz Aloys Liechtenstein über »Interessenvertretung im Staate mit besonderer Berücksichtigung Österreichs«, Wien 1875, Seite 30 ff.
8 Ernst Plener, Erinnerungen, Wien 1920, Bd. II, Seite 323; Gustav Kohner, Parlament und Verfassung in Österreich, Bd. IV, Seite 331; Deutsch, a. a. O., Bd. I, Seite 211 ff.; Klenner, a. a. O., Bd. I, Seite 13 f.
9 Viktor Adler, Die Arbeiterkammern und die Arbeiter, Wien 1886, Seite 7.
10 Ebenda, Seite 10 ff.
11 Ebenda, Seite 21 f.
12 Klenner, Bd. I, Seite 132 f.
13 Deutsch, a. a. O., Bd. I, Seite 213; Klenner, a. a. O., Bd. I, Seite 132.
14 Plener, a. a. O., Bd. II, Seite 331.
15 Ebenda, Bd. III, Seite 83.

16 Klenner, a. a. O., Bd. I, Seite 434 f.
17 Ebenda, Bd. I, Seite 494 ff.
18 Spalowsky, Rede in der Konstituierenden Nationalversammlung, 36, II, 1920; Gimpl, Christlichsoziale Arbeit, Wien 1920, Bd. II, Seite 36.
19 Richard Schmitz, in: »Volkswohl«, Jg. 1919, Seite 20 ff.
20 Klenner, Bd. I, Seite 565 f.
21 Stenographische Protokolle der Konstituierenden Nationalversammlung, Seite 1804 ff.
22 A. a. O., Seite 1808 ff.
23 Klenner, a. a. O., Bd. I, Seite 567.
24 Die Ergebnisse nach Edmund Polla, Die Kammer für Arbeiter und Angestellte, 2. Auflage, Wien 1926; Klenner, Bd. I; Hemala, Geschichte der Gewerkschaften, in: »Arbeit und Wirtschaft«, »Der Christliche Gewerkschafter«.
25 Hemala, a. a. O., Seite 215.
26 Ebenda, Seite 238.
27 »Arbeit und Wirtschaft«, 1926, Spalte 904.

Die christlichen Gewerkschaften und die Sozialpolitik

Das kleiner gewordene Österreich des Jahres 1918 wurde auf sozialpolitischem Gebiet eine Großmacht. Es war in der praktischen Verwirklichung sozialreformatorischer Ideen, die tief in das 19. Jahrhundert zurückreichten, ein weithin sichtbares Vorbild. Zwar wäre es falsch, zu behaupten, daß vor 1918 gar nichts geschehen wäre, um den sozialen Aufstieg der Arbeiter und Angestellten in die Wege zu leiten. Bis zum April 1870, als nach dem denkwürdigen Arbeiteraufmarsch vor dem Parlament am 13. Dezember 1869, den auch die konservativen Sozialreformer begrüßt hatten, das Koalitionsrecht durchgesetzt werden konnte, gab es allerdings nur verschwindend wenige sozialpolitische bzw. sozialrechtliche Vorschriften, so etwa kümmerliche Ansätze zum Arbeiter- und Lehrlingsschutz in der Gewerbeordnung oder einige gesetzliche Bestimmungen über die Bruderladen der Bergarbeiter. Aber seit Mitte der achtziger Jahre zeigten sich im Reichsrat etliche Initiativen auf sozialpolitischem Gebiet. Sie waren durch Novellen zur Gewerbeordnung, zur Kranken- und Unfallversicherung für die Arbeiter und zur Bergarbeiterversicherung gekennzeichnet. Wertvolle Enqueten für eine Verbesserung des Arbeiterschutzes und die Einführung der Gewerbeinspektion wurden abgehalten. In den neunziger Jahren kamen Gesetze über den Ladenschluß hinzu, ferner wurde ein Arbeitsbeirat im Arbeitsstatistischen Amt des Handelsministeriums errichtet, der allerdings nur ein sehr beschränktes Mitbestimmungsrecht ausüben konnte. Auch im ersten Jahrzehnt des 20. Jahrhunderts konnten trotz verworrener innenpolitischer Verhältnisse und unheilvoller Nationalitätenkämpfe einige fortschrittliche sozialpolitische Gesetze durchgesetzt werden, so das Gesetz über die Regiebauten bei den Eisenbahnern. Es war für die damalige Zeit vorbildlich und reichte bereits an moderne Begriffe über Arbeiterschutz und Arbeiterrecht heran. Das Handlungsgehilfengesetz und das Pensionsversicherungsgesetz für Angestellte brachten einen weiteren Fortschritt. Und selbst in der Zeit des Ersten Weltkrieges, in der der Einfluß der Gewerkschaften beinahe auf den Nullpunkt herabgesetzt war, fehlte es nicht an sozialpolitischer Aktivität, wie die 3. Novelle zum ABGB oder die Errichtung von Beschwerdekommissionen in den Kriegsgebieten beweisen. Die Gründung des Sozialministeriums anfangs 1918 war ebenfalls eine Tat, die vielfältige, akute Probleme lösen sollte[1].

Aber vieles konnte in der Monarchie nicht durchgesetzt werden, was heute zu den Grundlagen der Sozialpolitik gehört. Eine umfassende Sozialversicherung blieb jahrzehntelang ein frommer Wunsch der Arbeiter, der trotz allen Versprechungen nicht erfüllt wurde. Frauen-, Mütter- und Kinderschutz gab es überhaupt keinen. Kein Recht verbürgte den Arbeiterurlaub, der nur in einzelnen Betrieben gewährt wurde. Die Arbeitszeit war nicht gesetztlich festgelegt, der Achtstundentag vielfach ein Traum. Das Koalitionsrecht galt nur für einen Teil der Arbeitnehmer, aber nicht für den öffentlichen Dienst, wo es durch die Dienstpragmatik von 1914 geradezu verpönt war.

Es war eine historische Tat der aus einem ungeheuren Zusammenbruch entstehenden Republik, daß sie in diesen Tagen der Not, der Verwirrung, der inneren und äußeren Bedrängnis und Unsicherheit den Grundstein zu einem umfassenden sozialpolitischen Werk legte. An ihm wirkten Männer mit, die mit den Problemen des Arbeiterstandes wohlvertraut waren. Das gilt vor allem für Ferdinand Hanusch, der dem Sozialministerium fast zwei Jahre vorstand. Er war »ein Sozialpolitiker großen Stils, dessen Wirken tiefe Spuren in der Sozialgesetzgebung der Republik Österreich zurückließ[2]«. Hanusch hatte sich nach harter Jugend aus ärmlichen Verhältnissen zu einem anerkannten Führer in der Freien Gewerkschaftsorganisation emporgearbeitet, war dabei aber stets liebenswürdig und bescheiden geblieben. Als die sozialdemokratisch-christlichsoziale Koalition nach den Oktoberwahlen 1920 nicht mehr erneuert wurde, schied Hanusch aus seinem Amt aus. Nachfolger wurde Dr. Josef Resch, gleich Hanusch, dessen Unterstaatssekretär er war, einst Arbeiter, gleich ihm bis ins kleinste vertraut mit allen Fragen der Sozialpolitik, vor allem der Sozialversicherung. Nicht direkt aus der christlichen Gewerkschaftsbewegung hervorgegangen, sondern eher der großartigen Aufklärungstätigkeit des Katholischen Volksbundes verpflichtet, war Resch in seinem Ministerium, das er bis 1933 mehrmals innehatte, stets souveräner Interpret, Fortsetzer und Erneuerer. Als einmal einer seiner hohen Beamten zu einer Deputation kriegsbeschädigter Bundesangestellter die geschmacklose Äußerung machte, »sie hätten im Kriege Löcher in die Luft geschossen«, mußte er sich auf Verlangen Reschs vor der gleichen Deputation entschuldigen. Die Christlichen Gewerkschaften fanden bei Resch stets Unterstützung und Rat.

Ähnlich wie Resch war auch Richard Schmitz zwischen 1920 und 1933 mehrmals Bundesminister für soziale Verwaltung. Als Junger hatte er bereits in der Katholischen Mittelschülerverbindung Herulia bemerkenswerte Referate gehalten, dann wurde er als stud. jur. erster Redakteur des »Christlichen Gewerkschafters« und lieferte später als Direktor des Katholischen Volksbundes neuerlich Beweise für seine umfassenden wirtschaftlichen und sozialpolitischen Kenntnisse. In der Umsturzzeit wurde er in den christlichen Gewerkschaften als Redner, Lehrer und Organisator sehr geschätzt. Als Schmitz im Alter von 36 Jahren Minister wurde, meinte das Zentralorgan der Freien Gewerkschaften: »Die Gewerkschaften werden diesem Manne trotz seines fraglos erbrachten Befähigungsnachweises mit bestem Willen kein Vertrauen schenken können[3].« Im kurzlebigen Beamtenkabinett Schobers hatte Universitätsprofessor Dr. Theodor Innitzer, der spätere Kardinal, das Sozialressort inne. Es war jene Zeit, in welcher die Gewerkschaften hart um die Erhaltung erworbener sozialpolitischer Rechte kämpfen mußten. Aber Innitzer legte stets Wert auf enge Zusammenarbeit mit den Gewerkschaften.

Die Christlichen Gewerkschaften konnten mit Reschs sozialpolitischen Zielen einverstanden sein[4]. Auch die sozialpolitischen Forderungen des Wahlprogrammes der Christlichsozialen entsprachen den Auffassungen der Christlichen Gewerkschaften. Die Christlichsozialen verlangten u. a. die bevorzugte Einstellung von Kriegsbeschädigten in größeren Betrieben, eine Enteignung für Wohnbauzwecke, die Errichtung einer Landesarbeiterversicherung und der Landwirtschaftskammern, die Einbeziehung der Dienstboten und Heimarbeiter in die soziale Gesetzgebung, den Achtstundentag, die gesetzliche Festlegung von Mindestlöhnen, den Arbeiterurlaub, einen erhöhten Schutz für die Arbeiterinnen und die Jugend, Mutterschutz, ein Verbot der Nachtarbeit, eine Arbeitslosenversicherung auch für Selbständige, die Invalidenversicherung für Arbeiter, Schutz der Koalitionsfreiheit, eine Standesverfassung für Arbeiter und Entschuldungsaktionen für öffentlich Bedienstete[5]. »Die sozialpolitische Gesetzgebung«, heißt es im Programm, »ist im vollen Umfang des christlichsozialen Programmes und unter möglichst gegenseitiger Berücksichtigung der reichsdeutschen und der deutschösterreichischen Gesetzgebung rasch und zielbewußt auszubauen[6].«

Das Programm der 2. Koalitionsregierung sah die rasche Erledigung der Gesetze über die Einigungsämter und Kollektivverträge vor, weiters der Gesetze über den endgültigen Achtstundentag, über die obligatorische Arbeitslosenversicherung, die Arbeiterkammern, über die Ausgestaltung der Gewerbeinspektorate, den Ausbau der Sozialversicherung, der Krankenversicherung für den öffentlichen Dienst und schließlich das Proporzwahlrecht für die Kranken- und Versicherungskassen[7]. Nichts stand einer umfassenden Sozialgesetzgebung im Wege. Die Parteien im Nationalrat und die Gewerkschaften gingen an eine verantwortungsvolle Arbeit, an der auch die christlichen Gewerkschaften in entscheidender Weise mitwirkten[8].

Die Entwicklung bis 1933

In der Zeit, da kommunistische Umsturzbewegungen – Spartakus-Aufstand in Deutschland, Räterevolution in München und Ungarn – die Aufmerksamkeit auf sich zogen, war die sozialpolitische Gesetzgebung von besonderer Bedeutung[9]. Daher wurde im Jahre 1919 die Sozialreform rasch in Angriff genommen, die sozialpolitische Aktivität der Provisorischen Nationalversammlung war beträchtlich. Als der Radikalismus abklang, wurden die sozialpolitischen Maßnahmen zwar fortgesetzt, es kam aber auch zu einer Revision mancher übereilt angenommener oder provisorischer Gesetze[10]. Zunächst wurde bei den Gesetzen, die zwischen 1918 und 1920 beschlossen wurden, kaum eine Kritik der Unternehmer laut, weil noch die Gespenster eines drohenden kommunistischen Umsturzes in unmittelbarer Nachbarschaft herumgeisterten. Erst nach 1920 wurde ein Wandel in den Anschauungen der Unternehmer sichtbar. Schon klagte der christlichsoziale Gewerbevertreter Partik in der Debatte über das neue Angestelltengesetz im Nationalrat über die angeblich schwere Belastung der Unternehmer[11]. Am 17. November 1921 erging ein vertrauliches Rundschreiben der sozialpolitischen Sektion des Hauptverbandes der Industrie Österreichs, das u. a. gegen die Betriebsräte, gegen die Sozialisierungsbestrebungen und gegen Abzug der Gewerkschaftsbeiträge durch den Arbeitgeber Stellung nahm[12]. Der Kampf gegen die Betriebsräte verschärfte sich zwischen 1923 und 1927. Schon 1923 war eine Senkung der Lohnkosten durch die Unternehmer festzustellen[13]. Gegen die sozialpolitische Scharfmacherei der Unternehmer wandte sich das Zentralorgan der Christlichen Gewerkschaften[14] und Otto Troidl stellte ein Jahr später fest »Abbau der Sozialgesetzgebung[15]«. Anfang 1924 erfolgte ein Vorstoß der Alpine-Montan-Gesellschaft gegen die sozialpolitischen Errungenschaften[16]. Die Gewerkschaften mußten sich immer mehr auf die Behauptung sozialer Errungenschaften einstellen, d. h. sich immer stärker auf Abwehr beschränken. Immerhin konnten auch nach 1925 einige grundlegende Gesetze für die Arbeitnehmer durchgebracht werden. »Soziale Lasten« hieß das Thema, das auch die christlichen Gewerkschaften lebhaft bewegte[17]. Die Haltung der Unternehmer wurde mit dem Erstarken der Heimwehren immer herausfordernder, ja es kam zu eindeutig arbeiterfeindlichen Weisungen einzelner Unternehmerorganisationen[18]. An der Spitze stand die Domäne der Heimwehrbewegung, die Alpine-Montan-Gesellschaft. Lohndruck, Nichtbeachtung der sozialpolitischen Einrichtungen und Nichteinhaltung kollektivvertragsähnlicher Bestimmungen waren an der Tagesordnung. Die Verhältnisse wurden bis anfangs 1933 immer trostloser[19]. »Viele Unternehmer erblickten im Abbau der sozialen Rechte ihr Heil[20].«

In den 15 Jahren österreichischer Sozialpolitik der Ersten Republik haben die christlichen Gewerkschaften unermüdlich und initiativ zu den einzelnen Gesetzen Stellung genommen. In den Sitzungen der Zentralkommission und in den einzelnen Gewerkschaften gab es immer Kritik, Anregungen, Diskussion, nie Leisetreterei, auch keine parteipolitischen Bindungen. Sozialminister Dr. Josef Resch charakterisierte das Wesen christlicher Gewerkschaftsarbeit: »Sehr häufig bekommen wir den Vorwurf, daß wir auf dem Gebiete der sozialen Gesetzgebung zu weit gegangen sind. Auch ich stehe auf dem Standpunkt, daß die soziale Gesetzgebung ihre Grenzen hat und haben wird. Sie ist nur soweit möglich, als sie wirtschaftlich erträglich ist. Es kann nichts geschaffen werden, ohne daß es etwas kostet. Was der Sozialminister schafft, kostet Geld. Jedes soziale Gesetz bringt eine Belastung, so daß gewisse Grenzen gezogen sind. Die Christlichen Gewerkschaften haben das erfaßt und immer die Grenze der wirtschaftlichen Leistungsfähigkeit respektiert. Ich weiß, daß auf Kongressen über den Ausbau der sozialen Gesetze beraten wird. Sie werden auch diesmal sehr viel beraten, Anträge stellen und Reformen verlangen – manchmal sehr stürmisch. Aber Sie werden es immer mit einer gewissen Einschränkung tun, so daß Sie nie etwas verlangen und durchsetzen, das nicht tragbar ist[21].«

Die Zahl der christlichen Arbeiter- und Angestelltenvertreter im Nationalrat und Bundesrat, die auch in der christlichen Gewerkschaftsbewegung Funktionen innehatten, war nicht allzu groß. Umso mehr Initiative wurde von ihren verlangt, sie hatten seit 1918 oft Gelegenheit, neben den Sozialdemokraten ein gewichtiges Wort für soziale Reformen einzulegen. Der Vorsitzende der Zentralkommission, Spalowsky, und Kunschak waren die Wortführer, Hans Kletzmayer, Christian Fischer, Hans Steinegger und Schoißwohl aus der Steiermark standen ihnen zur Seite. Zu ihnen stießen später Dr. Karl Drexel, der Wiener Neustädter Birnbaumer und der St. Pöltner Heitzinger. Im Bundesrat saßen die Gewerkschafter Dr. Hemala und Josef Dengler. Sie alle blieben auch als Parlamentarier mit den Gewerkschaften eng in Kontakt.

Sozialpolitische Leistungen

Die Vereinheitlichung der sozialen Gesetzgebung, vor allem des Arbeitsrechtes, war schon in der Provisorischen Nationalversammlung Gegenstand eines Antrages Spalowsky–Christian Fischer[22]. Noch war die Zeit für ein solches Werk noch nicht gekommen, doch setzte mit der Ausrufung der Republik die sozialgesetzliche Arbeit rasch ein.

Das Arbeitsrecht

wurde bereits Ende 1918 durch Bestimmungen für einzelne Berufsgruppen wesentlich ausgestaltet. Am 14. Dezember 1918 wurde das Gesetz über die Heimarbeit erlassen, am 25. Jänner 1919 folgte das Gesetz über die Aufhebung der Arbeitsbücher und der Bestimmungen der Gewerbeordnung über das Kontrollbuch für Arbeiter. Das Bergarbeitergesetz wurde am 28. Juli 1919 zusammen mit dem Arbeiterurlaubsgesetz beschlossen. Das Betriebsrätegesetz vom 15. Mai 1919 trat am 24. Juli in Kraft und bedeutete, daß der Unternehmer endgültig aufhörte, »Herr im Haus zu sein[24]«. Das Gesetz sollte nach dem Motivenbericht »einer weitgehenden Demokratisierung des Betriebes im Sinne der Mitwirkung der Arbeiter und Angestellten an der Sozialisierung und, wo diese zunächst nicht in Betracht kommt, an der Betriebsführung zum Durchbruch verhelfen[25]«. § 3 des Gesetzes »wies den Betriebsräten eine Tätigkeit zu, die so ziemlich das ganze Leben des Arbeiters in der Werkstätte bzw. des Angestellten im Büro« umfaßte[26]. Eine Reihe von Verordnungen über die Wahl der Betriebsräte, über deren Geschäftsordnung und Gebarung, über die Bestellung der Vertrauensmänner enthielten Bestimmungen, die von den Christlichen Gewerkschaften als Nachteile empfunden wurden. Erst 1928 kam es zu Verordnungen, die sie befriedigten. Eine neue Wahlordnung ermöglichte eine geheime Wahl, durch genaue Vorschriften über die Verwendung der Betriebsratsumlagen und die Revision der Gebarung sollte der Verschleuderung und Unterschlagung von Betriebsratsgeldern ein Ende gesetzt werden[27]. Bedeutsam für die Hausgehilfen war das Gesetz vom 26. Februar 1920. Es stellte gegenüber der alten Gesinde- und Dienstbotenverordnungen einen bedeutenden Fortschritt dar. Die Novelle vom 26. März 1926 erweiterte den Geltungsbereich des Gesetzes. Die Christliche Hausgehilfenorganisation und die Gesamtbewegung hatten diese Neuerungen mit allem Nachdruck gefordert[28].

Immer noch waren die Landarbeiter ohne gesetzlichen Schutz. Ihr Lebensstandard war sehr niedrig. Schlechte Wohnverhältnisse und durch den technischen Fortschritt bedingte Arbeitslosigkeit verschlechterten die Lage und veranlaßten schon damals viele Landarbeiter zur »Landflucht«, zur Abwanderung in die Städte, wodurch der Landwirtschaft wertvolle Kräfte verlorengingen, gleichzeitig aber die drückende Arbeitslosigkeit in Industrie und Gewerbe noch verschärft wurde. Der soziale Schutz der Landarbeiter war gänzlich unzureichend, ihre Sozialversicherung war umstritten. Von 1921 bis 1926 hatten zwar sieben Länder sogenannte Landarbeiterverordnungen ergehen lassen, aber die Landarbeiterfrage blieb weiterhin eine schwärende Wunde. Der

VI. Kongreß der Christlichen Gewerkschaften beschäftigte sich eingehend mit ihr und beschloß eine Resolution, die die Aufmerksamkeit der Regierung auf die schlechten Wohnungsverhältnisse der Landarbeiter lenkte und den Ausbau des ländlichen Siedlungswesens forderte. Auch eine großzügige Bodenreform sollte eingeleitet werden[29].

Für eine Reihe von Berufstätigen wurden zeitgemäße soziale Gesetze erlassen. Am 11. Februar 1920 wurde das Journalistengesetz vom Nationalrat angenommen, Kunschak fand damals anerkennende Worte für die Arbeit der Journalisten und bat sie, an der geistigen und sittlichen Gesundung des Volkes mitzuarbeiten[30]. Es folgten die Gesetze über die Zahntechniker (13. Juli 1920), Rechtsanwalts- und Notariatsgehilfen (1. Oktober 1920), über die Bühnenbediensteten (13. Juli 1922), über die Hausbesorger (5. Dezember 1922) und die Gutsangestellten (26. September 1923). Sie sicherten diesen Berufskategorien eine wertvolle rechtliche Basis. Sie waren in den christlichen Gewerkschaften zum Teil stark vertreten, etwa die Hausbesorger und Portiere, die Ende 1924 7002 Mitglieder ausgewiesen hatten.

Eingehend war schon 1920 in Vertrauensmännersitzungen und in der Zentralkommission die Reform des Privatangestelltenrechtes debattiert worden. Führend war dabei die christliche Gewerkschaft der Privatangestellten und mit ihnen Obmann Karl Untermüller. Das Angestelltenrecht hatte sich im alten Österreich auf die Bestimmungen beschränkt, die im Handelsgesetzbuch für die Handelsgewerbe tätigen kaufmännischen Angestellten enthalten waren. Im Handlungsgehilfengesetz vom 16. Jänner 1910 waren ihre Rechte erweitert worden. Ihm unterlagen nicht nur kaufmännische Angestellte, sondern auch die Angestellten aller Industrie- und Gewerbebetriebe, Banken, Sparkassen, Versicherungsgesellschaften, Zeitungen, Anwalts- und Notariatskanzleien. Anträge auf eine zeitgemäße Reform des Angestelltenrechtes waren im Parlament von den christlichen Gewerkschaftern Christian Fischer, Hans Steinegger und Hermann Kletzmayer eingebracht worden. Sie wurden mit den Anträgen der freien Gewerkschafter Pick und Allina die Grundlage eingehendster Diskussion im Sozialausschuß des Nationalrates. Am 11. Mai 1921 wurde das Gesetz beschlossen, Richard Schmitz berichtete darüber[31]. Infolge der Schwierigkeiten, die sich aus meritorischen und systematischen Gegensätzen der beiden

Anträge ergeben hätten, hatte er einen eigenen Entwurf ausgearbeitet. Im Anschluß an den Antrag Fischer wurde das Handlungsgehilfengesetz in ein »umfassendes Angestelltengesetz« umgewandelt. Der Wirkungsbereich wurde auf fast alle privaten Dienstverhältnisse mit Ausnahme jener der Bühnen- und Gutsangestellten ausgedehnt, der sozialrechtliche Schutz wurde ausgebaut. Zusammenfassend meinte der Berichterstatter, das Gesetz enthalte »eine Reihe von sehr weitgehenden und sehr begrüßenswerten Verbesserungen«, sei »ein bedeutsames Gesetz des sozialrechtlichen Schutzes der Angestellten, ein mustergültiger Fortschritt der Angestellten-Sozialpolitik im Wege der Gesetzgebung, eine Ruhmesleistung Österreichs auf diesem Gebiet«. Daß in der Debatte Gewerbevertreter wie Partik »schwere Bedenken« vorbrachten und über unerträgliche Belastungen klagten, ja von »antisozialer Wirkung« sprachen, ist bei der bis heute vielfach unveränderten Haltung mancher Unternehmer zu sozialen Gesetzen nicht erstaunlich[32]. Die Christlichen Gewerkschaften hatten am Werden des Angestelltengesetzes – »ein bedeutender Fortschritt der sozialen Schutzbestrebungen[33]« – jedenfalls werktätigen Anteil genommen.

Stellen, die sich mit der Schlichtung von Arbeitskonflikten befaßten, hatte es im alten Österreich nicht gegeben. Die Gewerkschaften hatten dazu keine Kompetenz. »Die Beschwerdekommission«, die im Weltkrieg für die unter das Kriegsdienstleistungsgesetz fallenden Arbeitnehmer errichtet worden war, hatte aber die Zweckmäßigkeit solcher Einrichtungen bewiesen. »Provisorische Einigungsämter« waren nach dem Zusammenbruch an die Stelle der Beschwerdekommission getreten. Ihr Wirkungskreis erstreckte sich auf alle gewerblichen Betriebe.

Am 18. Dezember 1919 lag der Gesetzesentwurf über die Errichtung von Einigungsämtern und den Abschluß kollektiver Arbeitsverträge der Nationalversammlung zur Beschlußfassung vor. Die Regelung der Kollektivverträge war eine alte Forderung der Christlichen Gewerkschaften, deren erster Kongreß (1909) sich bereits mit ihr befaßt hatte. In der Konstituierenden Nationalversammlung hatte Josef Resch durch einen Antrag den Anstoß zur gesetzlichen Regelung für Kollektivverträge gegeben. Sie sollten beim Einigungsamt eingereicht werden und als objektives Recht gesetzlich anerkannt werden. Dadurch erlangten sie eine »besondere sozialethische Bedeutung[34]«. Die Einigungsämter, betonte Spalowsky in seiner Rede vom 18. Dezember 1919 in der Nationalversammlung, stünden im Zusammenhang mit dem Betriebsrätegesetz, das für den Fall von Streitigkeiten, die sich aus der Errichtung oder Geschäftsführung von Betriebsräten ergeben, vorsieht, daß Einigungsämter mit der Schlichtung oder mit der Rechtsprechung betraut sind[35].

Die Vertretungsbefugnis bei Rechtsstreitigkeiten aus Arbeitsverhältnissen, wie sie das Gewerbegerichtsgesetz vom 14. Mai 1869 und seine Novelle vom 27. November 1896 vorsahen, war am 24. Jänner 1919 zum Vorteil der Arbeitnehmer erweitert worden. »Bevollmächtigte der Berufsvereinigung« waren fortan bei den Verhandlungen zugelassen.

Lehrlingsrecht

Lehrlingsschutz und Jugendarbeiterschutz waren Gebiete der Sozialpolitik, auf denen es viel Versäumtes nachzuholen galt. Sie gehörten zu jenen Fragen der österreichischen Sozialpolitik, die immer wieder auf der Tagesordnung von Enqueten, Gewerkschaftstagungen und Versammlungen der politischen Parteien gestanden waren, aber noch immer einer grundlegenden Regelung entbehrten. Nur in der Gewerbeordnung von 1859 waren einige Normen über die Stellung von Lehrlingen enthalten, an die sich allerdings viele Lehrherrn nicht hielten. In den »Zentralstellen für Lehrlingsschutz«, die der Verein der genossenschaftlichen Gehilfenvertreter in Wien 1906 gegründet hatte, klagten Lehrlinge über »rohe und unmenschliche Behandlung«, lange Arbeitszeit, über schlechte, ungenügende Kost, Nichteinhaltung der Sonntagsruhe, ungesetzliche Verlängerung der Lehrdauer, Abhaltung vom Schulbesuch, Unterschlagung der Aufdinggebühren und Nichteinhaltung der im Lehrvertrag übernommenen Pflichten[36]. Immer noch gab es den Mißbrauch, über den schon 1848 geklagt worden war, daß Meister eine übergroße Zahl von Lehrlingen einstellten, die zu allerhand häuslichen Arbeiten herangezogen wurden. Verwanzte Bettstellen dienten der körperlichen »Erholung« der jungen, heranwachsenden Menschen. Selten nur gab es Meister, die dem Lehrling oder Lehrmädchen wöchentlich ein kleines Taschengeld gaben. Nicht immer waren die Meister Lehrer und Erzieher – Andreas Scheu, der mit seinen Brüdern Josef und Heinrich zum Wegbereiter der österreichischen Sozialdemokratie wurde, hat die Zustände geschildert. Auch der Arbeiterdichter Alfons Petzold weiß von seiner Lehrzeit nur Düsteres zu berichten.

Der Kampf gegen diese Mißstände war daher besonders vordringlich. Es gab zwar katholische Jünglings- und Mädchenbünde, es gab auch den 1889 gegründeten Arbeiterorden der Calasantiner, der wegen seiner vorbildlichen Lehrlingsfürsorge geachtet war, aber diese Organisationen waren außerstande, gegen das Lehrlingselend aufzukommen. Erst mit dem Erstarken der Gewerkschaften begann der Kampf um die Rechte der Lehrlinge und für den Schutz der arbeitenden Jugend. Mit der Gründung des Vereines jugendlicher Arbeiter (1894) durch Kulhanek und drei Jahre später des »Vereines christlicher jugendlicher Arbeiter«, dem der junge Anton Orel angehörte, begann ein wichtiger Abschnitt kämpferischer Jugendarbeit. Orels »Bund österreichischer Arbeiterjugend« trat alsbald an die Stelle des Vereines der »Christlichen jugendlichen Arbeiter« und begann unter seiner geistigen Führung den Kampf für den Lehrlingsschutz. Es war die Tragik der christlichen Jugendbewegung, daß es 1909 zu einer verhängnisvollen Spaltung kam. Seiher gab es zwei Jugendorganisationen, die für das gleiche Ziel kämpften, die eine im Lager Orels, die andere, den »Reichbund der christlichen Arbeiterjugend Österreichs« im Lager Kunschaks.

Der Zusammenbruch von 1918 eröffnete auch für die Jugend hoffnungsvolle Aspekte. Arbeitsrechtliche Bestimmungen waren bereits in allen Gesetzen enthalten, die die Provisorische und die Konstituierende Nationalversammlung beschlossen hatten. Sie waren durch ein Abgehen von den zünftlerischen Tendenzen der Gewerbeordnung von 1859 gekennzeichnet und gliederten das Jugendrecht stärker in die sozialpolitische Ideenwelt ein[37], so in den arbeitszeitrechtlichen Schutzbestimmungen des Gesetzes über den Achtstundentag, des Angestelltengesetzes, des Betriebsrätegesetzes, des Gesetzes über das Verbot der Nachtarbeit für Frauen und Jugendliche, des Bäckereiarbeitergesetzes. Das Gewerbeinspektionsgesetz vom 14. Juli 1921 enthielt wertvolle Bestimmungen über Lehrlingsschutz und Kinderarbeit. Die Lehrlingsentschädigung wurde gesetzlich am 11. Juli 1922 geregelt (Gewerbeverordnungsnovelle 1922). Dem Nationalrat lagen Anträge über die Einführung eines gesetzlichen Mindestentgeltes für Lehrlinge und über eine Lehrlingsentschädigung vor. Angenommen wurde der Antrag der christlichen Arbeitervertreter[38]. Auch am Gesetz über die Weiterverwendung von Lehrlingen, die nach drei Jahren frei geworden waren, war die christliche Jugendgewerkschaft beteiligt. Es ging darum, Lehrlinge und Lehrmädchen bei der damals herrschenden Arbeitslosigkeit gegen sofortige Entlassung nach Beendigung der Lehrzeit zu schützen. Körperschaften der Gewerbetreibenden hatten dagegen Stellung genommen. Der christliche Gewerkschafter Heitzinger, der über den Gesetzentwurf dem Nationalrat berichtete, führte aber aus: »Es geht nicht an, daß die Lehrlinge, nachdem sie drei Jahre im Betrieb tätig waren, sofort auf die Straße geworfen, entlassen werden und der Arbeitslosigkeit anheimfallen. Es ist ein Akt sozialer Gerechtigkeit, wenn wir unserer Jugend entgegenkommen[39].«

Das Fortbildungsschulwesen wurde in der Zeit von 1923 bis 1927 durch sieben Landesgesetze zeitgemäß geregelt[40].

Von größter Bedeutung für die weitere Entwicklung des Lehrlingsrechtes und -schutzes war die organisatorische Konzentration der Jugend in den Christlichen und den Freien Gewerkschaften, sowie die Tätigkeit der Arbeiterkammern auf dem Gebiete der Lehrlingsfürsorge. Des Wirkens des »Jugendparlamentes« der Wiener Arbeiterkammer ist bereits gedacht worden. Vorbildlich, überparteilich, solidarisch, wirkte es in der Ära des Kampfes zwischen Sozialisten und Christlichen Gewerkschaften. Daneben liefen getrennte Bemühungen, aber sie waren immer auf die Emanzipation der Lehrlinge gerichtet. So gelang es den Christlichen Gewerkschaften, die im Jahre 1924 geplante Einführung der vierjährigen Lehrzeit in den fabriksmäßigen Betrieben und die 1926 geplante Einführung gleicher Lehrzeit im Schuhmachergewerbe zu verhindern. Als 1925 die 50prozentige Fahrpreisermäßigung für das Jugendwandern eingestellt wurde, griffen die christlichen Jugendlichen sofort ein und erreichten wenigstens eine 35prozentige Fahrpreisermäßigung[41].

Der freiwillige Lehrlingsschutz, der neben der gesetzlichen Regelung verdienstvoll für das Lehrlingswohl sorgte, stand ebenfalls im Zeichen praktischer Mitarbeit der christlichen Jugendgewerkschaften. Von 1925 bis 1929 wurden 190 Beschwerden mit insgesamt 450 Gesetzesübertretungen erledigt[42].

Arbeiterschutz

Der Begriff des Arbeiterschutzes ist mit der Industrierevolution des 19. und 20. Jahrhunderts eng verbunden. Gesetzliche Grundlagen bot die Gewerbeordnung die in der Ersten Republik durch mehrere Verordnungen zur Bekämpfung des Milzbrandes und der Bleikrankheit ergänzt wurde. »Österreich darf mit Stolz auf seine Bemühungen für die Gestaltung des technischen Arbeitsschutzes hinweisen«, konnte um 1925 festgestellt werden[43].

Zeitgemäß ergänzt wurde das aus der Monarchie stammende Gewerbeinspektoratsgesetz vom 17. Juli 1883, das unter den damaligen Arbeitsverhältnissen und angesichts des Fehlens jeder Hygiene und der Unfallverhütung sowie der Vernachlässigung der Arbeitsstätten geradezu bahnbrechend war. Am 14. Juli 1921 stand die Reform dieses Gesetzes im Nationalrat zur Debatte. Spalowsky betonte als Berichterstatter die Notwendigkeit der Ausdehnung der Gewerbeinspektion auf neue Betriebe. Daher seien Organe in ausreichender Zahl notwendig, die die Einhaltung der neuen Bestimmungen überwachen, um gegen jene, die sie verletzen, vorgehen zu können. Er trat somit für eine Vollzugsgewalt der Gewerbeinspektorate und eine Ausdehnung ihres Wirkungskreises ein[44]. Aus der Gewerbeinspektion war nach dem Minister für soziale Verwaltung Dr. Paur eine »Arbeitsinspektion« geworden. Wie er feststellte, sei das Gesetz geeignet, dazu beizutragen, »daß unsere sozialpolitische Gesetzgebung, diese große Leistung unserer jungen Republik, völlig durchgeführt und gesichert wird, zum Nutzen und Frommen der Arbeiter und Angestellten, im Interesse unseres Volkes und Staates[45]«.

Und wieder war es Spalowsky, der im Dezember 1925 über ein Gesetz zum Schutz der österreichischen Arbeitnehmer über die Schaffung des Inlandsarbeiterschutzgesetzes berichten konnte. Die drückende Arbeitslosigkeit machte gewisse Absperrmaßnahmen gegen das Einströmen ausländischer Arbeiter nötig, die von manchen österreichischen Unternehmern gern beschäftigt wurden, um die Löhne niederhalten und die verschiedenen Sozialgesetze umgehen zu können[46]. Spalowsky lehnte es ab, daß bei steigender Arbeitslosigkeit Ausländer Arbeitsplätze besetzen und dem Staatsbürger die Möglichkeit nehmen konnten, Brot und Erwerb zu finden. Schutz dagegen sei notwendig, er bedeute aber nicht Aggressivität gegen Arbeitskräfte aus anderen Staaten, sondern sei durch das Interesse der österreichischen Arbeiter bedingt[47]. Das Inlandsarbeiterschutzgesetz, an dem die christlichen Gewerkschaften initiativ mitgewirkt hatten, galt für die Dauer der außerordentlichen Verhältnisse auf dem Arbeitsmarkt.

Erst der Republik war es möglich, »den Sehnsuchtstraum von Generationen arbeitender Menschen zu erfüllen« (Klenner). Der Achtstundentag, seit fast 30 Jahren in christlichen und sozialistischen Arbeiterkundgebungen immer leidenschaftlich verlangt, wurde am 19. Dezember 1918 gesetzlich festgelegt. Neues Recht trat zu den Bestimmungen über die Regelung der Arbeitszeit, die in der Gewerbeordnung, in dem Regiebautengesetz für die Eisenbahner, für die Bergarbeiter oder im Landenschlußgesetz enthalten waren. Das Gesetz vom Jahre 1918 wies aber gewisse Mängel auf, da es nicht alle Arbeiter erfaßte. Darauf wies Spalowsky hin, als am 17. Dezember 1919 ein neues Arbeitszeitgesetz nach dem Berichte des Freien Gewerkschafters Wiederhofer zur Debatte stand. Spalowsky begrüßte das Gesetz, das ein geeignetes Mittel sei, die Kraft des Arbeiterstandes zu schonen[48]. Verschiedene Regelungen waren dem Gesetz vorausgegangen: Am 28. Februar 1919 eine Vollzugsanweisung des Staatssekretärs für soziale Fürsorge über das Verbot der Nachtarbeit in gewerblichen Betrieben der Fleischhauer, Pferdefleischhauer, Fleischselcher, Wursterzeuger. Dazu kam das Verbot der Nachtarbeit in Bäckereibetrieben vom 2. April 1919; am 14. Mai 1919 lag der Nationalversammlung die Gesetzesvorlage über das Verbot der Nachtarbeit für Frauen und Jugendliche in gewerblichen Betrieben vor. In die Debatte griff wieder Spalowsky ein. Er forderte ein weitestgehendes Verbot. »Wirtschaftliche Produktion auf Kosten der Arbeitskräfte der Frauen und Jugendlichen ist Raubbau, der niemals zu verantworten ist.« »Mit diesem Gesetz« – sagte er – »werden wir unserem Volk einen größeren Dienst erweisen, als wir ihm auf irgendeinem anderen Gebiet erweisen könnten.« Am nächsten Tag nahm das Parlament das Gesetz über die Mindestruhezeit, den Ladenschluß und die Sonntagsruhe im Handelsgewerbe und anderen Betrieben an und am 28. Juli 1919 kam das Gesetz über die Beschäftigung von jugendlichen und weiblichen Arbeitern sowie über die Arbeitszeit und Sonntagsarbeit beim Bergbau zustande[49].

ANMERKUNGEN

1 Klenner, a. a. O., Bd. I, Seite 430 f.
2 Max Lederer, Grundriß des österreichischen Sozialrechtes, Wien 1929, Seite 32 f.
3 Die Gewerkschaft, Jg. 1922, Seite 188.
4 »Vokswohl«, 1920, Seite 300 ff.
5 Richard Schmitz, in: »Volkswohl«, 1919, Seite 20 ff.
6 Gimpl, Christlichsoziale Arbeit, Bd. I, Seite 6.
7 Ebenda, Seite 13.
8 Hermann Kletzmayr am 16. 3. 1921 in Budgetdebatte des Nationalrates, Stenographisches Protokoll des Nationalrates, Seite 1137 ff.
9 Gulick, Von Habsburg bis Hitler, Bd. I, Seite 240 f.
10 Ebenda, Seite 240 f.
11 Stenographisches Protokoll des Nationalrates, I GP, Seite 1410 ff.
12 Klenner, Bd. I, Seite 534 ff.; Bericht der Gewerkschaftskommission 1919–1923, Seite 49.
13 Klenner, a. a. O., Bd. I, Seite 646.
14 Artikel »In ernster Zeit«, in: »Der Christliche Gewerkschafter«, Folge 4, Jg. 1922.
15 »Der Christliche Gewerkschafter«, Jg. 1923, Folge 3.
16 Klenner, a. a. O., Bd. I, Seite 660 f.
17 Gustav Blenk, »Soziale Lasten«, in: »Der Christliche Gewerkschafter«, Jg. 1924, Folge 1.
18 Klenner, a. a. O., Bd. II, Seite 826 f.
19 Ebenda, Seite 847 f.
20 Jahrbuch des Bundes Freier Gewerkschaften, 1931, Seite 11.
21 6. Kongreß der Christlichen Gewerkschaften Österreichs, Protokoll, Wien 1929, Seite 94.
22 Gimpl, a. a. O., Seite 64 f.
23 Stenographisches Protokoll der Konstituierenden Nationalversammlung, Seite 2769 ff.
24 Julius Deutsch, a. a. O., Bd. II, Seite 98.
25 Bei Kaff, »Die Betriebsräte«, Wien 1919, Seite 63.
26 Ebenda, Seite 21.
27 6. Kongreß der Christlichen Gewerkschaften, Seite 50 f.
28 Ebenda, Seite 48.
29 Ebenda, Seite 184.
30 Stenographisches Protokoll der Konstituierenden Nationalversammlung, Seite 1684.
31 Stenographische Protokolle des Nationalrates, I. GP, Seite 1405 ff.
32 Ebenda, Seite 1410 ff.
33 Josef Resch, Das neue Angestelltengesetz, 4. Auflage, Wien, Seite 5.
34 Hans Schmitz, Der Kollektivvertrag in Österreich, 2. Auflage, Wien, Seite 26.
35 Stenographisches Protokoll der Konstituierenden Nationalversammlung, Seite 1398 ff.
36 Karl Metschl, Wiener Lehrlingselend, Wien 1906.

37 Fritz Rager, Die gesetzlichen Bestimmungen über jugendliche Arbeiter und Lehrlinge, 2. Auflage, Wien 1925, Seite 13.
38 Stenographisches Protokoll des Nationalrates, I. GP, Seite 3081 ff.
39 Ebenda, II. GP, Seite 3458.
40 Rager, a. a. O., Seite 151 ff.; Anton Kimml, Lehrlingsrecht und Lehrlingsschutz, Wien 1927, Bd. II.
41 Protokoll des 6. Kongresses der Christlichen Gewerkschaften, Seite 75.
42 Ebenda.
43 Hans Megiska und Jenny Adler-Hetzmanovsky, Der praktische Arbeitsschutz, Wien 1928, Seite 7.
44 Stenographisches Protokoll des Nationalrates, I. GP, Seite 1813 ff.
45 Ebenda, Seite 1816.
46 6. Kongreß der Christlichen Gewerkschaften, Seite 45.
47 Stenographisches Protokoll des Nationalrates, II. GP, Seite 3265 ff.
48 Stenographisches Protokoll des Nationalrates, Seite 1334 ff.
49 Ebenda, Seite 430 f.

Sozialversicherung – Krankenkassenorganisation

Schon im Ersten Weltkrieg hatte sich herausgestellt, daß zahlreiche Krankenkassen einen zu geringen Mitgliederstand aufwiesen, daher nicht existenzfähig waren und nur unbefriedigende Leistungen erbringen konnten. 1917 war es zu einer Konzentration der Kassen gekommen, mit der ihre Vereinheitlichung ein gutes Stück vorwärtsgekommen war. Sie mußte wegen der geplanten Altersversicherung der Arbeiter noch straffer gestaltet werden. Daher legte die Regierung 1925 einen Entwurf vor, um durch eine Zusammenlegung von Kassen, die für die Vorbereitung der Arbeiterversicherung von wesentlicher Bedeutung war, »sozusagen das Rückgrat« der Arbeiterversicherung zu schaffen.

Das waren die Gedankengänge Spalowskys, der an 28. Dezember 1926 im Nationalrat über die Regierungsvorlage berichtete, die angenommen wurde[1]. Das Gesetz setzte jene Kassenträger fest, die in Zukunft als Träger der Versicherung zugelassen würden. Die Verhandlungen waren nicht leicht gewesen. »Die Sozialdemokraten wollten eine vollständige Konzentration der Versicherung in den Gebietskrankenkassen. Es gelang schließlich, die Vereinskrankenkassen zu erhalten und damit das sozialdemokratische Versicherungsmonopol zu verhindern. Allerdings wies das Gesetz auch eine Reihe von Bestimmungen auf, gegen die die christliche Arbeiterschaft mit Recht angekämpft hat[2].«

Die Wahlordnung für die Kassen brachte endlich die Einführung des Verhältniswahlrechtes, womit eine alte Forderung der Christlichen Gewerkschaften erfüllt war. In der Konstituierenden Nationalversammlung war ein Antrag der christlichsozialen Arbeitervertreter Schoiswohl, Spalowsky, Kunschak und der großdeutschen Abgeordneten Dr. Dinghofer und Dr. Schürff über das Verhältniswahlrecht bei öffentlichen Versicherungsinstituten eingebracht worden, über den Schoiswohl am 30. Juli 1919 berichtete. Angenommen wurde eine Resolution des sozialpolitischen Ausschusses, der die Ausarbeitung eines solchen Gesetzentwurfes für alle öffentlichen Versicherungsanstalten vorsah, »inbegriffen« – so wollte es eine von dem Sozialdemokraten Dr. Michael Schacherl angeregte Einfügung – »die gewerblichen Genossenschaften, Meisterkrankenkassen und die von den Genossenschaften gegründeten Verbände[3]«.

Die Reform der Angestelltenversicherung kam unter hervorragender Beteiligung der Freien und der Christlichen Gewerkschaften zustande. Sie war für die Sozialversicherung richtunggebend und konnte erst nach harten Kämpfen mit den Sozialdemokraten verwirklicht werden. Diese wollten, wie es in einem Bericht an den 6. Kongreß der Christlichen Gewerkschaften hieß, keinen berufsmäßigen Aufbau der Versicherung und strebten mit allen Mitteln die territoriale Zusammenfassung aller Arbeitnehmer, Arbeiter, Angestellten, Landarbeiter und Gebietskassen an[4].

Das Pensionsversicherungsgesetz vom 26. Dezember 1906 war längst reformbedürftig. Seine Hauptmängel waren: Unzulänglichkeit der Versicherungsleistungen, Zersplitterung der Versicherung durch das Nebeneinander von zahlreichen Versicherungsträgern. Diese waren zwar durch eine Vollzugsvorschrift vom 26. Februar 1908 etwas eingeschränkt worden, aber im wesentlichen wurde nichts geändert[5]. Die 12. Novelle vom 23. Juli 1920, über die der christliche Gewerkschafter Christian Fischer berichtete und die Spalowsky zu mehreren Abänderungsanträgen (u. a. Verhältniswahlrecht) veranlaßt hatte[6], war ein Provisorium, dem endlich nach mehr als dreijährigen Verhandlungen die endgültigen Reformen folgten. Ihre Kardinalpunkte waren: Vereinheitlichung der Versicherung, Vereinfachung der Kassenverwaltung, Proporzwahlrecht für die Versicherungskörper. Sie wurden richtunggebend für die Sozialversicherung überhaupt[7]. »Die Zusammenfassung aller Versicherungszweige wie Krankenversicherung, Invaliden- und Altersversicherung, wurde in der Angestelltenversicherung das erste Mal durchgeführt und damit die Richtlinie für die später geschaffene Arbeiterversicherung und Landarbeiterversicherung aufgestellt[8].« Bei den Vorberatungen war es zu einem engen Kontakt der christlichen Gewerkschaftsbewegung mit dem parlamentarischen Referenten Dr. Karl Drexel gekommen. Karl Untermüller, der Obmann der Christlichen Privatangestellten, hob dies auf dem 6. Kongreß besonders hervor, als »erfreulicher Gegensatz zu dem sonstigen Verhältnis zwischen Parlament, christlichsozialem Klub und Zentralkommission«. Drexel habe es nie versäumt, die christlichen Privatangestellten über alle Probleme in Kenntnis zu setzen[9].

Am 20. Dezember 1926 gab Drexel nach zweijähriger Vorarbeit im Unterausschuß des parlamentarischen Ausschusses für soziale Verwaltung den großen Bericht über den Gesetzentwurf betreffend Kranken-, Stellenlosen- und Pensionsversicherung der Angestellten, dem auch eine große Debatte folgte, in der sich die Freigewerkschaftlichen, wie Richard Seidel, Pick, Baumgärtel, Adelhaid Popp und Allina zur Reform bekannten. Der christliche Gewerkschafter Steinegger gab seiner Genugtuung Ausdruck, der Großdeutsche Dr. Irwin Graihr »begrüßte sie aufrichtig«. Daß ein Unternehmervertreter Bedenken über die »Grenzen der Tragfähigkeit unserer Wirtschaft« hegte, über »geschmälertes Recht« der Unternehmer klagte, ist bei der Einstellung mancher Kreise nicht zu verwundern[10]. Am 29. Dezember 1926 genehmigte der Nationalrat den Gesetzentwurf in dritter Lesung. Die 2. Novelle zum Angestelltenversicherungsgesetz vom 12. Juli 1928 brachte eine Angleichung an die deutschen Gesetze und die gleichartige Behandlung österreichischer und deutscher Staatsbürger. Freigewerkschaftliche Stimmen stellten nachher fest: »Die österreichische Angestelltenversicherung ist als Ganzes doch ein Werk, das sich in seinen sozialpolitischen Leistungen in der Welt sehen lassen darf[11].«

Die Landarbeiterversicherung war eine äußerst schwierige Frage. Sie lag den Christlichen Gewerkschaften besonders am Herzen, weil ein beträchtlicher Teil der Landarbeiter in der Zentralkommission organisiert und die starken Landarbeiterbünde in den Alpenländern den christlichen Gewerkschaften weltanschaulich nahestanden. Die 7. Novelle zum Krankenversicherungsgesetz hatte die Einbeziehung der Landarbeiter in die Krankenversicherung und die Errichtung eigener Landwirtschaftskrankenkassen gebracht. Aber ein Erkenntnis des Verfassungsgerichtshofes vom Juni 1924 hatte die bundesgesetzlichen Bestimmungen über die Krankenversicherung der Landarbeiter für verfassungswidrig erklärt und die Sozialgesetzgebung in der Land- und Forstwirtschaft als zur Kompetenz der Bundesländer gehörig bezeichnet. Landesgesetze Wiens, Niederösterreichs, Steiermarks, Kärntens, Tirols und Vorarlbergs brachten dann auch die Landarbeiterversicherung, teils im Sinne der 7. Novelle, teils diese einschränkend. Oberösterreich und Salzburg hatten überhaupt keine Regelung getroffen[12]. Die in Oberösterreich bestehende Landwirtschaftskrankenkasse wurde aufgehoben, »Gemeindekrankenkassen« traten an ihre Stelle, ihre Leistungen aber waren gleich Null. »Die ganze Einrichtung war eine politische Demonstration des Landbundes und ein Versuch, die Landarbeiterversicherung in seine Hände zu bekommen.« Wieder war es der Landbund, der, nachdem durch Änderung einiger Verfassungsbestimmungen der Weg für eine bundesgesetzliche Regelung der Landarbeiterversicherung freigeworden war, Schwierigkeiten machte. Nach dem Zustandekommen der Arbeiterversicherung wurde eine Regierungsvorlage eingebracht, die die Kranken-, Unfall- und Altersversicherung der Landarbeiter regelte. Über den Entwurf war monatelang verhandelt worden. »Die Christlichen Gewerkschaften erkannten, daß dies nicht eine Verzögerung um Wochen, sondern vielleicht um Jahre bedeuten würde, und setzten mit den ihnen nahestehenden Abgeordneten im Parlament alle Hebel in Bewegung, um eine Vertagung zu verhindern[13].« Die »Arbeitsgemeinschaft der christlichen Landarbeiterbünde« war hier unermüdlich tätig. Zahlreiche Vorsprachen und Eingaben bei der Regierung und den parlamentarischen Stellen blieben nicht wirkungslos. Am 18. Juli 1928 verabschiedete der Nationalrat das Gesetz über die Landarbeiterversicherung. Der christliche Gewerkschafter Birbaumer war Berichterstatter. Er dankte unter anderem den sozialdemokratischen Gewerkschaftern für die Mitarbeit und schloß mit dem Wunsche, »daß dieses Gesetz seinen Segen in jedes Bauernhaus hineintragen möge, daß dieses Gesetz aber auch einen Schimmer von Freude und Glück, von neuem Glauben und neuem Hoffen auf die Zukunft dorthin tragen möge, wo die Armen und die Kleinen, vielleicht die Ärmsten und Kleinsten in unserem Volke, die Landarbeiter, wohnen und hausen[14]«.

Fünfzehn Monate vor der Landarbeiterversicherung war im Nationalrat die Arbeiterversicherung beschlossen worden. Es war eine Tat, die, wenn auch noch dadurch eingeschränkt, daß nur ein Teil des Gesetzes praktisch wirksam wurde, jahrzehntelange Forderungen der Arbeiter, auch der christlichen Arbeiter, realisierte. Sie hatten lange vor dem Ersten Weltkrieg immer wieder die *Arbeiterversicherung* gefordert. Entsprechende Vorarbeiten waren schon in der Monarchie geleistet worden, aber der Erste Weltkrieg hatte eine Gesetzwerdung verhindert, obwohl die Regierungsvorlage des Kabinetts Bienerth im Sozialausschuß des Abgeordnetenhauses bis auf die Schlußredaktion und den Bericht im Plenum erledigt war. Zu Beginn des Jahres 1920 setzten Vorarbeiten für die Schaffung einer Invaliditäts- und Altersversicherung der Arbeiter ein, es kam im September 1920 zu einem »Vorentwurf« des damaligen Staatssekretärs Ferdinand Hanusch. Dieser bildete die Grundlage für einen Entwurf, den Sozialminister Dr. Pauer dem Nationalrat im Dezember 1921 vorlegte[15]. Aber noch kam es zu keiner parlamentarischen Erledigung. Schon am 5. März 1919 hatte der christliche Arbeitervertreter Christian Fischer die eheste Vorlage eines Gesetzes über die Alters- und Invaliditätsversicherung der gewerblichen, industriellen und landwirtschaftlichen Arbeiter gefordert, aber erst im Herbst 1923 wurde diese Frage akut. Im November 1923 forderte der Nationalrat auf Antrag Spalowskys die Regierung auf, ehestens den Entwurf eines Bundesgesetzes über die Invaliditäts-, Alters- und Hinterbliebenenversicherung der Arbeiter einzubringen[16].

Am November 1925 lag der Gesetzentwurf dem »Hohen Hause« vor, begründet von Sozialminister Dr. Josef Resch, der ihn als wichtigsten Abschnitt auf dem Wege zu einer umfassenden Sozialversicherung bezeichnete. Nach zweitägiger Generaldebatte, in der auch Spalowsky sprach, gelangte die Vorlage an den Sozialausschuß des Parlaments. Schon am 3. Dezember begann ein Unterausschuß die Beratung und vollendete in 45 Sitzungen bis zum 18. März 1927 seine Arbeit. Das Angestelltenversicherungsgesetz und das Krankenorganisationsgesetz lieferten wertvolle Grundlagen für den Entwurf. Am 1. April wurde das Gesetz verabschiedet[17]. Spalowsky war Berichterstatter[18], Minister Resch schloß seine Stellungnahme mit den Worten: »Die Fachwelt, in ihrem Urteil ganz unbeeinflußt, muß und wird zu dem Schluß kommen, daß die österreichische Regierung und die soziale Verwaltung mit diesem Gesetz tatsächlich ein großes Reformwerk geschaffen hat[19].«

Das Gesetz vom 1. April 1927 »ein großer Fortschritt auf dem Gebiet der Sozialversicherung« (Gulick), »wenngleich praktisch nur zum kleinen Teil wirksam«, schloß sich in seinem Aufbau der Krankenversicherung an. Alle Versicherungszweige wurden einheitlich geregelt und miteinander in Verbindung gebracht. In Kraft traten am 1. Oktober nur die

Bestimmungen über die Altersfürsorgerente. Tausende über sechzig Jahre alte Arbeiter, die im Bezuge der Arbeitslosenunterstützung standen, erhielten eine kärgliche, um ein Drittel gekürzte Arbeitslosenunterstützung als Altersrente. Artikel II des Arbeiterversicherungsgesetzes sah für das Inkrafttreten des Gesetzes einen »Wohlstandsindex« vor. Die Verordnung über den kalendarischen Beginn der Versicherung sollte erst erlassen werden, wenn die Zahl der im Bezuge der Arbeitslosenunterstützung oder der in Notstandshilfe stehenden Personen im Durchschnitt eines Kalenderjahres auf 100.000 gesunken ist und eine derartige Besserung der Gesamtlage der Wirtschaft zu erkennen ist, daß die aus der Durchführung des Arbeiterversicherungsgesetzes entstehende Mehrbelastung der Wirtschaft und der öffentlichen Verwaltung kompensiert erscheint. Leider war dieser »Wohlstandsindex« unter den damaligen wirtschaftlichen Verhältnissen eine Illusion. Der sich aus dem Gesetz ergebende Aufwand von 60 Millionen war nicht aufzubringen. Deshalb folgte das Bundesgesetz vom 12. Juli 1929, demzufolge die Arbeiterversicherung durch Verordnung in Kraft treten sollte, »sobald sich die Möglichkeit ergibt, die Volkswirtschaft durch Reform auf dem Gebiete der öffentlichen Abgaben derart zu entlasten, daß dadurch die aus der Durchführung des Arbeiterversicherungsgesetzes erwachsene Mehrbelastung aufgewogen wird«. Die Christlichen Gewerkschaften, die bei den Vorberatungen über das Gesetz sehr tätig waren, versuchten wiederholt, dessen Inkraftsetzung zu erreichen. »In einer Reihe von Eingaben, in Vorsprachen und Konferenzen mit den maßgebenden Regierungsstellen wurde diese Forderung immer wieder mit allem Nachdruck erhoben. Wenn auch zugegeben werden mußte, daß die österreichische Wirtschaft keine bedeutende Belastung mehr verträgt, so kann doch in Zweifel gezogen werden, ob diese Belastung wirklich eine Höhe erreichen würde, die eine Gefährdung der Wirtschaft bedeutet.« So der Standpunkt der Zentralkommission im Sommer 1929[21].

ANMERKUNGEN

1 Stenographisches Protokoll des Nationalrates, II GP, Seite 4405 ff.
2 6. Kongreß, Seite 48.
3 Stenographisches Protokoll der Konstituierenden Nationalversammlung, Seite 746.
4 6. Kongreß, ebenda.
5 Pechhold, Das Pensionsversicherungsgesetz in der Fassung der 9. Novelle vom 23. Juli 1920.
6 Stenographisches Protokoll der Konstituierenden Nationalversammlung, Seite 3339 ff.
7 Josef Resch, Die Angestelltenversicherung in Österreich, Wien 1927.
8 6. Kongreß, Seite 49.
9 Ebenda, Seite 104.
10 Stenographisches Protokoll des Nationalrates, II GP, Seite 4087 ff.
11 Allina-Lakenbacher, Das novellierte Angestelltenversicherungsgesetz, Wien 1929, Seite 3.
12 6. Kongreß, Seite 45.
13 Ebenda, Seite 52 f.
14 Stenographisches Protokoll des Nationalrates, III GP, Seite 1474.
15 Motivenbericht zu Beilage 451, II GP, Stenographisches Protokoll des Nationalrates.
16 Stenographisches Protokoll des Nationalrates, II GP, Anhang.
17 Ebenda, Seite 2754 ff.
18 Ebenda, Seite 4644 ff.
19 Ebenda, Seite 4665.
20 Klenner, a. a. O., BD I, Seite 573.
21 6. Kongreß, Seite 50.

Schutz der Arbeitslosen

Die Arbeitslosigkeit war seit 1918 in Österreich eines der Hauptprobleme, das nicht nur Staat und Wirtschaft, sondern auch die Gewerkschaften immer wieder beschäftigte. Sie war zu *dem* sozialen Problem schlechthin geworden. Ihre Bekämpfung war nicht zuletzt deswegen notwendig, weil die zügellose Propaganda der extremen Linken im Elend der Arbeitslosen einen fruchtbaren Nährboden fand. Das Heer der Arbeitslosen konnte nur zu leicht subversiven Tendenzen dienstbar gemacht werden. So wurde die Arbeitslosigkeit nicht nur aus humanitären Gründen auch für die Christlichen Gewerkschaften zu einer brennenden Sorge. Dr. Hans Schmitz hat beim 6. Gewerkschaftskongreß in seinem Referat über Rationalisierung auf die Ursachen verwiesen, welche die Arbeitslosigkeit auslösen. Er nannte u. a.: Veränderungen in der Struktur der Wirtschaft durch territoriale Veränderungen innerhalb eines Wirtschaftsgebietes, konjunkturell bedingte Ursachen, saisonbedingte Ursachen, Veränderungen auf dem Arbeitsmarkt infolge des Bevölkerungszuwachses bzw. der Umschichtung durch die Geldentwertung und Freisetzung von Arbeitern durch Rationalisierungsmaßnahmen[1]. Der Kern der Arbeitslosigkeit stamme aus den Strukturänderungen der österreichischen Wirtschaft. Mit dem Einsetzen der Stabilitätskrise im Jahre 1923 wuchs die Arbeitslosigkeit immer stärker. Sie betrug im Jahresdurchschnitt nach den Berechnungen Klenners[2]:

Jahr	Unterstützte Arbeitslose	Zur Vermittlung vorgemerkte Arbeitslose	Altersfürsorgerentner	Zur Vermittlung Vorgemerkte und Altersfürsorgerentner
1919	147.193	–	–	–
1920	12.217	–	–	–
1921	12.055	32.419	–	–
1922	46.947	75.540	–	–
1923	110.352	144.974	–	–
1924	95.442	126.522	–	–
1925	150.331	173.345	–	–
1926	178.937	204.388	–	–
1927	125.000	203.265	4.375	207.640

Jahr	Unterstützte Arbeitslose	Zur Vermittlung vorgemerkte Arbeitslose	Alters-fürsorge-rentner	Zur Vermittlung Vorgemerkte und Alters-fürsorgerentner
1928	160.102	186.723	27.018	213.741
1929	165.551	195.820	37.728	233.548
1930	207.855	244.386	48.135	292.321
1931	256.558	303.365	59.254	362.629
1932	311.418	379.285	69.469	448.764

»Die Bekämpfung der Arbeitslosigkeit gehört zu den größten wirtschaftlichen und sozialen Aufgaben des Staates« (Hans Schmitz). Dieser fundamentale Satz einer verantwortungsbewußten Wirtschafts-, und Sozialpolitik war seit November 1918 die Devise der österreichischen Politik gewesen. Die Gewerkschaften aller Richtungen waren an der Bekämpfung der Arbeitslosigkeit maßgeblich beteiligt. Die Organisation des Arbeitsmarktes und die Regelung der Arbeitsvermittlung waren unumgänglich notwendig, als Hunderttausende von den Fronten in das verelendete Hinterland zurückströmten. Eine der ersten Taten der republikanischen Regierung waren Vollzugsanweisungen, die die Arbeitsvermittlung regelten[3]. Schon damals wurde praktische Arbeitslosenfürsorge geübt, d. h. Unterstützungen ausbezahlt, die vorläufig zur Gänze vom Staat getragen wurden. Sie machten vom 19. November 1918 bis 9. Mai 1919 500 Millionen Kronen aus[4]. Das Arbeitslosenversicherungsgesetz vom 24. März 1920 bezweckte, den Arbeitslosen, deren Zahl von 45.000 am 1. Dezember 1918 auf 161.000 am 1. Februar 1919 gestiegen war, ohne große wirtschaftliche Schäden gesetzliche Unterstützung zu gewähren[5]. Anstelle der provisorischen Unterstützung trat eine dauernde Einrichtung, die den Arbeitslosen innerhalb von zwölf aufeinanderfolgenden Monaten durch zwölf Wochen Unterstützung gewährte. Sie betrug für die Ledigen 60%, für die Verheirateten 80% des Krankengeldes. Die Lasten trugen gemeinsam Unternehmer und Staat, der seine Beiträge im Herbst 1926 einstellte. Das Gesetz wurde bis 1932 nicht weniger als 28mal novelliert[6]. So wurde etwa eine Notstandsunterstützung eingeführt, außerdem wurden den Arbeitslosen Mietzinszuschüsse gewährt. Für die Einrichtung der Arbeitslosenunterstützung und als Aufsichtsorgan der Arbeitsämter waren schon vorher die Industriellen Bezirkskommissionen (IBZ) berufen worden. Zur Eindämmung der Arbeitslosigkeit erging im Frühjahr 1919 eine Vollzugsanweisung des Staatsamtes für soziale Verwaltung über die Erhaltung des Arbeiterstandes in gewerblichen Betrieben, die immer wieder erneuert werden mußte. Bei den zahlreichen Novellierungen der Arbeitslosenversicherung waren die christlichen Gewerkschaften unaufhörlich für eine ausreichende Arbeitslosenfürsorge eingetreten. Die triste Lage der österreichischen Wirtschaft bewog Kunschak, mit dem Großdeutschen Sepp Straffner und dem Landbündler Tauschitz zu einer Anfrage an die Bundesregierung über Maßnahmen zur Bekämpfung der Wirtschaftskrise und Arbeitslosigkeit. »Alles, was auf ehrliche Arbeit seine Existenz aufbaute, ist in schwierigste Verhältnisse gekommen. Arbeiter und Angestellte müssen von dem Alpdruck der Sorge und der Unsicherheit ihrer Existenz befreit werden; Wiederherstellung wirtschaftlicher Wohlfahrt ist das Ziel[7].«

ANMERKUNGEN

1 6. Kongreß, Seite 123 ff.

2 Klenner, a. a. O., Bd. II, Seite 973.

3 Gesetze und Verordnungen über Arbeitslosenversicherung, Arbeitsvermittlung und Auswanderung, Karl Forchheimer, Wien 1923.

4 Gulik, a. a. O., Bd. I, Seite 301.

5 Stenographische Protokolle der Konstituierenden Nationalversammlung, Seite 2020 ff.

6 Karl Forchheimer, Die Vorschriften über Altersversicherung und Altersfürsorge für Arbeitslose, 2. Auflage, Wien 1932.

7 Stenographisches Protokoll des Nationalrates, III GP, Seite 1293 ff.

Kriegsopfernot

Das Ende des Ersten Weltkrieges stand im Zeichen furchtbarer Not der Kriegsopfer. Kriegsbeschädigte, Blinde, Amputierte, Hungernde in schleißigen Uniformen bettelten in den Straßen, menschliche Wracks aus der glorreichen Zeit. Sie waren wie die Arbeitslosen willkommene Objekte für eine extremistische Propaganda. 300.000 Kriegsopfer, Kriegsinvalide, Kriegerwitwen und Kriegerwaisen standen im buchstäblichen Sinn des Wortes vor dem Nichts[1]. Rasche Hilfe war nötig.

Die Christlichsozialen, voran die Arbeitervertreter, hatten der düsteren Lage der Kriegsbeschädigten schon in den ersten Wochen der Republik ihr Augenmerk zugewandt. Am 5. März 1919 hatten Kunschak und Spalowsky Teuerungszuschläge für Kriegsbeschädigte beantragt, die Staatsregierung hatte eine Vorlage über den Versorgungsanspruch aufgrund militärischer Dienstleistungen eingebracht, die am 25. April Gesetz wurde. Der Oberösterreicher Dr. Aigner, der Tiroler Dr. Michael Mayer, der Kärntner Paulitsch, alle drei der christlichen Arbeiterbewegung verbunden, waren für die Kriegsopfer eingetreten[2]. Das Gesetz vom 18. Dezember 1919 über den Kriegsbeschädigtenfonds sicherte den Reinertrag des beschlagnahmten Habsburgervermögens »zur Fürsorge invalider oder ihrer Ernährer beraubter Staatsbürger«. Am letzten Tage der Konstituierenden Nationalversammlung, am 1. Oktober 1920, berichtete der christliche Gewerkschafter Kletzmayer dem Plenum über das Invalidenbeschäftigungsgesetz[3]. Invalide, die wegen ihrer Gebrechlichkeit häufig keine Beschäftigung gefunden hatten, obwohl sie bereit waren, einem Verdienst nachzugehen, konnten nunmehr leichter ein Unterkommen finden. Gewerbliche Betriebe aller Art, die einen gewissen Stand von Arbeitern zu verzeichnen hatten, waren zur Einstellung von Invaliden verpflichtet. Der christliche Gewerkschafter Hans Steinegger aus Innsbruck gab dem Nationalrat am 27. Jänner 1921 den Bericht über das Dienstverhältnis kriegsbeschädigter Bundesangestellter[4]. Die doppelte Anrechnung der Kriegsjahre für alle über 15 bis 25 Prozent geschädigten Bundesangestellten und die Sicherung des Dienstverhältnisses durch Pragmatisierung sollte ihren Daseinskampf leichter gestalten. Ein Schönheitsfehler des

Gesetzes war, daß es nur auf jene Bundesangestellten angewendet werden durfte, die bis 1. Mai 1920 in den Staatsdienst eingetreten waren. Alle Bemühungen, diese Bestimmung zu ändern (sie wurden bis 1938 fortgesetzt) blieben ergebnislos.

ANMERKUNGEN

1 Zum ganzen: Max Brandeisen und Robert Zobl, Die Gesetzgebung für Kriegsbeschädigte, Wien 1925.

2 Stenographische Protokolle der Konstituierenden Nationalversammlung, Seite 263 ff.

3 Ebenda, Seite 3476 ff.

4 Stenographische Protokolle des Nationalrates, I GP, Seite 396 ff.

Die Internationale

Schon sehr früh wurde in der christlichen Gewerkschaftsbewegung die Frage erörtert, ob auch sie internationale Beziehungen pflegen sollte. »Vielfach wurde das Aufrollen dieser Frage als zu verfrüht empfunden, und es wurde darauf verwiesen, daß man im eigenen Lande genug zu tun habe[1].« Die Christlichen Textilarbeiter aber lösten diese Frage praktisch, veranstalteten auf Initiative der Bruderorganisation in den Niederlanden im Jahre 1900 eine Konferenz in Aachen, der alljährlich weitere Zusammenkünfte folgten und die zum Abschluß eines Kartellvertrages der christlichen Textilarbeiter Österreichs, Deutschlands und der Niederlande führten. Sie waren 1902 auf dem 5. Internationalen Textilarbeiterkongreß in Zürich vertreten. Der Schweizer Sozialistenführer Greulich, demokratisch und liberal gesinnt, wies in seiner Begrüßungsansprache darauf hin, daß »in den Gewerkschaften jede religiöse Überzeugung geachtet und sie niemals gekränkt oder verletzt werden soll«, die Gewerkschaften sollten »die religiöse Überzeugung, das heilige und unantastbare Recht jeder Person« schützen[2]. Aber in diese friedlichen Töne mischten sich die grellen Dissonanzen der Vertreter des deutschen Textilarbeiterverbandes, die ganz im Sinne der Sozialdemokratie gehalten waren. In dieser Stellungnahme wurde den Christlichen Gewerkschaften vorgeworfen, sie seien »einzig zu dem Zwecke gegründet worden, die rein arbeitergewerkschaftliche Propaganda zu erschweren«. Die vom Kongreß beschlossene Resolution hatte zur Folge, daß die Christlichen Gewerkschaften an künftigen Kongressen nicht mehr teilnehmen durften, »weil der Boden, auf dem der Kongreß und die internationale Vereinigung stehen, der des Klassenkampfes ist[3]«.

So wurde auch auf internationaler Ebene jene verhängnisvolle Spaltung wirksam, die durch die Bindung der Gewerkschaften an eine bestimmte politische Partei verursacht wurde. Diese Bindung hatte in einzelnen Ländern die Gründung eigener christlicher Gewerkschaften notwendig gemacht. Sozialistisch blieb der Geist in den Berufsgruppen der Freien Gewerkschaften, in den Konferenzen der Landeszentralen, in dem 1903 geschaffenen Internationalen Sekretariat, das 1913 zum »Internationalen Gewerkschaftsbund« wurde.

Wieder gaben die christlichen Textilarbeiter auf ihrer 3. Internationalen Konferenz in Genf das Signal zu internationalem Zusammenschluß. Sie forderten einen Kongreß für die christlichen Arbeiter aller Berufe und Länder; gegenüber der »roten Internationale« müsse auch eine starke internationale Vereinigung christlicher Arbeiter gebildet werden. Der Vorstand des Gesamtverbandes der Christlichen Gewerkschaften Deutschlands übernahm die Vorarbeiten. Vom 2. bis 5. August 1908 tagte in Zürich die erste Internationale Konferenz Christlicher Gewerkschaftsführer[4]. Kunschak, der der österreichischen Delegation angehörte, griff wiederholt in die Debatte ein, ausgleichend, versöhnlich, als sich die Gegensätze in der damals Deutschland beherrschenden Frage: »Überkonfessionelle oder katholische Gewerkschaften?« verschärften[5]. Es wurde ein allgemeines internationales Sekretariat für die Christlichen Gewerkschaften aller Länder errichtet, dessen Leitung der Generalsekretär des Gesamtverbandes Christlicher Gewerkschaften Deutschlands, Adam Stegewald, übernahm. Es war ein Mann, der bald beim christlichen Gewerkschaftskongreß in Österreich zielsetzend tätig werden sollte. Ferner wurde auch eine internationale Gewerkschaftskommission gebildet[6].

Mit dem Ausbruch des Ersten Weltkrieges zerstoben jäh alle Träume, Hoffnungen und Wünsche. Weder die Internationale der Freien Gewerkschaften, noch auch die große marxistische Internationale konnten den Krieg verhindern. Ohnmächtig war auch die Christliche Gewerkschaftsinternationale. Sie verglühte in den Flammen des Krieges. Nach Kriegsende gelang erst 1919 die Wiedererrichtung des Internationalen Gewerkschaftsbundes, der alsbald 23,907.059 Mitglieder in 23 Landeszentralen aufwies[7]. Seine Aktionsfähigkeit wurde jedoch sehr bald durch die Bildung kommunistischer Zellen in den Freien Gewerkschaften, aber auch durch das Entstehen der kommunistischen Gewerkschaftsinternationale eingeschränkt, zu der bereits 16,400.000 Arbeiter in 9 Ländern standen[8]. Der Kampf Moskaus gegen Amsterdam, wo sich der Sitz der Freien Gewerkschaftsinternationale befand, trug in den nächsten Jahren sehr stark zur gewerkschaftlichen Zerrissenheit bei. Russische Politiker sahen im Amsterdamer Gewerkschaftsbund »ein Stück der Zweiten (sozialistischen) Internationale«, ein »Bollwerk der internationalen Bourgeoisie[9]«. Die Bedeutung der Amsterdamer

Internationale ging bis 1927 sichtbar zurück, die Zahl ihrer Mitglieder sank von 23 Millionen auf 13,139.788. Die Kommunisten wiesen am 1. Jänner 1928 13,670.462 Organisierte aus[10].

Die Kriegsereignisse verhinderten jahrelang auch die Wiederaufnahme internationaler Beziehungen der christlichen Arbeiter und Gewerkschaften. Vergeblich forderte eine Tagung der Katholischen Union in Zürich im Jänner 1918 einen christlichen internationalen Arbeiterkongreß. Erst im März 1919 kam dank den Bemühungen der Christlichen Gewerkschaften der Schweiz in Luzern ein Kongreß Christlicher Gewerkschaften zustande, dem jedoch Franzosen, Belgier und Italiener fernblieben. Die österreichischen Delegierten erklärten damals, die Wiederherstellung der Monarchie komme nicht mehr in Frage, die christlichen Arbeiter hätten sich mit der republikanischen Staatsform abgefunden[11]. Erst jetzt war der Weg zu einer Verständigung frei. In Rotterdam kamen am 20. Februar 1920 die Gewerkschaftsführer zusammen, um die Gegensätze zwischen den christlichen Gewerkschaften Deutschlands und jenen Frankreichs und Belgiens zu beseitigen. Es gelang nicht ohne Mühe, das Hauptverdienst daran hatten die Christlichen Gewerkschaften der Niederlande und der Schweiz. Jedenfalls erging am 30. März 1920 eine Einladung zum Internationalen Christlichen Gewerkschaftskongreß im Haag (15. bis 19. Juni 1920). »Jetzt muß die christliche Gewerkschaftsbewegung ihre internationale Tätigkeit wieder aufnehmen« hieß es. »Mehr denn je ist dies gerade heute notwendig. Die Zeit, in der wir jetzt leben, stellt uns auf sozialem Gebiet vor große Forderungen und wichtige Probleme, deren Bedeutung international ist. Dazu ist es aber erforderlich, daß die christliche Gewerkschaftsbewegung sich wieder zu einem internationalen Verband zusammenschließt.« »An die Arbeit für den Ausbau des gesellschaftlichen Lebens im christlichen Geist« – lautete die Parole des Haager Kongresses, »an die Arbeit für die Durchführung der christlichen Grundsätze im Leben der Völker und auf dem Gebiete der Arbeit![12]«

Der Haager Kongreß, an dem für Österreich der Vorsitzende der Zentralkommission Franz Spalowsky und ihr Zentralsekretär Leopold Untermüller teilnahmen, brachte die Erneuerung der christlichen Gewerkschaftsinternationale. Vorsitzender wurde der Schweizer Nationalrat Scherrer,

Sekretär der Niederländer Serrarens, der mit den Österreichern sehr engen Kontakt hielt und sich in den Notzeiten der Jahre 1920 und 1921 große Verdienste um die Lebensmittelhilfe der römisch-katholischen und christlich-nationalen (evangelischen) Gewerkschaften der Niederlande zugunsten der Christlichen Gewerkschaften Österreichs erwarb. Schatzmeister wurde neben dem Holländer Amelik Leopold Untermüller. Der Sitz des Sekretariates war in Utrecht. An die Internationale waren 11 Landeszentralen mit 3,367.500 Mitgliedern angeschlossen.

Breiten Raum in den Diskussionen des Haager Kongresses nahm die Erörterung des von der Amsterdamer Internationale verhängten Boykotts über Horthy-Ungarn ein. Eine Resolution protestierte »gegen die Mißbildung des gewerkschaftlichen Gedankens« als »Mißbrauch der internationalen gewerkschaftlichen Macht«, der in erster Linie die Arbeiterschaft selbst treffe und unnötige Verlängerung der Leiden und der Not der Volksmassen bedeute[14]. Der Kongreß setzte eine Kommission zur Überprüfung der ungarischen Zustände ein.

Neben dem Kongreß gab es Ländertagungen, die zu internationalen Verbindungen zwischen den einzelnen Fachverbänden führten. Textil-, Fabriks-, Transport-, Genußmittel-, Holz-, Tabak- und Metallarbeiter, Postler, Eisenbahner, Landarbeiter schlossen sich in diesen Fachinternationalen zusammen, denen alsbald solche der Bau-, Berg-, Graphischen-, Land- und Lederarbeiter und der Schneider folgten. 1930 schlossen sich auch die Angehörigen des öffentlichen Dienstes international zusammen. Der »Internationale Bund Christlicher Gewerkschaften« (IBCG) war geschaffen und begann seine Arbeit in einer von Krisen erfüllten Zeit, in der es aber nicht an Versuchen fehlte, die verworrene Wirtschaftslage zu konsolidieren und die noch immer unbefriedigenden sozialen Verhältnisse der Arbeitnehmer durch großzügige Reformen zu verbessern. So erklärt sich die umfassende Zusammenarbeit beim Internationalen Arbeitsamt in Genf, einer der wenigen positiven Errungenschaften der Friedensverträge 1919/20. An die Genfer Weltwirtschaftskonferenz von 1922 wurden folgende Forderungen gerichtet: Die Regierungen mögen sich beim Abschluß der Verträge von den Grundsätzen der christlichen Gerechtigkeit und Liebe leiten lassen; sie sollten besonders Bedacht darauf nehmen, eine Stabilisierung der Währungen zu erreichen und die Konsumkraft der Bevölkerung in den verschiedenen Ländern zu heben; sie sollen weder mittelbar noch unmittelbar die wohlerworbenen Rechte der Arbeiter schädigen, vor allem nicht die Rechte, die bei der Gründung der Internationalen Arbeitsorganisation festgelegt worden waren. Endlich sollten sich die Regierungen bei ihren wirtschaftlichen Maßnahmen von den berufenen Vertretungen der verschiedenen Arbeiterorganisationen beraten lassen[15].

1. Grundsätze

Der Internationale Bund der christlichen Gewerkschaften steht auf der Grundlage der christlichen Weltanschauung, welche er in der sozialen und wirtschaftlichen Ordnung zur Geltung bringen will.

Die christliche Weltanschauung verlangt, daß der Mensch im Mittelpunkt der sozialen und wirtschaftlichen Ordnung steht. Er soll die Naturkräfte beherrschen und die irdischen Güter in seinen Dienst nehmen. Die Gesellschaft muß also in der Weise gestaltet sein, daß sie jedem Menschen die Möglichkeit, die größtmögliche sittliche und soziale Wohlfahrt zu erreichen, gewährt. Voraussetzung dieser Ordnung ist die intellektuelle oder körperliche Arbeit des einzelnen sowie die Unterordnung der Interessen des einzelnen und der Gruppen unter jene höheren der Gesamtheit.

Die materialistische Weltanschauung, welche nur im Besitz und Genuß der irdischen Güter das einzige Ziel des Menschenlebens und den Hauptzweck der Gesellschaft erblickt, steht im Widerspruch zu der christlichen Weltanschauung.

Die christlichen Lebensgrundsätze, besonders jene der Gerechtigkeit und Liebe, sollen alle Beziehungen der Individuen, der sozialen Gruppen und der Völker beherrschen.

Der Internationale Bund der christlichen Gewerkschaften verwirft den uneingeschränkten Individualismus der liberalen ökonomischen Schule. Diese führt durch ihre ungebundene Freiheitslehre die kleine Gruppe der wirtschaftlich Stärkeren zur Beherrschung der Massen im modernen Kapitalismus.

In gleicher Weise verwirft der Internationale Bund der christlichen Gewerkschaften die Verkümmerung der Persönlichkeit, wie sie durch den Sozialismus und den Kommunismus bedingt ist.

Die Lehre des Klassenkampfes führt ebenso zu einer

Beherrschung der Gesellschaft durch einen Teil derselben und steht im Widerspruch zu den Grundsätzen der Gerechtigkeit und der Liebe.

Der Internationale Bund der christlichen Gewerkschaften will die Rechte und die Freiheit eines jeden Menschen bestmöglich gewahrt wissen, jedoch unter der Voraussetzung, daß ihre Ausübung durch des allgemeine Wohl beschränkt wird und auf der Erfüllung der Pflicht beruht.

Der Internationale Bund der christlichen Gewerkschaften anerkennt das individuelle Eigentumsrecht. Jedermann hat das Recht, Eigentum zu erwerben und zu besitzen.

Die Formen des Eigentums können der Kultur entsprechend gestaltet sein, aber der Erwerb wie die Verwendung des Eigentums unterliegen moralischen Verpflichtungen, denen sich niemand entziehen kann.

Die Arbeit ist keine Kaufware, welche lediglich dem Gesetze von Angebot und Nachfrage unterliegt und welche der Besitzer der Erzeugungsmittel zu seinem persönlichem Gewinn ausnützt. Die Arbeitsbedingungen sollen die Sittlichkeit, Menschenwürde, Kraft und Gesundheit des Arbeiters genügend schützen, die freie Entwicklung und Entfaltung seiner Persönlichkeit sowie die Erfüllung seiner Verpflichtungen gegenüber Gott, Familie und Gemeinschaft ermöglichen.

Die Anwendung der christlichen Grundsätze in der Volkswirtschaft fordert die vom Gemeinschaftsgeist getragene Zusammenarbeit der Kräfte aller Individuen, Klassen und Völker, damit der Zweck der Erzeugung, die Befriedigung der materiellen Bedürfnisse, sich so vollzieht, daß die geistig-sittlichen Interessen nicht geschädigt werden und einem jeden Menschen ein gerechter und billiger Anteil an den Reichtümern der Erde zufällt.

2. Sozialwirtschaftliche Reformen
A. Wirtschaftsordnung

Der heutige Stand der sozialen und wirtschaftlichen Entwicklung erfordert die Organisation der Produktion auf der Grundlage des Zusammenwirkens der Arbeitgeber und Arbeitnehmer zum besten der Gesellschaft.

Weil das Kapital sowohl in der Geldform, als auch in der Form der Produktionsmittel nur der passive Faktor in der Produktion ist, und es selbst aus Natur und Arbeit erzeugt wird, so gibt sein Besitz ebensowenig wie der der Naturgüter ein Vorrecht über den einzigen aktiven Faktor der Produktion, die Arbeit.

Vielmehr steht die Leistung des Arbeiters höher als das bloße Verwendenlassen des Kapitals und ist auch in ihrer niedrigsten Form eine Äußerung des Menschen, welche vom Geiste geleistet wird.

Die Leitung der Produktion ist im wesentlichen eine intellektuelle Arbeit, so daß ihr in der Wirtschaftsordnung eine dementsprechende Stellung einzuräumen ist.

Jedoch sind heute die Interessen der Leitung so enge mit den Interessen des Kapitalgebers verknüpft, daß die Leiter der Unternehmungen, wenn sie auch nicht deren Besitzer sind, im allgemeinen doch als die Vertreter des Kapitals betrachtet werden müssen.

Die Wirtschaftsordnung ist so zu gestalten, daß Kapital und Arbeit entsprechend ihrer moralischen und wirtschaftlichen Bedeutung an der Leitung des Produktionsprozesses und am Ertrage der Produktion beteiligt sind.

Es ist zweckmäßig, das Zusammenwirken der Arbeitgeber und der Arbeiter in der Weise zu verwirklichen, daß in jedem Zweige der Produktion, in Landwirtschaft, Gewerbe und Industrie, Handel und Verkehr, die Arbeitgeberverbände mit den Gewerkschaften der in diesem Zweige beschäftigten Arbeiter und Angestellten paritätische Arbeitsgemeinschaften bilden.

Vorerst sollen diese Arbeitsgemeinschaften die Arbeitsbedingungen in den gesamten Unternehmungen regeln.

Durch gesetzliche Maßnahmen soll ihnen das Recht zuerkannt werden, für den ihnen unterstehenden Produktionszweig allgemein verbindliche Verordnungen zu erlassen, deren Ausführung und die Rechtsprechung darüber zur Hand zu nehmen.

Der Ausbau dieser Arbeitsgemeinschaften soll so gefördert werden, daß sie in der allgemeinen Leitung der Produktion mitwirken.

Die Arbeitsgemeinschaften aller Produktionszweige sollen in einer nationalen Zentralarbeitsgemeinschaft vereinigt werden.

Dieser kommt nicht nur die Aufgabe zu, das Zusammenwirken zwischen den einzelnen Arbeitsgemeinschaften zu bewerkstelligen und etwaige Konflikte zu beseitigen, sondern auch die Interessen der Gemeinschaft und im besonderen der Verbraucher gegenüber jeder ungerechtfertigten Ausnützung zu wahren und allgemeine Richtlinien für die Produktion festzustellen und die Wirtschaftspolitik zu regeln.

Diese nationalen Zentralarbeitsgemeinschaften aller Länder sollen auf internationalem Boden zusammenwirken, damit die Produktion so gestaltet und organisiert wird, daß eine internationale planmäßige Wirtschaft begründet wird.

Da der Staat nicht auf der wirtschaftlichen Gliederung des Volkes aufgebaut ist, kann er im allgemeinen keine Institution der Erzeugung und nicht Träger der Wirtschaft sein. Die Übernahme der Produktion durch den Staat rechtfertigt sich nur dort, wo die private Wirtschaft den erforderlichen Wirtschaftszweck nicht erreicht oder wo allgemeine volkswirtschaftliche und kulturelle Erwägungen dies erfordern.

B. Aktionsprogramm

Der Internationale Bund der christlichen Gewerkschaften stellt soziale Forderungen auf, welche teils durch den Staat, teils durch die Arbeitgeber zu verwirklichen sind.

Solange die wirtschaftliche Selbstverwaltung der Völker nicht erreicht ist, welche eine genügende Interessenwahrung aller Beteiligten sichert, hat die Staatsgewalt, welche berufen ist, das Gemeinwohl zu fördern und die Schwachen zu schützen, Maßnahmen zur Festlegung der normalen Arbeitsbedingungen und zur Förderung der gesunden wirtschaftlichen Entwicklung zu ergreifen.

Die Staatsgewalt hat nicht nur die volle und freie Ausübung des Koalitions- und Vereinsrechtes zu sichern, sondern soll auch die Berufsorganisationen der Arbeitgeber und Arbeitnehmer als die berufenen Vertreter dieser Wirtschaftsgruppen anerkennen und ihrer moralischen, sozialen und numerischen Bedeutung entsprechend bei der Vorbereitung und Ausführung der Gesetzgebung heranziehen.

Die Staatsgewalt hat die Rechte der Minderheiten in den sozialwirtschaftlichen Organisationen angemessen zu wahren und dem Arbeiter die freie Ausübung seiner Rechte als Mensch und als Arbeiter zu sichern.

Die Arbeitsdauer darf die Grenze der menschlichen Kräfte nicht überschreiten und muß den Bedürfnissen des Arbeiters angemessen sein.

Der Arbeitstag soll jetzt auf der Grundlage des Achtstundentages festgestellt werden.

Für ungesunde und schwere Arbeit (Bergbau, Hochöfen usw.) soll eine weitere Einschränkung der Arbeitszeit angestrebt werden.

Sonntags- und Nachtarbeit ist auf das unbedingt Notwendige zu beschränken. Den Arbeitern und Angestellten soll möglichst der freie Samstagnachmittag gesichert werden.

Das Zulassungsalter der Kinder für den Lohndienst ist auf mindestens 14 Jahre zu stellen.

Für die jugendlichen Arbeiterinnen und Arbeiter sowie für die Lehrlinge sind besondere Schutzmaßnahmen zu ergreifen.

Für Kinder unter 18 Jahren sowie für Frauen ist die Nachtarbeit zu verbieten.

Die Beschäftigung der verheirateten Frauen (Mütter) im Lohndienst ist sukzessive zu beseitigen.

Eine gesetzliche Regelung der Mutterschaftssorge ist vorzunehmen.

Jede ungerechtfertigte Ausbeutung der in der Heimindustrie beschäftigten Arbeitskräfte ist durch besondere Maßnahmen zu verhindern.

Im Interesse der Gesundheit und der Sittlichkeit ist die Volkswohnungsfürsorge kräftigst zu fördern.

Durch eine zweckmäßig geleitete und wissenschaftlich begründete Berufswahl sollen jedem Berufe die geeignetsten Arbeitskräfte zugeführt werden.

Die Durchführung der sozialen Gesetzgebung ist durch kompetente Gewerbeinspektionen in Verbindung mit den beruflichen Organisationen zu kontrollieren und zu sichern.

Die Festsetzung der Löhne, welche möglichst durch Tarif- und Gesamtarbeitsverträge erfolgen soll, hat nach folgenden Grundsätzen zu geschehen:

a) Jeder erwachsene Arbeiter hat das Recht auf einen Mindestarbeitslohn, welcher ausreicht für den Unterhalt seiner Familie; seine Höhe soll in Übereinstimmung mit den Lebenskosten bestimmt werden;

b) Über das unantastbare Minimum hinaus soll der Anteil des Arbeiters in der Erzeugung der Leistung des Arbeiters entsprechen und ein Entgelt sichern für besondere Gewandtheit und Tüchtigkeit wie für besondere Anstrengungen, Gefahren und Risken.

Für die kinderreichen Familien sind Einrichtungen zu

schaffen, aus welchen diesen entsprechende Zuschläge gewährt werden.

Die Staatsgewalt soll durch objektive statistische Erhebungen über die Lebenskosten usw. die Lohngestaltung erleichtern.

In Industrien, wo keine genügende Gewerkschaftsbewegung besteht, hat die Staatsgewalt durch Lohnkommissionen und dergleichen für die wirtschaftliche Existenzsicherung der Arbeiter zu sorgen.

Die öffentlich-rechtlichen Körperschaften haben bei dem in ihrem Dienste stehenden Personal den oben genannten Forderungen im Einvernehmen mit den zuständigen Organisationen Folge zu geben.

Durch den Völkerbund sowie durch die internationale Organisation der Arbeit oder durch andere Institutionen, welche hierzu als geeignet erscheinen, sollen die Völker im Geiste dieses Programmes zusammenwirken.

Die internationale Organisation der Arbeit soll den Arbeiterschutz durch Übereinkommen und Ratschläge fördern.

Die bisherigen Übereinkommen und Ratschläge der Konferenzen von Washington, Genua und Genf bedeuten erst einen bescheidenen Anfang für den wirksamen Arbeiterschutz, welchen die Arbeiterklasse ihrerseits erwartet.

Sie soll sich nicht darauf beschränken, Einfluß zu üben auf die Länder, wo soziale Gesetzgebung nicht besteht oder ungenügend ist, sondern sie soll ihre Wirkung ausdehnen auf alle Länder im Sinne einer fortwährenden Verbesserung dieser Gesetzgebung.

Die Auswanderung der Arbeiter soll organisiert werden auf der Grundlage der Gegenseitigkeit der sozialen Gesetze und der Gleichberechtigung der Einwanderer und der Landesangehörigen. Die Auswanderung ganzer Gruppen soll nur ermöglicht werden im Einvernehmen mit den interessierten Wirtschaftsverbänden.

Damit die in den internationalen Arbeitskonferenzen festgestellten Übereinkommen und Ratschläge, eine möglichst große Wirkung haben, werden die dem Internationalen Bunde der christlichen Gewerkschaften angeschlossenen Landeszentralen sich darum bemühen, in den betreffenden Ländern ihre Anwendung durchzusetzen.

Damit die christliche Gewerkschaftsbewegung wirksam an dieser Aufgabe mitwirken kann, muß sie in der internationalen Organisation der Arbeit einen vollen und direkten Einfluß haben und in den internationalen Arbeitskonferenzen wie im Verwaltungsrat des Internationalen Arbeitsamtes eine angemessene Vertretung haben. Auf dem Gebiete der rechtmäßigen gewerkschaftlichen Forderungen ist der Internationale Bund der christlichen Gewerkschaften bereit, mit allen interessierten Organisationen zusammenzuwirken.

C. Ausbildung der Arbeiterschaft

Der Internationale Bund der christlichen Gewerkschaften fordert eine allgemeine wirtschaftliche und technische Ausbildung der Arbeiterjugend. Er betrachtet diese als eine Voraussetzung, um der Arbeiterschaft die sittliche, familiäre und soziale Wohlfahrt zu ermöglichen und die rationelle Entwicklung der Produktion zu fördern.

An die bis zum 14. Altersjahr verpflichtende Volksschule soll ein Berufsunterricht angeschlossen werden.

Der Zutritt zum mittleren und höheren Unterricht soll jedem strebsamen und talentvollen Menschen ohne Rücksicht auf die finanzielle Lage seiner Eltern ermöglicht werden.

Die Voraussetzung für den sozialen und wirtschaftlichen Aufstieg der Arbeiterschaft bilden das gründliche Studium aller Zusammenhänge und Verhältnisse des sozialen, wirtschaftlichen und staatlichen Lebens, eine gesteigerte Arbeitsfreudigkeit und ein vertieftes Pflichtbewußtsein und Verantwortlichkeitsgefühl gegenüber Gesellschaft, Staat und Familie[16].

Zwischen 1922 und 1925 folgte ein ständiger Kampf des IBCG um die Gleichberechtigung in der Internationalen Arbeitsorganisation und beim Genfer Internationalen Arbeitsamt, wo die Freien Gewerkschaften eine Monopolstellung besaßen. Sie hatten 1921 die Delegation des IBCG als Arbeitervertretung nicht anerkennen wollen, sie wollten noch 1922 die Christlichen Gewerkschaften mundtot machen. Der Luzerner Kongreß des IBCG, 17. bis 19. September 1925, behandelte deshalb ausführlich seine Haltung zur Genfer Organisation, die in den folgenden Jahren sichtlich verbessert wurde. Erleichtert wurde dieser Erfolg durch die tolerante, demokratische Haltung des Direktors des Internationalen Arbeitsamtes, Albert Thomas. Er, früher einer der Führer der französischen Sozialdemokraten, würdigte die Verdienste der

Christlichen Gewerkschaften um die Ratifizierung der Beschlüsse der Arbeitskonferenzen in den einzelnen Staaten als Verteidiger der Arbeiterschutzreformen[18]. Drei Jahre nach dem 3. IBCG-Kongreß, der sich auch mit Fragen der Arbeitszeit, des Wanderungswesens und des Mitbestimmungsrechtes der Arbeiter in der Wirtschaft befaßt hatte, trat der 4. Kongreß vom 26. bis 28. September in München zusammen[19]. Die Zahl der Mitglieder war infolge der Vernichtung der Christlichen Gewerkschaften Italiens durch den Faschismus kleiner geworden, in 11 Ländern gab es 2,078.300 Organisierte. Aber festgestellt wurde: »In den Jahren 1925 bis 1928 hat die Christliche Gewerkschaftsinternationale sich Weltgeltung verschafft. Sie hat angefangen, sich einen bedeutsamen Platz in der internationalen Arbeiterbewegung und in der Zusammenarbeit der Völker in Genf zu schaffen[20].«

Die Teilnahme Albert Thomas' an den Beratungen des 4. Kongresses war ein Zeichen für die Änderung der Anschauungen, die sich in wenigen Jahren vollzogen hatte. Die Christlichen Gewerkschaften galten nun nicht mehr als verfemt, niemand wagte es mehr, sie als »Verräter« zu bezeichnen. Der höchste Beamte des Internationalen Arbeitsamtes bekräftigte seine Wertschätzung der christlichen Gewerkschaften, »in deren Grundsätzen die Gewähr für den Erfolg« liege[21]. Vor dem Ende der Gewerkschaftsbewegung in Österreich gab es noch einen Kongreß des IBCG, der vom 22. bis 24. Juni 1932 in Antwerpen abgehalten wurde. Er stand ganz im Zeichen der Weltwirtschaftskrise. Der nächste Kongreß in Montreux hatte im Frühjahr 1934 die Vernichtung der Christlichen und der Sozialistischen Gewerkschaften durch den Nationalsozialismus sowie das Ende der demokratischen Gewerkschaftsbewegung Österreichs zu registrieren. Nach langen Diskussionen konnte das Verbleiben der Christlichen Gewerkschaften Österreichs, die zu vereinsrechtlichen Gebilden ohne gewerkschaftliche Zwecke umgeformt worden waren, erreicht werden. Die Verbundenheit der christlichen Gewerkschaftsführer mit der Utrechter Zentrale blieb erhalten.

ANMERKUNGEN

1 Franz Hemala, Geschichte der Gewerkschaftsbewegung, 2. Auflage, Seite 294.
2 Ebenda.
3 Ebenda, Seite 295.
4 Ebenda.
5 Blenk, Kunschak, Seite 65.
6 Hemala, a. a. O., Seite 285 f.; Klenner, a. a. O., Bd. I, Seite 574 f.
7 Hemala, a. a. O., Seite 288.
8 Ebenda, Seite 289.
9 Ebenda, Seite 287.
10 Ebenda, Seite 293.
11 6. Kongreß, Seite 8.
12 Zitiert von Dr. Gustav Blenk in »Geschichte der christlichen Gewerkschaftsinternational« aus »Der Christliche Gewerkschafter«, Jg. 1922, Folge 6.
13 Hemala, a. a. O., Seite 296.
14 Ebenda, Seite 297.
15 Ebenda, Seite 298 f.
16 Ebenda, Seite 298 ff.
17 »Der Christliche Gewerkschafter«, Jg. 1922, Folge 7, Seite 304 f.
19 »Die Arbeit der Christlichen Gewerkschaftsinternationale in den Jahren 1925 bis 1928«, Utrecht 1929.
20 Ebenda, Seite 3.
21 Wortlaut der Rede bei: Hemala, a. a. O., Seite 307 ff.

Epilog

Die Geschichte der Christlichen Gewerkschaften in der Republik Österreich umfaßte nur 15 Jahre. In diesen wenigen Jahren ist die Entwicklung der Bewegung aus kleinen Anfängen zu einer Organisation erfolgt, die schließlich mehr als hunderttausend Mitglieder umfaßte und damit zu einem mitbestimmenden Faktor bei den grundlegenden Sozialreformen nach 1918 und bei der Umschichtung der wirtschaftlichen Verhältnisse in der Ersten Republik wurde. Der unselige Gegensatz zu den Freien Gewerkschaften, der um die Jahrhundertwende die Gründung christlicher Gewerkschaften notwendig gemacht hatte, blieb auch in den Zwanzigerjahren bestehen und lag wie ein Schatten über der Gesamtentwicklung der österreichischen Arbeiter- und Angestelltenbewegung. Er lähmte oft – vor allem beim öffentlichen Dienst – ihre Kraft, während gleichzeitig ein nach dem Schock von 1918 wieder erstarktes Unternehmertum über »Lasten« klagte und das »Wegräumen des Revolutionsschuttes« forderte. Viele Unternehmer verkannten die Bedeutung und die Ziele der christlichen Gewerkschaftsbewegung, sie bevorzugten bei Abschluß von Kollektivverträgen mehr denn einmal die Freien Gewerkschaften als Partner. Es war daher kein Zufall, daß auf christlichsozialen Parteitagen die christlichen Unternehmer wiederholt an ihre Pflichten gegenüber ihren christlichen Gesinnungsgenossen in den Gewerkschaften erinnert werden mußten.

Dessen ungeachtet waren die Christlichen Gewerkschaften parteipolitisch nicht gebunden. Sie betonten immer wieder ihren überparteilichen und überkonfessionellen Charakter. In Wahlzeiten gab es keine Aufrufe für die Christlichsoziale Partei. Parteipolitisch standen die christlichen Gewerkschafter in den politischen Organisationen der christlichen Arbeiterschaft, kulturpolitisch in den katholischen Arbeiterbünden. Wenn seit 1918 christliche Gewerkschafter als christlichsoziale Arbeitervertreter im Klub der christlichsozialen National- und Bundesräte saßen, so waren sie immer bestrebt – oft im Gegensatz zu ihren Gesinnungsfreunden aus Unternehmer- und Bauernkreisen – die sozialpolitischen und wirtschaftspolitischen Interessen der Arbeitnahmer wahrzunehmen, wenngleich sie sich einen realistischen Blick für die

Staatsnotwendigkeiten bewahrten und daher alle Schlagworte ablehnten.

Von diesen Erwägungen war auch ihre Haltung in Krisenzeiten diktiert. Immer wieder haben sie ihre Stimme warnend und fordernd erhoben. Der oft gehörte Vorwurf von freigewerkschaftlicher Seite, die Christlichen seien »Gelbe«, »Streikbrecher«, »Söldlinge der Unternehmer«, ist niemals bewiesen worden. Sie lehnten nur jede Demagogie und jede Lizitationspolitik ab, es ging ihnen immer nur um die Erreichung des Möglichen, nicht aber um einen Kampf um jeden Preis. Die Träger der Willensbildung in den Christlichen Gewerkschaften waren echte Gewerkschafter, deren untadelige Gesinnung außer Zweifel steht. So war es unausbleiblich, daß im Jahre 1934, als der Gewerkschaftsbund der österreichischen Arbeiter und Angestellten geschaffen wurde, viele von ihnen Führer und Funktionäre in diesem neuen Gewerkschaftbund wurden, wo sie unter zahllosen Schwierigkeiten, oft bedroht und verkannt, gewerkschaftlichen Idealen dienten und für sie zu kämpfen versuchten. Und so war es nur recht und billig, daß im Jahre 1945, als bei der Gründung des zweiten Österreichischen Gewerkschaftsbundes Parteigeist und Intoleranz endgültig verstummten, christliche Gewerkschafter aus der Zeit von 1918 bis 1935 an der gewerkschaftlichen Erneuerung mitwirken konnten.

LITERATUR

Adler Viktor Die Arbeiterkammern und die Arbeiter, Wien 1886.

Allina Heinrich und Ernst Lackenbacher Das novellierte Angestelltenversicherungsgesetz, Wien 1927.

Allmayer, Beck Johann Christoph Vogelsang, Wien 1952.

Andritsch Johann Die Meuterei in Judenburg im Mai 1918, Judenburg 1968.

Arbeiterkammern Die – in Österreich 1922–1926, Wien 1926.

Arbeiterschaft Die christlich-soziale – und der Krieg, Wien 1918.

Arbeiterzeitung Zentralorgan der Sozialdemokratie, Österreich, Jg. 1918–1933 Wien.

Arbeiterzeitung Christlich-soziale, Jg. 1911–1933, Wien.

Arbeitsrecht und Arbeiterschutz nach dem Stande vom 31. Mai 1925, herausgegeben von Max Lederer und Viktor Suchanek, Wien 1926.

Arbeit und Wirtschaft Jg. 1926–1933, Wien.

Bauer Franz Leopold Kunschak, Dissertation, Wien 1948.
Bauer Otto Der Genfer Knechtungsvertrag und die Sozialdemokratie, Rede, Wien 1922.
Bauer Otto Die wirtschaftliche und soziale Lage Österreichs, Wien 1928.
Bauer Otto Rationalisierung und Fehlrationalisierung, Wien 1931.
Bauer Otto Die österreichische Revolution, Wien 1923.
Bauer Otto Die Sozialisierungsaktion im ersten Jahr der Republik, Wien 1919.
Bauer Otto Die Wirtschaftskrise in Österreich und ihre Ursachen, Wien 1925.
Bericht der (österreichischen) Gewerkschaftskommission an den . . . Gewerkschaftskongreß, 1919–1930, Wien.
Blenk Gustav Artikel Franz Hemalas in »Österreichisches biographisches Lexikon«, Bd. II, Wien 1959.
Blenk Gustav Leopold Kunschak und seine Zeit, Wien 1966.
Blenk Gustav Josef Pultar und Ferdinand Geißlinger – Artikelserie über Franz Hemala in »Freiheit«, Jg. 1956.
Blenk Gustav Tagebücher 1927–1933 (nicht veröffentlicht), Wien.
Botschaft Die soziale – der Päpste, Vorträge über Quadragesimo anno, Wien 1931.
Botschaft Die soziale – der Päpste von Leo XIII. bis Johannes XXIII., Hrg. von Johannes Schasching, Innsbruck 1964.
Brandeiß Maximilian und Robert Zobel Gesetzgebung für Kriegsbeschädigte, Wien 1925.
Braunthal Julius Die Arbeiterräte in Deutschösterreich, ihre Geschichte und Politik, Wien 1919.
Brügel Ludwig Soziale Gesetzgebung in Österreich von 1848 bis 1918, Wien 1919.
Brügel Ludwig Geschichte der österreichischen Sozialdemokratie, Bd.I–III, Wien 1922.
Bußhoff Heinrich Das Dollfuß-Regime in Österreich in geistig-geschichtlichen Perspektiven unter besonderer Berücksichtigung der »Schöneren Zukunft« und »Der Reichspost«, 1961.
Camuzci Adilo Das Angestelltengesetz, Wien 1921.
Dengler Josef Berg und Tal, St. Pölten 1956.
Deutsch Julius Die Geschichte der österreichischen Gewerkschaftsbewegung, Wien 1929–1930.
Deutsch Julius Ein weiter Weg, Lebenserinnerungen, Zürich 1960.
Diamant Alfred Die österreichischen Katholiken und die Erste Republik, Wien 1964.
Dienstvertrag der Privatangestellten (Angestelltengesetz) sowie das Gesetz über die Rechtsverhältnisse der Journalisten, hrg. von Felic Mayer-Mallenau und Siegmund Grünberg, 2. umgearbeitete Auflage, Wien 1928.
Drexel Karl Das Angestelltenversicherungsgesetz, Wien 1928.
Ellenbogen Wilhelm Geschichte des Arbeiterbildungsvereines in Gumpendorf, Wien 1892.
Ellenbogen Wilhelm Sozialisierung in Österreich, Wien 1921.
Ellenbogen Wilhelm Weltkrise und Wirtschaftskrise in Österreich, Rede, Wien 1931.

Fischer Christian Die Österreichischen Arbeiter- und Angestelltenkammern (in »Volkswohl«, Jg. 1920, Wien).
Forchheimer Karl Die Vorschriften über Altersversicherung, Altersfürsorge, etc., 2. erw. Auflage, Wien 1932.
Funder Friedrich Vom Gestern ins Heute, Wien 1952.
Geschichte der Republik Österreich von Heinrich Benedikt, Wien 1954.
Gesetze und Verordnungen über Arbeitslosenversicherung, Arbeitsvermittlung, hrg. von Karl Forchheimer, Wien 1923.
Gewerkschaft Die, Organ der Deutschösterreichischen Gewerkschaftskommission (später Bund der Freien Gewerkschaften), Jg. 1914–1933, Wien.
Gewerkschaft Die, unabhängige, Wien 1930.
Gewerkschafter Der christliche, Jg. 1921–1933, Wien.
Gimpl Georg Christlichsoziale Arbeit, Bericht über die Tätigkeit der christlichsozialen Abgeordneten in der Nationalversammlung, Wien 1920.
Goldinger Walter, Die Geschichte der Republik Österreich, Wien 1962.
Grundlagen und Richtlinien gewerkschaftlicher Rationalisierungspolitik, Wien 1929.
Gulick Charles Von Habsburg bis Hitler, Wien 1948.
Haan Hugo Rationalisierung im Wirtschaftsleben, Utrecht 1929.
Hammerl Josef und Franz Keller Der freiwillige Arbeitsdienst in Österreich, Wien 1932.
Hannak Jaques Im Sturm eines Jahrhunderts, Wien 1952.
Hannak Jaques Karl Renner und seine Zeit, Wien 1959.
Hantsch Hugo Die Geschichte Österreichs, Bd. II, Wien 1953.
Helmer Oskar Fünfzig Jahre erlebte Geschichte, Wien 1957.
Hemala Franz Die Geschichte der Gewerkschaften, Wien 1922, dasselbe, 2. Auflage, Wien 1930.
Hemala Franz Die Gewerkschaften, Wien 1921.
Hemala Franz Christliche Gewerkschaften, Wien 1905.
Hemala Franz Zum 60. Geburtstag (Kunschak), Wien 1931.
Hofmann Josef Der Pfrimer-Putsch, Wien 1965.
Inlandsarbeiterschutzgesetz vom 19. Dezember 1918, mit Erläuterungen von Fritz Rager, Wien (um 1926).
Jahrbuch der Christlichen Arbeiterschaft, Jg. 1936, 1937 Wien.
Jedlicka Ludwig Ende und Anfang Österreichs 1918/19, Salzburg 1969.
Kaff Siegmund Die Betriebsräte, Das Recht der Arbeiter an der künftigen Wirtschaft (Das Betriebsrätegesetz), Wien 1919.
Kimml Anton Gesetz über die Weiterverwendung ausgelernter Lehrlinge, 2. erw. Auflage, Wien 1929.
Kimml Anton Jugendparlament in der Ersten Republik, Der Jugendbeirat der Arbeiterkammern, Wien 1924–1928, Wien 1965.
Kimml Anton Lehrlingsrecht und Lehrlingsschutz, Wien 1927.
Kirchner Fritz In memorian Matthias Allinger – vom katholischen Gesellen zum Gewerkschaftsführer, Wien 1928.
Klemperer Paul Das Schauspielergesetz, Wien 1924.
Klenner Fritz Die österreichischen Gewerkschaften, Wien 1951–1953.
Klingenbrunner Grete Die Anleihe von Lausanne, Wien 1965.
Klopp Wiard Die sozialen Lehren des Freiherrn von Vogelsang, Wien 1894.

Kluwick-Muckenhuber Christl Johann Staud, Wien 1969.
Kolmer Gustav Parlament und Verfassung in Österreich, Bd. II–V, Wien 1902.
Kolonai Anrel Die christlichen Gewerkschaften im Kampf gegen den Kapitalismus (in »Volkswohl«, Jg. 1929).
Kongreß 6. – der christlichen Gewerkschaften Österreichs, Bericht und Protokolle, Wien 1929.
Kraft Josef Die christliche Arbeiterbewegung in Österreich, Manuskript.
Kunschak Leopold Geschichte des christlich-sozialen Arbeitervereines, Wien 1937.
Kunschak Leopold Der Katholik im öffentlichen Leben, Rede, Wien 1923.
Kunschak Leopold Österreich 1918–1934, Wien 1934.
Kunschak Leopold Steinchen vom Wege, Wien 1937.
Kunschak Leopold Volkstum und Arbeiterschaft, Wien 1928.
Lederer Max Grundriß des österr. Sozialrechtes, Wien 1929.
Lehren und Weisungen der österreichischen Bischöfe über die sozialen Fragen der Gegenwart Wien 1925.
Leichter Otto Glanz und Elend der Ersten Republik, Wien 1966.
Liechtenstein Aloys Prinz von über Interessenvertretung im Staate mit besonderer Berücksichtigung auf Österreich, Wien 1873.
Lugmayer Karl Grundrisse zur neuen Gesellschaft, Wien 1928.
Manifest Katholisch-soziales, Wien 1932.
Mekiska Hans und Jenny Adler-Herrmack Der praktische Arbeiterschutz etc., Wien 1928.
Messner Johannes Die katholisch-soziale Tagung in Wien (in »Volkswohl«, Jg.1929).
Metschl Karl Wiener Lehrlingselend, Wien 1906.
Mikoletzky Hannes Leo Österreichische Zeitgeschichte, Wien 1962.
Missang Alfred – August Schaurhofer Ein christlicher Arbeiterapostel, Wien 1936.
Neck Rudolf Arbeiterschaft und Staat im Ersten Weltkrieg, Bd. I, 1/2, Wien 1964–1968.
Palla Edmund Die Kammern für Arbeiter und Angestellte, 2. Auflage, Wien 1926.
Pechhold Eugen Das Pensionsversicherungsgesetz in der Fassung der IX. Novelle, Wien 1920.
Pensionsversicherungsgesetz für Angestellte herausgegeben von Ferdinand Pausch, Graz 1922.
Plaschka RG Cattaro Prager Revolte und Revolution, Graz 1963.
Plener Ernst von Erinnerungen, Bd. II, III, Wien 1920/21.
Programm Das Linzer – der christlichen Arbeiterschaft, Wien 1924.
Protokoll des 2. ordentlichen deutschösterreichischen (9. österreichischen) Gewerkschaftskongresses 25. bis 28. Jänner 1923, in Wien, Wien 1923.
Protokoll über die Verhandlungen des ersten Gewerkschaftskongresses vom 24. bis 26. Dezember 1893 in Wien Wien 1901.
Protokoll über die Verhandlungen des 1. Kongresses der christlichen Gewerkschaften Österreichs Wien, 31. Jänner bis 2. Feber 1909, Wien 1909.
Protokoll über die Verhandlungen des 2. Kongresses der christlichen Gewerkschaften Österreichs Wien, 29. Juni bis 1. Juli 1911, Wien 1911.

Protokoll Stenographisches – der im Arbeiterkammerausschuß abgehaltenen Enquete betreffend die Errichtung der Arbeiterkammern, Wien 1889.

Protokolle Stenographische – über die Sitzungen der Provisorischen Nationalversammlung für Deutsch-Österreich, Wien 1918/19.

Protokolle Stenographische – der Konstituierenden Nationalversammlung der Republik Österreich, Wien 1919/20.

Protokolle Stenographische – des Nationalrates der Republik Österreich, Wien 1920–1933.

Rätediktatur oder Demokratie, Wien 1919.

Rager Fritz Die gesetzlichen Bestimmungen über jugendliche Arbeiter und Lehrlinge und die Fortbildungsschulgesetze der Bundesländer, 2. erw. Auflage, Wien 1927.

Rager Fritz Der soziale und wirtschaftliche Widersinn des Arbeitsdienstes, Wien 1931..

Rationalisierung Arbeiterschaft und Arbeiterschutz, hrg. von der Kammer für Arbeiter und Angestellte in Wien, 2. erw. Auflage, Wien 1928.

Redlich Josef Schicksalsjahre Österrichs 1908–1919. Das politische Tagebuch, Bd. II, Wien 1953/54.

Reichspost Jg. 1918–1933, Wien.

Renner Karl Von der Ersten und Zweiten Republik, Wien 1953.

Resch Josef Der gesetzliche Arbeiterschutz in Österreich, Wien 1919.

Resch Josef Das neue Angestelltengesetz, 4. Auflage, Wien 1925.

Resch Josef Die Angestelltenversicherung in Österreich, Wien 1921.

Resch Josef Einführung in die Hauptprobleme der sozialpolitischen Gesetzgebung (in »Volkswohl«, Jg. 1920).

Resch Josef Die Krankenversicherung in Österreich, Wien 1926.

Reventlow Kurt Zwischen Alliierten und Bolschewismus, Die Arbeiterräte in Österreich 1918–1923, Wien 1969.

Salzer Wilhelm Geschichte der christlichen Arbeiterbewegung Oberösterreichs, Linz 1963.

Schmitz Hans Der Kollektivvertrag in Österreich, 2. Auflage, Innsbruck 1928.

Schmitz Hans Rationalisierung und Arbeiterschaft (in »Die katholisch-soziale Tagung in Wien«, 1920).

Schmitz Hans Wirtschaft – Rationalisierung und Gewerkschaften (Referat am 6. Kongreß der christlichen Gewerkschaften), 1929.

Schmitz Richard Achtstundentag und Betriebsräte, Wien 1924.

Schmitz Richard Die sozialpolitischen Forderungen des (christlich-sozialen) Wahlprogrammes (in »Volkswohl«, Jg. 1929).

Schultes Gerhard Der Reichsbund der katholisch-deutschen Jugend Österreichs, Wien 1967.

Sieghart Rudolf Die letzten Jahrzehnte einer Großmacht, Berlin 1931.

Silberbauer Gerhard Österreichs Katholiken und die Arbeiterfrage, Graz 1966.

Sombart Werner Dennoch! Aus Theorie und Praxis der gewerkschaftlichen Arbeiterbewegung, Jena 1900.

Sozialversicherung der österreichischen Angestellten, Wien 1929.

Spalowsky Franz Das Antiterrorgesetz, Wien 1930.

Stamprech Franz Leopold Kunschak (in »Neue österreichische Biographie«, Bd. XIV).
Stand Der gegenwärtige – und die Reform der Pensionsversicherung, Wien 1919.
Stolper Gustav Ein Leben im Brennpunkt unserer Zeit, Tübingen 1960.
Strakosch-Graßmann Gustav Das allgemeine Wahlrecht in Österreich seit 1848, Leipzig 1906.
Svitanics Johann Der Dienstvertrag nach dem neuen Hausgehilfengesetz vom 26. Feber 1920, Wien 1920.
Täubler Alexander Die Sozialisierung und der neue Geist der Zeit, Wien 1919.
Tagung Die katholisch-soziale in Wien, Wien 1929.
Taylor Frederic Die Grundsätze industrieller Betriebsführung, München 1919.
Thalmann Friedrich Die Wirtschaft in Österreich (in Geschichte der Republik Österreich, hrg. von Heinrich Benedikt).
Um Frieden, Freiheit und Recht Der Jänneraufstand des innerösterreichischen Proletariats, Wien 1918.
Verhandlungen des zweiten österreichischen sozialdemokratischen Parteitages in Wien 28. bis 29. und 30. Juni 1891, Wien 1891.
Vogelsang Carl Freiherr von Gesammelte Aufsätze, Augsburg 1886.
Wandruszka Adam Österreichs politische Struktur (in Geschichte der Republik Österreich, hrg. von Heinrich Benedikt).
Weinberger Lois Schustergesell macht Geschichte (in »Freiheit«, 24. April 1959).
Weiß Friedrich Sozialisierung, Wege und Ziele, Wien 1922.
Winkler Ernst Der große Jänner-Streik, Wien 1968.
Zentker Ernst Viktor Die Wiener Revolution in ihren sozialen Voraussetzungen, Wien 1897.

1934–1945

DER AUTOR

Christl Kluwick,

Dr. phil., geboren 19. 3. 1943, studierte Geschichte, Deutsch und Philosophie, beschäftigte sich aber vorwiegend mit Problemen der Zeitgeschichte. Ihre Dissertation ist Johann Staud, dem großen christlichen Gewerkschaftsführer der Zwischenkriegszeit, gewidmet. Für diese Arbeit, die unter dem Titel »Johann Staud – ein Leben für die Arbeiterschaft« im Verlag Herold erschienen ist, erhielt sie 1968 den Leopold-Kunschak-Preis. 1968 Lehramtsprüfungen aus Geschichte und Deutsch, seither Professor am Bundesrealgymnasium Wien I, verheiratet, ein Kind.

Die Christlichen Gewerkschaften im Ständestaat

Als sich 1933 das Parlament selbst ausschaltete – die Vorgänge sind bekannt – war der Regierung nichts daran gelegen, es wieder arbeitsfähig zu machen. Bundeskanzler Dr. Dollfuß wollte der dauernden Schwierigkeiten auf andere Weise Herr werden. Auf autoritärem Wege sollte in Österreich ein berufsständischer Staat aufgebaut werden. In diesem Staat sollte es keine Klassengegensätze mehr geben, sondern Unternehmer und Arbeitnehmer eines Berufszweiges sollten gemeinsam und gleichberechtigt an der politischen Willensbildung mitwirken.

Berufsständische Ordnung war ein Begriff, der den Christlichen Gewerkschaften von ihren kleinsten und bescheidensten Anfängen an vertraut war. Auch durch die Enzykliken »Rerum novarum« und »Quadragesimo anno« wurden sie in ihrer Hoffnung und Überzeugung bestärkt, daß es gelingen müsse, mit Hilfe von berufsständischen Einrichtungen das Gegeneinander der Klassen in ein Miteinander umzugestalten. 1923 etwa wurde im Linzer Programm der christlichen Arbeiterschaft die Forderung nach einem berufsständischen Aufbau des Staates klar hervorgehoben. So war es kein Wunder, daß die Absichten Dr. Dollfuß' auf die christlichen Gewerkschafter große Anziehungskraft ausübten.

Völlig anders verhielt es sich allerdings mit ihrer Stellung zu den autoritären Mitteln, mit denen der Umbau des Staates erfolgen sollte. Das Abgleiten der Demokratie in eindeutig autoritäres Fahrwasser lehnten die christlichen Gewerkschafter, durchwegs überzeugte Demokraten, entschieden ab. Sie protestierten so energisch und lautstark, wie es nur möglich war, ohne das Ziel eines berufsständischen Umbaues zu gefährden. Die Krise des Parlamentarismus in den späten zwanziger und zu Beginn der dreißiger Jahre konnte die christliche Arbeiterschaft nicht von der Notwendigkeit autoritärer Maßnahmen überzeugen. Nach wie vor bekannte sie sich zur Demokratie und erkannte die Gefährlichkeit des Weges, den Dollfuß nach der Selbstausschaltung des Parlaments beschritten hatte. Die autoritären Maßnahmen der Regierung wurden von den christlichen Gewerkschaftern nicht gebilligt. Aber sie konnten sie nicht verhindern oder auch nur entscheidend beeinflussen, weil starke innenpolitische Kräfte und zwingende außenpolitische Einflüsse die Entscheidung Dollfuß' bestimmten.

War den christlichen Gewerkschaftern auf politischem Gebiet jede ins Gewicht fallende Einflußnahme verwehrt, so traf es sie noch viel härter, daß ihnen auch auf gewerkschaftlicher Ebene die Ereignisse zunächst einmal davonliefen und sich in einer Richtung überstürzten, die sie mit Besorgnis erfüllte. Der Bürgerkrieg im Februar 1934 brachte schließlich die Entscheidung, in welcher Richtung die Entwicklung Österreichs verlaufen sollte. Nach der blutigen Auseinandersetzung zwischen Regierung und Sozialisten wurde die Sozialdemokratische Partei aufgelöst, gleichzeitig aber gewann die Heimwehrbewegung, die aufgrund ihrer ideologischen Verwandtschaft mit dem italienischen Faschismus die autoritären und totalitären Züge im neuen Regime besonders betonte, zusehends an politischem Einfluß, der auch vor den gewerkschaftlichen Einrichtungen nicht haltmachte. Diesen Bestrebungen konnten weder die eben erst aufgelöste Sozialdemokratische Partei noch die durch den Bürgerkrieg ebenfalls stark angeschlagenen Freien Gewerkschaften wirksam entgegentreten. So lag die Verpflichtung, die mühevoll erworbenen Rechte der Arbeiter vor der Willkür politischen Druckes und egoistischer Unternehmergruppen zu schützen, allein in den Händen der Christlichen Gewerkschaften. Sofort nach der Auflösung der Sozialdemokratischen Partei begann der Kampf um die Selbständigkeit der Gewerkschaften. Verzweifelt wehrten sie sich gegen die Pläne, die Freien und die Christlichen Gewerkschaften zu zerschlagen. Schon am 14. Februar schlugen die christlichen Gewerkschaftsführer Johann Staud und Franz Waschnig dem Bundeskanzler vor, er solle die Freien Gewerkschaften nur vorübergehend kommissarisch verwalten lassen, möglichst bald aber eine Art Kartell der verschiedenen Richtungsgewerkschaften schaffen. Diese Absichten und Pläne der christlichen Gewerkschafter, die im Interesse der gesamten Arbeiterschaft auch den Bestand der Freien Gewerkschaften verteidigten, konnten sich gegen den zu dieser Zeit ungleich stärkeren politischen Einfluß der Heimwehr nicht durchsetzen: Die Freien Gewerkschaften wurden aufgelöst.

Jetzt sahen sich die christlichen Gewerkschafter einer neuen Bedrohung gegenüber – nun sollten auch die anderen Richtungsgewerkschaften zerschlagen werden. An ihre Stelle sollte eine Einheitsgewerkschaft treten, die nicht nur dadurch einen autoritären Akt der Regierung ins Leben gerufen, sondern auch für alle Zukunft vom Staat beeinflußt werden sollte. Beides widersprach diamentral allen Grundsätzen gewerkschaftlicher Organisation. Es bestand die akute Gefahr, daß Österreich immer mehr faschistische Praktiken übernehmen würde, so daß der Arbeitnehmerschaft völlige Abhängigkeit von politischen Kräften, namentlich von den in der Heimwehrbewegung vertretenen Unternehmern, drohte, die eine vom Staat gebildete und gelenkte Gewerkschaft vollkommen in der Hand gehabt hätten.

Die christlichen Gewerkschafter widersetzten sich noch aus einem anderen Grund der Bildung einer Einheitsgewerkschaft. Sie konnten sich nicht vorstellen, daß die ihnen durch lange Arbeit mit weltanschaulich Gleichgesinnten liebgewordenen alten Organisationen und Verbände, die in den letzten Jahren einen erfreulichen Aufschwung genommen und die Marke der 100.000 Mitglieder längst überschritten hatten, zerstört werden sollten. Es schien ihnen undenkbar, in einem Rahmen zu arbeiten, der ihnen von oben zugemessen und gänzlich fremd war.

Am 16. und 17. Februar lehnten die christlichen Gewerkschaftsvertreter in Unterredungen mit Mitgliedern der Regierung die Auflösung ihrer Verbände einmütig ab. Sie erreichten, daß bei einer Besprechung zwischen Johann Staud, dem Generalsekretär der Christlichen Gewerkschaften Österreichs, und dem Obmann der Unabhängigen Gewerkschaft (Heimwehrgewerkschaft), Fritz Lichtenegger, eine Erklärung ausgearbeitet wurde, in der die Einstellung jedes Kampfes gegeneinander und eine Zusammenarbeit der beiden Gewerkschaften proklamiert wurde. Sie sollten aber unabhängig voneinander, jede für sich, weiterbestehen. Schon diese Erklärung fiel den christlichen Gewerkschaftern nicht leicht, weil sie die Unabhängigen Gewerkschaften als sogenannte »Gelbe«, also von den Unternehmern abhängige, Vereinigungen ansahen und daher ablehnten. Sie waren aber zu diesem Opfer bereit, wenn sie damit ihre eigenen Organisationen retten konnten. Dollfuß stimmte diesem Beschluß zu, wünschte aber die Fortsetzung der Verhandlungen zwischen den Christlichen Gewerkschaften und dem Minister für soziale Verwaltung Odo Neustädter-Stürmer, einem Exponenten der Heimwehr.

Am 18. Februar fand im Genossenschaftshaus der Siedlung Starchant im 16. Bezirk die Reichskonferenz der Christlichen Gewerkschaften statt. Neustädter-Stürmer forderte die Zustimmung zu einer Einheitsgewerkschaft und versuchte, die christlichen Gewerkschafter zu einer Änderung ihrer Haltung zu bewegen, indem er ihnen die Führung des geplanten Gewerkschaftsbundes in Aussicht stellte. Trotzdem beharrte die Konferenz auf ihrer Weigerung und genehmigte nur einen zweiten Antrag des Ministers, den Christlichen und den Unabhängigen Gewerkschaften eine Monopolstellung einzuräumen. Doch schon am nächsten Tag ging das Ringen weiter. Wieder mußten sich die christlichen Arbeiter der neuen Situation stellen. Dollfuß hatte Staud erklärt, daß die Schaffung einer Einheitsgewerkschaft unvermeidlich sei.

Am 28. Februar griff Bundeskommissär Minister Richard Schmitz in die Verhandlungen ein und versuchte ebenfalls, die christlichen Gewerkschafter für die Errichtung einer Einheitsgewerkschaft zu gewinnen. Er führte vor allem folgende Gründe an: Man könne den sozialdemokratischen Arbeitern nicht zumuten, in eine andere Richtungsgewerkschaft überzutreten. Deshalb müsse eine neutrale Organisation geschaffen werden. Unter den in Österreich gegebenen Umständen sei es nicht möglich, einen Ständestaat zu errichten, wenn der zentralen Organisation der Arbeitgeber auf der Arbeitnehmerseite Organisationen verschiedener Richtungen gegenüberstünden. Das Gespräch wurde am folgenden Tag fortgesetzt, wobei Schmitz an seiner Ansicht festhielt und darauf verwies, wie dringlich die Lösung dieses Problems sei.

Wieder begab sich eine Abordnung der christlichen Gewerkschafter zu Dr. Dollfuß. Aber auch der Bundeskanzler ließ sich nicht umstimmen. Am 2. März stimmten sie schweren Herzens der Schaffung einer Einheitsgewerkschaft zu, allerdings nur unter der Bedingung, daß ihre Vertreter zur Mitarbeit am Gesetzentwurf über den Gewerkschaftsbund herangezogen würden und daß die Führung der neuen Organisation ihnen überlassen werde. Die Erfüllung beider Forderungen wurde ihnen durch den Bundeskanzler zwar zugesagt, aber nur ein Teil dieses Versprechens wurde eingehalten, ein Beweis dafür, wie sich die Ereignisse in diesen Tagen überstürzten. Als am 3. März christliche Gewerkschaftsvertreter bei Neustädter-Stürmer vorsprachen, um den Gesetzentwurf zu besprechen und ihre Wünsche vorzubringen, erklärte der Minister, das Gesetz über die Errichtung des Gewerkschaftsbundes sei schon am 2. März durch den Ministerrat genehmigt worden. Abänderungen seien nicht mehr möglich. Obwohl also die wichtigste der Zusagen nicht gehalten worden war, stimmte am 4. März die Reichskonferenz der Christlichen Gewerkschaften nach lebhafter Debatte der Entscheidung der Regierung zu, weil eine andere Lösung nicht mehr möglich war. Die Errichtung einer Einheitsgewerkschaft bedeutete zunächst eine Niederlage der Gewerkschafter. Sie erklärte sich daraus, daß politisch ungleich einflußreichere Kräfte sich gegen die christlichen Gewerkschafter durchgesetzt hatten. Die Entwicklung der Einheitsgewerkschaft aber zeigte, daß die christlichen Gewerkschafter durchaus imstande waren, die Einheitsgewerkschaft in ihrem Sinne umzugestalten. Denn die Arbeit, die im Gewerkschaftsbund in den Jahren 1934 bis 1938 geleistet wurde, rechtfertigt den Entschluß der christlichen Gewerkschafter, alle ihre Kräfte in den Dienst der neuen Einrichtung zu stellen. Hätten sie 1934 die Einheitsgewerkschaft boykottiert, dann wäre diese nie zu einem wertvollen Instrument in den Händen verantwortungsbewußter Gewerkschaftsführer geworden, sondern eine Scheingewerkschaft geblieben.

Die Christlichen Gewerkschaftsorganisationen von 1934 bis 1938

Bis zum 1. Mai 1934 konnten die Christlichen Gewerkschaften ihre Tätigkeit noch weiter ausüben, dann übernahm der Gewerkschaftsbund der österreichischen Arbeiter und Angestellten ihre Aufgaben. Nur die Christlichen Gewerkschaften des öffentlichen Dienstes wurden dem Gewerkschaftsbund nicht angeschlossen und behielten ihre Aufgaben. Die Gewerkschafter waren also den Politikern unterlegen. Umso mehr lag ihnen daran, ihre alten Organisationen nicht ganz zu verlieren, sondern deren Weiterbestehen in einem freilich sehr bescheidenen Rahmen zu ermöglichen. Durch die Monopolstellung der Einheitsgewerkschaft war ihnen das gewohnte Tätigkeitsfeld entzogen, sie mußten auf gewerkschaftliche, also wirtschafts- und sozialpolitische Aufgaben verzichten. Der formellen Auflösung entgingen sie durch einen Kunstgriff: Mit Hilfe einer Statutenänderung wurden die Christlichen Gewerkschaften in kulturelle Vereinigungen umgewandelt. Anfang 1935 änderte auch die Zentralkommission der Christlichen Gewerkschaften Statuten und Namen. Sie hieß nun »Zentralkommission der christlichen Arbeiter- und Angestelltenorganisationen Österreichs« und stellte in Verbindung mit der christlichen Arbeiter- und Angestelltenbewegung und dem Freiheitsbund die große christliche Arbeitnehmerbewegung dar, die sich bis 1938 nie davon abbringen ließ, neben der Wahrnehmung der religiösen, kulturellen und sozialen Interessen auch politisch mitzureden. So blieb also der Kader der alten Christlichen Gewerkschaften erhalten, das Haus Laudongasse 16 blieb weiterhin Zentrum. Die Mitglieder kamen zu Veranstaltungen und Vorträgen zusammen, sie zahlten ihre Beiträge weiter, hielten die früheren Kontakte aufrecht, fühlten sich als zusammengehörige Einheit und besprachen auch gewerkschaftliche Probleme im Sinne des christlichen Gedankengutes.

Als im Herbst 1936 die freiwilligen Wehrformationen aufgelöst wurden, kamen auch für diese kulturellen Vereine einige Tage der Ungewißheit. Aber die befürchtete Auflösung konnte abgewehrt werden, so daß die Arbeit ungestört bis März 1938 fortgesetzt werden konnte. Die Christlichen Gewerkschaften des öffentlichen Dienstes wurden, wie schon erwähnt, der Einheitsgewerkschaft nicht angeschlossen, sie blieben weiterbestehen und bildeten eine wirksame Interessenvertretung für die im öffentlichen Dienst Beschäftigten. 1937 wurde zwar neuerlich versucht, eine Auflösung durchzusetzen, aber auch dieser Versuch scheiterte, weil anläßlich der Innsbrucker Landeskonferenz der Sozialen Arbeitsgemeinschaft (SAG) am 19. September 1937 Bundeskanzler Schuschnigg zugunsten der Gewerkschaften eingriff.

Viele christliche Gewerkschafter betrachteten nach der Einstellung ihrer alten Blätter die »Österreichische Arbeiter-Zeitung« als *ihre* Zeitung, die ihre Interessen weitervertrat. Sie fand deshalb in den christlichen Gewerkschaftskreisen immer weitere Verbreitung. Christliche Gewerkschafter Österreichs nahmen auch weiterhin an den jährlichen Tagungen der Christlichen Gewerkschaften in Montreux teil – ein Umstand, der ebenfalls beweist, daß die Christlichen Gewerkschaften in Österreich weiterlebten[1].

Die Entwicklung der Einheitsgewerkschaft (EG) und die Tätigkeit der christlichen Gewerkschafter in diesem Rahmen

In der Verordnung über die Errichtung der Einheitsgewerkschaft, die am 1. Mai 1934 ihre Tätigkeit aufnahm, hieß es, daß der Gewerkschaftsbund seine Aufgaben »im christlichen, vaterländischen und sozialen Geiste mit Ausschluß jeder parteipolitischen Tätigkeit« erfüllen solle[2]. Es muß nochmals festgehalten werden, daß der neue Gewerkschaftsbund nur die Interessen der Arbeitnehmer in der Privatwirtschaft vertrat. Für die Angestellten öffentlichrechtlicher Körperschaften wurden die »Kameradschaften des öffentlichen Dienstes« errichtet, neben denen die Christliche Gewerkschaft ungehindert bestehen blieb. Der Gewerkschaftsbund gliederte sich in fünf Berufsverbände:

Industrie und Bergbau, Vorsitzende Lengauer und Lichtenegger (Unabhängige Gewerkschaften)

Gewerbe, Vorsitzende Waldsam und Preyer (Christliche Gewerkschaften)

Handel und Verkehr, Vorsitzende Vesely (Deutschnationale Gewerkschaft) und Rechberger (Christliche Gewerkschaften)

Geld- und Kreditwesen, Vorsitzende Weinberger und Waschnig (Christliche Gewerkschaften) und schließlich

Freie Berufe, Vorsitzende Dr. Palla (Freie Gewerkschaften) und Troidl (Christliche Gewerkschaften).

Zunächst waren die christlichen Gewerkschafter bemüht, möglichst viele aus den eigenen Reihen an leitende Positionen im Gewerkschaftsbund zu bringen, da es darum ging, den Einflußbereich der Heimwehrgewerkschaften, der sogenannten Unabhängigen Gewerkschaften, zu schmälern. Nur auf diese Weise konnte aus dem für faschistische Staaten typischen Vorgehen – Zerschlagung der Richtungsgewerkschaften und staatlich-autoritäre Gründung einer Einheitsgewerkschaft – wieder eine echte gewerkschaftliche Interessenvertretung der Arbeitnehmer entstehen. Von den zehn Vorsitzenden der fünf Berufsverbände gehörten also sechs zur Christlichen Gewerkschaft. Dazu kamen zwei Unabhängige Gewerkschafter, ein Deutschnationaler und ein Freigewerkschafter. Diesen beiden war je ein christlicher Gewerkschafter beigegeben, so daß nur in einem einzigen Berufsverband und zwar dem für Industrie und Bergbau, kein christlicher Gewerkschafter im Führungsgremium saß. Von den 43 Gewerkschaftssekretären kamen 16 aus den Christlichen, 12 aus den Freien, der Rest aus Unabhängigen und Deutschnationalen Gewerkschaften.

Die christlichen Gewerkschafter taten überdies ihr Möglichstes, um die neugebildete Organisation mit gewerkschaftlichem Geist zu erfüllen. Schon am 24. April 1934 erklärte der Gewerkschaftsbundpräsident Johann Staud: »Ich glaube, sagen zu können, daß wir in der neuen Gewerkschaft nichts anderes wollen als das, was wir in der alten getan haben[3].« Wiederholt stellten auch später Gewerkschaftsführer fest, daß sich die praktische Arbeit kaum von jener in den Christlichen Gewerkschaften unterschied. Die Pflege der weltanschaulichen Belange mußte natürlich den umgewandelten und sozusagen getarnten Christlichen Gewerkschaften und der christlichen Arbeiterbewegung vorbehalten bleiben. Wie sehr die christlichen Gewerkschafter bemüht waren, die Arbeiterschaft mit christlichem Gedankengut vertraut zu machen, zeigen folgende Worte aus einer Schrift des Präsidenten Johann Staud: »Die Arbeit um unser tägliches Brot ist nicht eine bloße Ware auf dem Arbeitsmarkt, wie es die kapitalistische Denkweise festgelegt hat, sondern sie muß verinnerlicht, beseelt und geheiligt werden durch den christlichen Berufsgedanken, der nichts anderes will . . . als Dienst an dem eigenen Berufsstand und an der ganzen Volksgemeinschaft[4].«

Die Kontinuität der christlichen Gewerkschaftsidee im Gewerkschaftsbund zeigt sich auch in der bereits erwähnten Teilnahme österreichischer Arbeiterführer unter Stauds Leitung an den Tagungen der christlichen Internationale. Nach heftiger Diskussion über die österreichische Einheitsgewerkschaft und über die Frage, ob deren Führer als christliche Gewerkschaftsvertreter bezeichnet werden könnten, wurden die Österreicher als gleichberechtigte Teilnehmer zugelassen. Man betrachtete also den neuen Gewerkschaftsbund gewissermaßen als eine Fortsetzung der Christlichen Gewerkschaften. Die Anerkennung des Gewerkschaftsbundes durch die Internationale Arbeitskonferenz (1935) beweist, daß die ausländischen Gewerkschafter zum überwiegenden Teil davon überzeugt waren, in dem autoritär gegründeten Gewerkschaftsbund eine echte Interessenvertretung der Arbeiter und Angestellten vor sich zu haben. Die christlichen Gewerkschafter hatten es nicht leicht, solche Anerkennung zu erreichen. Der neue Weg verlangte ein Höchstmaß an Einsatzbereitschaft, kluger Verhandlungstaktik, Hartnäckigkeit und Geduld, viele Schwierigkeiten mußten überwunden werden, Probleme, die der berufsständische Neubau des Staates mit sich brachte, erforderten dauernde Wachsamkeit.

Hinter der Nebelwand berufsständischer Schlagworte versuchten einflußreiche Unternehmerkreise wiederholt, den Gewerkschaftsbund durch eine Aufspaltung in die verschiedenen Berufsstände zu zerreißen und damit zu schwächen. Diese Versuche stellten eine arge Bedrohung der Arbeiterschaft dar. Immer wieder nahmen christliche Gewerkschafter dazu Stellung. Sie hoben hervor, daß es neben den Berufsständen auch Sozialstände gebe. Man dürfe doch nicht vergessen, daß die verschiedenen Gesellschafts- und Kulturschichten – darunter eben auch die Arbeiterschaft – durch viel Gemeinsames verbunden seien. Staud erklärte: »Ich bin der festen Ansicht, daß jede Gesellschaftsordnung, die nicht auf diese, durch die Tatsachen gegebenen geistig-seelischen Querverbindungen Rücksicht nimmt, sich in gefährliche, künstliche Konstruktionen verirrt ... Über die Frage, ob eine Gewerkschaft in der berufsständischen Ordnung Platz hat oder nicht, entscheiden nämlich nicht Professoren und Journalisten, darüber entscheidet einzig und allein die Arbeiterschaft. Denn die Gewerkschaft ist zu ihrem Schutze geschaffen, und sie ist ein Werk, und zwar das ausschließliche Werk der Arbeiter und Angestellten, zu dessen Werden und Gedeihen alle jene keinen einzigen Finger gerührt haben, die sich heute das Recht herausnehmen, die Gewerkschaft zu verdammen[5].« Der energischen und entschiedenen Einstellung der christlichen Gewerkschaftsführer war es zu verdanken, daß die Regierung die Unentbehrlichkeit eines einheitlichen Gewerkschaftsbundes anerkannte und daß Schuschnigg wiederholt erklärte, eine Aufspaltung des Gewerkschaftsbundes sei undenkbar. Die christlichen Gewerkschaftsführer traten dafür ein, daß der Gewerkschaftsbund als freier und autonomer Partner der Unternehmer angesehen werde. Infolge des starken faschistischen Einflusses bestand ja die Gefahr, daß jeder Kampf für die Rechte der Arbeiterschaft von vornherein als Relikt aus der Klassenkampfzeit verdammt werden könnte, da er zum Begriff der berufsständischen Ordnung in Widerspruch stehe.

Nur die christlichen Gewerkschafter konnten damals solchen Ansichten wirksam entgegentreten. Den Klassenkampf im marxistischen Sinn hatten sie immer abgelehnt. Allerdings hatten sie nie einen Zweifel daran gelassen, daß sich vor allem die Einstellung der Unternehmer ändern und eine Ausbeutung oder Unterdrückung der Arbeitnehmer verhindert werden müsse. Auch jetzt betonten sie, daß an die Stelle des Klassenkampfes nur gesicherte Möglichkeiten friedlicher Auseinandersetzung und echten Interessenausgleiches treten müßten. Solange dieser Zustand nicht erreicht sei, müsse man eben zu alten und bewährten Kampfmitteln greifen. Deshalb führte der Gewerkschaftsbund, wo es nicht anders ging, auch Streiks durch, die von der autoritären Regierung allerdings nicht gerne gesehen wurden. Außerdem setzte er sich für den Ausbau von paritätisch zusammengesetzten Schlichtungsstellen ein. Am 19. November 1936 wurde das Bundesgesetz über die berufsständischen Ausschüsse und über die Schlichtung von Streitigkeiten aus dem Arbeitsverhältnis erlassen. Falls die berufsständischen Schlichtungsausschüsse keine Einigung erzielten, sollte ein oberster Schlichter angerufen werden, dessen Schiedsspruch für alle Parteien verbindlich war[6].

Auch in ihrer Beziehung zum autoritären Staat ließen sich die christlichen Gewerkschafter von den Grundsätzen ihrer Weltanschauung leiten. Sie strebten die freie Entfaltung des einzelnen und der Interessengruppen im Staat an. So stellten christliche Gewerkschaftsführer fest: »Die große staatsmännische Kunst besteht nun darin, die richtige Synthese zwischen Selbstverwaltung und Autorität, zwischen Freiheit und Bindung zu finden. Das Christentum lehrt und hilft uns, diese Synthese zu finden. Denn nach ihm gibt es für die christliche Persönlichkeit Bezirke, in die niemand, auch nicht der autoritäre Staat eingreifen darf[7].« Diese Worte bedeuten eine eindeutige Absage an alle totalitären Bestrebungen. Die christlichen Gewerkschaften waren bereit, die Regierung dann zu unterstützen, wenn sie die Aufgabe, wirtschaftliche und soziale Besserstellung und politischen Einfluß für die Arbeiter und Angestellten zu erreichen, nicht verhinderte. Sie hofften auf eine demokratische Umgestaltung des Ständestaates von innen her, die mit der demokratischen Willensbildung von unten beginnen sollte. »Die berufsständische Ordnung muß das bringen, was wir als wirkliche Demokratie bezeichnen: das Mitbestimmungsrecht der Arbeiter und Angestellten[8].«

Für die erste Zeit mußten sich die Gewerkschaftsbundführer allerdings damit abfinden, daß die neue Organisation unter staatliche Überwachung gestellt wurde. Sie befand sich von 1934 bis 1936 in einer weitgehenden Abhängigkeit vom Sozialminister Neustädter-Stürmer, dem jedes Verständnis für gewerkschaftliche Arbeit fehlte und der deshalb von der Arbeiterschaft weitgehend abgelehnt wurde. Besonders zwischen den christlichen Gewerkschaftern und diesem Sozialminister kam es wiederholt zu heftigen Auseinandersetzungen, wenn sie sich im Interesse der Arbeiterschaft seinen Plänen widersetzten. Im Verlauf einer Meinungsverschiedenheit enthob Neustädter-Stürmer den christlichen Gewerkschaftsbundpräsidenten seiner Funktion. Die Maßnahme wurde allerdings von Schuschnigg sofort wieder rückgängig gemacht. Auch Neustädter-Stürmer gelang es nicht, die christlichen Gewerkschafter von ihren demokratischen Überzeugungen abzubringen. Dank ihrem unermüdlichen Einsatz wurde der staatliche Einfluß immer mehr abgebaut, und es gelang ihnen auch, die Satzungen des Gewerkschaftsbundes im Sinne einer weitgehenden Autonomie zu verbessern. Mehr und mehr demokratische Elemente wurden in das System eingebaut. Am 27. März 1936 wurde unter dem neuen Sozialminister Dr. Josef Dobretsberger, der im Gegensatz zu Neustädter-Stürmer nicht der Heimwehr angehörte, der staatliche Aufsichtskommissär für den Gewerkschaftsbund zurückgezogen. Dem Präsidenten des Gewerkschaftsbundes wurde das Recht zugesprochen, selbständig zu entscheiden.

Das Ziel war, möglichst bald alle ernannten Funktionäre durch freigewählte zu ersetzen; besonders in diesem Punkt hatten die christlichen Gewerkschafter schwere Widerstände zu überwinden. Gerade die Erfüllung dieser so wichtigen Forderung wurde von der Regierung immer wieder auf die lange Bank geschoben. Die Verzögerungstaktik der Regierung bedeutete aber durchaus nicht das einzige Hemmnis. Ein weiterer Grund, der einen Termin für die Abhaltung freier Wahlen im Gewerkschaftsbund als weniger dringlich erscheinen ließ, lag darin, daß die christlichen Gewerkschafter, mit der Entwicklung der Einheitsgewerkschaft zufrieden, unter allen Umständen ein Wiederaufleben der Richtungsgewerkschaften verhindern wollten. Denn je mehr sie in der Einheitsgewerkschaft Selbstverwaltung und Loslösung aus dem staatlichen Einflußbereich durchsetzen konnten, desto überzeugter traten die christlichen Gewerkschafter für eine Beibehaltung des einheitlichen Gewerkschaftsbundes ein. Nur zu gut erinnerten sie sich daran, wie die Streitigkeiten der Richtungsgewerkschaften untereinander oft der ganzen Arbeiterschaft empfindlichen Schaden zugefügt hatten. Deshalb bemühte man sich, möglichst allen Arbeitern, vor allem auch den ehemaligen Freigewerkschaftern, Beitritt und Mitarbeit zu ermöglichen und alle Arbeiter davon zu überzeugen, daß im Gewerkschaftsbund echte gewerkschaftliche Arbeit geleistet werde. Von Anfang an hatten die christlichen Gewerkschaftsführer betont, daß jeder in der Einheitsgewerkschaft willkommen sei, sofern er sich für eine Stärkung der Arbeiterschaft und für die Unabhängigkeit Österreichs einsetze. Alle sollten im Gewerkschaftsbund mitarbeiten und sich bemühen, ihn zu einer wirksamen Interessenvertretung zu machen.

Um dieses Vorhaben durchführen zu können, vermieden es die christlichen Gewerkschafter, von Mitgliedern oder Beitrittswilligen etwa die politische und weltanschauliche Einstellung zu fordern, zu der sie sich selbst eindeutig bekannten. Es ging ihnen ausschließlich darum, in der Einheitsgewerkschaft, an deren Entwicklung sie so maßgeblich beteiligt waren, alle Arbeitnehmer der Privatwirtschaft zu erfassen. Deshalb wünschten die christlichen Gewerkschafter freie Wahlen, aber aus denselben Gründen war ihnen daran gelegen, daß die Wahlen erst dann stattfanden, wenn ein Großteil der Arbeiter von der Überzeugung erfüllt war, daß der Weiterbestand des einheitlichen Gewerkschaftsbundes einem Wiedererstehen der Richtungsgewerkschaften vorzuziehen sei. Daher war die Einheitsgewerkschaft eifrig bemüht, sich zu bewähren und sich damit in der Arbeiterschaft als Interessenvertretung zu verankern. 1937 konnten die christlichen Gewerkschaftsführer endlich erklären, daß nun der Zeitpunkt für die Abhaltung freier Wahlen gekommen sei, aber wieder vertröstete die Regierung sie auf später. Als sie endlich dazu bereit war, einen konkreten Termin festzulegen, war es für die Durchführung freier Wahlen in Österreich zu spät.

Jedenfalls zeigten die Tätigkeit und die Erfolge des Gewerkschaftsbundes, daß viele Arbeitnehmer bereit waren, über weltanschauliche und politische Gegensätze hinweg gemeinsam zu wirken. In vielen Fällen entwickelte sich zwischen ehemaligen gewerkschaftlichen Gegnern Solidarität und Kameradschaftsgeist. Und so konnte trotz der angespannten wirtschaftlichen Lage in vielen Fällen eine Verschlechterung der Situation der Arbeitnehmer verhindert werden. Besonderes Gewicht legte die Einheitsgewerkschaft auf alle Bestrebungen, die der Verringerung der Arbeitslosenzahl dienten. Sie erstellte im Dezember 1936 ein detailliertes Arbeitsbeschaffungsprogramm. Nicht zuletzt diesem Programm war es zu verdanken, daß die Zahl der in der Privatwirtschaft Beschäftigten vom Herbst 1936 bis zum Herbst 1937 um 60.000 anstieg. Außerdem warnten die Gewerkschaftsführer die Unternehmer vor Rationalisierungsmaßnahmen, die trotz ansteigender Produktion eine Verringerung der Arbeitskräfte mit sich brächten. In Zeiten einer so großen Arbeitslosigkeit seien solche Maßnahmen nicht gerechtfertigt. Eingehende Untersuchungen wurden über die Möglichkeiten und Auswirkungen einer Verkürzung der Arbeitszeit angestellt, die helfen sollte, viele Arbeitslose wieder in den Arbeitsprozeß einzugliedern.

Im Sommer 1937 wiesen die christlichen Gewerkschafter darauf hin, daß der Gewerkschaftsbund seit seinem Bestehen schon 1057 Kollektivverträge abgeschlossen, also große Initiativen gezeigt hatte[9]. Leider brachten gerade manche dieser neuen Kollektivverträge Härten für die Arbeiterschaft mit sich, eine Tatsache, die mit der wirtschaftlichen Notlage und vor allem mit der schwierigen Position der Einheitsgewerkschaft erklärt werden muß. Schließlich sprachen immer noch einflußreiche politische Kreise dem Gewerkschaftsbund jede Lebensberechtigung in einer berufsständischen Ordnung ab, wodurch die gewerkschaftliche Arbeit ungeheuer erschwert wurde. Trotzdem muß man feststellen, daß der Gewerkschaftsbund die Anfangsschwierigkeiten überwand, ein Sprachrohr für die Interessen der Arbeitnehmerschaft wurde und schließlich doch als entscheidender Faktor im Staatsneubau anerkannt wurde.

Den christlichen Gewerkschaftern gelang es, die Gewerkschafter der verschiedensten Richtungen zu einer Einheit zusammenzuschließen, wenn auch natürlich viele Freigewerkschafter abseits blieben. Auf jeden Fall bewies die Einheitsgewerkschaft während der vier Jahre ihres Bestehens, daß gemeinsame Arbeit auch unter schwierigen Umständen durchaus möglich ist. Diesem Umstand ist es zu danken, daß sofort nach der Wiederherstellung der Selbständigkeit Österreichs die Möglichkeit einer gemeinsamen Vertretung der Arbeitnehmer ins Auge gefaßt wurde. Der schönste Lohn für die Bemühungen der christlichen Gewerkschafter um den Gewerkschaftsbund 1934 bis 1938 war die Errichtung des ÖGB im Jahre 1945.

Die Haltung der christlichen Gewerkschafter im März 1938

Die christlichen Gewerkschafter waren durch ihre tiefe Liebe zu Österreich und vor allem auch durch ihre Weltanschauung, die ihrem Wirken Richtung und Ziel gab, entschiedene Feinde der nationalsozialistischen Idee. Der Nationalsozialismus war in ihren Augen sowohl für Österreich, als auch für die Arbeiterschaft eine tödliche Gefahr. Frühzeitig erkannten sie, wohin eine Einmischung Hitlers in österreichische Angelegenheiten, die seit dem Juliabkommen 1936 besonders akut wurde, führen mußte, und wehrten sich energisch gegen alle Versuche österreichischer und deutscher Nationalsozialisten, in Österreich an Einfluß zu gewinnen. Sie waren überzeugt, daß nur eine geschlossen vorgehende Arbeiterschaft ihre Meinung wirksam durchsetzen konnte. Deshalb verstärkten die Christlichen Gewerkschaften nun ihre Versuche, mit den illegalen Freien Gewerkschaftsorganisationen Kontakt aufzunehmen. Sie wollten mit einer letzten Gewaltanstrengung die Arbeiterschaft zu einem einheitlichen Block zusammenschweißen. Ende 1937 begannen die ersten konkreten Verhandlungen der christlichen Gewerkschaftsführer mit bevollmächtigten Vertretern der illegalen Bundesleitung der Freien Gewerkschaften. Häufige Besprechungen fanden zwischen Johann Staud und Franz Waschnig auf der einen und den freigewerkschaftlichen Unterhändlern Karl Mantler und Johann Böhm auf der anderen Seite statt. Leider blieben sie ohne greifbares Ergebnis, weil das Zögern der Regierung, die die Abhaltung freier Wahlen im Gewerkschaftsbund noch immer hinausschieben wollte, die Verhandlungen wieder ins Stocken brachte und weil sich die in verschiedene Lager gespaltenen illegalen Freigewerkschafter über ihre Einstellung zur Einheitsgewerkschaft nicht einig werden konnten.

Die christlichen Gewerkschafter waren sich der Bedrohung Österreichs voll bewußt, sie waren auch dazu bereit, einen Großteil ihres Einflusses in der Einheitsgewerkschaft zugunsten der Freien Gewerkschafter abzugeben, weil sie glaubten, angesichts der Gefahr für die Existenz Österreichs müßten alle anderen Interessen zurückstehen. Auch der Freigewerkschafter Johann Böhm hat später die Bemühungen der christlichen Gewerkschafter, mit den Sozialdemokraten rechtzeitig zu einer Verständigung zu gelangen, ausdrücklich anerkannt[10].

In diesen Tagen wirkte es sich verhängnisvoll aus, daß der Gewerkschaftsbund trotz den Bemühungen seiner Führer noch nicht die vollkommene Autonomie erlangt hatte, die er gerade jetzt in den Verhandlungen mit den Gewerkschaftern aus dem illegalen Lager gebraucht hätte, einem Lager, das in politischer und weltanschaulicher Hinsicht bisher durch eine unüberwindliche Kluft von den christlichen Gewerkschaftern getrennt schien. Beide Seiten waren jetzt durchaus gewillt, diese Kluft zu überbrücken. Wenn sie dennoch scheiterten, lag die Schuld daran nicht bei den Verhandlungspartnern, von denen jeder von der ehrlichen und tiefen Überzeugung durchdrungen war, daß in diesen Augenblicken der ärgsten Bedrohung alle österreichischen Arbeiter zusammenstehen und vielleicht auch zusammen kämpfen müßten. Die Entscheidung war bereits gefallen. Ende Februar, Anfang März 1938 verstärkte sich bei den christlichen Gewerkschaftern die Überzeugung, daß nur noch eine Regierungsumbildung die Einigung der Arbeiterschaft herbeiführen und damit vielleicht Österreich noch retten könnte. In diesen Tagen aber, in denen sich die Ereignisse überstürzten, konnte es zu so entscheidenden Beschlüssen nicht mehr kommen.

Die »Österreichische Arbeiterzeitung« sprach die Meinung der christlichen Gewerkschafter aus: »Die Arbeiterschaft verfolgt mit gespannter Aufmerksamkeit den weiteren Ausbau der Beziehungen zwischen den beiden deutschen Staaten auf der Grundlage des Abkommens vom 11. Juli 1936, zu dessen Hauptpunkten – Anerkennung der Souveränität Österreichs durch Deutschland und Nichteinmischung Deutschlands in die österreichische Innenpolitik einschließlich des österreichischen Nationalsozialismus – sie wie kein anderer Teil des österreichischen Volkes steht[11].«

Immer unheilvoller zogen sich die Gewitterwolken über Österreich zusammen, immer näher rückte die Stunde der letzten Entscheidung, immer verzweifelter versuchten auch die christlichen Gewerkschafter, Österreich vor dem Untergang zu retten. Um die Arbeiter von der Lebensfähigkeit Österreichs zu überzeugen, wurde vom Gewerkschaftsbund ein neues Wirtschaftsprogramm ausgearbeitet, das 100.000

Arbeitslosen wieder Beschäftigung bringen sollte. Jetzt durften keine kleinlichen Sonderinteressen die Einigung derer stören, die ihr Vaterland liebten. Deshalb saßen Christliche und Freie Gewerkschaftsvertreter beisammen und suchten einen Weg zu finden, der auch von der Regierung gutgeheißen würde. Möglicherweise hätte die vollständige Erfüllung aller Forderungen der Sozialdemokraten, von der diese jede Mitarbeit abhängig machten, die Weiterentwicklung des berufsständischen Aufbaues in Frage gestellt. Derart weitgehende Zugeständnisse aber konnten die christlichen Gewerkschafter nicht ohne Zustimmung der Regierung machen, die immer wieder hinausgeschoben wurde. Trotzdem resignierten die christlichen Gewerkschafter nicht; Vertreter beider Richtungen erklärten der Regierung, daß man die Zugeständnisse, die den Nationalsozialisten gemacht worden waren, den Arbeitern nicht vorenthalten dürfe. Daher müsse ihnen sowohl die freie politische Betätigung als auch die Durchführung freier Wahlen im Gewerkschaftsbund zugestanden werden.

Präsident Johann Staud erklärte: »Der Gewerkschaftsbund ist gesichert, die Einsicht ist bei der überwiegenden Mehrzahl eingekehrt, daß der Gewerkschaftsbund in seiner einheitlichen Form eine Notwendigkeit ist. Die Kollegen sollen nun selbst bestimmen, wer ihre Rechte vertreten soll, die Kollegen sollen selbst die Männer ihres Vertrauens wählen. In allernächster Zeit nach der Volksabstimmung sollen die Wahlen im Gewerkschaftsbund durchgeführt werden. Das volle, uneingeschränkte Mitbestimmungsrecht der Arbeiter und Angestellten wird so allen, die sich zum Gewerkschaftsbund bekennen, nunmehr gegeben . . . Die Arbeiter wissen zwar, daß sie zur Erreichung ihrer Ziele Zeit, Kampf, Opfer, Geduld und Zähigkeit brauchen. Über all das verfügt die Arbeiterschaft in ihrer ganzen Geschichte, in ihrer heroischen Geschichte, in riesengroßem Ausmaß. Die Arbeiterschaft weiß aber auch, und wir wissen es alle, daß es Augenblicke gibt, in denen die Geschichte förmlich übersprungen werden muß. Augenblicke, in denen raschest und zielbewußt manches aufgehoben werden muß, was bisher hemmend und hindernd im Wege gestanden ist. Und dieser Augenblick ist nun gekommen[12].«

Mit diesen Worten standen nun also am 11. März die Gewerkschafter endlich am Ziel ihrer Wünsche, endlich war das Bemühen, den Gewerkschaftsbund frei und selbständig zu gestalten, anerkannt worden. Aber am selben Tage marschierten die Truppen Hitlers in Österreich ein. Mit der Selbständigkeit Österreichs gingen auch der Gewerkschaftsbund und die christliche Gewerkschaftsbewegung zugrunde.

Der Freiheitsbund, die militante Organisation der christlichen Arbeiterbewegung, dem auch nach seiner offiziellen Auflösung im Herbst 1936 ein Großteil der christlichen Gewerkschafter angehörte, hatte schon in den ersten Märztagen beschlossen, Widerstand zu leisten, falls es zu einem Einmarsch deutscher Truppen kommen sollte. Schon die Sprengung einiger Brücken hätte dem Ausland gezeigt, daß Österreich bereit war, seine Unabhänigkeit zu verteidigen. Der Gang der Ereignisse verhinderte eine Ausführung dieser Pläne. Am Nachmittag des 11. März 1938 saßen einige christliche Gewerkschaftsfunktionäre, unter ihnen Johann Staud, Franz Waschnig, Ferdinand Geißlinger, Dr. Franz Latzka und Dr. Gustav Blenk im Gewerkschaftshaus in der Laudongasse beisammen. Niemand wußte, was die nächsten Stunden bringen würden. Die Erklärung Dr. Schuschniggs ließ dann keinen Zweifel mehr offen: Österreich hatte zu bestehen aufgehört[13].

Schon in den folgenden Tagen wurde ein Großteil der christlichen Gewerkschaftsfunktionäre verhaftet. Ihre kulturellen Vereinigungen, unter denen sich die ehemaligen Christlichen Gewerkschaften verbargen, wurden aufgelöst, ihr Vermögen wurde eingezogen, alle christlichen Gewerkschaftshäuser wurden beschlagnahmt, die Zeitungen und Zeitschriften der christlichen Arbeiter wurden verboten. Am 13. März wurde die Erklärung über die Auflösung aller Vereinigungen der christlichen Arbeiterschaft – also auch der Christlichen Gewerkschaften – von Franz Spalowsky unterschrieben. Dr. Josef Trnik, der letzte Generalsekretär der Christlichen Gewerkschaften, und Dr. Pacher, ein Sekretär Stauds, entpuppten sich wie so manche Adjutanten im Freiheitsbund als illegale Nationalsozialisten[14]. Aber weitaus die meisten christlichen Gewerkschafter und Arbeiter blieben ihrer Gesinnung auch in der nun anbrechenden harten Zeit treu.

Auch im Gewerkschaftsbund verloren die christlichen Gewerkschafter sofort jeden Einfluß. Schon in den ersten Stunden nach dem Rücktritt Schuschniggs übernahm Vizepräsident Lengauer, ein Heimwehrgewerkschafter, die vorübergehende Leitung des Gewerkschaftsbundes. Einige Tage später trat ein neuer Leiter an seine Stelle, der bisher im Gewerkschaftsbund überhaupt keine Funktion bekleidet hatte und diesen nur mehr auflösen sollte. Am 27. März ordnete Gauleiter Bürckel den Aufbau der Deutschen Arbeitsfront (DAF) in Österreich an, und am 15. Juni hörte der Gewerkschaftsbund auch offiziell zu bestehen auf. Eine Mitarbeit in der DAF war für die christlichen Gewerkschafter unmöglich. Die DAF war keine Gewerkschaft, sondern eine rein politische Zwangsorganisation. Sie sollte nicht die Interessen der Arbeiter und Angestellten wahren, sondern allein die des totalitären Staates. Sie hatte keine Möglichkeit, sich auf wirtschafts- und sozialpolitischem Gebiet zu betätigen, besaß also keinen gewerkschaftlichen Aufgabenbereich, sondern kümmerte sich in der Hauptsache um Unterhaltung und Freizeitgestaltung[15].

Die christlichen Gewerkschafter Österreichs unter dem Hitlerregime

Durch die nationalsozialistische Gewaltherrschaft wurden also die Christlichen Gewerkschaftsorganisationen restlos zertrümmert. Die Führer der Christlichen Gewerkschaften wurden schon am Morgen des 12. März verhaftet, viele von ihnen kamen ins Konzentrationslager, andere wurden aus ihren Stellungen vertrieben, waren lange Zeit arbeitslos und lebten oft mit ihren Familien in großer Not. Die christlichen Arbeiter waren durch die Verhaftung ihrer führenden Männer zunächst verängstigt und mutlos. Johann Staud etwa wurde in das Konzentrationslager Flossenbürg gebracht, wo er am 2. Oktober 1939 starb. Leopold Kunschak wurde vorübergehend verhaftet und blieb bis 1945 unter strengster Beobachtung. Man hütete sich zwar davor, allzuviele christliche Arbeiterführer in die Konzentrationslager zu sperren und dort umkommen zu lassen, weil man keine Märtyrer schaffen wollte. Vielmehr bemühte man sich, sie moralisch zu diffamieren. Gründliche Hausdurchsuchungen sollten ihren »Reichtum« zutagefördern, Verhöre sollten Aufschluß über den Verbleib ihres Vermögens geben. Nach eifrigem Suchen mußten die Nationalsozialisten endlich zugeben, daß die christlichen Arbeiterführer ihre Funktionen nicht mißbraucht und sich nicht bereichert hatten. Wo sich kleinere Gruppen gebildet hatten, wurden sie immer wieder durch weitere Verhaftungen zerschlagen oder unsicher gemacht. Das Spitzelwesen machte jede Zusammenkunft auch nur weniger Funktionäre zu einem gefährlichen Unternehmen. Die oft wiederholten Hausdurchsuchungen machten es unmöglich, Namenslisten anzulegen. Viele christliche Gewerkschafter mußten einrücken und fielen damit für die illegale Gewerkschaftsarbeit aus. Dazu kam, daß die christliche Gewerkschaftsbewegung wohl bis 1934 und noch stärker im Rahmen der Einheitsgewerkschaft bis 1938 einen erfreulichen Aufschwung genommen hatte, die Zahl derer, die für den Aufbau einer illegalen Organisation geeignet und auch dazu bereit waren, aber trotzdem zu gering war, als daß man sofort eine durchgebildete christliche Gewerkschaftsbewegung ins Leben hätte rufen können.

Während nämlich die Freigewerkschafter schon seit 1934 zur illegalen Arbeit gezwungen gewesen waren, darin schon bestens geschult waren, außerdem über einen durch ihre lang zurückreichende Entwicklung und die größere Mitgliederzahl gut durchgebildeten Organisationsapparat verfügten, bedeutete die Illegalität für die christlichen Gewerkschafter schwieriges Neuland. Sie mußten sich erst mit den Praktiken der Untergrundtätigkeit vertraut machen. Trotz aller organisatorischen Schwierigkeiten formte sich aber aus der grundsätzlichen Abneigung der christlichen Gewerkschafter gegen das Regime schon 1938 der Kern des späteren Widerstandes.

Dieser Widerstand mußte sich zunächst größtenteils auf einzelne Gruppen beschränken, die anfangs ziemlich unabhängig voneinander agierten und deren Zusammenhang in der ersten Zeit nicht organisatorisch, sondern durch die Gemeinschaft der Gesinnung gegeben war. Die kleinen, bescheidenen Zellen mußten mit großer Vorsicht zu Werke gehen. Ängstlich wurde vermieden, daß die einzelnen Gruppen zu groß wurden, nie sollte eines der Mitglieder zu vielen anderen Kontakt haben. Trotzdem wurden die Zusammenkünfte immer häufiger, jede Gelegenheit wurde benützt, um die alten Verbindungen auch in dieser schweren Zeit aufrechtzuerhalten und den am schwersten Betroffenen zu helfen. Mit der Zeit sprachen sich besonders günstige Treffpunkte für solche Zusammenkünfte herum, so daß jeder Interessierte wußte, wo Gleichgesinnte zu treffen waren. »Franz Rosners Gaststätte in der Andreasgasse, Ferdinand Rechbergers Schusterwerkstätte am

Neubaugürtel, Heinrich Woborils Textilgeschäft in der Hütteldorferstraße waren unauffällige Orte der Rendezvous für Besprechungen[16].« Mit diesen Zusammenkünften wurden verschiedene Ziele verfolgt: Durch die Verbreitung regimefeindlicher Informationen sollte die Stimmung im Lande beeinflußt, durch Meinungsbildung die Lage von unten her verändert werden. Die Bevölkerung sollte durch die Nachrichten, die man aus dem Ausland erhielt, in ihrer Abwehrbereitschaft gestärkt und ermutigt werden. Wichtig war ferner die Information über das Schicksal der Gesinnungsfreunde. Die Familien der Verhafteten befanden sich oft in bitterster Not. Hilfe war unbedingt notwendig, und die alten Freunde wollten sie auch gerne leisten. Da aber diese Hilfe gleichbedeutend mit aktivem Widerstand und daher oft lebensgefährlich war, war es wichtig, verhältnismäßig sichere Treffpunkte, wie die oben erwähnten, zu kennen. Auch für die Verhafteten in den Konzentrationslagern und Gefängnissen wurde Geld gebraucht, um die Gegeninjektionen, etwa gegen die zu »Versuchszwecken« durchgeführten Infizierungen politischer Häftlinge mit Typhusbazillen, zu ermöglichen. Über Major Löschnig, einem Verbindungsmann bei der Gestapo, konnten die christlichen Gewerkschafter wiederholt Gegeninjektionen und Lebensmittel in die Lager schicken[17].

Bildung illegaler Gruppen in ganz Österreich

Der größte und tatkräftigste Kreis christlicher Gewerkschafter sammelte sich in Ferdinand Rechbergers Werkstätte. Er selbst war mutig und unermüdlich tätig. Stets stand in seinem Schreibtisch eine Schale, in der das Geld für die Familien der Inhaftierten, selbstverständlich ohne jede Liste, deren Anlegung viel zu gefährlich gewesen wäre, gesammelt wurde. Man unterhielt engen Kontakt mit Leopold Kunschak, Küblböck, dem Obmann der Lebens- und Genußmittelarbeiter, Heinrich Woboril, dem Obmann der Textil- und Lederarbeitergewerkschaft, den Brüdern Franz und Hans Waschnig, mit Dr. Franz Latzka und Grete Rehor. Auch Mandl von den Christlichen Bauarbeitern, Lina Pavlis von den Postlern und Käthe Neumayer vom Verband der christlichen Hausgehilfen leisteten in dieser Zeit für die christlichen Arbeiter sehr viel. Auch in den Bundesländern waren die christlichen Gewerkschafter nicht untätig geblieben. So traf sich in Linz ein Kreis, der von Matthias Multerberger zusammengehalten wurde, in kleinen Cafés und Gasthäusern. Wilhelm Salzer gehörte zu dieser Runde, ebenso die Landesbeamten Dr. Adolf Neumüller, Dr. Johann Oberleitner, Emil Grinzinger, Anton Mullner und Hans Huber. Bald wurde diese sehr aktive Runde zu groß, und so schälte sich aus ihr ein kleiner Kreis um Salzer heraus, der sich an vereinbarten Plätzen traf und »rasch das Nötige besprach. Es ging immer um das Ende der nationalsozialistischen Gewaltherrschaft und den Wiederaufbau der christlichen Arbeiterbewegung«. In diesem Kreis wurde während der Kriegsjahre ein Konzept für den Wiederaufbau der christlichen Arbeiterbewegung in Oberösterreich nach dem Ende der braunen Gewaltherrschaft erarbeitet[18]. Außerdem versuchte Salzer, auch in materieller Weise seinen Gefährten zu helfen. Er selbst kam als Bauschreiber in einem Linzer Büro unter und ermöglichte vielen seiner Freunde Arbeit und Verdienst in Baustellenbüros; auch auf diese Weise konnte man kleine politische Zellen schaffen.

In vielen Gruppen, die sich überall in Österreich bildeten, hielten Männer der verschiedensten politischen Parteien zusammen. Enge Verbindungen entstanden zwischen den aktiven bürgerlichen Widerstandskreisen und Gruppen der Arbeiterschaft. Auch die christlichen Arbeiter und ihre freigewerkschaftlichen Kollegen knüpften wiederholt Kontakte an und versuchten auch, gemeinsame Organisationen zu bilden. Ende 1942 unterhielt die Donawitzer Partisanengruppe enge Verbindungen sowohl zu Christlichen als auch zu Freien Gewerkschaftern. »Unter den christlich-orientierten Österreichern war es vor allem der Donawitzer Töfferl, der sich aktiv am Aufbau der Widerstandsorganisation beteiligte[19].« Auch hier begann die Widerstandsarbeit mit Geldsammlungen für Inhaftierte und Sammlungen für die Partisanen im Kärntner Grenzgebiet, denen vor allem Sanitätsmaterial geschickt wurde. Bedeutend war auch die Flüsterpropaganda gegen den Nationalsozialismus und gegen den Krieg sowie die Sabotage kriegswichtiger Arbeiten.

Sobald sich die einzelnen Gruppen in den verschiedenen Teilen Österreichs etwas gefestigt hatten und mit illegaler Organisation und Arbeit vertraut geworden waren, begannen sie auch untereinander wieder Verbindungen anzuknüpfen. Denn als der erste Schock über die Ereignisse des März 1938 überwunden war, fanden sich immer mehr Christliche

Gewerkschafter bei den geheimen Verabredungen ein. Man versuchte, möglichst viele der früheren Mitarbeiter in der christlichen Gewerkschafts- und Arbeiterbewegung zu erfassen. Das war nur schwer und mit großer Geduld zu verwirklichen, weil bei vielen erst das Ende ihrer Haft oder ein kurzer Fronturlaub abgewartet werden mußten.

Wichtig war, daß die in den einzelnen Bundesländern wirkenden Gruppen in Verbindung miteinander traten. Zentrum dieser Bestrebungen bildeten die christlichen Gewerkschafter in der Laudongasse und in der Siedlung Starchant im 16. Bezirk. Dort vor allem traf man sich in Knakals Gaststätte zu geheimen Besprechungen, wenn jemand aus den Bundesländern nach Wien kommen konnte. So standen die christlichen Gewerkschafter Wiens in Verbindung mit ihren Kollegen in Dornbirn über Leuprecht, zu ganz Vorarlberg über Josef Kraft und Roman Huber. Josef Krainer aus der Steiermark, Hermann Struber aus Salzburg und Hans Kostenzer aus Tirol nahmen an den Besprechungen teil, wenn es ihnen möglich war. Auf diese Weise wurden die ehemaligen christlichen Gewerkschafter wieder vorsichtig und langsam, aber mit unermüdlicher Zähigkeit organisiert[20].

Eine sehr aktive Gruppe christlicher Gewerkschafter bildete sich um Franz Waschnig und Johann Müller. Franz Waschnig, ein bedeutender christlicher Gewerkschaftsführer Österreichs, der im Gewerkschaftsbund den Berufsverband Geld- und Kreditwesen geleitet hatte, emigrierte 1939 nach Sankt Gallen in der Schweiz. Von dort aus versuchte er, in Österreich eine illegale Organisation aufzuziehen, die für die Befreiung Österreichs aus Krieg und nationalsozialistischem Terror kämpfen sollte. Allerdings glaubte er damals, daß dieses Ziel am ehesten mit Hilfe Otto Habsburgs zu erreichen sei. Gerade dieser Weg erregte bei einem Großteil der christlichen Gewerkschafter Bedenken. So standen etwa Rechberger und seine Freunde zwar in regem Briefwechsel mit Waschnig, gingen aber auf dessen legitimistische Pläne nicht ein. Dagegen konnte mit Johann Müller ein Mann gewonnen werden, dessen Name in christlichen Gewerkschaftskreisen einen guten Klang hatte. Ab 1921 war Müller Angestellter in mehreren Christlichen Gewerkschaften, nach der Gründung der Einheitsgewerkschaft wurde er Vorsitzender des Landeskartells Steiermark, außerdem war er Landesleiter des steirischen Freiheitsbundes. Im Juni 1939 begann

Müller gemeinsam mit der Sozialdemokratin Friederike Veigl nach den Anweisungen Waschnigs eine illegale Organisation aufzubauen. Er erwarb ein Parfümeriegeschäft in der Gumpendorfer Straße 54, um seine politische Tätigkeit tarnen zu können. Friederike Veigl arbeitete dort als Verkäuferin und brachte die von Waschnig gesandten Verbindungsleute, die bei ihr unter Nennung eines zwischen Waschnig und Müller vereinbarten Losungswortes vorsprachen, in Kontakt mit Müller. In den Lagerräumen über dem Geschäft wurden alle Besprechungen abgehalten. Wiederholt schickte Waschnig Richtlinien zur Aufstellung neuer Gruppen an Müller, der ihm regelmäßig Berichte über den Fortschritt der Organisation übermittelte. So hieß es in einem seiner Briefe vom 6. August 1939: »Der Apparat ist im Wiener Gebiet fertig, Kreise, Bezirke, Rayons, Straßen. Zum Teil bereits in die einzelnen Häuser. In den Ländern auch weit fortgeschritten, aber noch nicht ganz lückenlos. Daneben Arbeiter, gewerkschaftliche Gruppen, hauptsächlich Freigewerkschafter, aber auch Beteiligung anderer. Christliche Arbeiterbewegung. Beide Gruppen direkt verbunden über ganz Österreich[21].« Zu den christlichen Gewerkschaftern, die in mehr oder minder enger Verbindung zu Müller standen, gehörten Alfred Gruber, der bis 1938 christlicher Gewerkschaftssekretär war, und Eduard Tomaschek, der ehemalige Leiter der Gewerkschaft christlicher Angestellter im öffentlichen Dienst. Hermann Struber, der ehemalige Vorsitzende des Gewerkschaftsbundes in Salzburg und Leopold Radlmayer, ein ehemaliger christlicher Gewerkschaftssekretär in Linz, lehnten eine Mitarbeit an dieser Organisation ab. Zu einer engen Verbindung kam es mit der legitimistischen Mayer-Thanner-Gruppe, die ebenfalls von Waschnig an Müller gewiesen worden war.

Daß die politischen Gegensätze bei diesem Kampf um die Wiederherstellung der Selbständigkeit Österreichs keine große Rolle spielten, zeigte die Zusammenarbeit Müllers mit den Wiener Kommunisten, die im Widerstand gegen Hitler besonders aktiv waren. Auch eine Verbindung zu Felix Slavik wurde angebahnt. Auch diese Kreise planten wie die Gruppe um Weinberger für den Fall der Unabhängigkeit eine Einigung der Freien und Christlichen Gewerkschafter. So waren also monarchistische mit christlich-gewerkschaftlichen und sozialistischen Gruppen in einer weit verzweigten Bewegung vereint. Man stellte Geheimsender her, um politisch Gefährdete warnen und retten zu können, und vervielfältigte politische antinazistische Druckschriften.

Im November 1939 wurde die Bewegung um Johann Müller durch einen Gestapo-Agenten namens Alge, der in sie eingedrungen war und Einblick in die Auslandskorrespondenz erhalten hatte, verraten. Für viele der Mitglieder bedeutete das langjährige Zuchthausstrafen. Müller wurde zu 15 Jahren Zuchthaus verurteilt[22]. Das Schicksal dieser Gruppe zeigt, wie vorsichtig man beim Anknüpfen neuer Beziehungen vorgehen mußte. Und doch war es sehr wichtig, an möglichst viele Gleichgesinnte heranzukommen.

Pläne und Vorbereitung für die Zukunft

Die Gruppe um Rechberger war in der Herstellung und Pflege solcher Verbindungen besonders aktiv. Bald wollte sie sich aber nicht mehr auf die bereits oben erwähnten Tätigkeiten beschränken, sondern sie begann zu planen, was nach dem Sturz der Nationalsozialisten geschehen sollte. Denn man war sich dessen bewußt, daß die Gesinnungsgemeinschaft vor allem dazu aufrechterhalten werden mußte, um später einmal sofort mit dem Neuaufbau beginnen zu können.

Leider gab es immer wieder Uneinigkeit über das Vorgehen während der nationalsozialistischen Herrschaft und besonders ganz verschiedene Ansichten über die Gestaltung der Zukunft. Allmählich wurde es klar, daß eine Persönlichkeit an die Spitze der Bewegung gestellt werden müßte, die von möglichst allen anerkannt wurde und der es gelingen konnte, die verschiedenen Meinungen auf einen gemeinsamen Nenner zu bringen.

Bald nach 1940 wurde Lois Weinberger durch Heinrich Woboril ersucht, ob er nicht diese Aufgabe übernehmen wolle. Weinberger, damals Versicherungsvertreter in der heutigen Bundesländer-Versicherung, stimmte zu, nachdem Kunschak ihm zugeredet hatte. So wurde nun die ganze Bewegung auf einen einheitlichen Nenner gebracht, sie war dadurch jetzt in der Lage, Programme für die Zukunft zu erarbeiten.

War dieses Bemühen bisher auf dem Boden der Arbeiterschaft geblieben, so begann sich nun der Kreis der Gesprächspartner immer mehr zu erweitern. Durch Dr. Felix Hurdes, der sich vor allem darum bemühte, Verbindungen zum bürgerlichen Mittelstand und Kreisen der Bauernschaft herzustellen, was ihm auch ausgezeichnet gelang, kamen die Christlichen Gewerkschafter unter Weinbergers Leitung mit diesen Schichten der Bevölkerung ins Gespräch. Den Christlichen Gewerkschaftern war es klar, daß die Verbindung zu allen Gruppen, die einmal ein neues Österreich mittragen und mitaufbauen sollten, von größter Bedeutung war. Deshalb suchte man nicht nur Kontakte zu Bauern und Mittelstand, sondern auch zu den Sozialdemokraten. Wiederholt nahmen christliche Arbeiter und Sozialdemokraten an solchen gemeinsamen Besprechungen teil.

1942 und 1943 wollten Hurdes, Weinberger und Kunschak Beziehungen mit der sozialistischen Gruppe um Dr. Alfred Migsch anknüpfen. Geplant war eine Zusammenarbeit zuerst innerhalb des Widerstandes und später nach der erhofften Befreiung Österreichs. Leider wurde am 7. Jänner 1944 Dr. Migsch und zwei Monate später Dr. Hurdes verhaftet, so daß die gemeinsame Arbeit in den Anfängen stecken blieb[23]. 1943 und 1944 fanden wiederholte Zusammenkünfte und Besprechungen Leopold Kunschaks mit Dr. Adolf Schärf in Baden statt. Beide Seiten konnten feststellen, daß ihre Ansichten und Pläne bezüglich eines neuen Österreich in vielen Punkten Gemeinsamkeiten aufwiesen. Auch zu den Kreisen um Felix Slavik knüpften die Christlichen Gewerkschafter Verbindungen an.

Am 11. November 1941, dem 70. Geburtstag Kunschaks, lud der Sohn Rechbergers, der als Schusterbub ungehindert und unauffällig Verabredungen fixieren und Botschaften überbringen konnte, Kunschak wieder einmal zu einer Besprechung bei Rechberger ein. An dieser Zusammenkunft nahmen auch Weinberger, Hurdes und Dr. Latzka teil. Es wurde über die Widerstandsgruppen der christlichen Arbeiter und Bauern, aber auch über die neue Partei gesprochen, die gegründet werden sollte. Endlich erklärte Kunschak sich bereit, am Befreiungstag an die Spitze der neuzuschaffenden Organisation zu treten[24].

Kunschak und Weinberger sahen für die Zukunft nur einen Weg: Christliche und Freie Gewerkschafter müßten auf einer neuen, einheitlichen Grundlage die gemeinsamen wirtschaftlichen Interessen wahrnehmen, die Richtungsgewerkschaften der Zeit vor 1934 dürften nicht mehr erstehen. Ein gemeinsamer *politischer* Weg war allerdings wegen der weltanschaulichen Differenzen nicht möglich. So faßte man in diesen Kreisen schon während des Krieges den Entschluß, nicht eine einheitliche Arbeiterpartei zu schaffen, sondern die christlichen Arbeiter in der Form eines Bundes in eine künftige christliche Gesamtpartei einzugliedern. So sollte es den Arbeitern ermöglicht werden, in der neuen Partei ihre Ansichten und Wünsche mit entsprechendem Nachdruck zu vertreten[25].

Kontakte Christlicher Gewerkschafter mit dem Ausland

Zwischen den deutschen und den österreichischen Gruppen des zivilen Widerstandes bestanden oft enge Verbindungen. Schon in der Zeit von 1934 bis 1938 hatten die Christlichen Gewerkschafter Österreichs ihre Kollegen in Deutschland ständig mit Geldern aus der Einheitsgewerkschaft und den christlichen Gewerkschaften unterstützt. Ludwig Reichhold, der letzte Redakteur der »Österreichischen Arbeiterzeitung«, hatte schon vor dem Krieg durch die Veröffentlichung sozialpolitischer Arbeiten die Aufmerksamkeit deutscher Gewerkschafter erregt. Nach dem Einmarsch der Hitlertruppen in Österreich knüpfte er Kontakte mit den sudetendeutschen Gewerkschaftern an und veröffentlichte im Sommer 1938 Aufsätze in der »Sudetendeutschen Arbeit«, in denen er für eine Einheitsgewerkschaft eintrat[26]. Über diese Versuche kam er in Verbindung zu Frau Dr. Elfriede Nebgen, der Mitarbeiterin Jakob Kaisers, des früheren Landessekretärs der Christlichen Gewerkschaften Deutschlands, zu Wilhelm Leuschner, dem ehemaligen hessischen Minister und sozialistischen Vertrauensmann, und zu Max Habermann, dem letzten Vorsitzenden des deutschnationalen Handlungsgehilfenverbandes. Von Dr. Nebgen und Jakob Kaiser wurde Reichhold auch manchen Besprechungen zugezogen, die der Vorbereitung des 20. Juli 1944 dienten. Die Gewerkschafter hatten an diesem Attentatsplan, der eine völlige Umgestaltung Deutschlands und Österreichs und die Befreiung beider von dem nationalsozialistischen Terror umfaßte, maßgebenden Einfluß. »Ihrer geschichtlichen Wurzel nach führen sich die Ereignisse des 20. Juli auf jene gewerkschaftlichen Gruppen zurück, die in Verbindung mit bestimmten Kreisen der Reichswehr dem Nationalsozialismus bereits vor 1933 die Macht streitig zu machen versuchten[27].«

Dr. Nebgen und Kaiser hielten sich gelegentlich bei Christlichen Gewerkschaftern in Wien auf. Unter anderem bemühten sie sich auch um die Befreiung Johann Stauds und Leopold Figls aus dem Konzentrationslager. Im Falle Stauds blieb ihre Intervention leider vergeblich. 1940 trat Kaiser in engeren Kontakt mit den Christlichen Gewerkschaftern um Rechberger, mit dem er in Briefwechsel stand. Durch die Vermittlung Otto Troidls traf Kaiser auch Lois Weinberger. Bei diesen Fühlungnahmen führender Persönlichkeiten des österreichischen und des deutschen Widerstandes ging es zuerst darum, einander zu informieren und eventuelle spätere gemeinsame Aktionen vorzubereiten. Die Gespräche zwischen Kaiser und Weinberger, an denen später auch Dr. Hurdes teilnahm, wurden zu ständigen Kontakten, denen auch andere führende Persönlichkeiten des deutschen Widerstandes beigezogen wurden, unter ihnen die schon erwähnten Gewerkschafter Leuschner und Habermann, schließlich aber auch der bedeutendste politische Kopf des deutschen Widerstandes, der ehemalige Oberbürgermeister von Leipzig, Dr. Carl Goerdeler. Für den Fall des Gelingens des geplanten Staatsstreiches war vorgesehen, auch Weinberger in die neu zu bildende Regierung zu holen[28].

Im Widerstand gegen den Nationalsozialismus waren sich Deutsche und Österreicher einig, in einem Punkt aber beharrten die österreichischen Verhandlungspartner entschieden auf einer abweichenden Meinung: Österreich sollte nach der Überwindung der Hitlerherrschaft als selbständiger und unabhängiger Staat wiedererstehen!

Auch zu der internationalen christlichen Gewerkschaftsbewegung rissen die Beziehungen während der Besetzung Österreichs nie ab. Fred Brüssel aus Den Haag kam als Verbindungsmann der internationalen Organisation oft nach Wien, brachte den Christlichen Gewerkschaftern wertvolle Nachrichten und gab die Berichte aus Österreich Kollegen im Ausland weiter. Auch zwischen Hauser in der Schweiz und Rechberger bestanden Verbindungen. Machunze, der in der internationalen christlichen Gewerkschaftsbewegung eifrig tätig war, stellte einen wichtigen Vertrauensmann zu den Sudetendeutschen dar[29].

Die Befreiung Österreichs

Wie bereits erwähnt, hatten die Christlichen Gewerkschafter Jahre hindurch Pläne für den Zeitpunkt geschmiedet, der das Ende der nationalsozialistischen Herrschaft und die Wiedererstehung Österreichs bringen sollte. In vielen geheimen Besprechungen war über die neue Organisation der Arbeiterbewegung beraten worden. Man wußte also, was zunächst getan werden mußte.

Im Frühjahr 1945 – noch waren die Nationalsozialisten an der Macht, so daß größte Vorsicht geboten war – bildeten sich in den Bundesländern provisorische Komitees. In ihnen sammelten sich die christlichen Arbeiterführer, die in den schweren Jahren zusammengeblieben waren und gemeinsam gearbeitet hatten, aber auch immer mehr Menschen aus den Kreisen derer, die bisher ohne viel Hoffnung abgewartet hatten und jetzt neuen Mut gewannen. Einzelheiten der neuen Arbeit, der Organisation und des Aufbaues der jungen Gruppen wurden besprochen.

In den Wirren des totalen Zusammenbruches war die persönliche Einsatzbereitschaft der Arbeiterführer aller politischen Richtungen ungeheuer wichtig. Es galt, die Zerstörung großer Sachwerte zu verhindern. So schlossen sich die Arbeiter an vielen Produktionsstätten zusammen und verhinderten deren Vernichtung durch die fliehenden Nationalsozialisten. Dann aber halfen die christlichen und die freien Gewerkschafter mit, die Wirtschaft, den Verkehr, die Verwaltung wieder in Gang zu bringen. Der Beginn der Besatzungszeit brachte neuerliche Enttäuschungen – Versammlungen und offizielle Zusammenkünfte waren verboten, trotzdem ließ sich der so lange gestaute Tatendrang nicht mehr aufhalten, man kam eben zunächst weiter geheim zusammen, bis die Bewegungen immer mehr anwuchsen[30].

Schon während des Einmarsches der Russen – in Floridsdorf wurde noch gekämpft – nahmen Rechberger und Küblböck mit einigen Getreuen das Gewerkschaftshaus in der Laudongasse 16 wieder in Besitz, das sofort neuerlich zum christlichen Gewerkschaftszentrum wurde. Die christlichen Gewerkschaften beschlossen schon am 13. April 1945 die grundsätzliche Zusammenarbeit mit den Freien Gewerkschaften. So wurden die Pläne der christlichen Gewerkschafter, die sie in der Illegalität ausgearbeitet hatten, in die Tat umgesetzt.

Mit dem Österreichischen Gewerkschaftsbund wurde am 27. April ein organisatorisches Gerüst aufgestellt, in das die ehemaligen Richtungsgewerkschaften, die sich als Fraktionen wieder konstituierten, einziehen konnten. Lois Weinberger, der Führer der Christlichen Arbeiter in der Illegalität, wurde zum 3. Präsidenten des Österreichischen Gewerkschaftsbundes bestellt.

ANMERKUNGEN

1 Persönliche Mitteilungen von Dr. Gustav Blenk, Dr. Franz Latzka und Prof. Ludwig Reichhold.
2 BGBl I/132/1934.
3 Reichspost, 41. Jg., Nr. 111, Seite 6.
4 Staud Johann, »Berufsauffassung und Berufsausbildung im Gewerkschaftsbund«, Wien 1934, Seite 15.
5 Österreichische Arbeiterzeitung, 42. Jg., Nr. 19, Seite 2.
6 Lifka Franz, »Die Sozialpolitik im Jahre 1936«, im Jahrbuch der christlichen Arbeiterschaft, Wien 1937, Seite 121.
7 Christlichsoziale Arbeiterzeitung, 39. Jg., Nr. 30, Seite 2.
8 Österreichische Arbeiterzeitung, 41. Jg., Nr. 35, Seite 2.
9 Österreichische Arbeiterzeitung, 42. Jg., Nr. 30, Seite 2.
10 Böhm Johann, »Erinnerungen aus meinem Leben«, Wien 1964, Seite 167.
11 Österreichische Arbeiterzeitung, 43. Jg., Nr. 8, Seite 1.
12 Freie Arbeiterstimme, 4. Jg., Nr. 11, Seite 6.
13 Stamprech Franz, »Leopold Kunschak, Porträt eines christlichen Arbeiterführers«, Wien 1953, Seite 113.
14 Pers. Mitt. Prof. Ludwig Reichholds.
15 Klenner Fritz, »Die österreichischen Gewerkschaften, Vergangenheit und Gegenwartsprobleme«, Wien 1951–1953, 2. Bd., Seite 1590.
16 Blenk Gustav, »Leopold Kunschak und seine Zeit«, Wien 1966, Seite 208.
17 Pers. Mitt. von Hans Rechberger und Dokumentationsarchiv des österreichischen Widerstandes, Akt 3218 a/77, Seite 46.
18 Salzer Wilhelm, »Geschichte der christlichen Arbeiterbewegung Oberösterreichs«, Linz 1963, Seite 222 und pers. Mitt. von Frau Min. a. D. Grete Rehor.
19 Muchitsch Max, »Die Partisanengruppe Leoben-Donawitz, Wien 1966, Seite 14.
20 Weinberger Lois, »Tatsachen, Begegnungen, Gespräche«, Wien 1948, Seite 91.
21 Dokumentationsarchiv des österreich. Widerstandes, Akt 3218 a/77, Seite 5.
22 Journal of Central European Affairs: Friedrich Engel-Janosi »Remarks on the Austrian Resistance 1938–1945«, Bd. 13, Nr. 2, Seite 105–122.

23 Molden Otto, »Der Ruf des Gewissens, der österreichische Freiheitskampf 1938–45«, Wien 1958, Seite 135.
24 Stamprech, a. a. O., Seite 121, 122.
25 Weinberger, a. a. O., Seite 110–112.
26 Reichhold Ludwig, »Arbeiterbewegung jenseits des totalen Staats. Die Gewerkschaften und der 20. Juli«, Wien 1965, Vorwort.
27 Jedlicka Ludwig, »Der 20. Juli 1944 in Wien«, Wien 1965, Niederschrift v. Prof. Reichhold, Seite 166.
28 Molden, a. a. O., Seite 148.
29 Pers. Mitt. Hans Rechberger.
30 Salzer, a. a. O., Seite 223.

1945–1974

DER AUTOR

Franz Größl,

Dr. phil., geboren 29. 1. 1913, seit frühester Jugend journalistisch tätig, 1937 Pressereferent im VF-Werk »Neues Leben«, 1938/39 Berufsverbot, als Buchhalter und Korrespondent tätig, 1940 bis 1946 Kriegsdienst und Gefangenschaft, 1946 Redaktionssekretär beim »Kleinen Volksblatt«, 1948 außenpolitischer Redakteur, 1951 Chefredakteur, 1962 bis 1968 Generaldirektor des Österreichischen Verlages, 1968 bis zur Einstellung des »Volksblattes« wieder Chefredakteur, anschließend freiberuflicher Journalist, seit 1974 im Bundespressedienst, 1962 bis 1968 Präsident des Verbandes Österreichischer Zeitungsherausgeber, Ehrenmitglied dieses Verbandes, früherer Präsident der Arbeitsgemeinschaft Katholischer Verbände, Mitglied des Österreichischen Presserates, verheiratet, drei Söhne.

Die christlichen Gewerkschaften im ÖGB

Als sich in den Frühjahrstagen 1945, nachdem das Dritte Reich endgültig zusammengebrochen war, die Frage der Wiedererrichtung unabhängiger Gewerkschaften stellte, wurde sie mit einer historischen Entscheidung der Gewerkschafter aller Richtungen beantwortet. Diese Entscheidung hat bis heute nicht nur die Entwicklung der Gewerkschaftsbewegung, sondern der gesamten Innenpolitik in Österreich bestimmt und wird sie auch in Zukunft bestimmen: Im bewußten Gegensatz zur Vergangenheit sollte es nunmehr einen einheitlichen Gewerkschaftsbund geben. Die alten Richtungsgewerkschaften, die schon 1934 im Ständestaat aufgelöst oder zur Auflösung gezwungen, ab 1938 auch der begrenzten Möglichkeiten beraubt worden waren, die der Ständestaat noch zugestanden hatte, sollten nicht mehr zum Leben erweckt werden.

Für diesen Bruch mit einer langen Tradition waren mehrere Gründe maßgebend. Einmal hatten die Gewerkschafter, die Diktatur, Konzentrationslager, Gefängnisse und Weltkrieg überlebt hatten, durch das gemeinsame Erlebnis der Unfreiheit mit allen ihren Begleiterscheinungen, aber auch durch den gemeinsamen Widerstand gegen ein unmenschliches System gelernt, daß wohl eher ein Miteinander als ein Gegeneinander den Gewerkschaften die Erreichung ihrer Ziele garantiert. Diese lagen übrigens, was den lohnrechtlichen, arbeitsrechtlichen und sozialen Bereich betraf, gar nicht so weit auseinander, wie man früher geglaubt hatte. Zum anderen rief die gegebene Situation, die durch die Zerschlagung der gesamten Wirtschaft, durch Hunger und Not, durch die Notwendigkeit eines möglichst raschen Wiederaufbaues der zerstörten Produktionsstätten charakterisiert war, geradezu nach einer einheitlichen Organisation. In dieser sollten alle Gewerkschafter unabhängig von ihrer politischen Überzeugung der großen Idee der Gewerkschaften dienen. Schließlich aber, und diese Tatsache hat sicherlich besonderes Gewicht, hatten sich auch die politischen Parteien, denen die einzelnen Gewerkschaften und Gewerkschafter zuzuordnen waren, die neu gegründete Österreichische Volkspartei, die wiedererstandene Sozialistische Partei und die unter dem Protektorat der russischen Besatzungsmacht zu übertriebener Bedeutung aufgeblasene

Kommunistische Partei, zu einer Konzentration aller politischen Kräfte entschlossen. Nur auf diese Weise schien nämlich eine Bewältigung der ungeheuren Aufgaben möglich, vor denen die Regierung der Zweiten Republik 1945 stand. Das Erbe des »Tausendjährigen Reiches« präsentierte sich den Überlebenden als das totale Chaos, aus dem es nur einen gemeinsamen oder gar keinen Ausweg gab.

So ergab es sich gleichsam zwangsläufig aus einer fixierten politischen und wirtschaftlichen Situation, daß jene Männer, die an der Wiege des Österreichischen Gewerkschaftsbundes standen, eine einheitliche Organisation schaffen wollten, welche die Interessen aller Arbeiter und Angestellten vertreten sollte – selbstverständlich auf der Grundlage des freiwilligen Beitrittes. Eine Zwangsorganisation war nie geplant. Die ersten Besprechungen fanden bereits statt, als die Kämpfe in Wien noch gar nicht beendet waren. An ihnen nahmen auf Wunsch der politischen Parteien nicht nur Vertreter der früheren freien (sozialistischen), sondern auch Vertreter der früheren christlichen Gewerkschaften und der Kommunisten teil. Eine kommunistische Gewerkschaftsbewegung hatte es in Österreich zwar nie gegeben, aber wegen des Einflusses, den die KPÖ damals unter dem Druck der sowjetischen Besatzungsmacht ausübte, war es nicht möglich, den Wunsch der Kommunisten nach einer im Verhältnis zu ihrer tatsächlichen Stärke weit übergewichtigen Vertretung im Gewerkschaftsbund zu ignorieren oder gar abzulehnen.

Die Exponenten der drei politischen Richtungen, die den neuen überparteilichen Gewerkschaftsbund errichten wollten, waren der Sozialist Johann Böhm, der christliche Gewerkschafter Lois Weinberger und der Kommunist Gottlieb Fiala. Diese drei Männer gehörten (neben dem ehemaligen freien Gewerkschafter Smeykal) der Deputation an, die am 30. April bei der sowjetischen Kommandantur in Wien vorsprach, um die Genehmigung der Sowjets zur Gründung des Österreichischen Gewerkschaftsbundes zu erreichen. Nachdem die Genehmigung noch am gleichen Tag erteilt worden war, bildeten sie auch das erste provisorische Präsidium des Gewerkschaftsbundes: Erster Vorsitzender war Johann Böhm, zweiter Vorsitzender Gottlieb Fiala, dritter Vorsitzender Lois Weinberger, der später als Minister ohne Geschäftsbereich dem Kabinett Figl angehörte, ein Zeichen für die Bedeutung, die man auch bei der Österreichischen Volkspartei der Gewerkschaftsbewegung beimaß. Johann Böhm sollte bis zu seinem Tode Präsident des Gewerkschaftsbundes bleiben. Seine Verdienste und seine konsequente, dabei stets tolerante und ausgleichende Haltung wurden auch vom politischen Gegner anerkannt und bleiben unvergessen. Mit der Nominierung eines provisorischen Bundesvorstandes, der aus 27 Mitgliedern, 15 ehemaligen freien Gewerkschaftern und je sechs christlichen Gewerkschaftern und Kommunisten, bestand, waren die Voraussetzungen für die organisatorische Arbeit des Gewerkschaftsbundes geschaffen. Sie sollte sich sehr bald in allen Bereichen des Wiederaufbaues als eine mitbestimmende Kraft bemerkbar machen.

Aber damit waren die Probleme, die sich aus der Abkehr vom traditionellen Grundsatz der Richtungsgewerkschaften ergaben, keineswegs gelöst. Die Entscheidung war nicht unbestritten, der Verzicht auf die alten Organisationsformen fiel manchen Gewerkschaftern nicht leicht, weder den sozialistischen, noch den christlichen. Man muß bedenken, daß die führenden Männer alle aus den Organisationen der Zeit vor 1938 bzw. 1934 kamen. Die sozialistischen Gewerkschaften waren 1934 aufgelöst, die christlichen zur Selbstauflösung gezwungen und in eine Gewerkschaftsorganisation gedrängt worden, die ihnen viele Sorgen, aber wenig Freude brachte. So hatte der christliche Gewerkschafter Johann Staud in der Zeit des Ständestaates immer wieder versucht, Kontakt mit den illegalen Freien Gewerkschaften zu halten und die Regierung davon zu überzeugen, daß ohne Einbeziehung der Sozialisten die Gewerkschaftsorganisation Stückwerk bleiben mußte. Christliche Gewerkschafter waren bestrebt gewesen, das Gedankengut und die Funktion unabhängiger Gewerkschaften auch im autoritären Staat nach Möglichkeit zu bewahren. Sozialistische Gewerkschafter hatten zwischen 1934 und 1938 im damaligen Gewerkschaftsbund mitgearbeitet – es sei nur an die SAG (Soziale Arbeitsgemeinschaft) Großauers erinnert. So reichten manche Wurzeln der Zusammenarbeit in die Vorkriegszeit zurück, trotzdem aber waren die Ressentiments auf beiden Seiten vielfach sehr stark und daher nicht leicht zu überwinden.

Dazu kommt, daß die Bindung der freien Gewerkschaften an die Sozialdemokratische Partei immer besonders eng gewesen war. Nicht umsonst hat Victor Adler von »siamesischen Zwillingen« gesprochen. Daß diese Bindung einer ernsthaften

Belastung, wie sie die Februarereignisse des Jahres 1934 waren, nicht standhielt, steht auf einem anderen Blatt. Wie dem immer sein mag, schon 1945 und bis weit hinein in die fünfziger Jahre wurde von den Anhängern der früheren Richtungsgewerkschaften immer wieder die Frage zur Diskussion gestellt, ob die einheitliche Gewerkschaftsorganisation mit der Preisgabe der Selbständigkeit nicht zu teuer bezahlt worden sei. Die Frage ist heute längst entschieden, sie wird daher von der neuen Generation der Funktionäre, die inzwischen nachgewachsen und von der Tradition der Richtungsgewerkschaften kaum mehr belastet ist, in dieser Form nicht mehr gestellt. Die Lösung des Jahres 1945 hat sich bewährt, der Gewerkschaftsbund ist heute weit über die ursprüngliche Funktion der Gewerkschaften hinaus zu einem bedeutsamen Faktor im gesamten staatlichen, wirtschaftlichen und gesellschaftlichen Leben Österreichs geworden.

Der Weg zu dieser heutigen Wirklichkeit war steinig. Nicht immer ging es ohne Pannen ab. Was erreicht wurde, wäre aber ohne die loyale Mitarbeit der christlichen Gewerkschafter nicht denkbar. Erwin Altenburger, der 1946 die Nachfolge Weinbergers in der Regierung und im Gewerkschaftsbund antrat, als dieser sich ausschließlich politischen Aufgaben als Vizebürgermeister von Wien und Fraktionsführer der ÖVP im Wiener Landtag und Gemeinderat zuwandte, hat diesen Sachverhalt wiederholt so formuliert: »Die Tätigkeit des ÖGB ist untrennbar mit dem Wirken der christlichen Gewerkschafter verbunden. Unsere Teilnahme und unsere Mitarbeit im ÖGB berechtigt diesen erst, eine gemeinsame Gewerkschaftsbewegung zu sein und als Vertreter der österreichischen Arbeiter und Angestellten und Beamten sein Gewicht in diese Waagschale zu werfen. Diese Mitarbeit folgert aber auch volle Mitverantwortung und diese wird den christlichen Gewerkschaftern oftmals nicht nur von den politischen Gegnern erschwert. Es gibt in den nichtmarxistischen Teilen der Bevölkerung viele, die grundsätzlich Gegner der Gewerkschaften sind und dadurch noch weniger eine Mitarbeit christlicher Arbeitnehmer in einer gemeinsamen Organisation wahrhaben wollen. Es gibt viele, die sich mit dem Verzicht auf Richtungsgewerkschaften noch nicht abfinden können und manchen Sand in das Getriebe einer gemeinsamen Organisation werfen[1].« Und: »Der ÖGB verdankt seine heutige Stärke und seinen Einfluß der Tatsache, daß im Jahr 1945 keine Richtungsgewerkschaften errichtet wurden, mit anderen Worten heißt das, daß vor allem die ehemaligen freien und christlichen Gewerkschaften auf ihre eigenen Organisationen Verzicht geleistet haben[2].« An die Sozialisten im Gewerkschaftsbund mußte nicht nur einmal die Mahnung zur Toleranz gegenüber der Minderheit gerichtet werden: »Doch wir müssen von der Mehrheit auch Verständnis für eine gemeinsame und überparteiliche Gewerkschaftsbewegung verlangen. Auch die Sozialisten sind berufen, im Interesse der Gesamtbewegung Opfer zu bringen und auf Ansprüche zu verzichten, die sie möglicherweise aus der Vergangenheit begründen, die sich jedoch nicht auf den Österreichischen Gewerkschaftsbund übertragen lassen[3].«

Wenn nach innen die Toleranz gegenüber dem Kollegen anderer politischer Überzeugung die Voraussetzung für das Funktionieren einer einheitlichen Gewerkschaftsorganisation sein muß, so ist es nach außen der Grundsatz der Überparteilichkeit. Wenn in ihm »alle Arbeiter und Angestellten Platz (haben sollen), gleichgültig, welche Weltanschauung sie haben und welcher politischen Partei sie angehören[4]«, dann kann dies nur durch strikte Überparteilichkeit erreicht werden. Selbst der leiseste Anschein muß vermieden werden, daß der Gewerkschaftsbund im Dienste einer bestimmten Partei stehen, deren Interessen dem Wohl seiner Mitglieder voranstellen oder deren aktuelle politische Ziele unterstützen könnte. Er muß sich die Unabhängigkeit und Selbständigkeit seiner Politik bewahren, er muß seine Handlungsfreiheit nach allen Seiten hin glaubhaft machen.

In der Geschichte des Gewerkschaftsbundes seit 1945 hat es einige Male den Anschein gehabt, als ob diese Leitlinie verlassen würde und die stärkste Fraktion, die Fraktion Sozialistischer Gewerkschafter, nicht über ihren parteipolitischen Schatten springen könnte, sondern die politischen Geschäfte der SPÖ besorgen wollte. Diese Gefahr ist in der Zeit der großen Koalition vielleicht geringer gewesen, als seit 1966, nachdem diese Koalition auseinandergebrochen war und zuerst die ÖVP, dann die SPÖ allein die Regierungsverantwortung übernommen hatte. »Unsere Aufgabe ist es«, erklärte dazu Altenburger, »den sozialistischen Funktionären auf die Finger zu schauen, sie daran zu erinnern, daß sie als Vertreter ihrer Kollegen dem überparteilichen Kurs des Gewerkschaftsbundes zu folgen haben und nicht den Parteiweisungen des Bundeskanzlers[5].« Wenn die Überparteilichkeit des Gewerkschaftsbundes im großen und ganzen gewahrt werden konnte, so ist das neben dem Verständnis führender Männer der Sozialistischen Fraktion sicherlich der konsequenten Haltung der christlichen Gewerkschafter zu verdanken. Sie haben in kritischen Situationen wiederholt ihre Stimme erhoben und zur Besinnung auf die grundsätzliche Haltung des Gewerkschaftsbundes gemahnt, die nicht verlassen werden dürfe, wenn nicht die Institution selbst in Frage gestellt werden sollte.

Es muß anerkannt werden, daß gelegentliche Verstöße gegen die Überparteilichkeit des Gewerkschaftsbundes, die auf den unteren Ebenen der Organisation erfolgten, nach Protesten der christlichen Gewerkschafter von der Spitze her immer scharf mißbilligt wurden, so z. B. der Mißbrauch der Gewerkschaftspresse für einseitige parteipolitische Propaganda oder einzelne Verstöße gegen klare Weisungen der Führung des Gewerkschaftsbundes. Es ist notwendig, solche Entgleisungen dennoch an einigen Beispielen darzulegen, um den Anteil der christlichen Gewerkschafter an der Wahrung des Prinzips der Überparteilichkeit der Gewerkschaftsarbeit ins rechte Licht zu rücken. »Jeder Gewerkschafter hat eine politische und weltanschauliche Überzeugung. Der Gewerkschaftsbund muß aber über den parteipolitischen und weltanschaulichen Auffassungen seiner Mitglieder stehen und er darf nicht zum Wortführer einer einzelnen politischen Partei werden[6].«

Nach diesem Grundsatz haben die christlichen Gewerkschafter unbeirrt ihre Haltung im Österreichischen Gewerkschaftsbund eingerichtet. Die Reihe der willkürlich herausgegriffenen Beispiele ist lang, sie reicht von den Anfängen des Gewerkschaftsbundes bis in die jüngste Zeit. Nur einige sollen angeführt werden: »Eine schwere Entgleisung« (Der christliche Gewerkschafter, Nr. 1, Seite 2), »Überparteilichkeit muß gewahrt bleiben« (ebenda, Nr. 2, Seite 1), »Politik im Gewerkschaftsbüro« (ebenda, Seite 4), »So geht es nicht weiter« (ebenda, Nr. 4, Seite 1), »Holla-Olah« (ebenda, Nr. 8, Seite 4), »3. Gewerkschaftstag der Eisenbahner – ein Mißbrauch des Gewerkschaftsbundes« (ebenda, Nr. 10, Seite 7), »ÖGB contra FCG?« (ebenda, 1958, Nr. 3, Seite 1), »Der ÖGB ist nicht die SPÖ« (ebenda, 1960, Nr. 10, Seite 1). Offizielle Proteste gab es etwa 1955 anläßlich der Übergriffe eines Streikkommandos in Niederösterreich, die dann vom

Präsidium des ÖGB offiziell bedauert wurden. Der ÖGB übernahm sogar die volle Schadenshaftung gegenüber einem christlichen Gewerkschafter, der bei dieser Gelegenheit verletzt worden war[7]. Ein Protest der christlichen Gewerkschafter aus dem Jahre 1962 lautet: »Die Leitung der Bundesfraktion »Christlicher Gewerkschafter« hat nach Bekanntwerden eines zentralen Auftrages der Gewerkschaft der Bediensteten im Handel, Transport und Verkehr, bei Anlegung von Beschäftigungslisten auch die parteipolitische Zugehörigkeit der in den Betrieben beschäftigten Bediensteten zu erheben, beim Präsidenten des ÖGB schärfsten Protest eingelegt . . . Das Präsidium des ÖGB stellte in seiner Sitzung vom 25. 9. . . . eindeutig fest, daß vom Gewerkschaftsbund keine Weisungen solcher oder ähnlicher Art ergingen. Die Aktion . . . steht im Widerspruch zu den Grundsätzen der Überparteilichkeit des ÖGB. Die Einrichtungen dürfen nicht zu parteipolitischen Aktionen, von welcher Seite auch immer, mißbraucht werden[8].« Diese Stellungnahme mußte erfolgen. Denn die Zugehörigkeit zu einer Fraktion im ÖGB setzt ausschließlich die Mitgliedschaft beim ÖGB, aber nicht die Zugehörigkeit zu einer politischen Partei voraus. Die parteipolitische Überzeugung eines Gewerkschafters ist für den Gewerkschaftsbund von sekundärer Bedeutung, kein Gewerkschafter muß Mitglied einer politischen Partei sein, viele sind es auch nicht. Daher sind Proteste wie der eben erwähnte, unter anderem auch deshalb notwendig, weil sie zu offiziellen Klarstellungen führen, die nicht oft genug wiederholt werden können.

Als Bundespräsident Schärf auf Antrag des damaligen Parteiobmannes der SPÖ, des Vizekanzlers Dr. Pittermann, der gerade den Justizminister vertrat, durch einen Gnadenakt das Verfahren wegen eines klaren Terrorfalles bei Gräf & Stift einstellte, nahmen sich die christlichen Gewerkschafter kein Blatt vor den Mund. Freilich konnten sie in diesem Fall nichts erreichen, weil das Zusammenspiel zwischen Sozialistischer Fraktion bzw. Führung des ÖGB und der SPÖ zwar klar auf der Hand lag, aber nicht zu beweisen war[9]. Schon einige Jahre zuvor hatten sie anläßlich der Novellierung des Antiterrorgesetzes gesagt: »Solange aber in manchen verstaatlichten Betrieben, solange dort und da noch sichtbare Nachwirkungen aus der Zeit der Richtungsgewerkschaften vorhanden sind, . . . solange Machtansprüche der Sachlichkeit vorgezogen werden, lassen wir an einem gesetzlichen Schutz der Gesinnungsfreiheit nicht rühren[10].« Schon 1953 gab die Fraktion Christlicher Gewerkschafter ihrer Sorge um den Mißbrauch gewerkschaftlicher Einrichtungen für parteipolitische Zwecke Ausdruck und appellierte »in großer Sorge um die gewerkschaftliche Einheit an die verantwortlichen sozialistischen Funktionäre und Sekretäre des ÖGB und der Fachgewerkschaften, den zugunsten der SPÖ geführten parteipolitischen Aktionen einzelner in Rundfunk, Fachpresse und sonstigen Schriften sofort Einhalt zu gebieten[11].« Aber noch 1973, also zwanzig Jahre nachher, mußte festgestellt werden, daß ein Artikel im offiziellen Organ der Eisenbahnergewerkschaft im ÖGB ein eklatanter Mißbrauch eines Organes des überparteilichen Gewerkschaftsbundes gewesen sei[12]. Demgegenüber ist fairerweise festzuhalten, daß alle Präsidenten des ÖGB Übergriffe und Mißbräuche dieser Art mißbilligt haben. Und Fritz Klenner, der offizielle Geschichtsschreiber des ÖGB, betont: »Die pflichtgemäße Erfüllung ihrer (der Gewerkschaften, Anmerkung des Verf.) Aufgabe erfordert, daß sie parteipolitisch neutral bleiben, aber doch nicht außerhalb der Politik stehen. Aber diese Wandlung wurde nicht immer begriffen, und die Widersprüche zwischen Wollen und Müssen und die Anhänglichkeit an überholte Auffassungen erschweren und komplizieren die Arbeit[13].«

So zeigt sich die auf den ersten Blick eher überraschende Tatsache, daß die Haltung der christlichen Gewerkschafter sich mit der statutarisch festgelegten Überparteilichkeit des Gewerkschaftsbundes und daher auch mit der offiziellen Auffassung führender Funktionäre des ÖGB, die der sozialistischen Fraktion angehören, durchaus und immer deckt. Daher sind die Verstöße gegen die Überparteilichkeit auf zentraler Ebene verhältnismäßig selten. Sie haben dann allerdings größeres Gewicht. Natürlich ist dabei zu bedenken, daß die Mehrheit leichter der Versuchung erliegt, sich so zu gebärden, als ob sie allein maßgebend sei. Nichtsdestoweniger liegt das Verdienst der Christlichen Gewerkschafter, den ÖGB wiederholt vor einem Abgleiten von der grundsätzlichen Linie der Überparteilichkeit bewahrt zu haben, völlig klar zutage. Sie müssen sich als Minderheit ihrer Haut wehren – und das tut nicht nur ihnen, sondern dem ganzen ÖGB gut.

Überparteilichkeit besagt natürlich nicht, daß der Gewerkschaftsbund unpolitisch sein soll oder gar muß. Er kann es gar nicht sein. Die Aufgabe der Gewerkschaften besteht ja heute nicht mehr allein darin, ihren Mitgliedern bessere Löhne zu sichern, sie hat sich längst zu einer Einflußnahme auf alles Geschehen in Staat, Gesellschaft und Wirtschaft ausgeweitet, weil die Interessen der Arbeitnehmer das gesamte Leben umfassen und nur dann wirksam vertreten werden können, wenn die Gewerkschaften aktiv in den Ablauf der Entwicklung eingreifen, d. h. selbst mitbestimmen, wie diese Entwicklung sich vollzieht. Darüber jedoch, wie, wann und mit welcher Zielsetzung dieses aktive Eingreifen stattfinden soll, gibt es je nach der politischen und weltanschaulichen Überzeugung der Gewerkschafter verschiedene Meinungen. Sie müssen zunächst innerhalb des Gewerkschaftsbundes koordiniert und auf eine gemeinsame Linie gebracht werden, damit das Gewicht der gemeinsamen Organisation auch wirkungsvoll eingesetzt werden kann. Wenn das nicht geschähe, würde ja der Gedanke einer einheitlichen Gewerkschaftsorganisation, welche alle Arbeitnehmer ohne Rücksicht auf ihre verschiedene politische Überzeugung umfaßt, seinen Sinn verlieren. Eine Gewerkschaftsbewegung ohne jeden ideologischen Hintergrund müßte steril bleiben und würde in letzter Konsequenz zu einer Art Lohnmaschine entarten: Hinter aller Arbeit muß das Ziel sichtbar werden, den arbeitenden Menschen ein menschenwürdiges Dasein zu sichern. Daß die einen diese Zielsetzung aus der göttlichen Bestimmung des Menschen begründen, aus seiner Gegebenheit als eines Ebenbildes Gottes, die anderen aus einer rein diesseitigen Bezogenheit, die den Menschen selbst in den Mittelpunkt allen Strebens stellt, dürfte sie nicht trennen, sondern müßte sie im Gegenteil geradezu zu gemeinsamen Handeln verpflichten. Letztlich geht es beiden um den Menschen, wenn auch aus verschiedener Sicht. Und das sollte genügen, um jenen Kitt zu schaffen, der die einheitliche Gewerkschaftsbewegung in ihrem Inneren zusammenhält.

»Besteht«, sagt Nell-Breuning[14], »unter den Mitgliedern zwar eine weltanschauliche Differenzierung, haben sie aber doch auch vieles an Werten gemeinsam – und Gott sei Dank hat ja die freie Welt einen Bestand gemeinsamer Werte, durch die sie sich sehr deutlich von der unfreien unterscheidet – dann kann diese Einheitsgewerkschaft ihre Tätigkeit so weit ausdehnen, als der vorhandene gemeinsame Boden trägt.« Und Nell-Breuning warnt die Einheitsgewerkschaften eindringlich davor, etwas zu tun, was von diesen oder jenen ihrer Mitglieder nicht gebilligt werden kann und als Mißachtung oder

Schmälerung, als Beeinträchtigung ihrer Freiheit empfunden werden könnte. Sie müßten, wo immer sich ein Zweifel aufdrängt, ob die eine oder andere Gruppe eine Aktion, eine Zielsetzung, besonders in kulturellen Bereichen, als eine ihrer Überzeugung oder gar ihrem Gewissen widerstrebend ablehnen müßte, lieber ihren Tätigkeitsbereich einengen, als durch diese oder jene Aktion, die den maßgeblichen Männern wünschenswert erscheint, einen Teil der Mitglieder in seiner Überzeugung oder gar in seinem Gewissen zu verletzen[15]. Es kann heute festgestellt werden, daß der Österreichische Gewerkschaftsbund im großen und Ganzen dieser eigentlich selbstverständlichen Voraussetzung für eine Zusammenarbeit gerecht geworden ist. »Wir können daher immer wieder mit Genugtuung feststellen, daß im Präsidium und im Bundesvorstand des ÖGB grundsätzliche Meinungen und Stellungnahmen der Christlichen Gewerkschafter Gehör und Anerkennung finden[16].« Beide Seiten müssen sich allerdings darüber klar sein, daß der Preis für die Freiheit, aber auch für die Einheit der Gewerkschaftsbewegung in einer weisen Selbstbeschränkung bestehen muß: Keine Gruppe kann ihre Vorstellungen voll durchsetzen, jede wichtige Aktion muß zuerst innerhalb des Gewerkschaftsbundes abgestimmt werden. Dann muß sie entweder fallengelassen werden, wenn keine Übereinstimmung erzielt werden konnte, oder sie muß mit dem ganzen Gewicht der einheitlichen Organisation in Angriff genommen werden, wenn eine gemeinsame Auffassung gefunden werden konnte.

Es war von Anfang an klar, daß der Verzicht auf die Wiedererrichtung der Richtungsgewerkschaften nicht die Schaffung einer Art Eintopfgewerkschaft bedeuten konnte. Da sowohl sozialistische, als auch christliche Gewerkschafter den reichen Schatz ihrer Überzeugungen, Erfahrungen, Traditionen, ihrer Siege und Niederlagen, ihrer Erfolge und Mißerfolge in die neue Einheitsgewerkschaft einbringen würden, war die Bildung von Fraktionen sozusagen eine Naturnotwendigkeit. Sie konnte und sollte gar nicht verhindert werden, dies umso weniger, als sie sich auch aus der gegebenen politischen Situation ergab. Sie war durch das Bestreben der politischen Parteien charakterisiert, demokratische Einigung und Zusammenarbeit an die Spitze aller Bemühungen zu stellen. So standen die drei damals zugelassenen politischen Parteien an der Wiege des Gewerkschaftsbundes und damit war auch die Bildung von drei entsprechenden Fraktionen gewissermaßen vorgegeben, obwohl es – wie schon gesagt – kommunistische Gewerkschaften in Österreich nie gegeben hatte. Diese drei Fraktionen blieben bis heute bestehen, obwohl die eigentliche Basis des ÖGB eindeutig von den Sozialistischen und Christlichen Gewerkschaftern gebildet wird. Die Kommunistische Fraktion verlor nach dem Abschluß des Staatsvertrages und dem Abzug der Besatzungstruppen einen Großteil ihrer früheren Bedeutung, die später auch noch durch eine Spaltung in zwei rivalisierende Gruppen weiter vermindert wurde (Kodicek–Scharf). Daran konnte auch der Versuch der Kommunistischen Fraktion nichts ändern, sich nach bewährtem Muster und offenbar in Vorahnung kommender Entwicklungen unter der Bezeichnung »Fraktion der gewerkschaftlichen Einheit« zu tarnen. Die beiden anderen Fraktionen und damit die überwältigende Mehrheit im Gewerkschaftsbund und in den Gewerkschaften nahmen gegen diesen Versuch einer Vernebelung klarer politischer Tatbestände entschieden Stellung und weigerten sich, diese Fraktionsbezeichnung zur Kenntnis zu nehmen.

Die ersten einschneidenden Verluste erlitten die Kommunisten nach dem Oktober 1950. Die Niederschlagung des damals von den Kommunisten unter dem Schutz der russischen Besatzungsmacht angezettelten Generalstreiks, der offensichtlich den Sturz der Regierung zum Ziel hatte, war für die kommunistische Fraktion mit sehr einschneidenden Konsequenzen verbunden, denn die am Generalstreik maßgeblich beteiligten Funktionäre wurden teils ihrer Funktionen enthoben und teils aus dem ÖGB ausgeschlossen.

Das Hauptquartier des ÖGB-Präsidiums (Wien-Hohenstaufengasse) glich in diesen Streiktagen einer belagerten Festung. Von hier erfolgten unter der Führung von Präsident Böhm die Gegenweisungen.

Diese Entscheidung des ÖGB hatte Österreich, das bar jeder Verteidigungsmöglichkeit den kommunistischen Machtbestrebungen ausgesetzt war, vor dem Schicksal der sogenannten östlichen Satelliten bewahrt. Die Arbeiter und Angestellten von Wien und Niederösterreich sind damals nicht den Streikparolen der Kommunisten gefolgt, sondern haben mutig und treu den Anordnungen des ÖGB Folge geleistet und damit eine Tat gesetzt, die für immer in der Geschichte der Zweiten Republik verankert bleiben wird.

Keine Unklarheiten gab es über die Bindung der beiden anderen Fraktionen, der Sozialistischen Gewerkschafter an die SPÖ und der Christlichen Gewerkschafter an die ÖVP. Die Vertretung der christlichen Gewerkschafter im ÖGB wurde zunächst vom Österreichischen Arbeiter- und Angestelltenbund (ÖAAB) wahrgenommen, bis es einige Jahre später, offiziell im Jahre 1951, zur Bildung der Fraktion »Christlicher Gewerkschafter« kam. Die Trennung der Gewerkschaften von den Parteien durch die Verankerung des Prinzips der Überparteilichkeit bedeutete auf diese Weise nicht, daß die Bindungen zwischen den Fraktionen und der SPÖ bzw. der ÖVP aufhörten. Sie bestanden immer und bestehen weiter. Ihre positive Seite liegt darin, daß der Gewerkschaftsbund durch die Fraktionen in die Parteien hinein wirkt und so – etwa durch die Abgeordneten und sonstigen Gewerkschafter, die öffentliche Funktionen bekleiden – unmittelbaren Einfluß auf die Politik nehmen kann. Es ist bezeichnend, um nur ein Beispiel zu nennen, daß alle Sozialminister der Zweiten Republik, auch unter der Alleinregierung der ÖVP (Grete Rehor) aus den Reihen der Gewerkschaften kamen und die Sozialpolitik beider Parteien maßgebend beeinflußt haben. Aber auch die negativen Seiten dieser Bindung dürfen nicht übersehen werden: Sie liegen darin, daß gelegentlich der Standpunkt der Parteien in die Gewerkschaftsarbeit hineinwirkt. Es ist bereits ausführlich dargelegt worden, daß die Sozialistische Fraktion dieser Gefahr nicht immer ausgewichen ist. Daß dadurch die Überparteilichkeit des Gewerkschaftsbundes gelegentlich in Frage gestellt wurde, ist klar und kann auch für die Zukunft nicht ausgeschlossen werden. Darin liegt eigentlich die einzige Gefahrenquelle, aus der sich ernsthafte Krisen im Gewerkschaftsbund ergeben können. Nur eine saubere Trennung der politischen, gemeint sind die parteipolitischen, Aufgaben von den gewerkschaftlichen kann den Gewerkschafter selbst und die Fraktionen vor Interessenskonflikten bewahren, die in der Folge den Gewerkschaftsbund selbst gefährlichen Belastungsproben aussetzen würden.

Die christlichen Gewerkschafter haben diesem Gedanken dadurch Rechnung getragen, daß die Vertretung der gewerkschaftlichen Interessen vom ÖAAB und damit von der ÖVP getrennt und der Fraktion Christlicher Gewerkschafter übertragen wurde. Dieser Entscheidung gingen langwierige Auseinandersetzungen über die Zweckmäßigkeit eines solchen

Schrittes voraus. Sie ist auch heute noch nicht unbestritten. Es gibt nach wie vor Kräfte in der ÖVP und im ÖAAB, die mit dem Argument der Doppelgleisigkeit und der Unzweckmäßigkeit einer zweifachen Bezeichnung der politischen und der gewerkschaftlichen Vertretung, welche die Arbeitnehmer nur irreführen könne, eine Revision befürworten.

In der Tat ist ja der ÖAAB seinerzeit in der Hauptsache von christlichen Gewerkschaftern aufgebaut worden, die 1945 trotz dem Bekenntnis zum überparteilichen Gewerkschaftsbund und ihrer loyalen Mitarbeit in der neuen Organisation durch die Schaffung der Berufssektionen im ÖAAB die Tradition der christlichen Gewerkschaften bewahren wollten. Auf der anderen Seite sind sehr viele ÖAAB-Mitglieder in der Fraktion Christlicher Gewerkschafter tätig, so daß eine gegenseitige Durchdringung und Verflechtung nicht zu übersehen ist.

Entscheidend für die organisatorische Trennung war die Erwägung, daß die Fraktion nicht einfach eine Parteigliederung oder eine Zweckorganisation der Partei sein dürfe, sondern über die Partei hinausreichen und auch zur Vertretung solcher Gewerkschaftsmitglieder legitimiert sein müsse, die zwar nicht Mitglieder der ÖVP sind, sich aber zur christlichen Weltanschauung bekennen und deren Berücksichtigung in der Arbeit des Gewerkschaftsbundes wünschen. So ist die Grundlage für die Zugehörigkeit zur FCG wohl die Mitgliedschaft beim ÖGB, nicht aber die Mitgliedschaft bei der ÖVP. Diese verlangt von ihren Mitgliedern, sofern sie Arbeitnehmer sind, auch nicht, daß sie dem Gewerkschaftsbund beitreten müssen – zum Unterschied von der SPÖ, deren Mitglieder, soweit sie Arbeitnehmer sind, auch Mitglieder des Gewerkschaftsbundes sein müssen. Die FCG begnügt sich mit einer persönlichen Erklärung, die das Bekenntnis zu einer überkonfessionellen christlichen Weltanschauung enthält. Mitgliedschaft bei einer politischen Partei oder Bekenntnis zu einer politischen Überzeugung wird nicht verlangt.

So heißt es im Paragraph 1 der Geschäftsordnung der FCG: »Ziel und Aufgabe der FCG ist es, durch den Zusammenschluß ideologisch gleichgesinnter Gewerkschaftsmitglieder die Politik des ÖGB und seiner Gewerkschaften im Sinne der christlichen Weltanschauung so zu beeinflussen, daß das praktische Ergebnis der Gewerkschaftspolitik und der Gewerkschaftstätigkeit mit den Zielsetzungen der christlichen Soziallehre vereinbar ist. In Verfolgung dieses Zieles sind in allen Organisationsbereichen des ÖGB und seiner Gewerkschaften analoge Fraktionsorgane zu bilden, die neben der Betreuung der Fraktionsangehörigen die Interessen der FCG in allen Tätigkeitsbereichen innerhalb und außerhalb der Gewerkschaften zu vertreten haben. Die FCG umfaßt alle Mitglieder des ÖGB, die sich durch eine persönlich unterfertigte Erklärung zur ›FCG‹ bekennen.«

Altenburger erklärte dazu anläßlich der offiziellen Errichtung der Fraktion im Jahre 1953, daß bisher der ÖAAB nicht nur die politische Interessenvertretung wahrnahm, sondern auch jene Gruppe im ÖGB vertreten hat, die den Standpunkt der christlichen Arbeiter und Angestellten einnahm. Die gewerkschaftlichen Aufgaben müßten jedoch überparteilich wahrgenommen werden. Daher sei es ein logischer Beschluß des ÖAAB gewesen, diese Aufgaben von der Parteipolitik zu trennen und die wirtschaftliche Interessenvertretung im Rahmen des ÖGB der Fraktion Christlicher Gewerkschafter zu übertragen. Damit sei man jenen Gruppen und Personen weitestgehend entgegengekommen, die ebenfalls erkannt haben, daß gegenüber den marxistischen Fraktionen eine Zusammenfassung der christlichen Gewerkschafter notwendig ist, daß aber mit der Zugehörigkeit zur Fraktion keine parteipolitische Bindung eintreten soll[17]. Damit, so wird in vielen Erklärungen der Fraktion immer wieder betont, hätten die christlichen Gewerkschafter auch ein praktisches Beispiel für den Weg geben wollen, auf dem eine Entpolitisierung des ÖGB im Sinne einer Loslösung von der Parteipolitik erfolgen könne[18]. Politische und gewerkschaftliche Organisation sollen, das ist der Grundgedanke, nebeneinander auf das gleiche Ziel hinarbeiten, eine Vermischung der für beide Organisationen verschiedenen Aufgaben soll aber nach Möglichkeit vermieden werden.

So ist nach der Meinung maßgebender christlicher Gewerkschafter die Fraktion keine Fraktion der ÖVP, sondern ausschließlich eine Fraktion des überparteilichen Gewerkschaftsbundes. Der ÖAAB hingegen hat als Parteiorganisation seine Tätigkeit auf diesen Bereich abzustellen. Daß sich dabei gelegentlich Überschneidungen ergeben können, weil Parteipolitik und Gewerkschaftsaufgaben nicht immer scharf zu trennen sind, läßt sich nicht vermeiden. Auftretende Schwierigkeiten können aber in den meisten Fällen schon dadurch überbrückt werden, daß viele Funktionäre des ÖAAB gleichzeitig auch in der Fraktion Christlicher Gewerkschafter arbeiten, so daß sich eine zweckmäßige Personalunion ergibt. Die Interessen der gewerkschaftlich organisierten Mitglieder des ÖAAB werden im Gewerkschaftsbund automatisch von der FCG wahrgenommen.

Der Trennung zwischen politischen und gewerkschaftlichen Aufgaben wurde z. B. auch dadurch Rechnung getragen, daß die Arbeiterkammerwahlen als politische Wahlen in den Tätigkeitsbereich des ÖAAB fallen. Betriebsratswahlen hingegen, die auf Gewerkschaftsebene liegen, sind Sache der Fraktion. Bei dieser Regelung, die eine enge Zusammenarbeit nicht ausschließt, ist es bis heute geblieben, wie die Durchführung der Arbeiterkammerwahlen 1974 bewiesen hat.

Was nun die Organisation der FCG anlangt, so entspricht sie jener des Gewerkschaftsbundes. Sie ist territorial in Bundesfraktion, Landesfraktionen, Bezirks- und Ortsfraktionen gegliedert. In den 16 Gewerkschaften des ÖGB gibt es jeweils eine Fraktion Christlicher Gewerkschafter. Die Delegierten der FCG zum Bundeskongreß des Gewerkschaftsbundes sowie weitere Delegierte der Landes- und Gewerkschaftsfraktionen bilden den Bundestag der FCG. Er ist das oberste Organ der FCG und findet alle vier Jahre statt. Er legt die Richtlinien für die Arbeit der FCG fest, seine Beschlüsse sind für alle Organe der Fraktion bindend.

Die Bedeutung der Fraktion für den ÖGB geht schon daraus hervor, daß christliche Gewerkschafter wichtige Positionen im Gewerkschaftsbund besetzen. Vorsitzender-Stellvertreter, später Vizepräsident des ÖGB war von April 1945 bis April 1946 Lois Weinberger. Seit 1946 nimmt Erwin Altenburger diese Funktion wahr, der als Begründer der FCG auch Vorsitzender der Bundesfraktion Christlicher Gewerkschafter ist. Dem Bundesvorstand des ÖGB gehören zur Zeit neun Mitglieder der Fraktion an. Bundesvorstandsmitglieder des ÖGB waren bzw. sind:

Erwin Altenburger (ab 1946), Leopold Jochberger (1946 bis 1964), Alois Küblböck (1946 bis 1963), Eduard Tomaschek (1948 bis 1949), Franz Lifka (1948 bis 1954), Franz Gabriele (1949 bis 1965), Grete Rehor (ab 1957), Hans Drapela (1955 bis 1973), Roman Resch (1964 bis 1967), Dr. Alfred Gasperschitz (ab 1965), Hans Mayer (ab 1967), Leopold Summerauer (ab 1962), Johann Hrebec (1963 bis

1973), Ferdinand Fahrnberger (ab 1964), Rudolf Mrazek (ab 1973), Herbert Selner (ab 1974), Karl Bocek (1971 bis 1973), Rudolf Sommer (ab 1973). Dem Bundesvorstand des ÖGB gehört ferner der Sekretär des ÖGB Karl Wedenig seit 1954 an (er ist ab 1959 als Sekretär zur Verbindung mit Organisation und Bildungswesen auch im Präsidium des ÖGB). Wedenigs Vorgänger als Sekretäre des ÖGB waren Ferdinand Rechberger (1945 bis 1947), Franz Prinke (1948 bis 1950), Ignaz Köck (1950 bis 1953).

Freigestellter Fraktionssekretär ist seit 1971 Hubert Auer, er ist Organisationsreferent der FCG und leitet das FCG-Sekretariat Laudongasse. Das Sekretariat der Bundesfraktionsleitung besorgten bzw. besorgen Margarete Ullreich (1945 bis 1961), Rosemarie Hessenberger (ab 1947) und Elisabeth Heyer (ab 1962). Vertreter in der Kontrollkommission des ÖGB war Josef Reich (1951 bis 1959), von 1959 bis 1962 Heinrich Kowarsch, ab 1963 ist es Franz Teufelbauer. In der Liste der stellvertretenden Mitglieder finden sich die Namen Ernestine Meinhold, Rudolf Müllner, Ernst Panni.

In 15 der 16 Gewerkschaften des ÖGB stellt die FCG den Vorsitzenden-Stellvertreter, in der Gewerkschaft der öffentlich Bediensteten seit 1969 mit Dr. Alfred Gasperschitz, der ab 1965 Vorsitzender-Stellvertreter gewesen war, den Vorsitzenden. Seit 1973 stellt die FCG in dieser Gewerkschaft auch zwei Vorsitzende-Stellvertreter: Rudolf Sommer und Dr. Robert Lichal. Gasperschitz' Vorgänger waren Eduard Tomaschek (1946 bis 1951), und Franz Gabriele (1951 bis 1965). Die Vorsitzenden-Stellvertreter in den einzelnen Gewerkschaften führen gleichzeitig die FCG für den Bereich ihrer Gewerkschaft. In diesem Bereich treten eine ganze Reihe bekannter Persönlichkeiten in Erscheinung, die sich große Verdienste um die Organisation der christlichen Gewerkschafter erworben haben, hier aber nur kurz namentlich angeführt werden können, weil eine eingehende Würdigung schon aus Platzgründen nicht möglich ist. Ein unermüdlicher und besonders erfolgreicher Förderer der Fraktionsidee war der unvergeßliche Leopold Jochberger. In der Gewerkschaft der Privatangestellten Franz Lifka (1946 bis 1954), Theodor Stoschka (1954 bis 1972), Hans Drapela (1954 bis 1973), Bruno Alram (seit 1972). In der Gewerkschaft der Gemeindebediensteten Dr. Carl Freytag (1945 bis 1964), Herbert Stohs (ab 1964). In der Gewerkschaft Kunst und freie Berufe Luis

Fabiankovich (1946 bis 1962) und ab 1962 Friedrich Fehringer. In der Gewerkschaft der Bau- und Holzarbeiter Franz Jakob (1946 bis 1949), Bruno Walther (1949 bis 1952), Hans Commichau (1952 bis 1949) und Ferdinand Fahrnberger (ab 1960). In der Gewerkschaft der Chemiearbeiter Josef Brauneis, Hans Damith, Ferdinand David und ab 1973 Johann Reiterer. In der Gewerkschaft der Eisenbahner Hans Schwitzer (1946 bis 1957), Dr. Karl Kalz (1958 bis 1966), Alfons Stanzel (ab 1967). In der Gewerkschaft Druck und Papier Otto Huss (1946 bis 1968), Herbert Schmidt (ab 1968). In der Gewerkschaft Handel, Transport und Verkehr Friedrich Geihsler (1946 bis 1974), Rudolf Lorich (ab 1974). In der Gewerkschaft der gastgewerblichen Arbeitnehmer Hans Endl (1945 bis 1960), Anton Halik (ab 1960). In der Gewerkschaft der Arbeiter in der Land- und Forstwirtschaft Franz Jöstl (1945 bis 1966), Dipl.-Ing. Emil Juchasch (1966 bis 1974), Johann Mohr (ab 1974). In der Gewerkschaft der Lebens- und Genußmittelarbeiter Rudolf Pinter (1945 bis 1960), Johann Hacker (1960 bis 1971), Karl Eigensperger (ab 1971). In der Gewerkschaft der Metall- und Bergarbeiter Wilhelm Bleyer (1946 bis 1959), Hans Mayer (ab 1959). In der Gewerkschaft der Textil-, Bekleidungs- und Lederarbeiter Erwin Altenburger (1945 bis 1946), Grete Rehor (1947 bis 1967), Erwin Pokorny (1968 bis 1973), Georg Löffler (ab 1973). In der Gewerkschaft der Post- und Telegraphenbediensteten Josef Divjak (1945 bis 1962), Johann Hrebec (1963 bis 1973), Rudolf Mrazek (ab 1973). In der Gewerkschaft persönlicher Dienst Leopold Tuppa (1947 bis 1955), Eduard Zilvar (1955 bis 1967), Ferdinand Fafl (1967 bis 1971), Josef Müller (ab 1971).

Vorsitzende-Stellvertreterin in der ÖGB-Frauenabteilung und Vorsitzende der FCG-Frauenabteilung ist seit 1946 Grete Rehor. In der ÖGB-Jugendabteilung wird die FCG durch Hans Pohnitzer, der dem Jugendvorstand angehört, vertreten, im Bildungsreferat des ÖGB ist die Fraktion durch Richard Timel, in der Redaktion der »Solidarität« durch Herbert Dobiasch (früher Peter Wilbacher) vertreten.

Auch in den Landesexekutiven des ÖGB stellt die FCG die Stellvertretenden Vorsitzenden, die gleichzeitig Fraktionsobmänner sind. Ausnahmen sind: Oberösterreich: Ing. Anton Gahleitner (früher Alfred Bayr) ist Vors.-Stv., Fraktionsobmann ist Gerhard Possart; Steiermark: Vors.-Stv. Johanna Jamnegg (früher Rudolf Müller), Fraktionsobmann Anton

Nigl; Tirol: Vors.-Stv. Ekkehard Abendstein (früher Dr. Franz Hetzenauer, Hans Maier, Franz Kotter), Fraktionsobmann Dr. Fritz Prior. In Wien, wo es keine Landesexekutive des ÖGB gibt, wird die Landesfraktion der FCG von Günter Pichl (früher Hans Drapela) geführt. In den übrigen Bundesländern sind die führenden Funktionäre der Landesexekutiven: Niederösterreich: Ing. Johann Gassner (früher Alois Cipin, Karl Harmer); Salzburg: Johann Mayer (früher Karl Glaser, Dr. Kurt Jonak, Josef Mayerhofer); Kärnten: Wilhelm Rab (früher Herbert Mairitsch, Gottfried Wunder); Burgenland: Franz Soronics (früher Johann Habeler); Vorarlberg: Siegmund Klammer (früher Herbert Stohs, Roman Huber, Josef Kraft).

Daneben stellt die FCG in vielen Gewerkschaften sowie in drei Landesexekutiven hauptamtliche Sekretäre.

In den Gewerkschaften verfügt die FCG über zwei Zentralsekretäre und zwar in der Gewerkschaft der Privatangestellten, Hans Klingler (früher Erich Kabesch) und in der Gewerkschaft der öffentlich Bediensteten, Dr. Alfred Stifter.

Viele Persönlichkeiten, die bereits gestorben sind, im Ruhestand leben oder in anderen Funktionen tätig sind, haben durch langjährige Mitarbeit Aufbau und Gewicht der Fraktion im ÖGB mitgeprägt, so daß sie in der Geschichte der Fraktion und des gesamten ÖGB einen Ehrenplatz einnehmen, so der »Chefideologe« der christlichen Arbeitnehmer Prof. Dr. Karl Lugmayer, so Dr. Karl Kummer, der sich durch die Gründung des nach ihm benannten Instituts selbst ein Denkmal gesetzt hat, Dr. Fritz Bock, der als Generalsekretär des ÖAAB die Grundlagen für die spätere erfolgreiche Arbeit legte, Josef Reich, allgemein geschätzter und anerkannter Fachmann in allen Fragen der Sozialversicherung, Dr. Franz Latzka, Dr. Gustav Blenk, Franz Grubhofer aus Vorarlberg, Ferdinand Geißlinger und Josef Morgen von den Eisenbahnern, Johann Jandl, Josef Mayer, Ernestine Meinhold, Hans Jarosch, Rudolf Grahsl, Josef Czerny, Sepp Preindl von den Postlern, Josef Richter von den Gemeindebediensteten, Hanns Neugebauer von den öffentlich Bediensteten, Eduard Vysodil von den Privatangestellten, Katharina Neumayer, Luise Gattringer von der Gewerkschaft persönlicher Dienst, die Tiroler Lambert Tipotsch und Josef Thoman, der Oberösterreicher Johann Peschmann, der Kärntner Hans Grossauer, der Burgenländer Fritz Reinhalter.

Von den vielen tausenden Mitarbeitern im ÖGB, in den einzelnen Gewerkschaften und in den regionalen Organisationen müßten noch manche namentlich angeführt werden, die durch ihre Arbeit der Fraktion Christlicher Gewerkschafter zu ihrer heutigen Bedeutung verholfen haben. Nicht alle, die es verdient hätten, können hier genannt werden, weil ein solcher Versuch jeden Rahmen sprengen würde. Sie haben bewiesen, und beweisen es täglich aufs neue, daß ein mutiges Bekenntnis zur christlichen Weltanschauung erfolgreiche gewerkschaftliche Arbeit nicht nur nicht ausschließt, sondern als Antrieb und Motor jene Kräfte der Persönlichkeit freisetzt, die ein wirksames Eintreten für die Interessen aller Arbeitnehmer erst ermöglichen.

Der Aufbau der Fraktion mußte und muß in mühevoller Kleinarbeit von unten her erfolgen, was angesichts der Stärke der Sozialistischen Fraktion, die mit Ausnahme der Gewerkschaft der öffentlich Bediensteten in allen Gewerkschaften eine starke Mehrheit besitzt, einen besonderen Einsatz der Funktionäre erfordert. Die Vertrauensleute der Fraktion haben trotzdem bewiesen, daß es durchaus möglich ist, sich gegen die sozialistische Mehrheit durchzusetzen. Nicht nur die Quantität, sondern vor allem die Qualität der Funktionäre spielt ja in der praktischen Arbeit eine Rolle und der Erfolg der Arbeit hängt nicht zuletzt auch von der Persönlichkeit des Vertrauensmannes ab. Deshalb legt die Fraktion auch besonderen Wert auf die Schulung der Funktionäre. Ein erfolgreicher Gewerkschaftsfunktionär benötigt nicht nur eine tüchtige Portion Idealismus, der ihn dazu antreibt, sich für die Interessen seiner Kollegen einzusetzen, er muß auch über das Wissen verfügen, das ihn befähigt, in der Werbung, in der Organisation, in der Betreuung der Fraktionsangehörigen, in der Aufklärung entsprechende Leistungen zu setzen[19].

Wenn man von der grundsätzlichen Verpflichtung der Fraktion Christlicher Gewerkschafter ausgeht, die Politik des Gewerkschaftsbundes im Sinne der christlichen Weltanschauung zu beeinflussen, so ergibt sich aus dieser Verpflichtung, die gewissermaßen das Maximalprogramm darstellt, auch ein Minimalprogramm, nämlich die Bekämpfung, die Blockierung, die Verhinderung aller Tendenzen, die dieser Weltanschauung widersprechen. Wäre das eines Tages nicht mehr möglich, dann wären die christlichen Gewerkschafter außerstande, weiterhin im einheitlichen Gewerkschaftsbund zu bleiben.

Das hätte den Zerfall des Gewerkschaftsbundes in seiner gegenwärtigen Form und die Rückkehr zum System der Richtungsgewerkschaften zur Folge. Das mächtige Instrument der einheitlichen Arbeitnehmervertretung und der einheitlichen Arbeitnehmerpolitik würde zerbrechen. Konkurrenzkampf und Lizitationspolitik der Richtungsgewerkschaften würden wieder aufleben, der Arbeitsfriede in den Betrieben wäre gefährdet, der gemeinsame Einsatz einer Organisation, die heute mehr als 1,5 Millionen Arbeiter, Angestellte und Beamte umfaßt, wäre nicht mehr möglich, die Durchschlagskraft der Gewerkschaften würde sich in Einzelaktionen verzetteln[20].

Bisher ist trotz mancher Unzulänglichkeiten im einzelnen nichts geschehen, wodurch diese Gefahr akut geworden wäre. Wenn die christlichen Gewerkschafter in den Führungsgremien des ÖGB grundsätzliche Forderungen vorbrachten oder Vorbehalte anmeldeten, wurde ihnen in einer Form Rechnung getragen, die eine weitere loyale Zusammenarbeit ermöglichte. Selbstverständlich mußten häufig auch die christlichen Gewerkschafter – ebenso wie die Sozialistischen – im Interesse dieser Zusammenarbeit Konzessionen machen und darauf verzichten, ihre Wünsche voll durchzusetzen. Das ist in einer Organisation, die weltanschaulich differente Gruppen umfaßt, nicht anders möglich. Grundsätze der christlichen Weltanschauung wurden dabei nicht preisgegeben.

Die großen Ziele der Gewerkschaftsbewegung, nämlich den unselbständig Arbeitenden zu einem besseren Leben zu verhelfen, von dem der gerechte Lohn nur ein Teilaspekt ist, und ihnen den gebührenden Platz in der Gesellschaft zu verschaffen, stehen außer Streit. So können die Leitlinien für die Arbeit des ÖGB auch von der FCG voll akzeptiert werden. Auch sie glauben, daß eine freie Gesellschaft ohne freie Gewerkschaften nicht bestehen kann. Allerdings wissen sie auch, daß diese Tatsache den Gewerkschaften die Verpflichtung auferlegt, Rücksicht auf das Ganze zu nehmen, von dem sie nur ein Teil sind, und Verantwortung nicht nur für die Interessen ihrer Mitglieder, sondern auch für den Staat, für die Wirtschaft, für die übrigen Glieder der Gesellschaft übernehmen. Die Zeiten, in denen die Gewerkschaften, weil sie um ihre nackte Existenz kämpfen mußten, in Opposition zum Staat standen, sind vorbei. Im modernen demokratischen Staat ist Platz für die Gewerkschaften, sie brauchen ihn nicht erst zu erkämpfen. Das bedeutet, daß innergewerkschaftliche Demokratie und weltanschauliche Toleranz auch nach außen projiziert werden müssen. Daraus ergibt sich z. B., so unbefriedigend für die praktische Arbeit das auch sein mag, daß an der freiwilligen Mitgliedschaft beim Österreichischen Gewerkschaftsbund nicht gerüttelt werden darf. Jeder Gedanke, aus den Gewerkschaften eine durch Gesetz statuierte Zwangsorganisation zu machen, muß schärfstens abgelehnt werden. Wie die Gewerkschaften nur in einer freien demokratischen Gesellschaft ihre Aufgaben erfüllen können, müssen auch sie selbst frei sein und dürfen nicht auf einem gesetzlichen Zwang geruhen, der eine Beschränkung der Freiheit anderer bedeuten würde.

Sicherlich ist das Problem der sogenannten »Unorganisierten« immer wieder, und das mit Recht, Gegenstand der Diskussion. Aber das Koalitionsrecht hat eben nicht nur eine positive, sondern auch eine negative Seite: Dem Recht, sich einer Gewerkschaft anzuschließen, steht das Recht gegenüber, ihr fernzubleiben. Ein Teil der Arbeitnehmer – in Österreich die Mehrheit – geht in die gewerkschaftliche Organisation, gibt ihr dadurch die Möglichkeit, entsprechende Aktionen durchzuführen und zugunsten der Arbeitnehmer in die Gesellschaft hineinzuwirken, sie nimmt die Lasten der Erhaltung der Organisation auf sich, indem sie die Mitgliedsbeiträge bezahlt, sie erkämpft auf diese oder andere Weise handgreifliche Vorteile. Dann kommen die anderen – in Österreich die Minderheit – und ernten die Früchte mit, obwohl sie gar nichts dazu beigetragen haben. Das kann man als eine Art Schmarotzertum bezeichnen, als eine anfechtbare Haltung, die nicht erfreulich ist. Aber das ist ein moralisches Problem, das nicht durch Zwang, sondern nur durch Aufklärung, durch Überredung, keinesfalls unter Verletzung der persönlichen Freiheit gelöst werden kann. Es gehört zu den Aufgaben der Gewerkschaften, immer mehr Arbeitnehmer davon zu überzeugen, daß es die Gesellschaft, in der sie leben und weiterhin leben wollen, ohne freie Gewerkschaften nicht geben kann und daß es daher die moralische Pflicht jedes einzelnen wäre, nicht nur an den Ergebnissen der Gewerkschaftspolitik zu partizipieren, sondern sie wenigstens durch ihre Mitgliedschaft zu unterstützen.

Hierher gehört auch, wenngleich unter einem anderen Vorzeichen, die Selbstbeschränkung der Gewerkschaften. Wohl stellen sie in unserer Demokratie eine Macht im Staate dar, aber sie dürfen nie danach streben, ein Staat im Staate zu werden, sich selbst als die allein Maßgebenden anzusehen, sich sozusagen ein Monopol auf allen Fortschritt anzumaßen. Die christlichen Gewerkschafter wissen aus einer langen Geschichte um den Wert einer gefestigten Organisation, aber sie lehnen es ab, daraus Herrschaftsansprüche abzuleiten, die über den heute ohnedies sehr erweiterten Aufgabenbereich der Gewerkschaften hinausgehen und letztlich in Zwang und Unfreiheit führen würden, zu deren Bekämpfung die Gewerkschaften seinerzeit angetreten sind[21].

Der Österreichische Gewerkschaftsbund steht nicht allein. Mit der Entwicklung größerer Wirtschaftsräume und der zunehmenden Abhängigkeit nationaler Wirtschaften voneinander hat sich notwendigerweise auch die internationale Zusammenarbeit der Gewerkschaften verstärkt. Der ÖGB ist Mitglied des Internationalen Bundes Freier Gewerkschaften (IBFG), aber auch des erst 1973 gegründeten Europäischen Gewerkschaftsbundes (EGB).

Die Fraktion Christlicher Gewerkschafter gehörte dem Internationalen Bund Christlicher Gewerkschaften (IBCG) an und hat in diesem bis vor nicht allzulanger Zeit eine hervorragende Rolle gespielt. Auf die internationale Zusammenarbeit der christlichen Gewerkschaften hat die Fraktion immer größten Wert gelegt, weil sie sich der Notwendigkeit bewußt war, auch international ein Gegengewicht gegen die überwiegend sozialistische Internationale der Freien Gewerkschaften untenstützen zu müssen, und weil die Zusammenarbeit mit gleichgerichteten Gewerkschaften anderer Länder auch das Gewicht der Fraktion im eigenen Land erhöhte. »So steht«, schrieb Altenburger 1953, »die FCG auf dem Boden der eigenen Weltanschauung, festverankert im ÖGB, sie steht aber auch in engster Verbindung zum Bund der internationalen christlichen Gewerkschaften und damit mit allen christlichen Gewerkschaften der freien Welt.« (»Freiheit« vom 3. 1. 1953.) Inzwischen hat der IBCG seinen Namen in Weltverband der Arbeitnehmer (WVA) geändert und das »C«, das seiner Verbreitung in manchen Teilen der Welt, vor allem in den Entwicklungsländern, oft nicht zuträglich war, fallengelassen. Seither haben sich die Beziehungen zur Fraktion etwas abgekühlt. Die Entwicklung ist noch im Gang.

Es ist schon gesagt worden, daß die Aufgabe der Gewerkschaften, bis weit hinein in unser Jahrhundert, sich darauf beschränkte, höhere Löhne und Gehälter zu erkämpfen, wo die wirtschaftliche Situation ihrer Mitglieder es erforderte und die Verhältnisse in einem bestimmten Berufszweig es ermöglichten. Das ist heute im allgemeinen und in Österreich im besonderen anders geworden. Die Gewerkschaften fordern heute nicht nur, sie bestimmen als ein entscheidender Faktor mit, wie die Wirtschaft sich entwickelt. Das aber bedingt Mitverantwortung, Rücksichtnahme auf die Gesamtwirtschaft, Selbstbeschränkung, wo es gilt, berechtigte Wünsche der Gegenseite mit den eigenen Forderungen in Einklang zu bringen. Die Lohn-Preis-Abkommen der ersten Nachkriegsjahre, der Abschluß genereller Lohnabkommen, die Zusammenarbeit der Sozialpartner in der Paritätischen Kommission sind Beispiele für eine solche Haltung der Gewerkschaften. Die christlichen Gewerkschaften haben ein solches Vorgehen immer unterstützt. Man muß versuchen, so meinten sie, »zu einer gemeinsamen konstruktiven Wirtschaftsgestaltung zu kommen und alles zu vermeiden, was soziale Spannungen verursacht und den wirtschaftlichen Fortschritt unseres Landes gefährden würde[22]. Immer wieder wurde die Verantwortung gegenüber der Gesamtwirtschaft betont[23], die Erkenntnis, daß die Leistungsfähigkeit der Wirtschaft die Voraussetzung für eine Verbesserung der wirtschaftlichen und sozialen Lage der Arbeitnehmer ist. Was nicht vorher erarbeitet wurde, kann nicht verteilt werden.

Aus diesen Vorstellungen, aber auch aus der im tiefsten Sinn christlichen Verantwortung gegenüber den anderen Gliedern der Gesellschaft läßt sich auch die Forderung nach einer ständigen Hebung der Arbeitsmoral ableiten, über deren Notwendigkeit sich übrigens auch die sozialistischen Gewerkschafter im klaren sind. Jede Leistung bedingt eine Gegenleistung. Höhere Produktion und erhöhte Produktivität, die natürlich nicht nur, aber auch von der Arbeitsmoral abhängen, schlagen sich in einem größeren Wirtschaftsprodukt nieder, das wieder eine neuerliche Besserstellung der Arbeitnehmer ermöglicht. Diese Erwägungen haben nichts mit Antreibermethoden oder einem abgewandelten Stachanow-System zu tun, sie sollen lediglich besagen, daß der Grundsatz vom gerechten Lohn und die Forderung, alle Arbeitnehmer müßten den ihnen zustehenden Anteil des Wirtschaftskuchens erhalten, immer wieder auch durch Leistung gerechtfertigt werden müssen. Hier haben die Gewerkschaften aus ihrer Verantwortung heraus eine wichtige Erziehungsarbeit zu leisten. Mit Zwang ist, wie die Erfahrungen in den Diktaturregimen aller Richtungen beweisen, das Problem der Arbeitsmoral nicht zu lösen. Das können nur freie Menschen in freier Entscheidung. Für sie ist die Arbeit nicht nur eine Ware, sondern auch ein Mittel der Selbstverwirklichung.

Der Österreichische Gewerkschaftsbund hält die Verwirklichung der folgenden wirtschaftspolitischen Ziele für vordringlich: Vollbeschäftigung, Beschleunigung des wirtschaftlichen Wachstums, solidarische Einkommenspolitik und Ausbau der Wirtschaftsdemokratie[24]. Daß die Vollbeschäftigung an der Spitze der Prioritätenliste der Gewerkschaften steht, ist nicht weiter verwunderlich. Das Recht auf Arbeit ist ein Grundrecht, das nur in einer florierenden Wirtschaft garantiert werden kann. Arbeitslosigkeit ist, wie das Beispiel der Entwicklungsländer zeigt, ein schreckliches Schicksal, das die Verwirklichung eines menschenwürdigen Daseins unmöglich macht. Noch ist in der älteren Generation die Erinnerung an jene Zeit der zwanziger Jahre und dreißiger Jahre lebendig, als das Gespenst der Arbeitslosigkeit zum bedrückenden Alltag gehörte und die Arbeitslosen in langen Schlangen vor den Arbeitsämtern auf die Auszahlung der Unterstützung warteten. Hunderttausende mußten damals »stempeln« gehen. Wer Arbeit hatte, wurde als Glückspilz angesehen, auch wenn sie elend bezahlt wurde. In diesen Jahren erwarb sich der Schilling zwar die legendär gewordene Bezeichnung »Alpendollar«, aber die Hunderttausende, die ohne Arbeit waren, und ihre Familien hatten nichts davon.

Die politischen Folgen der Massenarbeitslosigkeit in Deutschland und Österreich sind bekannt: Sie drängte die Massen verzweifelter Menschen in den politischen Radikalismus, auf den sie ihre letzte Hoffnung setzten, und bereitete den Boden für die Unfreiheit, die Diktatur und schließlich die Katastrophe des Zweiten Weltkrieges. Nichts kann die Zusammenhänge zwischen Wirtschaft, Politik und der Situation der Arbeitnehmer deutlicher illustrieren, als dieser historische Vorgang. Er hat die Gewerkschaftsbewegung gelehrt, daß sie auf Politik und Wirtschaft aktiv Einfluß nehmen muß, wenn ähnliche Entwicklungen im Interesse der Arbeitnehmer verhindert werden sollen. So muß sie durch ihr Gewicht erreichen, daß vom Budget her, von der Kreditseite und durch eine entsprechende Einkommenspolitik die Vollbeschäftigung gesichert wird.

Hierher gehören aber auch die Probleme, die durch die fortschreitende Rationalisierung und Automatisierung der Produktion aufgeworfen werden. Diese Entwicklung setzt immer wieder Arbeitskräfte frei, die wieder in den Arbeitsprozeß eingegliedert werden müssen. Eine sinnvolle Arbeitsmarktpolitik muß diesen strukturellen Veränderungen Rechnung tragen, die eine Zeitlang von der Hochkonjunktur überdeckt werden können, aber eines Tages mit tödlicher Sicherheit aufbrechen und dann bereits eine Krise signalisieren, bevor sie noch in anderen Bereichen sichtbar wird.

Der Zusammenhang zwischen Vollbeschäftigung und dem zweiten Punkt auf der Prioritätenliste des Gewerkschaftsbundes liegt auf der Hand. Die Gewerkschaften wollen dem Arbeitnehmer einen wachsenden Anteil am Volkseinkommen sichern. Dazu ist zunächst einmal notwendig, daß die Wirtschaft expandiert, ganz abgesehen davon, daß Österreich gegenüber Ländern wie der Schweiz oder Schweden, die von beiden Weltkriegen verschont geblieben sind, einen großen Nachholbedarf hat – von Europalöhnen ist noch keine Rede. Die Gewerkschaften wissen, daß nur ein hohes Maß an Übereinstimmung zwischen der Wirtschaftspolitik des Staates und der Politik, die von den Wirtschaftsverbänden und den Gewerkschaften, Arbeitgebern und Arbeitnehmern, betrieben wird, einen Erfolg verspricht. Diese Übereinstimmung zu erreichen, ist sehr schwierig[25].

In Österreich könnte eine Erweiterung der Paritätischen Kommission für Lohn- und Preisfragen zu einer Wirtschaftskommission einen Schritt vorwärts bedeuten. Diese hätte alle gesamtwirtschaftlich wichtigen Fragen vorzuberaten und Empfehlungen an Parlament und Regierung auszuarbeiten. Es wäre zu untersuchen, welche Wachstumsraten sich nach Meinung der Fachleute verwirklichen lassen, und danach ein längerfristiges Entwicklungsprogramm auszuarbeiten. All das muß allerdings, daran darf es keinen Zweifel geben, in freier Zusammenarbeit geschehen. Auch in der Wirtschaftspolitik darf es keinen Zwang geben, Zwangswirtschaft führt in den Zwangsstaat. Das schließt aber eine verantwortungsbewußte und alle möglichen Entwicklungen in Rechnung stellende Planung keineswegs aus, wenn alle maßgebenden Faktoren sich daran beteiligen.

Eines der Mittel, durch welche die Gewerkschaften an der Entwicklung der Wirtschaft mitwirken, ist eine wohlüberlegte

Lohnpolitik. Sie muß zwar vom Grundsatz der Einkommensgerechtigkeit ausgehen, das heißt: Daß die Einkommen jeweils in einem entsprechenden Verhältnis zu dem Beitrag stehen, den ihre Bezieher zum Sozialprodukt leisten. Aber das sollte niemanden dazu verleiten, zu übersehen, daß die Lohnpolitik koordiniert werden und Rücksicht auf die Erfordernisse der Wirtschaft nehmen muß. Dieses Problem hat die christlichen Gewerkschafter in der Zweiten Republik stark beschäftigt: »Die Leitung der Bundesfraktion stimmt der Auffassung des Vorsitzenden zu, daß im Rahmen des Gewerkschaftsbundes eine Koordinierung der einzelnen Lohnforderungen notwendig ist und daß Lohnforderungen, die Preiserhöhungen nach sich ziehen, die Zustimmung des Präsidiums bzw. des Vorstandes des ÖGB erhalten müssen[26].« Und: »Die Lohnpolitik ist im Rahmen des ÖGB zu koordinieren und Bewegungen, deren Auswirkungen zu Preissteigerungen führen oder auf andere Branchen und Gewerkschaften Folgewirkungen haben, sind unter keinen Umständen ohne Beschlußfassung des Bundesvorstandes bzw. des Präsidiums einzuleiten[27].« Oder: »Es ist nicht möglich, Lohnforderungen, Forderungen nach Erweiterung des Urlaubszuschusses und ähnliche mehr und gleichzeitig eine Verkürzung der Arbeitszeit bei vollem Lohnausgleich zu verlangen[28].« Solidarische Lohnpolitik bedeutet aber auch, daß die Kraft der organisatorisch und zahlenmäßig starken Gruppen zur Unterstützung der schwachen eingesetzt wird. Daher kann nicht jede Gewerkschaft, die in ihrem Bereich eine für sie günstige Situation vorfindet, ohne Rücksicht auf die übrigen Gewerkschaften und auf die Erfordernisse der Gesamtwirtschaft eine eigene Lohnpolitik machen. Das wäre ein Rückfall in frühere Taktiken, die heute nicht mehr zu rechtfertigen sind.

Vielleicht ist hier auch eine kurze Anmerkung über das Kollektivvertragswesen am Platz. Kollektivverträge werden meist mit Gültigkeit für ganz Österreich abgeschlossen. Es liegt in der Natur der Sache, daß sie sowohl für den kleinsten wie auch für den größten, sowohl für den leistungsschwachen wie auch für den leistungsstarken Betrieb gelten. Daher müssen sie so gestaltet sein, daß sie auch vom leistungsschwachen Betrieb erfüllt werden können. Daraus ergibt sich, daß die Entlohnung der Arbeitnehmer in der gleichen Wirtschaftsbranche verschieden hoch ist, weil manche Betriebe höhere Löhne zahlen können, als der Kollektivvertrag vorsieht. Das wird oft mißverstanden, kann und soll aber nicht ausgeschaltet werden. Der Kollektivvertrag setzt Mindestlöhne fest, die nicht unterschritten, aber selbstverständlich durch Betriebsvereinbarungen erhöht werden dürfen. Mindestleistungen zu vereinbaren, ist im Interesse der Arbeitnehmer notwendig, Mehrleistungen zu verbieten, wäre eine Dummheit.

Genauso wichtig wie die Löhne sind aber für die Gewerkschaften die Preise. Niemand hat etwas davon, wenn er mehr Lohn bekommt, aber die Preise die Lohnerhöhung auffressen, so daß in Wahrheit der Reallohn sich nicht erhöht hat, ja in Zeiten großer Inflationsraten sogar kleiner geworden ist, weil die Löhne erfahrungsgemäß den Preisen nachhinken. Daher ist das Interesse der Gewerkschaften, auf die Preispolitik Einfluß zu nehmen, entsprechend groß. Instrument dafür ist in Österreich ebenfalls die »Paritätische«, wo alle Lohn- und Preisforderungen von den Sozialpartnern geprüft werden, bevor sie freigegeben werden. Eine besonders heikle Angelegenheit ist heute die Preisgestaltung der multinationalen Konzerne, die oft auf nationaler Ebene nur begrenzt beeinflußt werden kann. Daraus könnte eine wichtige Zukunftsaufgabe der internationalen Gewerkschaftsverbände erwachsen.

Von der »Paritätischen« und dem Plan bzw. der Anregung, sie zu einer allgemeinen Wirtschaftskommission zu erweitern, ist nur mehr ein Schritt zum nächsten Ziel des Gewerkschaftsbundes, dem Ausbau der Wirtschaftsdemokratie. Die »Paritätische« ist ja schon Wirtschaftsdemokratie, Mitbestimmung, Partnerschaft. Sie liegt auf der überbetrieblichen Ebene und dort wird sie für die künftige Entwicklung wohl auch ihre größte Bedeutung haben. Das darf indessen nicht darüber hinwegtäuschen, daß die Wirtschaftsdemokratie ohne die Mitbestimmung der Arbeitnehmer im Betrieb Stückwerk bleiben muß. Das Arbeitsverfassungsgesetz genügt nicht, Ziel muß eine echte Partnerschaft zwischen Arbeitgeber und Arbeitnehmer sein, die auf einer klaren Abgrenzung der Rechte und Pflichten beider Partner fußt.

Diese Entwicklung ist im Gang. Die FCG begrüßt sie, weil Mitbestimmung und Partnerschaft eine alte Forderung der christlichen Gewerkschafter ist. Sie kann aber nach Ansicht der FCG nicht Gegenstand eines Monopolanspruches der Gewerkschaften sein. Die christlichen Gewerkschafter unterstützen alle Bestrebungen, die auf eine Mitbestimmung, aber selbstverständlich auch Mitverantwortung der Arbeitnehmer hinzielen. Die Gewerkschaft hat dort auf Unterstützung zurückzuschalten, wo sich echte Partnerschaft auch aufgrund anderer Initiativen entwickelt. Man kann nicht überall, wo ein moderner und aufgeschlossener Arbeitgeber von sich aus eine Initiative entwickelt, um die Idee der Partnerschaft in seinem Betrieb in die Tat umzusetzen, einfach mit dem Schlagwort vom »Paternalismus« daherkommen und darauf bestehen wollen, daß eine solche Initiative nur dann gut ist, wenn sie von den Gewerkschaften kommt. Auf welchem Weg die Partnerschaft in einem Betrieb verwirklicht wird, ist letztlich ohne Belang, Hauptsache ist, *daß* sie verwirklicht wird. Aber selbstverständlich werden die Gewerkschaften darauf zu sehen haben, daß es sich in solchen Fällen um echte Maßnahmen handelt und nicht um eine Augenauswischerei, um eine Alibihandlung, die den Zweck hat, durch scheinbare Zugeständnisse wirkliche Reformen zu verhindern. Die christlichen Gewerkschafter werden sich hüten, solchen Methoden die Mauer zu machen.

Ein weiterer Bereich, den man gewissermaßen als eines der Primärgebiete gewerkschaftlicher Arbeit bezeichnen könnte, ist die Sozialpolitik. Hier sind seit 1945 wirklich große und entscheidende Fortschritte gemacht worden, deren sich Österreich wahrhaftig nicht zu schämen braucht. Das Arbeitsrecht ist ständig verbessert worden, die Sozialgesetzgebung hat eine ganze Reihe wichtiger Anliegen und Forderungen der Arbeitnehmer verwirklicht. Einige von ihnen mögen für viele stehen: Das ASVG hat die Grundlagen für die allgemeine soziale Sicherheit geschaffen, die Krankenversicherung ist praktisch lückenlos, Unfallversicherung, Familienhilfe, soziale Fürsorge schirmen den Arbeitnehmer in der Welt von heute gegen alle Zufälligkeiten des Lebens ab. Weitere Verbesserungen folgen ständig (Krankheit unterbricht den Urlaub, Mindesturlaub, Arbeitszeit, Pensionsdynamik, Lohnfortzahlung bei Krankheit, um nur ein paar besonders hervorstechende Regelungen zu nennen).

Die Entwicklung vollzieht sich in einem so rasanten Tempo, daß gelegentlich Befürchtungen auftauchen, sie könnte die Leistungsfähigkeit der Wirtschaft überfordern. Noch 1958 hieß es in einem Sitzungsprotokoll der Leitung der Bundesfraktion Christlicher Gewerkschafter: »Der Kongreß des ÖGB hat seinerzeit beschlossen, daß der Gewerkschaftsbund bestrebt sein möge, eine schrittweise Verkürzung der Arbeitszeit zu erreichen, wenn hiefür die wirtschaftlichen Voraussetzungen gegeben sind. Arbeitszeitverkürzungen, die eine Verminderung der Produktion oder eine Erhöhung der Preise beinhalten und damit die Konsumenten belasten oder die Existenz des Betriebes gefährden, können nicht vertreten werden[29].«

Die Verantwortung gegenüber der Gesamtwirtschaft könnte nicht deutlicher dokumentiert werden, als durch diese Sätze. Seither ist die Verkürzung der Arbeitszeit in Etappen so vorsichtig durchgeführt worden, daß die Wirtschaft sie verkraften konnte. Die Sozialpolitik ist noch keineswegs am Ziel, mit neuen Entwicklungen in der Gesellschaft stellen sich neue Aufgaben, aber auch die eine oder andere Lücke ist noch zu schließen. Die christlichen Gewerkschafter dürfen einen gebührenden Anteil an diesen sozialen Errungenschaften auch für ihre Arbeit in Anspruch nehmen.

Einer Initiative muß noch gedacht werden, die aus dem Gedankengut der christlichen Gewerkschafter gewachsen und heute allgemein anerkannt ist: Die Idee des Wohnungseigentums. Sie ist mit dem Namen eines christlichen Gewerkschafters untrennbar verbunden, der seine ganze Arbeit in der Nachkriegszeit der Verwirklichung dieser Idee gewidmet hat, dem Namen Franz Prinke. Seit ihren Anfängen hat das Problem des Eigentums in Arbeitnehmerhand die christlichen Gewerkschaften beschäftigt. Sie waren immer der Meinung, daß persönliches Eigentum die Freiheit des Menschen mitbegründe und haben immer wieder nach Wegen gesucht, diese Idee in die Tat umzusetzen. Versuche mit der Volksaktie etwa liegen in dieser Richtung. Prinke wollte mit dem Wohnungseigentum den Mieter aus der Abhängigkeit lösen, die ein Mietverhältnis auf jeden Fall mit sich bringt, nebenbei aber auch einen Beitrag zur Behebung der großen Wohnungsnot leisten, die nach den Zerstörungen durch den Zweiten Weltkrieg herrschte. Der Wohnraum, in dem der Mensch einen erheblichen Teil seines Lebens zubringt, sollte ihm gehören und ihm nicht von privater oder öffentlicher Seite vermietet werden. Das Problem hat unter anderem auch eine politische Seite, die besonders in Wien augenfällig ist. Bekanntlich ist die Gemeinde Wien der größte Hausherr Österreichs, was, der Beispiele gibt es genug, von den Sozialisten zur politischen Beeinflussung der Mieter und ihrer Familien ausgenützt wurde. Auch diese Methoden, die auch anderswo angewendet wurden, können durch das Wohnungseigentum ausgeschaltet werden. Wenn heute viele tausende Arbeitnehmer in Österreich Eigentümer ihrer Wohnungen sind und auf diese Weise ein Stück Unabhängigkeit errungen haben, so geht das auf das Wirken Prinkes zurück. Daß sich in der Folge leider auch Geschäftemacher, denen es nicht um den Menschen, sondern um den Profit geht, dieser Idee bemächtigt haben, sagt nichts gegen ihre Berechtigung. Das Verdienst Prinkes bleibt unbestritten.

Bei allen Bestrebungen der Gewerkschaften sollte es letztlich um die Befreiung des Menschen aus Abhängigkeiten der verschiedensten Art gehen. Auch die Bildung macht den Menschen frei. So ist auch die Kulturpolitik ein sehr ernstes Anliegen des ÖGB. Sie steht in enger Verbindung mit einem Problem, das jüngeren Datums ist, nämlich mit der Gestaltung der Freizeit, die im Leben des Menschen einen immer größeren Raum einnimmt. Gewiß, da ist die Fortsetzung der Schul- und Bildungsreform, da geht es um den Zugang zu allen Bildungsmöglichkeiten für alle durch den Abbau der sozialen, wirtschaftlichen und regionalen Hindernisse, um die Verbesserung der Berufsausbildung, um die Erweiterung der Erwachsenenbildung, um die Einrichtung eines zweiten Bildungsweges für Berufstätige. Das alles stellt ein weites Feld für gewerkschaftliche Arbeit dar, die von den Referaten des ÖGB auch wahrgenommen wird.

Aber das Hauptproblem der Zukunft wird die Freizeit sein. Die Zahl derer, die mit ihrer Freizeit nicht allzuviel anzufangen wissen, denen »fad ist«, wird immer größer, je kürzer die Arbeitszeit wird. In einer freien Gesellschaft kann man den Menschen nicht vorschreiben, wie sie ihre Freizeit sinnvoll verbringen sollen. Man kann ihnen nur die Möglichkeiten dazu bieten: Durch Errichtung von Bildungsstätten, von Sportanlagen, von Bibliotheken, durch Kurse, Vorträge, Reisen, Theater-, Opern-, Konzertbesuche und anderes mehr. In Anspruch nehmen muß all diese Möglichkeiten der Mensch selbst, man kann sie ihm nicht aufzwingen. Das ist eine große Erziehungsaufgabe der Gewerkschaften, deren Bedeutung gar nicht überschätzt werden kann. Die Bemühungen um eine Verkürzung der Arbeitszeit sind ein Teil des Kampfes um mehr Freiheitsraum für den Menschen. Sie können nur dann einen Sinn haben, wenn diese Freiheit dazu genützt wird, der Selbstverwirklichung des Menschen zu dienen, das heißt, ihn durch aktive Teilnahme an den Werten des Lebens zu einem höheren geistigen Dasein zu führen. Dazu gehören gute Bücher, Musik,

Theater, aber auch Hobbies aller Art, Sport und Spiel, Entspannung, Besinnung auf sich selbst. Ungezählte Möglichkeiten tun sich auf, die den Gesichtskreis erweitern, unsere Welt verständlich machen und dem, der sie wahrnimmt, die Befriedigung des Menschseins vermitteln.

Allen diesen Zielsetzungen des Gewerkschaftsbundes stimmen auch die christlichen Gewerkschafter uneingeschränkt zu. Sie unterstützen alle Bestrebungen, die über die Sicherung des rein materiellen Daseins hinaus das Leben der arbeitenden Menschen besser und schöner, erfüllter und bewußter machen können. Die Gewerkschaften haben in unseren Teilen der Welt in einem langen Kampf um die Arbeiter und Angestellten aus dem Zustand völliger Abhängigkeit von den Arbeitgebern, aus sozialer Unsicherheit und Rechtlosigkeit, aus dem Dunkel der Unwissenheit und Hoffnungslosigkeit in ein menschenwürdiges Dasein geführt, sie haben ihnen den gebührenden Platz in der Gesellschaft erkämpft, sie haben sie zu einem bestimmenden Faktor in der Wirtschaft gemacht, in der Entscheidungen heute nur mehr mit ihnen, nicht ohne sie oder gegen sie möglich sind. Daran haben christliche Gewerkschafter in hervorragender Weise mitgewirkt. Sie hatten es schwerer, weil sie eine Art Zweifrontenkrieg zu führen hatten. Die Sozialistischen Gewerkschafter glaubten nämlich lange, sie hätten einen Monopolanspruch, und handelten darnach. Manche glauben das noch heute, aber weitaus die meisten haben eingesehen, daß eine solche Haltung der Realität nicht entspricht. Den christlichen Gewerkschaften ging es in ihrer ehrenvollen Geschichte und geht es auch heute nicht nur um die materielle Besserstellung und um die wirtschaftliche Sicherung ihrer Mitglieder, sondern um die Freiheit des Menschen. »Letztes Ziel der christlichen Gewerkschaften ist es, ein der göttlichen Bestimmung des Menschen entsprechendes individuelles und gemeinschaftliches Leben zu gestalten ... Auch als Arbeitnehmer im wirtschaftlichen Produktionsprozeß muß der Mensch wieder voll in seine Funktion als menschliche Person, als Ebenbild Gottes eingesetzt werden, müssen auch seine geistigen Bedürfnisse und seine persönliche Freiheit gewahrt sein. Wir wissen, daß im christlichen Glauben jene Kräfte enthalten sind, die uns dieses Werk werden vollbringen lassen[30].«

Diese Zusammenfassung bleibt weiterhin gültig. Die christlichen Gewerkschafter wissen, daß sie noch lange nicht am Ende ihres Weges angelangt sind. Noch bleibt vieles zu tun, im eigenen Land, in der Welt, wo immer noch ungezählte Millionen Menschen ein jämmerliches Dasein führen müssen, zu sklavischer Arbeit gezwungen, von Hunger, Krankheit, Unterdrückung bedroht, ohne Hoffnung, ohne Hilfe. Sie wissen, daß in einem anderen Teil der Welt zwar Hunger und Not gebannt sind, dafür aber unter dem Banner der Freiheit eine neue Art von Sklaverei sich ausbreitet. Doch der Mensch lebt nicht vom Brot allein. Wer im Namen der Freiheit Menschen in die Gefängnisse und Arbeitslager bringt, wer im Namen der Freiheit Menschen in ein Kollektiv preßt, in dem sie bestenfalls eine Nummer, aber nicht mehr sind, wer sie auch geistig zum Instrument einer alleinseligmachenden Ideologie macht, mißhandelt sie ebenso sehr wie die feudale oder hochkapitalistische Gesellschaft der Vergangenheit. Die christlichen Gewerkschafter lehnen dieses System ab, das mit der christlichen Botschaft und mit der Bestimmung des Menschen als eines Geschöpfes aus der Hand Gottes unvereinbar ist. Wo sie Spuren einer solchen Haltung im eigenen Land feststellen müssen, werden sie sie bis zum letzten bekämpfen. Wenn der Zwang einmal anfängt, kann niemand mehr sagen, wo er aufhören wird, eine Freiheit, die mit Zwang errichtet wird, ist keine Freiheit mehr.

In dieser Haltung, die sich im Laufe ihrer langen Geschichte niemals geändert hat, bekennen sich die christlichen Gewerkschafter zum gemeinsamen Gewerkschaftsbund, in dem alle Platz haben, denen es um die Befreiung des Menschen geht, nicht durch Revolution, nicht durch Klassenkampf, sondern durch harte, sachliche Auseinandersetzung mit den anderen Gliedern der pluralistischen Gesellschaft.

ANMERKUNGEN

1 Der christliche Gewerkschafter, Mitteilungsblatt der FCG, 1959/8–9/Seite 2.
2 Ebenda, 1953/1/Seite 1.
3 Ebenda.
4 Fritz Klenner, Die Österreichischen Gewerkschaften, Bd. II, Seite 1705.
5 Zitiert in »Der Christliche Gewerkschafter«, 1973/1–2/Seite 4.
6 Der Christliche Gewerkschafter, 1956, Nr. 2, Seite 1.
7 Der Christliche Gewerkschafter, 1956, Nr. 2, Seite 1.
8 Ebenda, 1962, Nr. 9/10, Seite 2.
9 Ebenda, 1957, Nr. 9, Seite 7.
10 Ebenda, 1954, Nr. 7, Seite 1.

11 Beschluß der Bundesfraktion vom 12. 3. 1953.
12 Der Christliche Gewerkschafter, 1973, Nr. 11/12, Seite 3.
13 Klenner, a. a. O., Seite 1705.
14 Nell-Breuning, Die Gewerkschaften in der freien Gesellschaft, Vortrag vom 14. 10. 1957, in Schriftenreihe des ÖGB, Seite 25 f.
15 Ebenda.
16 Karl Wedenig, Gewerkschaft gestern und heute – ihre Stellung und Aufgabe in der Gesellschaft, Manuskript eines Kursvortrages, Seite 26.
17 Der Christliche Gewerkschafter, 1953, Nr. 1, Seite 1.
18 Protokoll des 2. Kongresses des ÖGB, Seite 283.
19 Vgl. Wedenig, a. a. O., Seite 11 f.
20 Vgl. Wedenig, a. a. O., Seite 26.
21 Vgl. Nell-Breuning, a. a. O., Seite 26 und Wedenig, a. a. O., Seite 19.
22 Erwin Altenburger, »Die wirtschaftliche Lage Österreichs«, in Gewerkschaftliche Rundschau, 7. Jhg., Nr. 66, Juni 1952. Zitiert bei Klenner, a. a. O., Seite 1743.
23 Vgl. Wedenig, a. a. O., Seite 20.
24 Wedenig ebenda.
25 Nell-Breuning, a. a. O., Seite 21.
26 Bundesfraktion Christlicher Gewerkschafter, Nachrichten, 1956, Nr. 7, Seite 2.
27 Bericht- und Beschlußprotokoll über die Sitzung der Leitung der BFCG, 15. 11. 1956, Seite 1.
28 Wie oben, 16. 10. 1958, Seite 2.
29 Bericht- und Beschlußprotokoll vom 13. 2. 1958.
30 »Freiheit«, 1. 12. 1951.

Christliche Gewerkschaften in Südtirol

Bei der Aufzeichnung der Gewerkschaftsgeschichte Südtirols darf man sich nicht an die Grenzen von heute halten. Das Gebiet, das sich mit der autonomen Provinz Bozen deckt, ist ein Teil des damaligen Landes Tirol, das seit Jahrhunderten völkisch, wirtschaftlich und politisch eine Einheit bildete. Daher hatte auch die gewerkschaftliche Entwicklung in ganz Tirol einen einheitlichen Charakter.

Der Zusammenschluß der Fachvereine Tirols und Vorarlbergs und deren Umwandlung in Gewerkschaften bildeten den ersten Schritt zur Gewerkschaftsorganisation im heutigen Sinne. Um die Jahrhundertwende gab es in Tirol etwa 2500 Mitglieder, wobei der Großteil aus Innsbruck und Umgebung kam. Zum zweiten Zentrum wurde Bozen, dem jedoch Meran nicht allzusehr nachstand.

Bis zum Ausbruch des Ersten Weltkrieges war die Zahl der Gewerkschaftsmitglieder bedeutend gestiegen. Allein in Südtirol gab es in dieser Zeit 2000 bis 3000 Organisierte. Der Krieg warf die Gewerkschaften jedoch wieder weit zurück. Mit dem Waffenstillstand und der Annexion Südtirols durch Italien erfolgte zwangsläufig die Lostrennung der Südtiroler Gewerkschaften von denen Nord- und Osttirols. Eine eigenständige Organisation in Südtirol hielt man wegen des kleinen Gebietes nicht für existenzfähig; daher schlossen sich die Gewerkschafter Südtirols, es waren etwa tausend, den sozialdemokratischen Gewerkschaften Italiens an. Ein Gesetz über den Achtstundentag, über den Minimallohn, Bestimmungen über Krankenfürsorge und Sozialversicherung gab es damals in Italien nicht. Auf alles, was man in Österreich in langen Jahren erkämpft hatte, mußte jetzt verzichtet werden. Dagegen kennzeichneten Wirtschaftskrisen und das Bemühen der Italiener, die deutschen Arbeitnehmerorganisationen nicht allzu mächtig werden zu lassen, die Jahre bis zur Machtergreifung Mussolinis.

Die Besetzung des Südtiroler Gewerkschaftshauses durch die Faschisten im Jahre 1922 bedeutete das Ende einer deutschsprachigen Gewerkschaftsorganisation. Wenig später wurden auch die italienischen Arbeiterverbände zerschlagen. Gleichzeitig setzte die gezielte Nationalisierungspolitik in Südtirol ein, wodurch der deutschsprachige Arbeiter auch seine politische Bedeutung verlor. Außerdem wurden Tausende Italiener nach Südtirol umgesiedelt. Hier fanden sie Arbeit in mit Staatsmitteln errichteten Betrieben, die nur Italiener aufnahmen. Anstelle der Gewerkschaften traten faschistische Syndikatsorganisationen, denen jeder Arbeiter beitreten mußte. Als die Alliierten im Frühjahr 1944 Rom einnahmen, brach das faschistische Syndikats- und Kooperationswesen schnell zusammen, da das Korporationsministerium, die Zentrale dieser Organisation, durch die Besatzung ausgeschaltet wurde. Diese propagierte die Koalitionsfreiheit. Die Arbeiterschaft gründete schon am 4. Juni 1944 in Rom die »Confederazione Generale Italiana del Lavoro«, den Italienischen Gewerkschaftsbund (CGIL).

Diese neue Gewerkschaft Italiens hatte notwendigerweise großen Einfluß auf das Südtiroler Gewerkschaftsleben. Es war nun auch hier eine analoge Entwicklung ziemlich unvermeidlich; außerdem bestand für die Südtiroler Gewerkschaften immer das Bedürfnis, sich an einen Dachverband anzuschließen, der sie auf höchster Ebene vertritt. Ohne genaue Kenntnis der gewerkschaftlichen Organisationen Italiens ist daher ein Verständnis des Südtiroler Gewerkschaftswesens kaum möglich.

Hatten sich die Kommunisten in der Verbandsleitung der CGIL die Mehrheit erkämpft, so sah es in der »Arbeiterkammer« Bozens nicht anders aus. Hier hatte die Kammer drei Sekretäre, einen christlich-demokratischen, einen sozialistischen und einen kommunistischen. Da Sozialisten und Kommunisten auch hier eng zusammenarbeiteten, wurde der christlichdemokratische Gewerkschaftssekretär dauernd überstimmt und praktisch ausgeschaltet. Es wurde jedoch nicht nur die sozialistisch-kommunistische Parteidoktrin durchgeboxt, sondern man war auf das eifrigste bestrebt, die italienische Arbeiterschaft zu bevorzugen. Die christliche Richtung in der CGIL Bozen stand auf verlorenem Posten. Alles war der kommunistischen Weltanschauung untergeordnet. Von den Prinzipien der Gründungsakte, von Toleranz, weltanschaulicher Neutralität und Parteiunabhängigkeit war nichts mehr zu spüren.

Diese Vorherrschaft der Sozialisten und Kommunisten konnten die christlichdemokratischen Arbeiterfunktionäre in Südtirol nicht länger hinnehmen. Am 11. August 1948, einen Monat bevor sich die christlichen Gewerkschaftsführer aller

Provinzen zur Selbständigkeit entschlossen, fand in Bozen die entscheidende Sitzung statt. Zwischen den verantwortlichen Provinzial-Vertretern der ACLI und des katholischen Verbandes der Werktätigen (KVW) wurde unter Mitarbeit der jeweiligen geistlichen Diözesanberater ein in vier Artikeln abgefaßter Pakt abgeschlossen. Dieser sollte die Grundlage für den Aufbau einer neuen, den gegebenen Verhältnissen besser entsprechenden Gewerkschaftsorganisation bilden.

Die folgenden Wochen dienten einer systematischen Vorbereitung der Gründung und einer gezielten Aufklärung der Arbeiterschaft, die sich mit der Problematik einer freien Gewerkschaft und der Notwendigkeit einer eigenen Südtiroler Gewerkschaft auseinandersetzte. Durch die paritätische Besetzung der Posten und die Zusammenarbeit beider Volksgruppen sollte erreicht werden, daß zur Verteidigung der gemeinsamen Interessen aller Arbeitnehmer der Provinz jeglicher Nationalismus ausgeschaltet wird. Die neue Gewerkschaft sollte also alle Werktätigen, Italiener wie deutschsprachige Südtiroler, umfassen, die eine nichtkommunistische Gesinnung hatten. Basis des Zusammenschlusses war auf seiten der Italiener die Einsicht, daß man ohne die deutschsprachigen katholischen Arbeiter nicht gegen den Kommunismus bestehen könne. Auf deutscher Seite hoffte man durch diesen übervölkischen Zusammenschluß die Interessen der deutschen Arbeiter auf staatlicher Ebene besser vertreten zu können, da man sich überdies eine zahlenmäßige Überlegenheit und damit eine Vormachtstellung in der Gewerkschaft ausrechnete.

Kurz vor der ersten Landesversammlung dieser neuen Gewerkschaft, die den Namen Südtiroler Gewerkschaftsbund (SGB) führen sollte, wurde eine Propagandawelle eingeleitet, in der die Ziele und Aufgaben des SGB und die Tendenz der CGIL aufgezeigt wurden. In der ersten Landesversammlung am 29. und 30. Oktober 1949 wurde zum Ausdruck gebracht, daß es noch immer an geschulten gewerkschaftlichen Mitarbeitern fehle, besonders aber an der Aufklärung über das Wesen der Gewerkschaft. Die 120 deutschsprachigen und italienischen Delegierten, die hauptsächlich aus KVW und ACLI hervorgingen, wählten dann neben Dr. Walter Mayer den Italiener Malocchio zu Generalsekretären. Damit erlangte in der Führung des SGB die italienische Volksgruppe eine gleichrangige Position, die sie nicht mehr abgab.

Bis der Südtiroler Gewerkschaftsbund (SGB) einem gesamtstaatlichen Verband beitrat, vergingen eineinhalb Jahre. Die christliche Richtung hatte sich zwar im Herbst 1948 konstituiert, jedoch erfolgte erst im April 1950 der Zusammenschluß aller freien Gewerkschaften. Auf dieser Gründungsversammlung in Rom war der SGB durch seinen Präsidenten und Generalsekretär Malocchio vertreten, während der deutschsprachige Generalsekretär Dr. Mayer nicht anwesend war. Von diesem Zeitpunkt an führt der Südtiroler Gewerkschaftsbund die Bezeichnung SGB/CISL (Confederazione Italiana Sindicato dei Lavoratori).

Mit dem Jahre 1955 war der Höhepunkt der Entwicklung des SGB/CISL erreicht. Es begann in den eigenen Reihen zu kriseln. Mehrere deutschsprachige Exponenten forderten eine größere Selbständigkeit und Aktionsfreiheit der deutschen Gewerkschaftsgruppen, weil sich ihre Volksgruppen bei der Besetzung von Arbeitsplätzen in der Industrie, in der Privatwirtschaft und im öffentlichen Dienst, bei den Zuweisungen im sozialen Wohnbau usw. benachteiligt fühlten. Durch geschickte Taktik, durch die ständige unwahre Behauptung, die CGIL hätte mit dem Kommunismus nichts zu tun, zum Teil auch durch die Schuld einzelner Arbeitgeber, die den Südtiroler Gewerkschaftsbund ablehnten, aber die Kommunistische Gewerkschaft aus Angst respektierten, brachten es die Sozialkommunisten in dieser Zeit auch bei der deutschsprachigen Bevölkerung zu einigen Erfolgen. Jedenfalls verlor der SGB eine beträchtliche Anzahl von Mitgliedern. Dieser Vertrauensschwund war auch eine Voraussetzung dafür, daß im September 1964 der Autonome Südtiroler Gewerkschaftsbund (ASGB) gegründet wurde.

Wie kam es dazu? Der SGB/CISL war nach dem Grundsatz »Freiheit in der Organisation, Einheit in der Vertretung« gegründet worden. Deutsche und Italiener sollten in ihm als gleichberechtigte Partner gemeinsam die Interessen aller Werktätigen vertreten. Die Zahl der eingeschriebenen italienischen Mitglieder lag zu dieser Zeit erheblich unter derjenigen der deutschsprachigen. So ist es eigentlich verwunderlich, daß die Spitzengremien immer mehr von Italienern besetzt wurden und diese ihre Position ständig ausbauen konnten, bis die Führung ausschließlich in ihre Hände überging. Mehrere Ursachen waren für diese Entwicklung maßgebend. Dies und manche andere Unzulänglichkeiten, aber auch persönliche

Ambitionen einzelner Funktionäre oder ihrer Hintermänner veranlaßten eine Reihe deutschsprachiger Funktionäre, aus dem SGB/CISL auszutreten und im Herbst 1964 eine neue Gewerkschaft, den »Autonomen Südtiroler Gewerkschaftsbund« (ASGB), ins Leben zu rufen. Am 11. September erfolgte in Meran die konstituierende Versammlung.

Die weltanschauliche Ausrichtung des ASGB ist in der Satzung folgendermaßen umrissen: »Der ASGB bekennt sich zu den Grundsätzen der christlichen Sozialordnung und erstrebt deren Verwirklichung im Arbeits- und Wirtschaftsleben, in Staat, Kultur und Gesellschaft. Er will rechtlich, finanziell und organisatorisch von konfessionellen Organisationen, politischen Parteien sowie staatlichen und anderen Körperschaften unabhängig sein. Der ASGB setzt sich für ein soziales Gleichgewicht in Südtirol ein. Die Arbeitsplatzbeschaffung, der Volkswohnbau und das Nutzungsrechtsgesetz sind die wichtigsten Probleme, für deren Lösung sich der ASGB im Interesse der Südtiroler Arbeiter am meisten einsetzt. Ebenso vertreten wir die Arbeiter in rechtlicher und kollektivvertraglicher Hinsicht. Ebenso sind wir im Sozialversicherungswesen zum Nutzen der Arbeiter tätig. Schließlich setzen wir uns für eine bessere Ausbildung und einen besseren Schutz unserer Lehrlinge ein, die heute noch Objekte der Ausnützung sind.«

Sein struktureller Aufbau ist artverwandt mit dem SGB/CISL: Beschlußfassende Organe sind die alle drei Jahre einzuberufenden Kongresse auf Orts-, Bezirks- und Landesebene, der Landesvorstand, der sich aus dem Landesobmann, dem Landessekretär und den Berufsgruppendelegierten zusammensetzt, das Schiedsgericht und die Revisionskommissionen. Höchstes ausführendes Organ ist der Landesobmann. Ihm unterstehen der Landessekretär, die Bezirksleiter und die Bezirksleiterkonferenz, welche über kollektivvertragliche Verhandlungen, Streikmaßnahmen auf Landesebene und organisatorische Aktionen entscheidet.

Räumlich ist der ASGB in vier Bezirke gegliedert: Bozen, Meran, Brixen und Bruneck. Fachlich verfügt er über 16 Kategorien. Verglichen mit den anderen Gewerkschaften ist die Zahl der Fachgruppen gering, doch wird dadurch nach deutschen und österreichischen Erfahrungen eine Kräftezersplitterung vermieden. Die Fachgruppen Metall, Handel, Hotel- und Gastgewerbe weisen die meisten Mitglieder auf, doch auch die Kategorien Baugewerbe und Lebensmittelindustrie sind gut besetzt. In der Finanzierung unterscheidet sich der ASGB von den anderen Gewerkschaften, da sie ihn an den Pflichtbeiträgen, wie sie in den verschiedenen Kollektivverträgen festgesetzt sind, nicht teilhaben lassen.

Der ASGB ist die einzige Gewerkschaft in Italien, die an den »Internationalen Bund Christlicher Gewerkschaften« (heute »Weltverband der Arbeitnehmer«) angeschlossen ist. Auf nationaler Ebene wird der ASGB durch das Gesetz Nr. 300 vom 20. Mai 1970 (Arbeiterstatut) in seiner Tätigkeit gehemmt. Laut Art. 19 des genannten Gesetzes können Betriebsversammlungen nur von Vereinigungen, die zu den auf nationaler Ebene meistverbreiteten Gewerkschaftsbünden gehören, abgehalten werden. Diesen Artikel können wir nur durch den Anschluß an die CIL umgehen.

Der ASGB ist aus anfänglichen Schwierigkeiten gestärkt hervorgegangen und hat sich nicht nur zahlenmäßig, sondern auch organisatorisch gestärkt. Eine solche Entwicklung liegt nicht nur im Interesse der Arbeitnehmer, sondern bedeutet für ganz Südtirol eine Hoffnung. Er nimmt im sozialen Gefüge unserer Heimat eine sehr wichtige Position ein, weil die Notwendigkeit einer eigenständigen Gewerkschaft sich geradezu zwangsläufig aus der sozialen Lage in Südtirol ergibt.

Gründer und erster Obmann des ASGB war Franz Josef Plaickner, der im Mai 1969 vom derzeitigen Obmann Dr. Hans Egger abgelöst wurde.

Erwin Machunze

Die christlichen Gewerkschaften im Sudetenland

Die Gewerkschaften sind ein Kind der sogenannten ersten industriellen Revolution. Der Wandel in der Gütererzeugung und Güterverteilung, hervorgerufen durch die Erfindung der Dampfmaschine, die Entdeckung der Elektrizität als Energiequelle, der Schiffsschraube, der Technik als Produktionsgehilfen, das rasante Wachsen der Bevölkerung, das alles hat eine neue Bevölkerungsschicht geboren: den Industriearbeiter.

Arbeiter sein war nicht mehr vornehmlich eine Durchgangsstation im Erwerbsleben, sondern ein Lebensstand geworden. In dem Gesellschaftsgefüge der damaligen Zeit wurde ihm kein angemessener Standort eingeräumt. Im 19. Jahrhundert verwelkten die Reste des Feudalismus. Die ehedem neuen Stände der Bauern und Besitzbürger hatten für die junge aufkommende Schicht der »Nur-Lohnarbeiter« keinen angemessenen gesellschaftlichen Raum. Diese standen außerhalb, bestenfalls waren sie ein Objekt der Armenfürsorge. Ihnen fehlte, was bis dahin die Menschen gesellschaftsfähig gemacht hatte: Besitz und Bildung. Sie verfügten nur über ihre Arbeitskraft und über ihre »Proles« (Nachkommenschaft). Sie waren das Proletariat.

Dieses Proletariat war auch rechtlos. Die liberale Gesellschaft wollte nicht, daß sich der neue Stand der Industriearbeiter feste Organisationsformen schuf oder den Streik als Mittel zur Durchsetzung von Forderungen anwandte. So kam es zu harten Kämpfen um das Koalitionsrecht. Im Jahre 1825 erzielte die englische Arbeiterschaft mit dem Koalitionsgesetz die ersten Erfolge. Dieses Gesetz ermöglichte die Bildung von Gewerkschaften. Aber erst 1871 erfolgte mit dem Trade-Union-Act die volle Anerkennung der Gewerkschaften, denen bis dahin zahlreiche Beschränkungen auferlegt waren[2].

Das englische Beispiel fand in einigen westlichen Industrieländern Nachahmung. So gründeten in Deutschland die beiden Liberalen Hirsch und Duncker im Jahre 1868 die nach ihnen benannten Gewerkvereine. Um die gleiche Zeit entstanden auch die sozialdemokratisch orientierten Freien

Gewerkschaften. Im Jahre 1894 kam es in Deutschland zur Gründung der Christlichen Gewerkschaften als Gegengewicht zu den Freien Gewerkschaften. In Österreich brachte erst die Verfassung vom Dezember 1867 die Möglichkeit zur Bildung von Vereinen, aber der Zusammenschluß zu Berufsverbänden wurde erst nach dem Koalitionsgesetz von 1870 möglich[3].

Die neue Schicht, eben das sogenannte Proletariat, hatte auch in den Staaten, die ihr Vaterland waren, keinen angemessenen Standort. Bürger und Bauern hatten sich in langen Verfassungskämpfen Einfluß – wenn auch nur in beschränkten Ausmaßen – erstritten: in Preußen das Dreiklassen-Wahlrecht, in Österreich das durch Besitz, Einkommen und Bildungsgrad abgestufte Kurien-Wahlrecht. So wurde der Staat in den Augen der Millionenschicht unselbständiger Arbeitnehmer zum Klassenstaat.

Der Übergang von den ständischen Wirtschaftsformen zur Industrie war oft von aufreizenden Umständen begleitet. Die Löhne deckten kaum den notdürftigsten Lebensunterhalt. Die Arbeitszeit – 72 Wochenstunden und noch mehr – war unmenschlich. Frauen- und Kinderarbeit brachte die Tuberkulose als Volksseuche. Keine Vorsorge für Krankheit, Alter und Invalidität, keine Menschenrechte in den Betrieben, denkbar schlechte Wohnverhältnisse: um nur einiges zu nennen. Karl Marx schrieb 1848 sein kommunistisches Manifest: »Proletarier aller Länder vereinigt euch! Zerbrecht die Ketten!« Kampf dem Klassenstaat! Kampf der Klassengesellschaft! Enteignung der Produktionsmittel! Klassenkampf durch die Klassenpartei!

Die jungen Gewerkschaften, angetreten zur Reform des Arbeitsverhältnisses und zur Verbesserung des Arbeitslebens über den Weg von Arbeitsverträgen und umfassendem Schutz, wurden von dem revolutionären Strom gegen den Staat, gegen die Kirchen als angebliche Verbündete dieses Klassenstaates und als Teil dieser Klassengesellschaft, erfaßt.

Die schmerzliche Entwicklung führte zur Trennung in der jungen Gewerkschaftsbewegung. Es war nicht Eigensinn, sondern brennende Sorge um das Schicksal der Industriearbeiter selber, die zur Gründung eigener christlicher Gewerkschaften führte, in Deutschland eben im Jahre 1894 und im Jahre 1903 in Österreich.

Österreich

So wie sich in Deutschland um die Namen Buss, Kolping und Ketteler sowohl eine »soziale Schule« als auch eine Volksbewegung gruppierten, so war für Österreich Zeitgenosse jener Männer Freiherr von Vogelsang. Er gehörte zu den Erweckern des sozialen Gewissens in der Donaumonarchie. Die junge christlichsoziale Bewegung unter Dr. Karl Lueger führte einen Zweifrontenkrieg gegen die Entartungserscheinungen des alten Wirtschafts- und Kulturliberalismus und gegen die aufstrebende marxistische Sozialdemokratie. An die Seite Luegers trat der junge Sattlergehilfe Leopold Kunschak, der die christlichen Arbeiter im »Christlichsozialen Arbeiterverein« sammelte. 1891 war das päpstliche Rundschreiben »Rerum novarum« (Von neuen Dingen) erschienen. Es rief zur Zustände- und Gesinnungsreform auf, forderte Staatshilfe und Selbsthilfeeinrichtungen der von der industriellen Entwicklung direkt Betroffenen. Die Frucht dieser Enzyklika war die Gründung von katholischen Arbeitervereinen als konkrete Ansatzstellen zur Verwirklichung des sozialen Weltrundschreibens Leos XIII. So entstanden in Österreich nebeneinander Katholische und Christlichsoziale Arbeitervereine[4].

Am 21. September 1892 gründete Leopold Kunschak in Wien den »Christlichsozialen Arbeiterverein für Niederösterreich«. Dieser kann als die erste Zentralorganisation christlicher Arbeiter in Österreich angesprochen werden. Die Aufgabe des Vereins waren vorwiegend politischer Natur. Kunschak stritt um das allgemeine gleiche und direkte Wahlrecht, um die volle Koalitionsfreiheit »gegenüber Behörden und Sozialisten«.

Es zeigte sich aber sehr bald, daß auch dem Arbeiter das Hemd näher als der Rock lag, und daß zum Leben erst das Brot und dann die Philosophie gehört. Deshalb verlangten die im Christlichsozialen Arbeiterverein organisierten Arbeiter von ihrem politischen Verein auch wirtschaftliche Hilfe. Der Arbeiterverein mußte eine Arbeitslosenkasse einführen, Rechtsschutz gewähren, als Arbeitsvermittler auftreten, ja selbst über Drängen seiner Mitglieder Lohnbewegungen durchführen. So kam es zu jenem in die Geschichte eingegangenen Streik der Wiener Tramway-Bediensteten zu Pfingsten des Jahres 1897. Am 1. Juni 1897 wurde in einer Versammlung in der Wiener Volkshalle die Streikparole ausgegeben, nachdem alle Versuche friedlichen Verhandelns gescheitert waren.

Für den Verein gab es eine schwere Arbeit. Den Streik führte der Obmann Leopold Kunschak. Der Kampf war erfolgreich. Aber gerade die führenden Leute im »Christlichsozialen Arbeiterverein« erkannten, daß der Verein nicht »Mädchen für alles« sein könne. Auf einer Tagung dieses Vereines am 31. Jänner und 1. Februar 1897 in Wien wurde die Gründung von gewerkschaftlichen Organisationen verhandelt. Der offizielle Beschluß dieser Tagung lautete: »Endlich soll die Parteiverbindung der christlichsozialen Arbeiterschaft die Bildung von gewerkschaftlichen Fachvereinen mit allen Kräften veranlassen und fördern.« Aber 1902 schwärmte man immer noch für die Gründung von Fachvereinen und hielt die Schaffung von Branchenverbänden mit der Ausdehnung ihres Wirkungskreises auf ganz Österreich für Zukunftsmusik.

Im Jahre 1903 wurde noch immer ernsthaft darüber gestritten, ob selbständige Fachvereine oder Fachsektionen in den Arbeitervereinen zu gründen seien. Die Metallarbeiter waren die ersten, die sich über diese Streitigkeiten hinwegsetzten und einen »Verband christlicher Eisen- und Metallarbeiter für Österreich« gründeten. Es folgten 1903 die Holzarbeiter, 1904 die Tabakarbeiter, die Bäckereiarbeiter und die Berg- und Hüttenarbeiter, 1905 die Textilarbeiter, 1906 die Bauarbeiter und die Schneider. Anfang 1906 wurde eine Gewerkschaftskommission für Niederösterreich und am 27. Juli 1906 eine Reichsgewerkschaftskommission geschaffen. In diesem Jahr faßte der Reichsverbandstag der Arbeitervereine den Entschluß, im Interesse der Arbeitervereine wie der Gewerkschaftsbewegung die Trennung der Leitung dieser beiden Bewegungen vorzunehmen und den Gewerkschaften die Bildung einer eigenen selbständigen Zentralleitung zu empfehlen. Der erste Kongreß der christlichen Gewerkschaften Österreichs, der vom 31. Jänner bis zum 2. Februar 1909 in Wien tagte, vollzog diesen Beschluß und wählte die Zentralkommission der christlichen Gewerkschaften Österreichs. Das Jahr 1909 wird damit das Geburtsjahr der selbständigen christlichen Gewerkschaftsbewegung[5].

Dem am 6. Jänner 1904 in Wien-Ottakring konstituierten christlichen Tabak-Arbeiter-Verband (er zählte 330 Mitglieder) traten u. a. 1906 Tabakarbeiter-Ortsgruppen in Bautsch,

Sternberg und Zwittau, 1907 in Neutitschein, 1908 in Landskron und 1910 in Tachau bei. 1913 hatte der Verband 6004 Mitglieder gegenüber 5433 sozialdemokratisch organisierten Tabakarbeitern bei 22.625 Beschäftigten in 18 Betrieben. So günstig war die Entwicklung in kaum einer anderen Berufsgruppe[6]. Der Erste Weltkrieg unterbrach die Tätigkeit und an seinem Ende stand die Zerstörung des alten Österreich-Ungarn.

Böhmen – Mähren – Schlesien

Österreich-Ungarn hatte 1910 52 Millionen Einwohner. Die drei Kronländer Böhmen, Mähren, Schlesien hatten 10 Millionen Einwohner, also weniger als ein Fünftel. In diesen drei Ländern aber waren 1914 75 v. H. aller Industrien der Doppelmonarchie angesiedelt. Sie waren die industriereichsten Länder. Von den 10 Millionen Einwohnern waren 6,3 Millionen Tschechen, 3,5 Millionen Deutsche, 200.000 Polen, Juden und andere. Von den 75 v. H. des altösterreichischen Industrie-Potentials in diesen drei Ländern lagen wiederum 80 v. H. im deutschen Siedlungsgebiet. Neben Belgien und dem Ruhrgebiet war der von den Deutschen bewohnte Raum in Böhmen, Mähren und Schlesien das dichtest besiedelte Industriegebiet Europas.

Bereits der Dreißigjährige Krieg hatte die Gebiete von Böhmen und Mähren in eine einzige große Waffenschmiede umgewandelt. Vor allem in Böhmen wurde alles erzeugt, was Wallensteins Armeen an Ausrüstung und Munition brauchten. In Friedland, Reichenberg, Böhmisch-Leipa und Aicha wurden das Tuch, in Hohenelbe und Arnau die Leinwand, in Turnau und Münchengrätz das Schuhwerk, in Friedland Wagen und Pferdegeschirr, in Jitschin und Turnau das Pulver für die Heere Wallensteins hergestellt. In Hohenelbe, Friedland und Raspenau wurden Hammerwerke angelegt, in denen Waffen und Munition hergestellt wurden. Die Kanonenkugeln, mit denen von Dänemark bis auf den Balkan die Feinde des Kaisers begrüßt wurden, waren ein böhmisches Erzeugnis[8].

Zu den ältesten sudetendeutschen Industrien gehört die Textilindustrie. Die Anfänge des Tuchmacherhandwerks gehen in Deutsch-Böhmen bis ins 12. Jahrhundert zurück. Schon Přemysl Ottokar I. (1197–1230) privilegierte die

Braunauer Tuchmacher. Aus der neueren Zeit ein paar Erinnerungen: 1800 wurde die erste Spinnmaschine aus den Niederlanden nach Reichenberg gebracht, der bald darauf die ersten Schafwollkrempeln folgten. 1810 wurde die Schnellschütze eingeführt, 1822 bekam der mechanische Webstuhl seine endgültige Fassung, und 1837 wurde durch Johann Faltis in Jungbuch bei Trautenau die erste mechanische Flachsgarnspinnerei errichtet. In aller Heimlichkeit erbaute Johann Georg Bürger in Reichenberg die erste Tuchfabrik, die erst zwei Jahre später durch Erteilung eines Privilegiums anerkannt wurde: Altes Industrieland mit allen sozialen Begleiterscheinungen[9].

Nach 1890 regt sich der Wille zur Gründung verschiedener Selbsthilfeorganisationen. Die 1870 verkündete Koalitionsfreiheit schuf dafür die Voraussetzung. Arbeiterbildungsvereine, Lesezirkel und die schon erwähnten katholischen und christlichsozialen Arbeitervereine, zerstreut über Böhmen, Mähren und Schlesien, waren in keiner Zentrale zusammengefaßt.

Der katholische Arbeiterverein von Zwittau im Schönhengstgau[10] ist für die spätere Entwicklung der christlichsozialen Arbeiterbewegung von besonderer Bedeutung geworden. 1899 hatte der Wiener Männerapostel P. Abel SJ in Zwittau Mission gehalten. Dem weisen Mann war die dort massierte Industriebevölkerung aufgefallen. Er riet dem Stadtpfarrer, Dechant Pauler, eine katholische Organisation für die Pfarrei zu schaffen. Pauler dachte an die damals geläufigste Organisation, den katholischen Gesellenverein. Pater Abel aber schlug vor, einen katholischen Arbeiterverein zu gründen. Er lud den Kaplan Dr. Josef Schinzel[11] zu einem Besuch nach Wien und dort zu einer Begegnung mit Leopold Kunschak ein. Der jüngste Kaplan in Zwittau aber war Karl Fritscher[12].

Am 21. März 1900 brach in der Seidenfabrik in Zwittau wegen Einführung einer neuen Arbeitsordnung ein Streik aus. Die in dem Betrieb beschäftigten Mitglieder des katholischen Arbeitervereines bildeten eine eigene Gruppe mit einem eigenen Streikkomitee[13]. Dieser Streik führte zu der Erwägung, ob man nicht doch eine gewerkschaftliche Organisation der Zwittauer christlichen Textilarbeiter schaffen sollte. Das geschah am 17. September 1900. Für fast fünf Jahre blieb dieser örtliche christliche Textilarbeiterverein einsam. Anfang 1905 erfuhren die Zwittauer, daß in Wien der christliche

Textilarbeiterverband Österreichs gegründet wurde. Am 14. Februar 1905 hielt der örtliche Verein seine letzte Sitzung ab und konstituierte sich als Ortsgruppe des österreichischen Textilarbeiterverbandes. Am 19. und 20. Mai 1907 hielt dieser Verband in Wien seinen ersten Verbandstag.

Zur gleichen Zeit begann auch in Nordmähren und Schlesien in den dort bestehenden Arbeitervereinen, aber auch in den Gesellenvereinen und in den Volksvereinen die Diskussion um die Gründung christlicher Gewerkschaften. Initiatoren waren vor allem Franz Scholz aus Wigstadtl, Rudolf Hießl aus Zwittau und Guschlbauer, der zum ersten Sekretär für Ostschlesien mit dem Sitz in Bielitz bestellt wurde. Im nördlichsten Böhmen begann Adolf Röttig aus Filippsdorf eine besonders intensive Tätigkeit im Jahre 1905. In dem Friedländer Gebiet Nordböhmens aber begann Stefan Kratzer für den christlichen Gewerkschaftsgedanken zu werben. In Westböhmen war Josef Heiml 1907 als Sekretär des Verbandes nichtpolitischer katholischer Vereine Nordwestböhmens bestellt worden. Er verlegte daraufhin seinen Wohnsitz nach Bilin. Dort entstand am 24. April 1908 der »Christliche Gewerkschaftsverein Arbeiterselbsthilfe für Deutsch-Böhmen«. 1911 entwickelte sich aus dem Gewerkschaftsverein eine Land- und Forstarbeitergewerkschaft »Bund Landtreue«. Sie gab eine eigene Monatsschrift, die ebenfalls »Landtreue« hieß, heraus.

Vom 6. bis 8. September 1910 fand in Rumburg der denkwürdige Katholikentag statt. In das Komitee wurde Adolf Röttig gewählt, der seine Hauptaufgabe darin sah, auf die Auswahl der Katholikentagsreferenten Einfluß zu nehmen. Nicht ohne Erfolg. Als Referenten traten u. a. der Abgeordnete Johannes Gießberts (Mitgründer der christlichen Gewerkschaften Deutschlands), Dr. Hemala und Franz Spalowsky, beide aus Wien, auf; ersterer ein Brünner und der Ideologe der christlichen Gewerkschaften Österreichs, Spalowsky, der erste Vorsitzende der Zentralkommission christlicher Gewerkschaften Österreichs. Er blieb es bis 1938. Auch Baron Zeßner von Spitzenberg aus Dobritschan bei Saaz, der sogenannte Landarbeiter-Baron, gab auf diesem Katholikentag eine Fülle von Anregungen, die in der Zeit bis zum Beginn des Ersten Weltkrieges außerordentlich fruchtbar wirkten. Die lokalen gewerkschaftlichen Organisationen schlossen sich dann in der Regel den inzwischen in Wien entstandenen

»Branchen-Verbänden« an. 1911 kam es dann zur Gründung einer Landeskommission christlicher Gewerkschaften Deutsch-Böhmens, die wiederum Adolf Röttig, inzwischen nach Teplitz-Schönau übergesiedelt, führte.

Die Schwierigkeiten waren erheblich. Die Männer und Frauen, welche in den Betrieben die Arbeiter sammelten und dort auch deren Interessen vertraten, wurden vielfach von den Unternehmern gemaßregelt. Es war die Zeit der berüchtigten »schwarzen Listen«. Die sozialdemokratischen Mitarbeiter übten an vielen Plätzen einen unverständlichen und oft schamlosen Terror aus[14]. Die Organisationen waren so zerstreut wie das sudetendeutsche Siedlungsgebiet, die Wiener Zentrale war weit und Reisen dorthin waren für die damalige Zeit beschwerlich und fast unerschwinglich. Dennoch, von Asch bis nach Bielitz-Biala in Ostschlesien, vom nordböhmischen Niederland bis nach Zwittau und Iglau, überall gab es entweder bereits kräftige Ortsgruppen oder wenigstens vielversprechende organisatorische Ansätze.

Völlig unerwartet brach im Sommer 1914 der Erste Weltkrieg aus, der nicht nur die einzelnen Menschen, sondern auch die Organisationen hart traf. Die Männer mußten einrücken, und daher ging die gewerkschaftliche Arbeit an die Frauen über, denn die wenigen in den Betrieben verbliebenen männlichen Arbeitskräfte hatten besonders schwere Aufgaben in den »Ernährungskommissionen« zu übernehmen.

Am Ende des Ersten Weltkrieges stand nicht nur eine völlig andere wirtschaftliche Situation, sondern in den Pariser Verträgen wurden 1919/20 die Grenzen in Mitteleuropa gründlich verändert. Blinder Haß gegen Österreich-Ungarn führte zur Zerschlagung der Monarchie, obwohl es auch mahnende Stimmen gab, die sehr nachdrücklich vor den sich ergebenden Folgen warnten. Gegen ihren Willen und unter völliger Mißachtung des während des Ersten Weltkrieges immer wieder proklamierten und zugesicherten Selbstbestimmungsrechtes wurden 3,5 Millionen deutsche Bewohner von Böhmen, Mähren und Schlesien in das neue Staatsgebilde, in die neu errichtete tschechoslowakische Republik gepreßt. Das stellte nicht nur die sudetendeutschen Politiker vor neue Aufgaben, sondern auch jene Männer und Frauen, die sich um die Wahrung der Rechte und Interessen der deutschen Arbeitnehmer in dem neuen Staatsgebilde bemühten, war es doch ein »Staat wider Willen«!

Der neue Anfang

In der Politik gibt es niemals ein endgültiges Ende. Immer, wenn eine Welt zusammengebrochen ist, muß ein neuer Anfang gesetzt werden. Das Leben geht weiter. Und der neue Anfang für die christlichen Gewerkschaften in der neu entstandenen Tschechoslowakei war unendlich schwer.

Es gab keinen Mittelpunkt. Karlsbad, Reichenberg, Zwittau, Freiwaldau, Troppau, alles lag so weit auseinander. Wo war der Vorort? Die Heimkehrer und die wenigen Daheimgebliebenen, zusammen mit den tapferen Frauen, rührten sich. Da und dort gab es zu jener Zeit auch Geistliche, die sich beim Aufbau der Organisation als Berater und Helfer einfanden. Es würde sich lohnen, einmal einen Katalog dieser Männer und Frauen aufzustellen. Zunächst gab es fünf Kernpunkte für die Sammlung christlicher Gewerkschafter. Reichenberg mit Adolf Röttig, Schluckenau mit Stefan Kratzer, Hohenelbe mit dem damals jüngsten führenden Mitarbeiter Josef Renner, Wigstadtl mit Franz Scholz und Zwittau mit Johann Domes und Anton Pohl.

Freilich stehen diese Orte und diese Namen für viele andere, aber dort bildeten sich wirkliche Kristallisationskerne. Die Schwierigkeit bestand darin, daß zunächst niemand entschied, wer zusammenfaßt und wer das Zusammengefaßte führt. Zuerst bildete sich der christliche Tabakarbeiter-Verband am 1. Juli 1919 mit fünf Ortsgruppen und 1337 Mitgliedern. Es waren die Reste. Maria Treitner wurde die ehrenamtliche Vorsitzende und Fritz Götz der hauptberufliche Sekretär. Im November 1919 erhielt der Verband christlicher Eisenbahner seine Satzungen als erster Verband genehmigt. Im September 1919 wurde für die deutschböhmischen Gruppen der christlichen Gewerkschaften die erste Landeskommission in Reichenberg bestellt. Adolf Röttig wurde ihr Vorsitzender. Zu Pfingsten 1920 trafen sich die Textilarbeiterortsgruppen zu einer Tagung in Trautenau. Dort wurde der Textilarbeiterverband offiziell gegründet. Am 1. November wurden die beiden Sammelstellen von Schluckenau und Zwittau in Reichenberg zusammengelegt. Eine erste Kartei wurde erstellt. Immer noch flossen die Beiträge der Gruppen aus Böhmen nach Schluckenau und jene aus Mähren-Schlesien nach Zwittau. Schließlich wurde diese erste gemeinsame Geschäftsstelle Ende Juni 1921 wieder aufgegeben. Man hatte zwar einen Verband, der praktisch von zwei Stellen aus verwaltet wurde, die Schwierigkeiten aber waren erheblich.

In der Zeit vom 8. bis 10. September 1920 fand der zweite Verbandstag des Gesamtverbandes der christlichen Gewerkschaften in Grulich statt. Dort hielt auch der Textilarbeiterverband seinen zweiten Verbandstag ab. Diese Tagung ist für die Entwicklung der christlichen Gewerkschaften von entscheidender Bedeutung geworden. Die beiden Verbände der Tabakarbeiter und Textilarbeiter waren trotz aller Schwierigkeiten so neu formiert, daß sie eine gesunde Weiterentwicklung ermöglichten. Auch eine Reihe anderer kleinerer Verbände, die zumeist ehrenamtlich geführt wurden, hatten ihre Existenz gefestigt. In einer Reihe beachtlicher Industrien waren die christlichen Gewerkschaften so schwach vertreten, daß eine ordentliche Verbandsarbeit nicht geleistet werden konnte. Daher beschloß man in Grulich, Interessengemeinschaften von beruflich verwandten Verbänden zu bilden. Putz und Bekleidung kamen zu Textil. Holz- und Metallarbeiter bildeten ebenfalls eine solche Gemeinschaft. Die wenigen Hauptberuflichen, die fast ausschließlich vom Textilarbeiterverband besoldet wurden, übernahmen nebenamtlich die Betreuung der kleineren Verbände.

Auf dem Grulicher Verbandstag des Textilarbeiterverbandes aber versuchten Böhmen einerseits und Mähren-Schlesien andererseits eine Verständigung. Der Sekretär der christlichen Gewerkschaftsinternationale, die zwei Jahre vorher wieder erstanden war, Josef Serrarens aus Utrecht, der als Gast beim Gesamtverband anwesend war, blieb auch, wie er sagte, ausdrücklich auf Wunsch des Kollegen Fahrenbach vom christlichen Textilarbeiterverband Deutschlands, Sitz Düsseldorf, beim Verbandstag der Textilarbeiter. Er hat sich wesentlich und verdienstvoll um die Bereinigung der Spannungen bemüht. So beschloß man, den gemeinsamen Sitz nach Zwittau als Zentrale des Verbandes zu verlegen und den erst 22jährigen Hans Schütz aus Nordböhmen zum Verbandsvorsitzenden zu wählen. Sowohl für den Gesamtverband als auch für den Textilarbeiterverband haben sich die Grulicher Beschlüsse gut ausgewirkt. In Grulich wurde für den Gesamtverband Franz Scholz zum Vorsitzenden und Adolf Röttig zum Generalsekretär gewählt.

Zu Pfingsten 1924 fand der dritte Verbandstag des »Verbandes christlicher Arbeiter und Arbeiterinnen aus der Textil-, Putz- und Bekleidungsindustrie in Freiwaldau statt. So hieß jetzt offiziell der christliche Textilarbeiterverband[15].

Beachtlich war dieser Verbandstag nicht nur ob seines äußeren Verlaufes, der anzeigte, daß sich in den zwei Jahren der Verband konsolidiert hatte. Weit bedeutungsvoller war der Inhalt des Verbandstages. Es wurden Leitsätze für die christliche Gewerkschaftsarbeit beschlossen, die als »Freiwaldauer Programm« in die Geschichte der christlichen Gewerkschaftsbewegung eingegangen sind.

Wiederum ein Jahr später fand der erste Kongreß des Gesamtverbandes der christlichen Gewerkschaften zu Pfingsten 1925 in Zwittau statt.

Die Berufsverbände hatten die ihnen zustehenden Delegierten und eine große Zahl von Gästen geschickt. Es war ein Ereignis, daß bei der Kundgebung am Samstagabend auf dem Sportplatz mehr als 5000 Besucher anwesend waren. Eine solche gewaltige Kundgebung christlicher Gewerkschafter hatte es bisher im Sudetenland noch nicht gegeben. Im Mittelpunkt der öffentlichen Verhandlungen stand die Sozialpolitik. Der Abgeordnete Robert Schälzky hielt das Grundsatzreferat, während Hans Schütz über die konkrete Sozialpolitik in der Tschechoslowakei berichtete. Auf der Delegiertentagung wurden die Voraussetzungen geschaffen, daß zwei dieser vorher erwähnten Interessengemeinschaften von Branchenverbänden zum Verband christlicher Fabrik- und Bauarbeiter zusammengeschlossen werden konnten. Die gleiche Delegiertentagung wählte den Vorsitzenden des Textilarbeiterverbandes, Hans Schütz, zum Vorsitzenden des Gesamtverbandes christlicher Gewerkschaften in der ČSR. Nun waren Berufsverbände und Gesamtverband organisatorisch halbwegs in Ordnung. Der Sitz des Gesamtverbandes wurde bei dieser Tagung von Reichenberg nach Zwittau verlegt. In Zwittau hatten nun neben dem Gesamtverband auch noch der Tabakarbeiterverband, der neu gegründete Fabrik- und Bauarbeiterverband und der Textilarbeiterverband ihren Sitz.

Das gab empfindliche Raumnot. Der Zwittauer katholische Arbeiterverein entschloß sich daher, sein Vereinshaus durch einen beachtlichen Zubau zu erweitern. Darin erhielten die christlichen Gewerkschaften fünf große Räume. Außerdem wurde es im Laufe der nächsten zwei Jahre möglich, gegenüber dem katholischen Vereinshaus acht weitere Räume zu mieten.

Nach der Durchführung der vertikalen Gliederung in zunächst neun und zuletzt zwölf Berufsverbände ging es nun auch um eine horizontale Durchführung der Gliederung. Die in den einzelnen Gegenden in den verschiedenen Berufsverbänden organisierten christlichen Gewerkschafter wurden in Verbandsbezirken zusammengeschlossen. Mit neun wurde begonnen, zuletzt waren es dreizehn[16].

Schon 1920 begann eine schmerzliche Wirtschaftskrise. Die Böhmischen Länder waren aus dem großen Wirtschaftsverband der Österreichisch-Ungarischen Monarchie gelöst. Weite Teile verloren drei Viertel und mehr ihres bisherigen Binnenmarktes. Die Ware, die vorher in dem weiträumigen Inland abgesetzt werden konnte, mußte jetzt ein oder mehrere Male Zollmauern übersteigen. Manche Industrien (z. B. die Seide) erzeugten in Ostböhmen und Mähren den Faden und die Webe, die Stätten der Veredelung der Webe jedoch lagen vielfach in Wien.

Die deutschen Gemeinden, aber auch viele Unternehmen waren durch den Verlust der Kriegsanleihe in eine hoffnungslose Verarmung geraten. Betriebsmittel fehlten. Sparkassen und Volksbanken kamen in eine unheilbare Krise. Bodenreform, Sprachverordnungen und neues Beamtenrecht sorgten für eine erhebliche Freisetzung deutscher Beschäftigter beim ehemaligen Großgrundbesitz und vor allem im öffentlichen Dienst.

Daß diese Wirtschaftskrise für die gewerkschaftliche Arbeit verheerende Folgen hatte, konnte nicht ausbleiben. Beim Textilarbeiterverband waren zeitweise bis zu 60 v. H. der Mitglieder arbeitslos. Nicht alles, was sich als Krisenfolge zeigte, war ein Ergebnis der Entnationalisierungspolitik. Aber es gab auch eine solche. Rothau im Kreis Graslitz in Westböhmen, wo ein seit einem Jahrhundert bestehendes Eisenwerk geschlossen und die Produktion dieses Werkes in tschechische Produktionsstätten verlegt wurde, war nur ein solches Beispiel für viele andere. Eine Manipulation der Živnostenská Banka (Tschechische Gewerbebank) steckte dahinter. Die Deutschen lebten in einem Land mit dem tschechischen Volk zusammen: Sie lebten zwischen der Sprachgrenze und der Staatsgrenze. Sie waren überwiegend ein Volk in den Fabriken. Sie waren von Krisen und Arbeitslosigkeit besonders hart getroffen. Sie waren wesentlich härter getroffen als ihre tschechischen Kollegen.

1932 entfielen auf je 1000 Mitglieder Arbeitslose bei den

		deutschen	tschechischen
sozialistischen Gewerkschaften	März	306,6	183,7
	April	296,8	155,3
nationalsozialistischen Gewerkschaften	März	135,7	80,6
	April	111,3	74,0
christlichen Gewerkschaften	März	422,8	142,9
	April	446,1	114,5

Diese Zahlen bedürfen keines Kommentars.

Die konkrete Arbeit

Mittelpunkt jeder Gewerkschaftsarbeit ist die Verbesserung der Lebensverhältnisse, d. h. des Realeinkommens der Arbeitnehmer. Die vier mitgliedstärksten Berufsverbände, nämlich

der Berg- und Hüttenarbeiterverband mit	4200 Mitgliedern,
der Fabrik- und Bauarbeiterverband mit	21.000 Mitgliedern,
der Textilarbeiterverband mit	18.000 Mitgliedern
und der Tabakarbeiterverband mit	3500 Mitgliedern,
hatten 1938 zusammen	46.700 Mitglieder[17].

Die Lohn- und Arbeitsbedingungen der Tabakarbeiter, der Eisenbahner und der kleineren Gruppen anderer öffentlicher Bediensteter wurden durch Gesetze und Verordnungen festgelegt. Die übrigen Verbände waren am 1. Jänner 1938 an 162 Verträgen über Einkommen (Mantelverträge und Tarifverträge) beteiligt. Davon waren vier Reichsverträge, 64 Kreis- und Bezirksverträge, 46 Ortsverträge und 48 Betriebsverträge.

Die vier eben genannten Verbände mit der größten Mitgliederzahl hatten 620 Betriebsräte oder Betriebsausschußmitglieder in 210 Betrieben. Sie stellten 46 Vorsitzende in den Betriebsvertretungen.

Als wichtigsten Arbeitsbereich betrachteten die christlichen Gewerkschaften die Schulungs- und Bildungsarbeit. Die Schulungsveranstaltungen wurden zumeist vom Gesamtverband, d. h. für alle Berufsverbände gemeinsam, veranstaltet. Außerdem gab es aber auch für die einzelnen Spezialberufe der Berufsverbände (z. B. Steinmetze, Stukkateure, Jacquardweber) Spezialkurse.

Im Jahre 1937 gab es 4169 Wochenendveranstaltungen, 99 mehrtägige Kurse, darunter 26 wöchentliche Kurse, und 292 sonstige Bildungsveranstaltungen (Lichtbildervorträge, Betriebsbesichtigungen und ähnliches).

Ihre Aufgabe war es, die gewerkschaftlichen Vertrauensleute in den Betrieben, die Betriebsausschüsse und Betriebsräte[18], die Vertretungen in den Krankenkassen, in den Gemeinden und Bezirksvertretungen und bei sonstigen Einrichtungen, zu denen Mitglieder der christlichen Gewerkschaften berufen wurden, für ihre besonderen Aufgaben und Verpflichtungen auszubilden.

So umstritten die politische Seite der Existenz der tschechoslowakischen Republik als einer der Nachfolgestaaten Österreich-Ungarns vom Standort der Sudetendeutschen auch war, die positive sozialpolitische Entwicklung in diesem neuen Staat muß anerkannt werden. Gewiß, es hatte auch schon beachtliche sozialpolitische Ansätze in Österreich gegeben[19].

An der sozialpolitischen Entwicklung nahmen die christlichen Gewerkschaften durch ihre zuständigen Organe einen beachtlichen Anteil. Nur zwei Gesetze aus diesem Bereich seien hier besonders erwähnt.

Seit 1905 gab es in Österreich Ansätze für eine Alters- und Invaliditätsversicherung der Arbeiter. (Die Angestellten besaßen in der Pensionsversicherung für Angestellte eine solche Altersversicherung seit 1909.) Sie scheiterten immer wieder. 1923 begannen die Vorarbeiten für zwei Altersversicherungsgesetze, nämlich eines für die Arbeiter und eines für die Selbständigen. Am 16. Oktober 1924 wurden sie beschlossen. Die Regierung der tschechoslowakischen Republik wurde damals von fünf tschechischen Parteien gebildet (Allnationale Koalition). Zu ihr gehörten die tschechischen Agrarier und die tschechischen Sozialdemokraten. Zwischen den beiden war vereinbart worden, daß die beiden Sozialversicherungsgesetze für die Arbeiter und die Selbständigen gleichzeitig in Kraft zu treten hätten. In den Kreisen der Selbständigen aber gab es gegen ihre eigene Altersversicherung schwere Bedenken. Die Einwände dieser Seite verzögerten deshalb das Inkrafttreten beider Gesetze. 1925 zerbrach die Allnationale Koalition. 1926 wurde nach einem Übergangs-Beamtenkabinett zum ersten Mal eine Regierung in der Tschechoslowakei gebildet, an der auch zwei deutsche Parteien teilnahmen, nämlich die Christlichsozialen und der Bund der Landwirte. Diese tschechisch-deutsche Regierung war eine Regierung ohne Sozialdemokraten und ohne die tschechischen Nationalsozialisten (Partei des damaligen Außenministers Dr. Beneš). Es ist ein besonderes Verdienst der Deutschen Christlichsozialen und der tschechischen (Katholischen) Volkspartei, deren Vorsitzender Šrámek in dieser Regierung das Sozialministerium leitete, daß trotz des Widerstandes der deutschen und tschechischen Agrarier und der tschechischen Gewerbepartei die Rentenversicherung für die Arbeiter am 1. August 1926 in Kraft trat, ohne daß, wie ehedem vereinbart, auch das bereits beschlossene Gesetz für die Altersvorsorge der Selbständigen ebenfalls wirksam geworden wäre. 1923 hatte der sozialpolitische Ausschuß des Abgeordnetenhauses einen neunköpfigen Unterausschuß für die Formulierung des großen Gesetzeswerkes eingesetzt. Vorsitzender war der tschechische Sozialdemokrat Dr. Winter, Schriftführer der tschechische Agrarier Dublický. Zwei von den neun Mitgliedern waren Deutsche, nämlich der Sozialdemokrat Siegfried Taub und der Christlichsoziale Robert Schälzky. Der sozialpolitisch engagierte Deutschordenspriester Schälzky sammelte um sich einen kleinen Beraterkreis von christlichen Gewerkschaftern (selbstverständlich konsultierte er auch die Arbeitgeberseite). Der Vorsitzende Dr. Winter hat Schälzky mündlich und schriftlich mehrmals für seine konstruktive Mitarbeit gedankt. Schälzky hat diesen Dank jedes Mal an den damaligen Vorsitzenden des Verbandes der christlichen Gewerkschaften, an Hans Schütz, weitergegeben. Die tschechischen Agrarier, die vor allem über Interventionen ihres Vorsitzenden, Ministerpräsidenten Švehla, hatten zustimmen müssen, setzten sehr bald eine Kampagne für eine umgehende Novellierung des kaum wirksam gewordenen Gesetzes an. Der Streit um diese Pläne führte zu großen politischen Auseinandersetzungen. Schließlich standen die deutschen christlichen Gewerkschaften im Mittelpunkt des Streites. Sie hatten sozusagen den Fuß in die Türe gesetzt. Zusammen mit einigen führenden Leuten aus den tschechischen christlichen Gewerkschaften setzten sie bei den beiden christlichen Parteien ihre Vorstellungen durch, die einerseits die geplanten Verschlechterungen abwehrten und andererseits nicht unbeachtliche Verbesserungen brachten. Eine führende deutsche Tageszeitung aus Prag überschrieb ihren Leitartikel zur Verabschiedung der umkämpften Novelle mit: »Verbessert, Verbilligt, Vereinfacht!«

In der Tschechoslowakei gab es keine Arbeitslosenversicherung. Trotz der großen Arbeitslosigkeit wurden die Arbeitslosen nur mit einer Art gehobener Fürsorge bedacht. Nach jahrelangem Planen entschied die schon erwähnte Allnationale Koalition, statt einer Arbeitslosenversicherung einen Staatsbeitrag zur Unterstützung Arbeitsloser nach dem sogenannten »Genter System« einzuführen. Die Stadt Gent in Belgien hatte seinerzeit städtische Zuschüsse den in dieser Stadt gewerkschaftlich organisierten Arbeitslosen zu ihrer gewerkschaftlichen Arbeitslosenunterstützung gewährt. Diese ehedem kommunale Einrichtung wurde schon vor dem Ersten Weltkrieg in Belgien und Holland eingeführt. Am 19. Juli 1924 verabschiedete die tschechoslowakische Nationalversammlung ein Gesetz, das auf dem gleichen System beruhte. Die Gewerkschaften mußten beim Sozialministerium beantragen, zur Vermittlung des Staatsbeitrages zu der von ihnen ausbezahlten gewerkschaftlichen Arbeitslosenunterstützung berechtigt zu sein. Die Gewerkschaften, welche diese Genehmigung erhielten, mußten eine von der normalen Kassenverwaltung ihrer Gewerkschaftskasse getrennte Arbeitslosenkassenverwaltung führen. Von ihrem normalen Mitgliedsbeitrag mußten sie 23 v. H. in der Arbeitslosenkasse hinterlegen. Mit diesem Beitragssatz sollte normalerweise die anfallende gewerkschaftliche Arbeitslosenunterstützung gedeckt werden. Zu dieser gewerkschaftlichen Arbeitslosenunterstützung zahlte zunächst die Staatskasse einen Betrag in der gleichen Höhe dazu. Dieser Staatsbeitrag wurde im Laufe der Jahre verdoppelt, zuletzt verdreifacht, je nach der Zugehörigkeitsdauer des Mitgliedes zu einer Gewerkschaft. Dadurch bekamen die Gewerkschaften eine über ihren bisherigen Arbeitsbereich hinausreichende Aufgabe. Das hatte positive und negative Wirkungen. In einer Zeit, da immer wieder Arbeitslosigkeit drohte, Arbeitslosenunterstützung aber an die Zugehörigkeit zu einer Gewerkschaft gebunden war, bewirkte dieses Gesetz eine gewisse Stabilität der Mitgliedschaft bei den Gewerkschaften. Demgegenüber aber stellte sich sehr bald heraus, daß die 23 v. H. des Mitgliedsbeitrages den Aufwand der gewerkschaftlichen Arbeitslosenunterstützung keineswegs deckten. Ohne Gewerkschaftsunterstützung keinen Staatsbeitrag! In der Zeit der Wirksamkeit des »Genter Systems« schwankte der Anteil des Aufwandes für die gewerkschaftliche Arbeitslosenunterstützung zwischen 40 und

70 v. H. der eingezahlten Mitgliedsbeiträge, statt daß er, wie vorgesehen, 23 v. H. betragen hätte.

Die Vermittlung des Staatsbeitrages zwang den Verbänden auch einen besonderen Verwaltungsapparat auf. Wenigstens für 13 Wochen mußten die Verbände den Staatszuschuß vorausbezahlen. Das brachte viele finanzielle Sorgen und Schwierigkeiten.

Der Anteil der Frauen war bei den einzelnen Berufsverbänden verschieden. Er war am niedrigsten beim Bergarbeiterverband, wo weniger als ein Prozent der Mitglieder Frauen waren. Am höchsten war er beim Tabakarbeiterverband, wo 74 Prozent der Mitglieder Frauen waren. Die Verbände mit einem so großen Frauenanteil wie der Tabakarbeiter- und Textilarbeiterverband hatten besondere Einrichtungen für die Betreuung der weiblichen Vertrauensleute.

Im Jahre 1937 wäre wiederum ein Kongreß der christlichen Gewerkschaften fällig gewesen. Der Vorstand des Gesamtverbandes beschloß jedoch, den Kongreß zu Gunsten eines »Reichsjugendtages der christlichen Gewerkschaften« um ein Jahr zurückzustellen.

Dieser »Reichsjugendtag« fand zu Pfingsten 1937 in Reichenberg statt. Es war dies die letzte große Tagung der sudetendeutschen christlichen Gewerkschaften, die in der Öffentlichkeit starke Beachtung fand. Von den rund 51.000 Mitgliedern des Gesamtverbandes christlicher Gewerkschaften waren 3500 Jugendliche, die das Alter von 28 Jahren noch nicht überschritten hatten, nach Reichenberg gekommen. Diese junge christliche Gewerkschaftsbewegung berechtigte zu großen Hoffnungen, aber im Oktober 1938 wurde sie zerschlagen. Drei Dinge verdienen noch festgehalten zu werden: Der Terror gegen die christlichen Gewerkschafter, das Zusammenrücken der Gewerkschaften und die internationale Zusammenarbeit.

Wer die Berichte über die Entstehung der christlichen Gewerkschaftsbewegung – ob in Deutschland, in Österreich oder in der späteren ČSR – liest, dem werden immer wieder die schmerzlichen Klagen über den sozialdemokratischen Terror auffallen. In der Tschechoslowakei dauerte er bis in die Mitte der zwanziger Jahre. Dann flaute er ab, um schließlich ganz aufzuhören. Interessant aber sind die Ursachen, die zur Sicherung des Arbeitsfriedens in den Betrieben führten.

Im Jahre 1920 kam es zur Spaltung der deutschen und der

tschechischen Sozialdemokratischen Partei durch die Kommunisten. Zwei Jahre später wurden die kommunistischen Gewerkschaften in der ČSR gegründet. In vielen Industriezentren, wie etwa im westböhmischen Industriegebiet, waren die freien (sozialdemokratischen) Gewerkschafter einem sehr harten Terror durch die Kommunisten ausgesetzt. Das führte schließlich dazu, daß die sozialdemokratischen Parteien im Prager Parlament das sogenannte Anti-Terrorgesetz beantragten und auch durchsetzten.

Nach dieser harten Übergangszeit entwickelte sich eine positive Zusammenarbeit zwischen christlichen Gewerkschaften und sozialdemokratischen Verbänden. Dieses Zusammenwirken trug nicht nur in der Spitze, sondern auch in den lokalen Gliederungen und in den Betrieben gute Früchte. Bei den Textilarbeitern kam es zur Bildung einer echten Arbeitsgemeinschaft, bestehend aus drei tschechischen und zwei deutschen Textilarbeiterverbänden. Dieser erfolgreiche Weg wurde von 1926 bis 1938 gemeinsam gegangen. Nicht zuletzt hat die immer stärker werdende christliche Gewerkschaftsbewegung dazu beigetragen, daß einerseits der Terror gebrochen und andererseits die Interessen der Arbeitnehmer gemeinsam wahrgenommen werden konnten.

Bereits an anderer Stelle wurden die harten Auseinandersetzungen um die umstrittene Novelle zum Sozialversicherungsgesetz erwähnt. Dieser Kampf hatte eine erfreuliche Nebenwirkung, waren doch die tschechischen und deutschen Spitzenverbände der christlichen Gewerkschaften einander nähergerückt. Im Jahre 1928 kam es dann zur Bildung einer »Reichsarbeitsgemeinschaft«, in der sich die zentralen Spitzen der tschechischen, deutschen, slowakischen und ungarischen christlichen Gewerkschaften in der Tschechoslowakei zu einer geradezu vorbildlichen sachlichen Zusammenarbeit gefunden hatten. Auf diese Weise war es den christlichen Gewerkschaften möglich, echten und entscheidenden Einfluß auf die Sozialpolitik zu nehmen.

Im Jahre 1919 war der Internationale Bund christlicher Gewerkschaften, der seinen Sitz in Utrecht hatte, neu gegründet worden. Schon ein Jahr später trat die ehemalige Zentralkommission christlicher Gewerkschaften, der Vorläufer des Gesamtverbandes der christlichen Gewerkschaften, der Christlichen Gewerkschaftsinternationale bei. Acht Berufsverbände gehörten den Berufsinternationalen an. Im Jahre

1937 nahm zum ersten Male ein Vertreter des Verbandes christlicher Gewerkschaften an der internationalen Arbeitskonferenz in Genf teil und zwar als Mitglied der offiziellen tschechoslowakischen Delegation.

So darf rückblickend festgestellt werden, daß es kaum eine beachtenswerte innerstaatliche oder internationale Institution gegeben hat, in welcher die deutschen christlichen Gewerkschaften der Tschechoslowakei nicht mitgewirkt haben.

Die Zerschlagung der Gewerkschaftsbewegung im Deutschen Reich nach der Machtübernahme durch den Nationalsozialismus bedeutete für die christlichen Gewerkschafter einen echten Verlust, gingen doch von Berlin und Düsseldorf viele wertvolle Impulse aus. Im März 1938 kam es zum Anschluß Österreichs an das Dritte Reich. Von diesem Zeitpunkt an drohte den christlichen Gewerkschaften in der ČSR das Ende, war doch die politische Landkarte Mitteleuropas in Frage gestellt. Im Herbst 1938 folgte dann auch die Angliederung der sudetendeutschen Gebiete an Deutschland und es kam, was zwangsläufig kommen mußte: das Ende der christlichen Gewerkschaftsbewegung in Böhmen, Mähren und Schlesien. Damit hatte eine Arbeiterbewegung zu bestehen aufgehört, die stets ein treuer Weggefährte der sudetendeutschen Arbeiterschaft gewesen war.

ANMERKUNGEN

1 Hier: Die deutschen christlichen Gewerkschaften in der Tschechoslowakei von 1918 bis 1938.

2 Reichhold Ludwig, Europäische Arbeiterbewegung, Bd. 1, Frankfurt 1953, Seite 319 ff.

3 Klenner Fritz, Im Dienste der Sozialreform, Wien o. J., Seite 63 ff.

4 In den Sudetenländern entstanden um die Jahrhundertwende Katholische Arbeitervereine in Grulich, Hohenelbe, Zwickau, Altendorf bei Römerstadt, Frankstadt bei Mährisch-Schönberg, Deutsch-Liebau, Zwittau, Freiwaldau, Jägerndorf und Odrau; Christlichsoziale Arbeitervereine in Niederehrenberg, Haslau, Liebenstein, Mährisch-Trübau, Witkowitz, Zöptau, Engelsberg und Lindewiese; Katholische Arbeiterinnenvereine in Mährisch-Schönberg und Zwittau.

5 Kunschak Leopold, Wie wir begannen, in: Sudetendeutsche Arbeit (im folgenden: SDA) 2 (1925), Seite 2 ff.

6 Ullreich Franz, Zur Geschichte des Christlichen Tabakarbeiter-Verbandes, in: SDA 2 (1925), Seite 17 ff.

7 Die österreichische Reichshälfte (Österreich-Ungarn ohne Ungarn) bestand aus 17 Kronländern, u. a. das Königreich Böhmen, die Markgrafschaft Mähren und das Herzogtum Schlesien.

8 Interessehalber sei vermerkt, daß die Dauer des Krieges die Grundlagen von Böhmens Landwirtschaft, Handel und Gewerbe untergrub. Die Einwohnerzahl von Böhmen allein sank von drei Millionen auf 800.000.

9 Die erste sozialpolitische Schutzmaßnahme war ein Kabinettschreiben Josephs II. vom 20. November 1785. Dieses Schreiben verfügte, daß die in den Fabriken beschäftigten Kinder jede Woche wenigstens einmal gewaschen und gekämmt werden mußten und wenigstens zweimal im Jahr von einem Arzt zu untersuchen waren. Erst ein halbes Jahrhundert später setzte ein Hofdekret vom 11. Jänner 1842 das Mindestalter der Kinder, welche zur Fabrikarbeit zugelassen werden sollten, auf zwölf Jahre fest.
Schütz Hans, Die Entwicklung des sudetendeutschen Industriearbeiters, in: SDA 1 (1928), Seite 25 ff. Hinweis auf Emil Strauss, Geschichte der sozialdemokratischen Arbeiterbewegung.

10 Der Schönhengstgau war die größte europäische Sprachinsel mit 140.000 Insel-Deutschen und lag etwa zwischen Pardubitz in Böhmen und Brünn in Mähren.

11 Nach dem Weggang von Zwittau Religionsprofessor in Mährisch-Ostrau, Kanonikus in Olmütz, zuletzt Weihbischof von Olmütz.

12 Karl Fritscher, bekannt als »Pater Karl«. In der Diözese Olmütz wurden die Kapläne mit dem Prädikat »Pater« versehen. Pater Karl war einer der bekanntesten Volks- und Kanzelredner der Sudetendeutschen von 1900 bis 1938. Zeitweise war er Abgeordneter bzw. Senator der tschechoslowakischen Nationalversammlung. Für seine Verdienste um die Verwirklichung der Grundsätze von »Rerum novarum« wurde er zum 40. Jahrestag des Erscheinens der Enzyklika Päpstlicher Geheimkämmerer (Monsignore).

13 An dem Streik waren 342 Arbeiter beteiligt. Davon waren 190 Sozialdemokraten, 98 Christlichsoziale und 32 Deutschnationale. 22 bezeichneten sich als unparteiisch.

14 Röttig Adolf, Kratzer Stefan, Scholz Franz, in: SDA 2 (1925), Seite 25 ff.

15 Wir werden nun, wenn wir von diesem Verband reden, immer nur den abgekürzten Namen Textilarbeiterverband gebrauchen.

16 Sitz der Verbandsbezirke 1938: Böhmisch-Krumau (Hans Hölzl), Eger (Franz Koblowsky), Komotau (Hans Wolf), Aussig (Otto Riedl), Rumburg (Augustin Schwarz), Schluckenau (Josef Hille), Reichenberg (Edmund Leukert), Hohenelbe (Josef Renner), Mährisch-Schönberg (Wilhelm Schubert), Freiwaldau (Willi Lucke), Jägerndorf (Franz Siegel), Troppau (Edmund Morawetz), Zwittau (Karl Türk).
An der Zentrale des Gesamtverbandes in Zwittau waren zum Zeitpunkt der Auflösung folgende Personen führend tätig: Hans Schütz, Vorsitzender; Erwin Machunze, Generalsekretär; Johann Wolf, Finanzen; Rudolf Bittner, Bildungsarbeit und Rundfunk; Wenzel Feichtinger, Arbeitslosenfürsorge; Josef Eger, Gewerkschaftspresse; Josef Witopil und Maria Erben, Jugend- bzw. Frauenarbeit.

17 Der Gesamtverband christlicher Gewerkschaften hatte zur gleichen Zeit

50.900 Mitglieder, so daß auf die acht kleinen Verbände zusammen 4200 Mitglieder entfielen.

18 Im Bergbau gab es »Betriebsräte«, in den übrigen Erzeugungszweigen »Betriebsausschüsse«.

19 So z. B. das Gesetz über die Unfallversicherung vom 28. Dezember 1887 und jenes über die Krankenversicherung der Arbeitnehmer (ohne Landarbeiter) vom 30. März 1888.

Die Gewerkschaften

Der öffentliche Dienst

Hoheitsverwaltung, Eisenbahner, Postler, Gemeindebedienstete – sie sind heute im Verhandlungsausschuß der öffentlich Bediensteten zur Wahrnehmung vielfältiger dienst- und besoldungsrechtlicher Interessen in kraftvoller Einheit verbunden. Ihre Gewerkschaften, einig auf dem Boden eines überparteilichen Gewerkschaftsbundes, sind eine Machtposition der öffentlich Bediensteten in deren Emanzipationskampf geworden. Nach der unseligen Zersplitterung früherer Jahre ist diese Wendung zur Selbstbesinnung und Einsicht ihren Führern im Jahre 1945 zu danken, sie widerlegten alte Schlagworte vom »getrennt marschieren und vereint schlagen« und wandelten diese in »vereint marschieren und vereint schlagen« um. Der Erfolg sollte ihnen recht geben.

I.

Mehr als 100 Jahre sind seit den Anfängen der Selbsthilfe der öffentlich Bediensteten vergangen, soweit es sich um organisierte Selbsthilfe handelt, also um Bemühungen im Sinne heutiger gewerkschaftlicher Anschauungen. Die Beamten der *Hoheitsverwaltung* des alten österreichischen Reiches, dessen Bedienstete[1] in Zentrale und Ländern, erkannten erst im 19. Jahrhundert die Notwendigkeit organisatorischer Vereinigung. Der öffentliche Dienst war im alten Reich wesentliche Komponente staatlicher Machtbehauptung. Der Beamtenstand war unentbehrlich für den Staat geworden.

Die Entstehung des modernen Beamtenstandes ist auf die Verwaltungsreformen des Kaisers Maximilian I. zurückzuführen. Sie machten der seit etwa 1200 bestehenden Auffassung ein Ende, daß ein Amt nur lehensrechtliches Verhältnis ohne bestimmte Vorbildung sei. Seit etwa 1450 wurden juristisch gebildete Universitätsabsolventen zu Ämtern herangezogen. Mit der Verwaltungsreform Maximilian I. entstand der Beamtenstand im modernen Sinn. Es gab aber weder fix geregelte Einkünfte, noch Pensionsberechtigung bei Austritt aus dem Amt oder beim Ende der Dienstzeit. Nur in einzelnen Fällen wurden »Provisionen« für alte, verdiente Beamte gewährt. Für gewisse Ämter wurde eine bestimmte Vorbildung verlangt. Die Besoldung dürfte nicht allzu üppig gewesen sein. Ein 1683 entstandener »Privatverein der in Wien befindlichen Rechnungs- und Kontrollbeamten zu wohltätigen Zwecken für sich und ihre Familienmitglieder« zeugt dafür.

Maria Theresias große Verwaltungsreform (1740–1780) leitete die Ära modernen österreichischen Beamtentums ein, dessen Grundlagen bis heute erhalten blieben. Zentralstellen, feste Gehälter, Konduitelisten, kennzeichneten das Wesen der Reform. Ein eigener Beamtenstand wuchs heran und wurde im Laufe der Zeit zur sicheren Grundlage des Regierungssystems, das vom Geist des aufgeklärten Absolutismus Josef II. erfüllt war – der Begriff »Josefiner«, liberale österreichische Gesinnung, charakterisierte bis weit ins 20. Jahrhundert hinein die Mehrzahl der höheren Beamten. In der absolutistischen Ära unter Kaiser Franz I. versuchte man, durch ministerielle Erlässe die Beamten fester an das Regime zu fesseln, etwa durch Verbot des Beitrittes zu geheimen Gesellschaften. Immer war man auch bedacht auf die Erhaltung der Religion – Verpflichtung der Beamten zum Besuch des sonntäglichen Gottesdienstes. Das zentralistische System bewirkte eine starke Vergrößerung des Beamtenapparates. Vergebens bemühte sich Karl Kübeck – ein Bürgerlicher, der zu einer Zeit, da nur Adelige zu hohen Staatsämtern gelangen konnten, auf einem verantwortungsvollen Posten stand – den Abbau der Bürokratie, der schwerfälligen Vielschreiberei zu erreichen. Das Beamtenheer schwoll weiter an, immer größer wurde die Zahl unentgeltlich bediensteter Praktikanten, immer furchtbarer die Lage der Diurnisten und der Diener. Diese Elendsbilder aus dem Vormärz machen die Kritik an den Zuständen in den Ämtern jener Zeit erklärlich, sie findet in den Flugschriften, in Gedichten und einigen Zeitungen des Revolutionsjahres 1848 einen erschütternden Niederschlag.

Obwohl in der Revolution von 1848 das Metternichsche System zusammenbrach, funktionierte der Staatsapparat dank der Disziplin der Beamten weiter. Das ist umso bemerkenswerter, als vor allem die unteren Ränge wahrhafte Hungergehälter bezogen und daher den radikalen Zeitströmungen leichter zugänglich waren. Aber noch fehlte eine Organisation, welche die zahlreichen Wünsche der Subalternen hätte vertreten können. Beamtenfreundliche Artikel in den zahlreichen Zeitungen, die seit der unbeschränkten Pressefreiheit aus dem Boden schossen, blieben ohne konkrete Ergebnisse. Ein Journal, der »Unparteiische«, herausgegeben von einem

Rechnungsbeamten, erhob utopische Forderungen und erreichte dadurch nichts. Im Reichstag 1848/49 gab es zwar über 50 Abgeordnete, die dem öffentlichen Dienst angehörten, unter ihnen auch Radikale wie Ernst Violand. Aber in dem revolutionären Wirbel jener Tage, erfüllt von Beratungen über Grundrechte und Verfassungsfragen, waren die Beamten total vergessen worden.

Nach dem Zusammenbruch der Revolution kam der Neoabsolutismus mit seinem zentralistischen, germanisierenden System. Hauptstützen waren Kirche, Bürokratismus, ein riesiges Beamtenheer und die Armee. Hauptaufgabe der Beamten war nach einem Rundschreiben des Innenministers Bach, der sich vom revolutionären Führer der Märztage 1848 zum Konservativen gewandelt hatte, das Eingreifen in die politische und bürgerliche Ordnung[2]. Das Gehalt der Beamten blieb klein, aber Uniform mußten sie nach einer a. h. Entschließung vom 24. April 1849 tragen. So wurde das »Amtskappel« zum Symbol des österreichischen Beamten.

Auf den oberitalienischen Schlachtfeldern entschied sich 1859 das Schicksal des österreichischen Absolutismus. Aber dadurch wurde die Lage der Beamten nicht besser. »Es ist wohl die einzige Gesellschaftsklasse«, heißt es in einer zeitgenössischen Darstellung, »die inmitten der großartigen Entwicklung, welche seit dem Jahre 1848 in Handel und Gewerbe, in Industrie und Künsten, in der landwirtschaftlichen Produktion, kurz auf allen Gebieten des Wirtschaftslebens in Österreich stattgefunden hat, von allen diesen Segnungen völlig ausgeschlossen ist, die allein inmitten des allgemeinen Fortschrittes, was materielle Lage und soziale Haltung betrifft, nur Rückschritte gemacht hat[3].« Das stimmte, was die allgemeine Lage der Beamten betraf, nur waren sie nicht die »einzige Gesellschaftsklasse«, die damals in Staat und Wirtschaft benachteiligt, zurückgesetzt und zum Teil verelendet war: den Arbeitern ging es noch viel schlechter.

Immerhin hatten die politischen Verhältnisse sich grundlegend geändert. Auch Österreich war auf dem Weg zur raschen Verwirklichung konstitutioneller Freiheiten, die Zustände auf dem Gebiet der Presse- und der Koalitionsfreiheit waren erträglicher geworden. Von außen kam die Idee organisierter Selbsthilfe, die mit dem Namen Schulze-Delitzsch verbunden ist. Obwohl sie zunächst in Arbeiterkreisen starke Verbreitung gewann, geriet sie bald in Gegensatz zur Gewerkschaftsidee, fand aber in Beamtenkreisen viele Anhänger. Am 20. November 1864 erfolgte die Gründung des »Ersten allgemeinen Beamtenvereines der österreichisch-ungarischen Monarchie«. Er strebte Wahrung der materiellen, sozialen und geistigen Interessen der Beamten an und wollte eine zeitgemäße und wirksame Vertretung der Berufsinteressen erreichen. Sein Organ war die »Österreichische Beamten-Zeitung«, die bis 1918 erschien. Die Zahl der Mitglieder des Beamtenvereins stieg von 8000 im Jahre 1868 auf 96.000 im Jahre 1899. Er war keine Gewerkschaftsorganisation im heutigen Sinne, aber er war ein Instrument der österreichischen Beamten, um ihre vielfältigen Wünsche an die parlamentarischen Körperschaften sowie an die maßgebenden Regierungsstellen heranzutragen. Seit dem Beginn der parlamentarischen Ära wuchs die Flut der an das »Hohe Haus« gerichteten Petitionen aller Beamtenkategorien unaufhaltsam. Es ging um Besserstellung, um neue Gehaltsvorschläge, um Fragen der Dienstpragmatik[4]. Das Gehaltsgesetz vom 15. April 1873, das Rangklassen statt der Diätenklassen einführte, Funktions- und Aktivitätszulagen brachte und Vorrückungen in Quinquennien fixierte, war ein Erfolg dieser Bemühungen. Immer wieder war das Eingreifen der Beamtenorganisation nötig. Schon damals veranlaßte die Teuerung immer neue Aktionen. Noch blieb das Erbe »grauesten, unsagbaren Diurnistenelends« (Blenk). Keine Rechte, keine Vorsorge für Krankheit, Alter, Invalidität – so dienten Österreichs Diurnisten (Diurnisten waren Beamte, die kein Gehalt, sondern nur ein tägliches Entgelt bezogen) 30 bis 40 Jahre, täglich zehn bis zwölf Stunden und verdienten Taggelder von einem Gulden bis zu einem Gulden und fünfzig Kreuzer. Daß sich auch die Diurnisten zu organisieren begannen – »Hilfsbeamtenverein« – daß es zu regelmäßigen »österreichischen Diurnistentagungen« voll bitterer Klagen und berechtigter Kritik kam, war nicht zu verwundern.

In einer Zeit, in der es die Regierenden nicht gern sahen, wenn Beamte über ihr eigenes Schicksal mitbestimmen oder ihre materielle Situation von sich aus verbessern wollten, mußte der »Maulkorb-Erlaß« der Regierung Kielmansegg kommen, der die Ausübung der staatsbürgerlichen Rechte der Beamten stark einschränkte. Die Beamten sollten Petitionen vermeiden, die sich mit der Stellung und dem Ansehen der Beamten nicht vertragen. Die Regierung sei fest entschlossen,

»im Interesse der Disziplin und zur Reinhaltung der öffentlichen Verwaltung« mit aller Strenge gegen zuwiderhandelnde Beamte vorzugehen[5].

Seit den achtziger Jahren machte sich eine starke Zersplitterung der österreichischen Beamtenorganisation bemerkbar[6]. Allmählich führend in der Beamtenbewegung wurde der Staatsbeamtenverein. »Statt der zahmen Petitionen und wohlgesetzten Resolutionen« wurden Forderungen erhoben, in denen die Referenten mutig und rücksichtslos das Elend und die zunehmende Verschuldung der Beamten darlegten, in scharfen Worten wurde gegen die Regierung polemisiert und auch an das Parlament appelliert. Neben dieser durchaus ernstzunehmenden Standesorganisation entstanden immer zahlreicher werdende Vereine, »Kasinos« der einzelnen Beamtenorganisationen, wie Kanzleibeamte, Rechnungsbeamte, Verwaltungsjuristen, Mittelschullehrer, auch Zollwachebeamte und Finanzbeamte. Alle waren um eine Verbesserung ihrer Lage bemüht. Doch vielfach fehlte das Gefühl der Solidarität, Standesdünkel und Kastengeist behielten die Oberhand, die Beamten waren auch noch nicht zentral, sondern nur lokal organisiert[8]. So bedeutete es einen großen Fortschritt, als sich im Oktober 1901 zahlreiche Fachvereine zum Zentralverband der österreichischen Staatsbeamten zusammenschlossen.

In der Zeit der »Maulkorb-Erlässe«, der Bespitzelung der Beamtenversammlungen durch »Vertraute« oder gar durch der Regierung willfährige Kollegen, in der Zeit wachsender Teuerung, zunehmender Verelendung der Subalternen, für die mehr denn je zuvor das Wort gelten konnte: »Samt am Kragen – Hunger im Magen«, in der Zeit zunehmender Gärung unter den kleinen Beamten, unter den Diurnisten, die einen Reichsverband der Vertragsangestellten gegründet hatten, war es nicht leicht, die Interessen der Beamten zu vertreten. Nicht immer nahmen die Regierenden die Mahnung aus Beamtenkreisen ernst: »Es ist ein Gipfel der Staatsklugheit, Gärung, Unzufriedenheit in diesem Stande gründlich zu bannen und Dank zu sagen, daß das volle Bewußtsein seiner erhebenden, sozialen und staatlichen Mission in ihm ungebrochen und aufrecht bleibt[9].«

Und mit großer Mühe konnte Mitte der neunziger Jahre, stark verklausuliert und mit steuerpolitischen Gesetzen junktimiert, eine Reform des Gehaltsgesetzes von 1873 erreicht werden. Aber die fortschreitende Teuerung machte geringe materielle Verbesserungen wieder illusorisch, ein Vorgang, der sich 1907 wiederholte. In stürmischen Versammlungen machte sich der Unmut der Beamten Luft. Der Ton wurde radikaler; aber die vorgesetzten Dienststellen anerkannten das Recht der Beamten auf Koalition nicht, sie gingen immer wieder disziplinär gegen Beamte vor, die es wagten, sich für die Rechte der Kollegen einzusetzen. Die Maßregelungen Dr. Leopold Wabers, Dr. Wilhelm Pollaufs und des Funktionärs des Reichsverbandes, Schmid, lösten großes Aufsehen aus und führten zu heißen Diskussionen im Abgeordnetenhaus.

Seit 1867 hatten die Beamten in unzähligen Petitionen die Kodifizierung des österreichischen Dienstrechtes verlangt, ihre Organisationen hatten Entwürfe ausgearbeitet, beamtenfreundliche Abgeordnete hatten immer wieder die zuständigen Minister interpelliert und die Vorlage einer Dienstpragmatik verlangt. Aber erst die letzte große Tat des österreichischen Reichsrates kam diesem Verlangen mit dem Gesetz vom 25. Jänner 1914 nach.

Rückschauend kann gesagt werden: In harten und mühseligen Kämpfen hatten die altösterreichischen Beamten in zwei Dezennien wichtige dienst- und besoldungsrechtliche Verbesserungen ihrer Lage errungen. Obwohl oft gehemmt durch die Drohung disziplinärer Verfolgung, durch Uneinigkeit in Organisation und Taktik sowie zeitweise auch durch überstarke Betonung von Sonderwünschen einzelner Kategorien sind diese Erfolge erzielt worden[10].

Mit dem Ersten Weltkrieg begann ein Notstand des öffentlichen Dienstes, der fast ein Jahrzehnt dauern sollte, eine Zeit voller Entbehrungen, Hunger und Verzweiflung für das große Heer der unteren Kategorien. Beamtenschicksal 1918: Nach dem Zusammenbruch mußten Zehntausende Hoheitsbeamte und Eisenbahner aus den Nachfolgestaaten übernommen werden. Im klein gewordenen Österreich gab es ein übergroßes Beamtenheer. Aber der Dienst in kalten Amtsstuben ging weiter, noch unerträglicher wurde der Hunger, zerschlissen waren die Anzüge, bald auch die Uniformen der Heimkehrer und immer schmäler wurden die Bezüge. Das einzige Licht in dieser dunklen Zeit war die Tatsache, daß der Weg zu einer gewerkschaftlichen Organisation der öffentlich Bediensteten freigeworden war. Ein Teil von ihnen hatte ihn bereits in der Vorkriegszeit beschritten – die »freigewerkschaftlichen und christlichen Eisenbahner«. Die Hoheitsbeamten hatten sich, wie erwähnt, in Fachverbänden organisiert, die aber auch nach dem Zusammenschluß in einen Zentralverband (1901) nicht Gewerkschaften im heutigen Sinn waren. Die Novembertage 1918 änderten auch diese Situation. Der alte »Zentralverband« blieb zwar bestehen, wandelte sich aber seit 1918 immer stärker zur gewerkschaftlichen Organisation und fusionierte sich 1923 mit einflußreichen Akademikerverbänden zum »Reichsverband der öffentlich Angestellten«. Dieser lehnte jede parteipolitische Betätigung ab und entwickelte sich mit seinen durchschnittlich 30.000 Mitgliedern zur stärksten Beamtenorganisation der damaligen Zeit.

In der Blütezeit der Freien Gewerkschaften, die nach 1918 anbrach, war es selbstverständlich, daß ihre Ideen auch unter den öffentlich Bediensteten stärkere Verbreitung fanden. Im April 1919 wurde der »Bund sozialdemokratischer Staatsangestellter« gegründet – die Bezeichnung »sozialdemokratisch« wurde bald fallengelassen – der sich auf die Verwaltungsbeamten der Behörden, des Bundes, der Länder und Gemeinden und der öffentlichen Fonds erstreckte. »Auf der Grundlage der vollen Solidarität« aller öffentlich Angestellten aufgebaut, wollte der Bund eine Beamtenorganisation sein, in der »es keine Kategoriendünkel« gibt, ein Anwalt der Demokratie im öffentlichen Dienst und des Mitbestimmungsrechtes der organisierten Angestellten[11].

Der Bund gehörte seit Dezember 1919 der Freien Gewerkschaftskommission an und besaß in Oskar Janicki durch über 14 Jahre einen sehr agilen Obmann. Seit Dezember 1923 nahmen seine Vertreter an den Kongressen der freigewerkschaftlichen Beamteninternationale (IÖD) teil[12]. Der Bund zählte in den Jahren 1919–1933 durchschnittlich 15.000 bis 20.000 Mitglieder. Freigewerkschaftlich organisiert war vor allem die Sicherheitswache, die in Hans Schabes einen durchschlagskräftigen »Führer« hatte. Im Dezember 1921 schlossen alle der freien Gewerkschaftskommission angeschlossenen Organisationen der Arbeitnehmer im öffentlichen Dienst sich zur »Sektion der öffentlich Angestellten« zusammen.

Noch gab es – mit Ausnahme der Eisenbahner und Postler – keine christliche Gewerkschaft. Es existierte zwar seit der Vorkriegszeit eine Vereinigung, die etliche tausend Staatsangestellte, zumeist aus den unteren Kategorien, umfaßte und vom christlichsozialen Abgeordneten zum Nationalrat Leopold Doppler geführt wurde. Sie legte aber immer Wert darauf, als überparteilich zu gelten. Der überwiegende Teil der christlichen Beamten stand nach wie vor im »Reichsverband«, im »Bund«, der es verstanden hatte, in neuerrichteten Ämtern zur »Hausorganisation« mit hundertprozentiger Mitgliedschaft zu werden (so z. B. in der Invalidenentschädigungskommission). 1920 fanden sich da und dort Beamte, die organisatorisch eine Gruppe von Karl Untermüllers Angestelltengewerkschaft bildeten, Kader für eine künftige Gewerkschaft christlicher öffentlich Angestellter. Dr. Blenk, Beamter der Zentralkommission, entwarf die Statuten, im Winter 1920/21 konnte der offizielle Gründungsakt gesetzt werden. Es bleibt das unvergängliche Verdienst der damals geschaffenen Kriegsbeschädigten-Sektion der Gewerkschaft, die Idee eines gewerkschaftlichen Zusammenschlusses der christlichen Beamten energisch vorwärts getrieben zu haben. Ihr Führer, Ignaz Putschin, ein geborener Organisator, ein Redner, der die Zuhörer zu packen und zu begeistern wußte, schuf mit seinen Mitarbeitern Blach, Rada und Hypsch im Frühjahr 1921 – Blenk hatte die Sekretariatsarbeit übernommen – die Grundlagen der Organisation, die Schritt für Schritt, oft im heißen Ringen mit dem »Bund«, bereits scheel betrachtet von den »Reichsverbändlern« in die Ämter eindrang und sich durch ihre kämpferische Haltung in den Verlautbarungen um die Mitbestimmung von Beamten Achtung zu verschaffen wußte. Kurze Zeit stand Albin Cermak an der Spitze der Organisation, wurde aber schon im Herbst 1921 vom Wiener christlichsozialen Stadtrat Karl Rummelhardt abgelöst, der im ersten Generalsekretär, Hofrat Leth, wirksame und sachkundige Hilfe fand. Ende 1921 wurde auch das Verbandsorgan »Der öffentlich Angestellte«, später »Volksdienst«, gegründet, dessen Redakteur von 1922 bis 1938 Dr. Blenk war.

Rummelhardt blieb bis Ende September 1925 an der Spitze der Gewerkschaften. Da er sich aber bei den Gehaltskämpfen immer stärker als Exponent parteipolitischer Meinungen erwies, zog er sich den Unmut streng gewerkschaftlich denkender Mitglieder zu. Ende September 1925 war sein Rücktritt unvermeidlich geworden. Der Gewerkschaftstag vom Dezember 1925 brachte Eduard Tomaschek mit Franz Weymann und Josef Purkschaber an die Spitze der Gewerkschaft. Sie hatten zunächst den Argwohn der anderen Gewerkschaften zu zerstreuen, den die Haltung Rummelhardts in den verflossenen Wochen hervorgerufen hatte. Auch die Organisation mußte schlagkräftiger werden. Die Kontakte mit den Landesgruppen wurden wieder aufgenommen, Vorschläge über eine Reform des Dienst- und Besoldungsrechtes, die Tomaschek ausgearbeitet hatte, führten zu regen Diskussionen. Die Übersiedlung in das Gewerkschaftshaus Laudongasse 16 vertiefte die Beziehungen zur Zentralkommission, der für die Gewerkschaft Tomaschek und Blenk angehörten. Es war eine gute und erfolgreiche Zeit für die Gewerkschaft. Die Mitgliederzahlen wuchsen. Durchschnittlich waren von 1925 bis 1934 8000 Beamte in der Gewerkschaft organisiert. Die Fachinternationale des Bundes der christlichen Gewerkschaften wurde durch eine Internationale des öffentlichen Dienstes verstärkt. Im August 1930 fand in Köln der Gründungskongreß statt, an dem für die Gewerkschaft Tomaschek und Weymann teilnahmen[14]. Seither bestanden ausgezeichnete Verbindungen zwischen der Gewerkschaft und der Fachinternationale. Wichtig war die Gewerkschaft als Sammelstätte verschiedener Kategorien des öffentlichen Dienstes, die noch zu schwach waren, um selbständige Organisationen ins Leben zu rufen, aber bereits gute Ansätze für eine Arbeit im Sinne des christlichen Gewerkschaftsgedankens zeigten.

Die christlich gesinnten *Gemeindebediensteten* waren lange eine hoffnungslose Minderheit im Wiener Rathaus, wagten es aber doch, trotz einer erdrückenden Mehrheit der Freien Gewerkschaft (Schulzeverband) für die christlichen Gewerkschaften zu werben. Sie errichteten eine eigene Gruppe in der Gewerkschaft. Karl Gillmayer war es, der die eindeutige Hinneigung der Freien Gewerkschaften zu sozialdemokratischen Auffassungen nachwies, mit Stiegelhauser und Dechant im Oktober 1922 die Sektion der Gemeindebediensteten in der Gewerkschaft ins Leben rief und bis zu seinem frühen Tod im September 1925 mit Idealismus und Hingabe leitete. 1924 wurde die Sektion selbständige Gewerkschaft. Allerdings blieb die Zahl der Gemeindebediensteten, die sich offen zu den Prinzipien der Christlichen Gewerkschaften bekannten, auch weiterhin klein, sie betrug 1930 1118. Trotzdem bewies die Gewerkschaft unter der Führung Stögers und Gschladts anerkennenswerte Rührigkeit und wurde zu einem unerschütterlichen Bollwerk im Meere der Freien Gewerkschaften[15, 16].

Auch unter den christlichen *Wachebeamten* war ab 1922 ein

Umschwung zu verzeichnen. Sie traten aus der mächtigen Organisation der Freien Gewerkschaft aus und schlossen sich in der Gewerkschaft der Sicherheitswache unter der Führung Rauchs zusammen. Sie erzielte bei den Personalvertretungswahlen der Polizei im Jahre 1924 immerhin 947 Stimmen. Mit ihrem Wirken ist für immer der Name Rauch verbunden.

Der Anfang der Christlichen *Lehrergewerkschaft*[17] ist ebenfalls mit der Geschichte der christlichen Angestelltengewerkschaft innigst verbunden. Ihre Vertrauensmänner arbeiteten zunächst in der Gewerkschaft und schufen dann eigene, der Zentralkommission angeschlossene Organisationen. 1930 gehörten ihr 5001 Männer und 5801 Frauen an[17].

Nicht aus der christlichen Gewerkschaft der öffentlich Angestellten, aber gefördert von der Zentralkommission der christlichen Gewerkschaften, die durch Dr. Blenk die Statuten hatte abfassen lassen, schlossen sich dank Anregung des Zivilkommissars für Heeresangelegenheiten, Kirchlehner, die christlichen *Heeresangehörigen* im Spätherbst 1920 zur Soldatengewerkschaft zusammen (»Wehrbund«). Zunächst hatte sie nur ganz wenige Mitglieder, vor allem in Vorarlberg und Tirol. Erst im Februar 1921 setzte der organisatorische Aufschwung ein, obwohl die Freien Gewerkschaften praktisch allmächtig waren. Im sozialistischen »Militärverband« waren ja damals die Soldaten fast hundertprozentig organisiert. Bei den Vertrauensmännerwahlen vom Oktober 1922 errang er 797 Mandate, der Wehrbund ganze 20. Aber selbst Terror und Verleumdung konnten seinen Aufschwung nicht verhindern. Diese Entwicklung war gewiß auch auf die Unterstützung durch den langjährigen Heeresminister Carl Vaugoin zurückzuführen, der aber entgegen den Behauptungen von sozialistischer Seite mit der Gründung des Wehrbundes nichts zu tun hatte. Immer mehr Mitglieder büßte der Militärverband ein, immer stärker wurde der Wehrbund. Er zählte 1933 fast 20.000 Mitglieder. Karl Witsch, Dorfstetten der erste Obmann, sind aus der Geschichte der christlichen Soldatengewerkschaft nicht wegzudenken.

Vielfalt der christlichen Organisationen des öffentlichen Dienstes, aber Einigkeit in den Grundsätzen, Zusammenhalt durch die Zugehörigkeit zur Zentralkommission, so kämpften die christlichen Beamten, Lehrer, Professoren, Soldaten und Pensionisten in den schweren Zeiten der ersten zwanziger Jahre um ihre Existenz. Denn die Geldentwertung ging immer rascher vor sich, am Sozialprodukt nagte die Inflation, die die materiellen Grundlagen des Beamtentums immer mehr erschütterte. Österreich, das die Friedensverträge von 1919 als verstümmeltes Wirtschaftsgebiet hinterlassen hatten, kämpfte um seinen Bestand.

In erster Linie mußte die Not gelindert werden, in die alle Beamten durch die inflationäre Entwertung der Krone geraten waren. Die Besoldungsgesetze von 1919 konnten mit allen Novellierungen und Nachträgen dieses Problem nicht lösen. Immer häufiger mußten Beamte zu einem Nebenerwerb greifen, sie spielten in den Kaffeehäusern und Kinos auf, sie arbeiteten als Billeteure, sie verdingten sich als Taglöhner, Hofräte, einstmals Inbegriff österreichischen Beamtentums, zogen in den Hungerwintern 1918 und 1919 in den Wienerwald, um ein paar Stück Holz in die kalte Wohnung zu bringen. Damals brachten Journalisten den Vergleich zwischen »Hofrats- und Waschfraubezügen« auf. Alles, was an Gehaltsgesetzen geschaffen wurde, hinkte hinter der Wirklichkeit her, jede Neuregelung war, wenn sie in Kraft trat, von der gigantisch um sich greifenden Teuerung, von Geldentwertung und Inflation längst überholt. Alle Bezüge, vor allem die der Vertragsbediensteten, oder – wie sie damals genannt wurden – »nicht ständige Hilfsbedienstete«, blieben unzureichend. Das Gehaltsgesetz vom Jahre 1924 suchte vergeblich Ordnung in das Gestrüpp der Besoldung zu bringen. Es wurde gegen den Protest der Gewerkschaften beschlossen. Nach neuerlichen Verhandlungen sprachen sich die Beamten in einer Urabstimmung für den Streik aus, falls die Regierung nicht nachgäbe. Bundeskanzler Dr. Ramek trat wegen der Beamtenforderungen zurück. Gestreikt wurde nicht, die Beamten setzten sich durch. Das Gehaltsgesetz aus dem Jahre 1924 mußte dreimal novelliert werden; manches wurde erreicht (halber Monatsbezug, Mietzinsbeihilfe). Aber der Zusammenbruch der Creditanstalt erschütterte Österreichs Wirtschaft aufs schwerste und wieder waren die Beamten die Opfer. Die Budgetsanierungsgesetze des Jahres 1931 legten den öffentlich Bediensteten neue Lasten auf. Die christlichen Gewerkschaften, die noch im Frühjahr 1931 sehr energisch gegen die Absichten der Regierung aufgetreten waren – im »Volksdienst« war die Parole erschienen: »Zum Kampf bereit« – mußten sich schließlich mit Kompromissen begnügen.

Für die Lehrer, soweit sie der Hoheit der Länder unterstanden, erfolgte die Regelung ihres Dienst- und Besoldungsrechtes durch Landesgesetze[17]. Für die *Exekutivbeamten* brachte die Republik Erfreuliches. In den altösterreichischen Gehaltsgesetzen waren sie noch in die »Diener-Kategorien« eingereiht gewesen, jetzt wurden sie als »Beamte« gewertet. Die Zollwache, zurückgehend auf Maria-Theresianische Zeiten, K. u. K. Finanzwache in der Monarchie, wurde 1920 geteilt in Zollwache und Steueraufsicht[18]. Die Kriminalbeamten, früher »Polizeiagenten«, erhielten 1920 eine neue Dienstordnung statt des früheren Organisationsstatutes[19]. Aus mehreren Kategorien (Militärpolizeiwache, Gefangenenaufsicht) war die einheitliche österreichische Justizwache 1919 hervorgegangen[20]. Die österreichische Gendarmerie war 1850 errichtet worden, schied nach dem Gendarmeriegesetz 1876 aus dem Heeresverband und diente seither als militärisch organisierter Wachekörper zur Aufrechterhaltung der öffentlichen Ruhe, Ordnung und Sicherheit. 1918 fand der Gewerkschaftsgedanke in ihr Eingang, aber parteipolitische Zersplitterung lähmte oft die Kraft zur Aktion[21]. Die gewerkschaftliche Entwicklung der Sicherheitswache ist bereits erwähnt worden. Auch sie erhielten 1918 gleich den Kriminalbeamten Beamtencharakter[22].

Seit den Zeiten Kaiserin Maria Theresias gab es statt des bisher geübten Systems »gnadenweiser Zuwendungen« gesetzliches Recht auf *Pensionen* für ausgediente Beamte, die »Pensionsnormale« vom 30. November 1771. Seither wurden die Pensionsvorschriften und auch die Pensionsgrundsätze für die Arbeiter in staatlichen Betrieben, etwa Salzfabriken und Salinen, wiederholt neu geregelt. Die Gesetze und Verordnungen wurden immer zahlreicher, ihre Unübersichtlichkeit wurde immer größer. Die Versorgung der Pensionisten und ihrer Hinterbliebenen war besonders in Notzeiten unzureichend. Im altösterreichischen Parlament liefen unzählige Petitionen wegen des Hungerlebens der Pensionisten ein. Der Kampf um die Besserstellung der Pensionisten führte im Gesetz vom 14. Mai 1896 zu einer halbwegs befriedigenden Lösung der Pensionistenfrage. Nicht geändert wurde die Spaltung der Pensionisten in Alt-Alt-, Alt- und Neupensionisten, die sich aus den rechtlichen Vorschriften ergab, wie sie zum Zeitpunkt der Pensionierung gegolten hatten.

Die Republik versuchte, in das chaotische Durcheinander

von noch geltenden Hofdekreten, allerhöchsten Entscheidungen, Gesetzen und Verordnungen eine gewisse Ordnung zu bringen. Die Pensionisten, die zahlreichen, zum Teil noch aus der Monarchie stammenden Pensionistenvereine, verlangten stürmisch nach Reformen. Gewerkschaftlich waren die Pensionisten noch nicht erfaßt worden, außer vom Zentralverband (später Reichsverband) der öffentlich Angestellten und dem Dopplerverband, in dem es Pensionisten gab. Die Beamtengewerkschaften existierten noch nicht, sie traten erst 1919 ins Leben. Die Zahl der Pensionisten schwoll gigantisch an, als die Republik Österreich zahlreiche pensionierte Beamte aus den Nachfolgestaaten übernahm. Ihre Lage war in den Inflationsjahren katastrophal. Das Pensionsbegünstigungsgesetz vom 30. Juli 1919 brachte keine fühlbare Erleichterung, auch das Pensionsgesetz vom 17. Dezember 1921 war nur ein Versuch ohne definitive Regelungen, das Gehaltsgesetz vom 18. Juli 1924 paßte zwar die rechtlichen Verhältnisse der Pensionisten an das neue Dienstklassensystem an, aber bis zum Ende der Ersten Republik wurde das Pensionistenproblem nicht endgültig gelöst.

Getrennt marschieren – vereint schlagen

Die Koalitionsfreiheit, Grundrecht aller Arbeitnehmer, auch der öffentlich Bediensteten, war eine der größten Errungenschaften von 1918, zwar nicht gesatztes Recht, aber Recht, gestützt auf die Macht der Organisation, moralisch auf geltendes Menschenrecht. Die Gewerkschaften der öffentlichen Dienste waren daher erst ab 1919 entstanden, abgesehen von der Organisation der Eisenbahner, deren Entstehung etwa 30 Jahre zurücklag. Neben den »richtungsfreien« Gebilden aus der Monarchie, die alsbald im Reichsverband der öffentlich Angestellten zusammengeschweißt werden sollten, gab es nun die weltanschaulich ausgerichteten Beamtengewerkschaften, die Gewerkschaften der Exekutive und Soldaten. Sie alle zogen am Strange des Wagens, der mit dienst- und besoldungsrechtlichen Wünschen, mit den übrigen Forderungen und Problemen des öffentlichen Dienstes beladen war. Aber sie zogen nicht gleichmäßig, sondern behinderten, ja bekämpften einander nur zu oft. Einigkeit aber wäre höchst notwendig gewesen. So wie die Freien Gewerkschaften innerhalb der Gewerkschaftskommission längere Zeit Kontakte gehalten hatten, bestand auch unter den Gewerkschaften des öffentlichen Dienstes in der Zentralkommission für einige Jahre eine enge Fühlungnahme. Vorsitzender dieser Kommission war Regierungsrat Auinger von der christlichen Postgewerkschaft.

Das Nebeneinander und Gegeneinander von Gewerkschaften führte zu demagogischer Lizitation, förderte Intrigen und Hintertreppenpolitik, artete im Wettrennen zu einflußreichen Politikern aus, mußte aber auf die Dauer die Stoßkraft der Organisationen schwächen. Daher setzte sich ab 1921 der Gedanke durch, daß es solidarischer Aktionen bedürfe, wenn die Gewerkschaften bei der Regierung und der Verwaltung etwas erreichen wollten. So kam es zur Bildung des »Fünfundzwanziger-Ausschusses«. In ihm saßen die Vertreter der Richtungsgewerkschaften, des Reichsverbandes und des Deutschen Beamtenverbandes. Sein erster Obmann war der Generalsekretär der Gewerkschaft der christlichen Angestellten im öffentlichen Dienst, Hofrat Leth, eine Anerkennung für diese Organisation, die man nach ihrer Gründung von den Verhandlungen der Gewerkschaften hatte ausschließen wollen. Nach Leths Tod trat Julius Hold vom Reichsverband an die Spitze des Fünfundzwanziger-Ausschusses, ein kluger, kenntnisreicher Taktiker, der bis 1933 Vorsitzender blieb.

Das Band gemeinsamer Interessen hielt sechs Jahre. Es lockerte sich bereits am Anfang der dreißiger Jahre und zerriß, als die Freien Gewerkschaften ausschieden. Der gemeinsame Ausschuß hatte nicht immer erreichen können, was er für die Beamten erstrebte, aber er hat von 1925 bis 1931 in vielen Konflikten eine mäßigende und fruchtbare Rolle gespielt.

Auch ist der Organisationen der Bediensteten der *Eisenbahner* und der *Postler* zu gedenken, deren Interessen mit jenen der Hoheitsbeamten weitgehend identisch waren. Der Gewerkschaftsgedanke war bei den Eisenbahnern schon seit Anfang der neunziger Jahre immer stärker hervorgetreten. 1890 fand ein Eisenbahnerkongreß statt, der Resolutionen über aktuelle Fragen annahm (Arbeitszeitverkürzung, Unfallversicherung)[24]. 1894 kam es zur Gründung des »Allgemeinen Rechtsschutz- und Gewerkschaftsvereines«, der mit der Freien Gewerkschaft Fühlung aufnahm und bei der Regierung größtes Mißtrauen hervorrief. Dieses Mißtrauen führte 1897 zur Auflösung der Organisation, da sie »Tendenzen verfolgt, welche mit den Staatsinteressen unvereinbar sind[25]«. Die Auflösung löste einen Dringlichkeitsantrag sozialdemokratischer Abgeordneter im Parlament aus, bei dem lebhaft über die schlechte Lage der Eisenbahner debattiert wurde und der christlichsoziale Arbeitervertreter Axmann für das Koalitionsrecht eintrat[26]. Die Lage der Eisenbahner wurde in den nächsten Jahren keineswegs besser. Die Überwachung durch den Dienstvorstand blieb bestehen[27], Mißstände in der Entlohnung, mangelnder Arbeitsschutz[28], kennzeichneten auch weiterhin die Zustände bei den Eisenbahnern. Die Organisation der Bediensteten war dessen ungeachtet auch nicht mehr aufzuhalten. Sie fühlte sich bereits 1903 stark genug, um zur Unterstützung des Kampfes für das allgemeine, gleiche und geheime Wahlrecht eine »passive Resistenz« einzuleiten[29].

Nach 1918 wurde mit dem rapiden Aufschwung der Freien Gewerkschaften auch die Eisenbahnergewerkschaft zu einer machtvollen Großorganisation, der zwischen 1918 und 1933 durchschnittlich 80.000 Mitglieder angehörten. Sie war in der Lage, 1922 und 1924 für Bezugserhöhungen zu streiken[29].

Auch der christliche Gewerkschaftsgedanke hatte bei den staatlichen Arbeitern schon vor dem Ersten Weltkrieg Eingang gefunden. Tabakarbeiter, Berg-, Salinen- und Forstarbeiter, Telephon- und Telegraphenarbeiter begannen sich zu organisieren. Allerdings muß der k. u. k. Bürokratie das »Ehrenzeugnis« ausgestellt werden, daß sie alles tat, um die staatstreue Arbeiterschaft ins Lager der Sozialdemokraten hineinzudrängen. Durchaus berechtigte Forderungen, welche die erste Reichskonferenz der staatlichen Arbeiter und Bediensteten erhob, wurden nicht realisiert. Die christlichen Eisenbahner waren im »Verkehrsbund[30]« organisiert, der der Zentralkommission angeschlossen war. Die Führung des Verkehrsbundes verstrickte sich aber in parteipolitische Differenzen, bekannte sich nach der Reichsratswahl 1911 zum »Deutschen Zentrum«, einer Absplitterung der Christlichsozialen, und beschloß, als sich der christlichsoziale Arbeiterparteitag gegen das »Deutsche Zentrum« wandte, den Austritt aus der Zentralkommission. Als Vizepräsident Franz Haider dagegen protestierte, wurde er ausgeschlossen. Diese verfahrene Situation führte im September 1915 zur Gründung des »Reichsverbandes christlicher Eisenbahner Österreichs«. Er entwickelte sich bis 1934 zu einer musterhaft geführten und verwalteten Organisation, die im Durchschnitt 6000 Mitglieder zählte. Dr. Anton Krogner war ab 1920 der Sekretär der Gewerkschaft. In ihr gab es eine Sektion der Straßenbahner, die Karl Holaubek leitete.

Postler und Fernsprechangestellte wurden nach dem Zusammenbruch der Monarchie von der Welle der Gewerkschaftsbewegung mächtig erfaßt. 1919 entstanden drei Organisationen, die Freien Gewerkschaften der Postler und der Technischen Union, beide bis 1933 mit durchschnittlich je 14.000 bis 16.000 Mitgliedern sehr stark. Der noch aus der Zeit der Monarchie stammende »Reichsverband Deutscher Postler« wurde zur »Gewerkschaft der Deutschvölkischen Postler«. Die einseitige parteipolitische Haltung der Freien Gewerkschaften verursachte auch bei den Post- und Fernsprechangestellten jene Spaltung, die sich in der Ersten Republik so verhängnisvoll auswirken sollte. Die Gründung der Gewerkschaft christlicher Postler war 1919 ebenfalls die Folge dieser Politik der Freien Gewerkschaften. Zwei Reichsbündler, Hans Rott und Otto Paul, waren die Gründer und bis 1933 auch die Stützen der Organisation. Trotz den starken Gegensätzen zu den Freien Gewerkschaften hatte sie in den 15 Jahren ihres Bestandes nie weniger als 5000 Mitglieder. Sie behauptete sich bei den Personalvertretungswahlen und besaß im Verbandsblatt »Unser Recht« eine Gewerkschaftszeitschrift von Rang[31].

Ausgeschaltete Demokratie

Im März 1933 begann das Ende der parlamentarischen Demokratie sich abzuzeichnen. Der unselige Februar 1934 besiegelte den Tod der letzten demokratischen Organisationen der Ersten Republik, der Gewerkschaften. Die Freien Gewerkschaften wurden aufgelöst, die Christlichen Gewerkschaften verloren unter dem Druck der Heimwehr ihren gewerkschaftlichen Charakter und mußten sich in Vereine umwandeln. Aus der Gewerkschaft der christlichen Angestellten im öffentlichen Dienst wurde eine »Zentralvereinigung«, die bis 1938 etwa 15.000 Mitglieder zählte, immer noch in ihrer Zeitschrift »Volksdienst« tapfer zu Beamtenfragen schrieb, zu einer Lösung aber nichts beitragen konnte, da sie nicht mitverhandeln durfte. Im »ständischen« Österreich waren nur der im Herbst 1934 geschaffene »Beamtenbund« und sein Organ, die »Beamtenkammer« zur Wahrung der

Belange der öffentlichen Angestellten berechtigt. Christliche Gewerkschafter wurden auf ihre Posten in dieser in zahlreiche Gruppen gegliederten Organisation »benannt«. So war Eduard Tomaschek, der langjährige Präsident der christlichen Beamtengewerkschaft, Vorsitzender der »Kameradschaft der Staatsangestellten«, so stand Viktor Kolasa, einst Aktivist in dieser Gewerkschaft, dem Beamtenbund vor – aber zu reden hatten Beamtenbund und Beamtenkammer nicht viel. Die tapferen Worte, die kritischen Äußerungen, die hie und da in den spärlichen Sitzungen der Kammer fielen, verhallten ohne Echo. Neue, empfindliche Sparmaßnahmen auf Kosten der Beamten wurden im Dezember 1935 beschlossen (Krampusgesetz), aber die Proteste der Beamtenkammer nützten nichts. Es gab keine demokratisch gewählten Gewerkschaften mehr, sie durften höchstens in den ihnen nun gezogenen Grenzen diskutieren, schimpfen, persönlich intervenieren (»Schnallendrücker-Gewerkschaften«), aber sonst wurden sie nicht gehört.

Österreich wurde im März 1938 das Opfer der hitlerischen Aggression. Schlimme Zeiten begannen für Österreichs Staatsdiener. Tausende wurden nach der Mai-Verordnung 1938 zur Neuordnung des österreichischen Beamtentums entlassen, ohne Pension oder mit stark gekürzten Bezügen, viele wurden in das Altreich versetzt, für sie kamen orts- und landesfremde Parteigenossen. Die alten Organisationen wurden aufgelöst. Viele ihrer Mitglieder und ihrer Führer wanderten in die Konzentrationslager oder in die Zuchthäuser des Dritten Reiches. Ein Kampf um dienst- und besoldungsrechtliche Verbesserungen war gesetzlich verboten, der »Führer« entschied über alles. Daher gab es keine Gewerkschaftstätigkeit, nur Zwangsorganisationen, die keine wirksame Vertretung waren (Nationalsozialistischer Beamtenbund, Deutsche Arbeitsfront – DAF). Friedhofsstille lag auch über dem öffentlichen Dienst.

Kraft durch Einigkeit

Als im April 1945 das Dritte Reich zusammengebrochen war, wurde ein Gedanke verwirklicht, der in der Illegalität zwischen 1938 und 1945 Männer verschiedener politischer Meinungen und Weltanschauungen beschäftigt hatte, der Gedanke einer einheitlichen Gewerkschaftsbewegung. Der überparteiliche, überkonfessionelle Österreichische Gewerkschaftsbund wurde gegründet. Gegliedert in 16 Gewerkschaften, unter diesen die Gewerkschaft der öffentlich Bediensteten, der Postler, Eisenbahner und Gemeindebediensteten. Die öffentlich Bediensteten einigten sich im Mai 1945. Sozialistische, christliche Gewerkschafter, Kommunisten (später »Gewerkschaftliche Einheit«) fanden sich zusammen, an der Spitze der Freie Gewerkschafter Franz Rubant, der christliche Gewerkschafter Eduard Tomaschek, der Kommunist Alois Schroth. An die Stelle Rubants trat 1949 Dr. Fritz Koubek, für Tomaschek kam Franz Gabriele, Schroth war schon 1948 durch Hans Kouzil ersetzt worden. Das Verhältnis 50 : 50 war bis 1965 für die Zusammensetzung der Gewerkschaftsorgane maßgebend, FCG/ÖAAB (Fraktion Christlicher Gewerkschafter und Österreichischer Arbeiter- und Angestelltenbund) und Sozialistische Gewerkschafter teilten Funktionen und Referate. Die Kommunistische Partei, die 1951 bei demokratischen Wahlen zum 2. Gewerkschaftstag eine bedeutungslose Minderheit geworden waren, verlor von da an jeden Einfluß auf die gewerkschaftliche Tätigkeit.

Christliche und Freie Gewerkschafter begannen solidarisch den schweren Kampf um den Wiederaufbau des Dienst- und Besoldungsrechtes. Es war ein Kampf in einer Zeit schwerster Not, verschärft durch die Schikanen der russischen Besatzungsmacht. Hinter der Gewerkschaft standen die Fraktionen, der ÖAAB als parteipolitische Organisation der christlichen Beamten, ab 1951 die Fraktion »Christlicher Gewerkschafter«, und die Fraktion »Sozialistischer Gewerkschafter«. Der ÖAAB umfaßte alle Zweige der öffentlichen Dienste und war mit seinen 60.000 Mitgliedern ein beachtenswerter Faktor in der ÖVP. Die Exekutivbeamten (Polizei, Gendarmerie, Zollwache, Justiz- und Kriminalbeamte) schlossen sich später in der »Kameradschaft der Exekutive« zusammen.

Solidarität war die Grundlage der großen Erfolge in den folgenden 20 Jahren. Wie die großen politischen Parteien in dieser Zeit Österreichs Wiederaufbau durch eine Koalition gewährleisteten, so war es auch in der Gewerkschaft der öffentlich Bediensteten. Sie bildeten 1946 den »Verhandlungsausschuß«, der fortan ohne parteipolitische Einflüsse das große Werk österreichischer Beamtenemanzipation begann. Dabei fiel die Unterstützung durch den ÖGB, dessen Mitgliederzahl von 128.770 im Jahre 1945 auf 1,542.979 Ende 1966 stieg, unter denen sich mehr als 400.000 öffentlich Bediensteste befanden, sehr stark in die Waagschale. Die Gewerkschaft der öffentlich Bediensteten verzeichnete 1945 etwa 45.000 Mitglieder, nach zehnjährigem Bestand bereits 109.314 und nach einem weiteren Dezennium 122.795.

Wieder entstanden die Fachinternationalen des öffentlichen Dienstes, IÖD, und die christliche Beamteninternationale, in denen auch österreichische Beamte vertreten waren. Vergeblich waren einige Jahre nach der Gründung der Gewerkschaften die Bemühungen gewerkschaftsfeindlicher Kräfte, die Errungenschaften der vier Gewerkschaften des öffentlichen Dienstes zu verschleiern und demagogisch durch unerfüllbare Forderungen zu überbieten. Vergeblich waren die Bemühungen, die Kraft und die solidarische Einigkeit der Gewerkschaften zu brechen. In mehr als zwanzigjährigem Ringen ist Bleibendes für Österreichs Beamte vollbracht worden. Kritische Situationen hat es genug gegeben. Mehr als einmal schien die Anwendung letzter gewerkschaftlicher Kampfmittel unvermeidlich. Die Erfolge blieben nicht aus. Erfolge für den gesamten öffentlichen Dienst, Erfolge für die vielen Standesgruppen, Erfolge auf dem Gebiet des Dienstrechtes, des Besoldungsrechtes, für Aktive, für Pensionisten, Erfolge nicht bloß der Gewerkschaft der öffentlich Bediensteten, sondern aller im Verhandlungsausschuß vereinten Gewerkschaften.

Heute kann man bereits einen Überblick über das wagen, was in den 20 Jahren von 1945 bis 1965 durch die Gewerkschaftsbewegung errungen wurde. Die Entwicklung des Besoldungsrechtes zeigt immer wieder das Streben, neue, zeitgemäße Formen zu finden. Nie stand die Arbeit still: Gehaltsgesetz 1945, Vertragsbedienstetengesetz 1948, Entnivellierung der Bezüge, Nachziehen der Gehälter, schwierige Verhandlungen, eine gewaltige Fülle an Arbeit ist geleistet worden. Die Familienpolitik blieb dank der grundsätzlichen Einstellung der Fraktion »Christlicher Gewerkschafter« immer auf der Tagesordnung. Der 13. und 14. Monatsbezug wurde nach krisenreichen Verhandlungen erzwungen. Das Gehaltsgesetz von 1956 war ein Ansatz zur modernen Gestaltung des Besoldungssystems. Franz Roth, Fritz Koubek, Franz Gabriele haben dazu Wertvolles geleistet. Seither sind weitere Schritte zur Modernisierung des Besoldungsrechtes gemacht worden, die nach 1965 zu einer neuen Besoldungsordnung führen sollten.

Auch das Dienstrecht, das zum Teil noch auf die längst überholte Dienstpragmatik aus kaiserlicher Zeit zurückging, war wiederholt Thema und Inhalt sachlicher Tagungen, so auf der Feichtenbacher Enquete von 1962. Ausgezeichnete Besoldungsreferenten (am Anfang Wilhelm Schmied von der christlichen Fraktion) waren Franz Roth, Josef Seidl und Karl Lausecker von der SPÖ-Fraktion, gleichwertig die dienstrechtlichen Referenten, die christlichen Gewerkschafter Franz Gabriele und Anton Engleitner. Sie fanden wertvolle Unterstützung in der Sektion des öffentlichen Dienstes des ÖAAB, an deren Spitze zuletzt Karl Bocek trat. Auf den Gewerkschaftstagen von 1965 und 1969 wurde das Prinzip des Proporzes bei der Gewerkschaft der öffentlich Bediensteten fallengelassen. Die christliche Fraktion gewann den Ersten Vorsitzenden und die Mehrheit. Dr. Alfred Gasperschitz, unermüdlicher Kämpfer der Gewerkschaft seit 1945, steht seitdem an ihrer Spitze.

Das leidige Pensionsrecht, verhängnisvolles Erbe aus dem alten Österreich, war im Pensionsüberleitungsprozeß provisorisch geregelt worden, eine Neukodifizierung hatte die Gewerkschaft immer aufs neue verlangt. Nach fünfjährigen Verhandlungen beschloß der Nationalrat am 18. November 1965 das neue Pensionsgesetz, das zahlreiche Verbesserungen brachte.

Ein 60jähriges Ringen um die Personalvertretung war noch lange Zeit erfolglos. Die provisorischen Betriebsausschüsse, die auf der Gewerkschaft basierten, waren nur ein Ersatz für sie. Ihre historischen Verdienste sollen nicht geschmälert werden. Aber der Kampf der Gewerkschaft um die Personalvertretung ging weiter, getragen von dem Grundsatz: Überbetriebliche Vertretung durch die Gewerkschaft, betriebliche durch die Personalvertretungen. Im März 1967 wurde die Regierungsvorlage vom Nationalrat angenommen. Die Personalvertretungswahlen im Spätherbst 1967 ergaben eine eindeutige Majorität der christlichen Gewerkschafter, was wieder Änderungen in der Zusammensetzung der verschiedenen Referate und Leitungen der Gewerkschaft bedingte. Das änderte nichts an der bewährten Zusammenarbeit. Christliche Gewerkschafter führen sie heute zusammen mit den sozialistischen Funktionären. Sie sind sich darüber im klaren, daß alle Erfolge seit 1945 nur durch Einigkeit möglich waren.

ANMERKUNGEN

1 Zur Entwicklung der Beamtenverhältnisse Dr. Blenks Aufsätze zur Beamtengeschichte im »Öffentlich Bediensteten«, Jänner 1947 bis Dezember 1958 und Dr. Hans Naderer im Jahrbuch der österreichischen Beamtenschaft, 1928 ff.; Gustav Blenk, »Beamten-Chronik«, im Jahrbuch für öffentliche Angestellte, 193 f.

2 Walter Rogger, Österreich von Vilager bis zur Gegenwart, Bd. 1, Seite 144.

3 Franz Schmidt-Zabieron, in: »Die Diktaturen«, Jg. 1, Seite 446.

4 Dr. Gustav Blenk, Dienst- und besoldungsrechtliche Chronik nach den stenographischen Protokollen des Hauses der Abgeordneten, gesetzgebender Körperschaft der Ersten Republik, Wien 1961–1963, Manuskript.

5 Wortlaut des Erlasses, in: »Beamten-Zeitung«, 1895, Nr. 13.

6 Franz Gabriele, »Die Beamten-Kategorien in der Gewerkschaft«, in: »Der Vertrauensmann«, H. 2.

7 Beamten-Zeitung, 1892, Nr. 8.

8 Darüber Hans Naderer, a. a. O. und Emil Lederer, »Die Bewegung der öffentlichen Beamten« (im Archiv für soziale Gesetzgebung und Statistik, Bd. 30).

9 Beamten-Zeitung, 1892, Nr. 16.

10 Dr. Blenk, a. a. O. (aus: »Der öffentlich Angestellte«, Jg. 1951, Folge 4).

11 Jahrbuch der öffentlich Angestellten (Bund), 1928, 319.

12 Leopold Jakes, »Die Freie Internationale Gewerkschaftsbewegung«, in: Der Vertrauensmann, H. 8.

13 Die Gewerkschaft, Jg. 1922, Nr. 1.

14 Franz Gabriele, »Die christlichen Gewerkschaften«, in: Der Vertrauensmann, H. 8, Seite 13.

15 Hemala, »Geschichte der Gewerkschaften«, Seite 234.

16 Ebenda, Seite 224.

17 Dazu die Beiträge von Anton Hillebrand (Vorarlberg), Der Vertrauensmann, H. 8; Matthias Kovats (Burgenland), a. a. O., H. 9; Sebastian Hackl (Tirol), a. a. O., H. 7; Franz Pessinger (Salzburg), a. a. O., H. 6.; Josef Kodritsch (Kärnten), a. a. O., H. 5; Alois Hofmann (Oberösterreich), a. a. O., H. 4; Josef Hochleitner (Niederösterreich), a. a. O., H. 2; Nikolaus Wittmann, a. a. O., H. 3.

18 Josef Mühlhauser, 120 Jahre Zollwache und öffentlich Angestellte, Jg. 1950, Nr. 11.

19 Josef Skala, »Der Kriminalbeamte«, aus: Der Vertrauensmann, H. 3; »Der Österreichische Bundeskriminalbeamte«, Gedenkwerk anläßlich des 80jährigen Bestandes des Kriminalkorps, Wien 1934; 100 Jahre Kriminalbeamtenkorps in Österreich, Festschrift, Wien 1952.

20 Josef Strohmayer, »Der Justizwachebeamte Österreichs«, in: Der Vertrauensmann, H. 1.

21 Franz Roth, »Die österreichische Gendarmerie«, in: Der Vertrauensmann, H. 1.

22 100 Jahre Wiener Sicherheitswache, Wien 1969; Gustav Blenk, »Erinnerungen eines Pressereferenten«, in: Der öffentlich Bedienstete, 1969, H. 5.

23 Karl Rollet, »Das österreichische Pensionsrecht«, Wien 1934.
24 Verhandlungen des ersten österreichischen Eisenbahnerkongresses, Wien 1890.
25 Deutsch, Gewerkschaftsgeschichte, Bd. I., Seite 365.
26 Die Auflösung der Eisenbahnerorganisation, Stenographisches Protokoll der Debatte über den Dringlichkeitsantrag der Abgeordneten Leo und Genossen, Wien 1897, Seite 331 f.
27 Deutsch, a. a. O., Seite 379 f.
28 Wilhelm Ellenbogen, »Der kapitalistische Staat als Arbeitgeber«, Rede über die Lage der Eisenbahnbediensteten, 14. Mai 1891, Abgeordnetenhaus, Wien 1891.
29 Deutsch, a. a. O., Seite 428 ff.
30 Hemala, Geschichte der Gewerkschaften, Seite 206.
31 Franz Nekula-Barton, »50 Jahre Gewerkschaft der Post- und Telegraphenbediensteten«, Wien 1969.

LITERATUR

Angestellte der »öffentlichen Gewerkschaft christlicher Angestellter im öffentlichen Dienst« ab 1928, »Volksdienst«, Wien 1922–1938.

Angestellte der öffentlichen Gewerkschaft der öffentlichen Angestellten ab 1952, »Der öffentlich Bedienstete«, Wien 1945–1966.

Auflösung der Eisenbahnerorganisation Stenographisches Protokoll der Debatte über den Dringlichkeitsantrag der Abgeordneten Verkauf, Schrammel und Genossen, betreffend die Auflösung der Organisation der Eisenbahner, Wien 1897.

Beamtenzeitung Österreichische, Wien 1870–1918.

Bibl Viktor »Die Wiener Polizei«, Wien 1924.

Blenk Gustav Beamtenchronik (im Jahrbuch der Gewerkschaft der öffentlich Bediensteten, 1958–1965).

Blenk Gustav »Dienst- und Besoldungsrechtliche Chronik«, nach den Stenographischen Protokollen des Hauses der Abgeordneten des Rechtsverbandes und der gesetzgebenden Körperschaften Österreichs, ab 1918, Wien 1962, Manuskript.

Blenk Gustav Erinnerungen eines Pressereferenten (in: »Der öffentlich Bedienstete, 1969/5, Beilage »Der Wachebeamte«).

Blenk Gustav (Geschichte der österreichischen Beamten), Aufsätze in der Zeitschrift »Der öffentlich Bedienstete, 1947–1958 und 1968.

Bund Organ des Bundes der öffentlich Angestellten, Wien 1921–1933.

Deutsch Julius »Geschichte der österreichischen Gewerkschaften«, 2 Bd., Wien 1930.

Dioskuren Literarisches Jahrbuch des Ersten Allgemeinen Beamtenvereines, Wien 1888/90.

Dorer Gottfried Der Beamtenabbau, Die Sanierung der Bundesverwaltung, Wien 1922.

Eisenbahner Der, 1919–1933, Wien 1945.

Ellenbogen Wilhelm »Der kapitalistische Staat als Arbeitgeber«, Rede über die Lage der Staatseisenbahnbediensteten, 14. Mai 1901, Abgeordnetenhaus, Wien 1901.

Festschrift zur Jahrhundertfeier der österreichischen Bundesgendarmerie Wien 1950.

Gabriele Franz Die Beamtenkategorien in der Gewerkschaft (in: »Der Vertrauensmann im öffentlichen Dienst«, H. 2).

Gabriele Franz »Die christliche Gewerkschaftsbewegung (in: Vertrauensmann im öffentlichen Dienst, H. 8).

Gewerkschaft Die, Gewerkschaftskommission, Wien 1919–1933.

Gewerkschafter Der christliche, Wien 1921–1934.

Hans Die Pensionsversicherung der österreichischen Bundesbahnen, Wien (um 1924).

Hankiewicz »Die österreichischen Pensions- und Provisionsvorschriften für Zivilbedienstete«, Wien 1886.

Hemala Franz Geschichte der Gewerkschaften, 2. Auflage, Wien 1930.

Jahrbuch der Gewerkschaft der öffentlich Bediensteten Wien 1958–1965.

Jahrbuch für öffentlich Angestellte Bund der öffentlich Angestellten, Wien 1928.

Jahrbuch Reichsverband der öffentlich Angestellten Wien 1923–1934.

Jahre 100 – »Kriminalbeamtenkorps in Österreich«, Festschrift, Wien 1952.

Jahre 100 – Wiener Sicherheitswache, Wien 1964.

Jakes Leopold »Die freie internationale Gewerkschaftsbewegung (in: »Der Vertrauensmann im öffentlichen Dienst«, H. 8).

Klenner Fritz »Die österreichischen Gewerkschaften«, Wien 1951/52.

Lederer Erich Die Bewegung der öffentlichen Beamten (im Archiv für soziale Gesetzgebung und Statistik, Bd. 30.)

Lederer Max und Suchanek Arbeitsrecht, Arbeiterschutz, Wien 1925.

Lederer Max Grundriß des österreichischen Sozialrechtes, Wien 1929.

Mühlhauser Josef Geschichte der österreichischen Zollwache, Wien 1953.

Mühlhauser Josef 120 Jahre Zollwache (in: »Der öffentlich Angestellte«, 1950/51).

Naderer Hans Geschichte der österreichischen Beamtenbewegung (in: »Jahrbuch – Reichsverband Wien«, 1929 ff.).

Neubauer Franz Die Gendarmerie in Österreich, 1849–1924, Graz 1925.

Nekula-Barton Franz 50 Jahre Gewerkschaft der Post- und Telegraphenbediensteten, Wien 1969.

Oberhummer Hermann »Die Wiener Polizei«, 1938.

Pace Anton »Die Dienstpragmatik«, Wien 1914.

Patocka Hans »Die Personalvertretungsvorschrift der Eisenbahner, Wien o. D.

Posann »Die Pensionen und Provisionen der k. k. österreichischen Zivilstaatsbediensteten und Staatsarbeiter sowie die Versorgungsgenüsse ihrer Hinterbliebenen, Wien 1898.

Recht unserer christlichen Postgewerkschaft Wien 1919–1934.

Reichsverband Der Reichsverband der öffentlichen Angestellten, Wien 1923–1938.

Rogge Walter Österreich von Vilager bis zur Gegenwart, Wien 1871.

Roith Franz Die österreichische Gendarmerie (in: »Der Vertrauensmann im öffentlichen Dienst», H. 1).
Rollett Karl Das österreichische Pensionsrecht, Wien 1934.
Schwingenschlögl R. Der Erste Allgemeine Beamtenverein (in: »Die Dioskuren, Jg. 1891–1891).
Skala Josef Der Kriminalbeamte (in: »Der Vertrauensmann im öffentlichen Dienst«, H. 3).
Strohmayer Josef »Die Justizwachebeamten Österreichs (in: »Der Vertrauensmann im öffentlichen Dienst«, H. 1).
Verhandlungen des Ersten österreichischen Eisenbahn-Kongresses Wien 22/24 März 1896, Wien 1896.
Vertrauensmann Der – im öffentlichen Dienst, Wien 1950–1953.
Zwierzina Robert Die Geschichtliche Entwicklung des Pensionssystems der österreichischen Staatsbediensteten, Wien 1912.

Die Privatangestellten

Der Zentralverband christlicher Angestellter ist eine Gründung aus den Jahre 1907. Die Voraussetzungen für die Schaffung einer neuen Organisation waren damals aus verschiedenen Gründen nicht günstig: Einmal waren die Angestellten selbst dem Gewerkschaftsgedanken nicht sehr zugänglich, sondern glaubten eher, daß es Aufgabe der Gesetzgebung, also des Staates sei, für eine Verbesserung der beruflichen Verhältnisse zu sorgen. Wohl hatte es schon seit dem Beginn der neunziger Jahre den Verein österreichischer Handelsangestellter gegeben, dessen nichtsozialdemokratische Einstellung außer Zweifel stand.

Bereits 1890 war der Verein unter Führung seines »Vorstandes« Julius Axmann so stark geworden, daß er im September dieses Jahres den »1. Tag der österreichischen Handels-Angestellten« organisieren konnte. Die Beratungen fanden in Wien statt, Delegierte zahlreicher Vereine der Handelsangestellten aus den deutschsprachigen Gebieten der Monarchie und aus Prag waren anwesend. Die Resolutionen, die während der Beratungen beschlossen wurden, beleuchteten schlaglichtartig die tristen Verhältnisse, unter denen ein Großteil der Handelsangestellten damals arbeiten mußte. Eine 16-, ja selbst eine 17stündige Arbeitszeit gehörte keineswegs zu den Ausnahmen. Die Bezahlung war miserabel. Unterbringung und Verpflegung – viele Angestellte hatten freie Station – waren in zahlreichen Fällen schlecht bis katastrophal. So erklärt es sich, daß die Resolutionen etwa eine Begrenzung der Geschäftszeit in der Lebensmittelbranche auf 14 Stunden für Wien und 13 Stunden für die Provinz verlangten. Gefordert wurden ferner die Einführung der Sonntagsruhe, die es nur in wenigen Geschäftsbetrieben gab, die Festlegung von Mindestgehältern, die obligatorische Altersversicherung, eine entsprechende Ausbildung der Lehrlinge, deren Zahl begrenzt werden sollte, der Ausbau eines beschränkten Kündigungsschutzes, alles Forderungen, die heute selbstverständlich anmuten, damals aber geradezu revolutionären Charakter hatten.

Der Verein hatte vornehmlich in Wien beachtliche Erfolge aufzuweisen gehabt und vor allem den Gehilfenausschuß des Gremiums der Wiener Kaufmannschaft gegen die Angriffe der sozialdemokratischen Vereinigungen, des Zentralvereines kaufmännischer Angestellter, der ebenfalls schon in den neunziger Jahren gegründet worden war, gehalten. Aber nach mehreren stürmisch verlaufenen Wahlgängen, in denen es sogar zu blutigen Auseinandersetzungen gekommen war, hatten die Sozialdemokraten den Gehilfenausschuß erobert, somit waren Schwung und Kampfkraft des Vereines österreichischer Handelsangestellter gebrochen, der nun das Feld praktisch den Sozialdemokraten überlassen mußte. So mußte es als aussichtloses Unternehmen erscheinen, gegen die Übermacht der sozialdemokratischen Organisation ankämpfen zu wollen, zumal da auch alle übrigen Organisationen der Angestellten eine durchaus ablehnende Haltung einnahmen, weil sie offenbar befürchteten, der neue Verband könnte ihnen selbst gefährlich werden. Seit 1905 waren nämlich gerade wegen der Schwäche des Vereines österreichischer Handelsangestellter mehrere Organisationen gegründet worden, die teils auf nationaler, teils auf rein geselliger Grundlage die Angestellten zusammenzufassen versuchten.

Trotzdem fanden sich einige junge, dynamische Männer, die überzeugt waren, daß es auf die Dauer unmöglich sei, die Vertretung der Angestellten allein den Sozialdemokraten zu überlassen und auf eine wirksame Selbsthilfe der nichtsozialistisch eingestellten Arbeitnehmer, die nur von einer großen, die ganze Monarchie umfassenden Organisation kommen konnte, überhaupt zu verzichten. 1906 verfaßte ein Aktionskomitee zur Gründung eines »Zentralverbandes der christlichen Beamten und Angestellten« ein ausführliches Aktionsprogramm, für das in Versammlungen und mit Hilfe von Flugschriften geworben wurde. Die Lage der Angestellten war damals denkbar schlecht. Es gab nur einige wenige gesetzliche Bestimmungen im Handelsgesetz, welche die Angestellten in dienstrechtlicher Hinsicht schützten. Die Verkaufsgeschäfte schlossen um acht oder neun Uhr abends, im Lebensmittelhandel wurde es oft zehn Uhr, Urlaub war für den Großteil der Angestellten ein unbekannter Begriff, die Entlohnung war besonders im Handel sehr schlecht. So fanden die Aktionen des Komitees zunächst großen Widerhall. Ein Demonstrationszug über die Mariahilfer Straße, der 1906 im Anschluß an eine Versammlung durchgeführt wurde, erregte riesiges Aufsehen. Die Demonstranten führten Transparente mit den Aufschriften mit: »Heraus mit der Siebenuhrsperre«, »Wir wollen den Sechsuhr-Büroschluß« und »Gebt uns menschenwürdige Löhne«. Die Polizei versuchte vergeblich, den Zug aufzulösen und die Demonstranten vor einem Weitermarsch in die Innenstadt abzuhalten.

Als besonders dringlich erwies sich die Schaffung einer christlich eingestellten Organisation auch deshalb, weil 1906 als eine der letzten Arbeiten des sterbenden Kurienparlaments die Behandlung eines Pensionsversicherungsgesetzes für die Privatbeamten im Gang war, das einem Teil der Angestellten die Anwartschaft auf eine Alters- und Invaliditätsversicherung gebracht hat. Die Sozialdemokraten bekämpften das Gesetz, im besonderen die Pensionsversicherung für die Handelsangestellten mit der Begründung, die vorgesehene Beitragsleistung sei im Vergleich zur Leistung viel zu hoch. Es werde eine allgemeine Altersversicherung geschaffen werden, die auch die Arbeiter umfassen solle, und diese werde für wesentlich niedrigere Beiträge wesentlich höhere Leistungen bieten als das jetzt geplante Pensionsversicherungsgesetz. Obwohl viele der Betroffenen erkannten, daß hier mit ihren Interessen ein unwürdiges Spiel getrieben werde, fehlte es an einer schlagkräftigen Organisation, die dem sozialdemokratischen Zentralverein das Handwerk hätte legen können.

Unter diesen Umständen kam es am 20. Jänner 1907 zur offiziellen Gründung des Zentralverbandes christlicher Handelsangestellter. Aber bis zur Anerkennung der neuen Organisation war noch ein weiter Weg, harter Widerstand vor allem der Sozialdemokraten, die mit allen Mitteln versuchten, dem Zentralverband das Lebenslicht auszublasen, war zu überwinden, einige der Gründungsmitglieder verließ der Mut und sie schieden wieder aus, so daß eine zweite Generalversammlung bald nach der Gründung den Ausschuß ergänzen mußte. Aber schließlich setzte sich der neue Verband in mühsamer Kleinarbeit durch und konnte auch außerhalb Wiens Fuß fassen. Schon bald nach seiner Gründung war der Verband für eine Regelung des Dienstverhältnisses der Angestellten eingetreten und hatte bereits seinen Anteil an dem Zustandekommen des Handlungsgehilfengesetzes aus dem Jahre 1910. Er konnte sich auch schon an den ersten Wahlen in den Vorstand der Pensionsanstalt beteiligen und es gelang auf Anhieb, den Nichtsozialisten die Verwaltung der Anstalt zu sichern. Da sich bei der mühsamen Arbeit der weiteren

Erfassung der Berufsangehörigen bald herausstellte, daß der Rahmen des Verbandes zu eng gesteckt war, erfolgte seine Umbildung in den »Zentralverband christlicher Angestellter«, um so auch jenen Angestellten den Beitritt zu ermöglichen, die nicht im Handel beschäftigt waren.

Die stetige Entwicklung des Verbandes wurde 1914 durch den Ausbruch des Ersten Weltkrieges unterbrochen. Mit jeder Musterung verlor die Organisation eine erhebliche Zahl ihrer Mitglieder, die sich vornehmlich aus jüngeren Angestellten rekrutierten, nur drei Vorstandsmitglieder entgingen der Einberufung. Sie vermochten gerade so viel an Arbeit zu leisten, daß der Verband über die Kriegsjahre hinweggebracht und 1918 mit dem Wiederaufbau begonnen werden konnte. Jetzt hatten sich die Auffassungen über den Wert der Organisation grundlegend gewandelt: In kurzer Zeit schon konnten Tausende neuer Mitglieder gewonnen werden. Die Arbeit wurde immer umfangreicher, so daß 1918 ein eigenes Sekretariat errichtet und ein hauptamtlicher Sekretär angestellt werden mußte. Freilich war das Sekretariat sehr bescheiden, es war in Untermiete beim Landesverband christlicher Arbeitervereine Niederösterreichs in der Kaiserstraße 8, von wo aus in den ersten Nachkriegsjahren die gesamte Arbeit der christlichen Gewerkschaften gesteuert wurde. Diese Notlösung erwies sich sehr bald als ungenügend und 1920 übersiedelte das Sekretariat in die Florianigasse, wo wenigstens zwei Räume zur Verfügung standen.

Die Jahre nach Kriegsende gaben dem Verband genügend Möglichkeiten für eine umfangreiche Tätigkeit, Es gab eine wahre Fülle gesetzgeberischer Maßnahmen, an deren Zustandekommen der Verband maßgebend beteiligt war, so im besonderen am Angestelltengesetz von 1921, das die Situation der Angestellten ganz wesentlich verbessert hat. Der Verband hat auch auf dem Gebiet der Kollektivverträge erfolgreich gearbeitet und war praktisch in allen Institutionen vertreten, in denen über Angestellteninteressen beraten und entschieden wurde. Die sozialdemokratischen Gewerkschafter, die noch unmittelbar nach Kriegsende versucht hatten, den Verband von allen Verhandlungen fernzuhalten, mußten ihn schließlich sehr bald als einen gleichberechtigten Partner anerkennen. 1921 beteiligte sich der Zentralverband christlicher Angestellter an den Arbeiterkammerwahlen und konnte in Wien allein mehr als 8000 Stimmen auf sich vereinigen. 1926 übersiedelte das Sekretariat in die Laudongasse, wo als erste große Aufgabe die Mitarbeit am Angestelltenversicherungsgesetz von 1927 zu erledigen war.

In diesen Jahren verschob sich infolge der anhaltenden Krise das Aufgabengebiet des Verbandes. Wie aus den Unterlagen des Statistischen Amtes hervorgeht, war die Arbeitslosigkeit unter den Angestellten sehr hoch, fast jeder zehnte Angestellte war ohne Arbeit, wobei aber die Lage noch schlimmer war, als diese Ziffern besagen, weil viele Angestellte im Verlauf der Krise in die Gruppe der Arbeiter übergetreten und daher in den Aufstellungen über die Angestellten gar nicht mehr enthalten sind. In dieser Situation waren die Angestellten natürlich in die Defensive gedrängt, weil gewisse Arbeitgeber die Zeit gekommen glaubten, um den Kampf gegen die Sozialgesetzgebung zu verschärfen und den Versuch zu wagen, das Rad der Entwicklung zurückzudrehen. Die Hauptaufgabe des Verbandes bestand daher in pausenlosem Kampf gegen diese Bestrebungen, in dem auch zahlreiche Erfolge verzeichnet werden konnten. Auch in diesen schweren Jahren hat die christliche Angestelltenbewegung nicht nur ihre Existenzberechtigung bewiesen, sondern auch dem sozialdemokratischen Gegner gezeigt, daß sie in der Lage war, die Interessen der Angestellten zu vertreten.

1934 kam mit der Auflösung aller Gewerkschaften auch das Ende des Zentralverbandes. Die christlichen Gewerkschafter mußten der Errichtung einer Einheitsgewerkschaft zustimmen. Im neuen Gewerkschaftsbund gab es fünf Berufsverbände (Industrie und Bergbau, Gewerbe, Handel und Verkehr, Geld- und Kreditwesen, freie Berufe), in denen die christlichen Gewerkschafter zum Teil führende Positionen erhielten, so daß sie bis 1938 ihre gewerkschaftliche Arbeit wenigstens teilweise fortsetzen konnten, was später auch von den Gegnern anerkannt wurde.

Die vorherstehenden Ausführungen sind einem Artikel des damaligen Verbandsvorsitzenden Karl Untermüller »25 Jahre Zentralverband«, einem Artikel Friedrich Erharts »Wie der Zentralverband christlicher Angestellter gegründet wurde« und einem Artikel Dr. Karl Drexels »Die Angestellten in der Wirtschaft«, alle in der Angestellten-Zeitung vom Jänner 1932, 15. Jg., Folge 1, entnommen. Die Unterlage wurde vom ehemaligen Abg. z. NR Erich Kabesch zur Verfügung gestellt, der zusammen mit Leopold Huber auch mündliche Auskünfte erteilte.

Die Bau- und Holzarbeiter

Wie für andere christliche Gewerkschaften kann auch für die Bauarbeiter der 1892 gegründete »Christliche Arbeiterverein« als Ausgangspunkt gelten. 1894 wurde in Wien der »Erste christliche Fortbildungs- und Unterstützungsverein der Tischlergehilfen Wiens« gegründet. Es folgte der »Verein christlicher Maurer und deren Hilfsarbeiter«, zu dessen Obmann der Hauptgerüster Loskot gewählt wurde.

In dieser Zeit des politischen Aufbruchs der Arbeiter kam es wiederholt zu größeren Streiks, an denen auch die Bau- und Holzarbeiter beteiligt waren, so an einem Generalstreik in Triest (1902), der durch Einsatz des Militärs gebrochen wurde. Auch in Lemberg schoß das Militär im gleichen Jahr auf streikende Bauarbeiter, es gab 3 Tote und 20 Verwundete. 1903 folgten Lohnkämpfe der Glasarbeiter im Isergebirge und der Steingutarbeiter in Znaim, die Tischlergesellen in Prag wurden für sieben Monate ausgesperrt. 1904 wurden in Wien 30.000 Bauarbeiter ausgesperrt, womit die Unternehmer ihre Weigerung, einen Minimallohn einzuführen, unterstreichen wollten.

Mit der Bildung des »Reichsverbandes der nichtpolitischen Vereinigungen christlicher Arbeiter Österreichs« begann 1902 der Zusammenschluß lokaler Vereine zu größeren Verbänden auf Landes- und Reichsebene, wodurch erst eine wirksame Arbeit zur Verbesserung der sozialen Verhältnisse der Arbeiterschaft möglich wurde. So wurden 1903 der »Christliche Holzarbeiterverband« und 1906 der »Christliche Bau- und Steinarbeiterverband« gegründet. Diese Verbände schufen zunächst Unterstützungseinrichtungen, zu denen vor allem die Arbeitslosenunterstützung sowie ein Krankengeldzuschuß und ein Begräbnisgeld gehörten.

Aktueller Anlaß zur Gründung des Christlichen Bauarbeiterverbandes war eine große Aussperrung von Bauarbeitern in Innsbruck gewesen. Mehrere Wochen hindurch hatten bereits die Tischler- und Malergehilfen gestreikt. Um auf sie einen verstärkten Druck auszuüben, beschloß der neugebildete Arbeitgeberverband, sämtliche Bauarbeiter Innsbrucks ab 14. Mai 1906 auszusperren. Die christlichen Bauarbeiter beantworteten diesen Scharfmacherplan mit einer Demonstration und erreichten, daß die für den 14. Mai fixierte

Aussperrung auf den 17. Mai verlegt wurde. Inzwischen war Leopold Kunschak (er war auch Mitglied des Wiener Gemeinderates) nach Innsbruck gereist. Er verhandelte an Ort und Stelle mit den Vertretern der Stadt, den politischen Behörden und dem Arbeitgeberverband. Die Unternehmer hatten sich von ihrer Maßnahme erhofft, daß die Bauarbeiter wegen der über sie verhängten Aussperrung Front gegen die streikenden Tischler und Maler beziehen würden. Doch die Rechnung der Unternehmer ging nicht auf. Die Bauarbeiter blieben solidarisch mit den Streikenden. Am 26. Mai traten die Bauunternehmer den Rückzug an und verfügten in einer Kundmachung die Aufhebung der Aussperrung.

Die christlichen Holzarbeiter zählten um diese Zeit 600, die christlichen Bau- und Steinarbeiter 260 Mitglieder.

Die weitere Entwicklung bei den Bau- und Holzarbeitern blieb eng mit den Fortschritten der christlichen Gewerkschaften überhaupt verbunden. Als die Trennung der Leitung der gewerkschaftlichen Organisation von jener der Arbeitervereine vorgenommen wurde, brachte der Verband christlicher Holzarbeiter das erste Fachorgan heraus, die »Holzarbeiterzeitung« (1910).

Der Ausbruch des Ersten Weltkrieges unterbrach die vielversprechende gewerkschaftliche Arbeit auch bei den christlichen Bauarbeitern. Der Krieg wirkte sich auch auf ihren Mitgliederstand verheerend aus und zerstörte praktisch die gesamte Organisation, die mit so großer Mühe aufgebaut worden war. Nach dem Krieg mußten die christlichen Bauarbeiter praktisch wieder in der Stunde Null beginnen. 1923 meldeten die christlichen Bauarbeiter immerhin einen Mitgliederstand von 1269, die Holzarbeiter zählten 2524 Mitglieder, die christlichen Gewerkschaften insgesamt 80.128 Mitglieder. Es folgte die Zeit der großen politischen und wirtschaftlichen Krisen.

Druck und Papier

Die Geschichte der christlichen Gewerkschaft auf dem Sektor der graphischen Berufe reicht bis in die Anfänge des 20. Jahrhunderts zurück. Die graphischen Gewerkschaften zählen zu den ältesten Arbeitnehmergruppen, ihre Organisation begann bereits um 1850. Es gab zwar damals noch keine parteipolitischen Bindungen, diese bildeten sich seit der Einführung des allgemeinen Wahlrechtes durch die Schaffung der Freien und der Christlichen Gewerkschaften heraus.

Die christliche Gewerkschaft in den graphischen Berufen hieß »Graphischer Zentralverband«, der sich unter der Führung von Heinrich Woboril die ersten Sporen verdiente. Woboril sammelte in erster Linie die Zeitungsausträger und -trägerinnen um sich. Einen starken Verband der christlichen Graphiker gab es erst nach dem Ersten Weltkrieg, als eine intensive Werbung in dieser Domäne der Freien (sozialdemokratischen) Gewerkschaften einsetzte. Unter ihrem Obmann Karl Flödl, einem Schriftsetzer, der in zäher Arbeit und gegen härtesten Widerstand Kollegen um Kollegen warb, konnten zahlreiche Ortsgruppen gegründet werden.

In Wien waren besonders in der Staatsdruckerei, in den Firmen Herold, Typographische Anstalt (wo die »Freiheit« gedruckt wurde), Austria Doll und in vielen kleineren Druckereien christliche Gewerkschafter als Betriebsräte oder Vertrauensmänner tätig. In Niederösterreich waren es besonders die Preßvereinsdruckerei in St. Pölten, aber auch Betriebe in Horn und Krems sowie verschiedene Kleinbetriebe, wo christliche Vertrauensmänner im Kampf gegen die Freien Gewerkschaften standen. Nach und nach gelang es in Oberösterreich (Preßvereinsdruckerei Linz, Ried/Innkreis), Kärnten (Carinthia), Tirol, Vorarlberg, Salzburg und Burgenland starke Ortsgruppen zu errichten. Freilich, der Kampf mit den Freien Gewerkschaftern, die ihr Monopol zu verteidigen versuchten, war nicht immer leicht. Aber letztlich konnten sich die christlichen Gewerkschafter durchsetzen, so daß der Mitgliederstand im Graphischen Zentralverband immerhin zwischen 1100 und 1200 lag.

Als nach 1934 der Österreichische Gewerkschaftsbund als Einheitsgewerkschaft geschaffen wurde, faßte man die Graphiker als »Gewerkschaft der Arbeiter in den graphischen und papierverarbeitenden Betrieben« zusammen. Ihr erster Obmann war der christliche Gewerkschafter Flödl. Im damaligen Zentralausschuß waren viele ehemalige christliche Gewerkschafter tätig. Viele der früheren freien Gewerkschafter waren in die Illegalität gegangen und sorgten immer wieder für scharfe Auseinandersetzungen mit den führenden Funktionären. Das Jahr 1938 machte dann jeder gewerkschaftlichen Tätigkeit ein Ende. Erst 1945 fanden christliche und freie Gewerkschafter endlich zu einer gemeinsamen Gewerkschaftsbewegung zusammen. Auch in der »Gewerkschaft der Arbeiter der graphischen und papierverarbeitenden Gewerbe«, später in »Gewerkschaft Druck und Papier« umbenannt, sind viele ehemalige christliche Gewerkschafter als Funktionäre und Betriebsräte tätig, deren erster, Franz Vogler, Obmann-Stellvertreter war.

Nach seiner Rückkehr aus der Gefangenschaft übernahm Otto Huß 1946 die Führung der Fraktion Christlicher Gewerkschafter und war bis zu seinem Ausscheiden im Jahre 1969 im Zentralausschuß und Präsidium der Gewerkschaft Druck und Papier tätig. Huß war bereits seit dem Jahre 1926 im Vorstand des damaligen Graphischen Zentralverbandes und von 1934 bis 1938 in der damaligen Gewerkschaft als Sekretär tätig gewesen. Die Fraktion Christlicher Gewerkschafter in der Gewerkschaft Druck und Papier arbeitete in dieser Zeit an allen tarif- und wirtschaftspolitischen Aufgaben im Interesse aller Kollegen mit und erfreute sich wegen ihrer sachlichen Arbeit allgemeiner Anerkennung. Derzeit ist Herbert Schmidt Obmann der FCG.

Auch in der internationalen christlichen Gewerkschaftsbewegung ist die Fraktion in der Gewerkschaft Druck und Papier seit 1952 Mitglied und vertritt dort die Belange der österreichischen Kollegen.

Die Eisenbahner

Die Geschichte der Organisation der christlichen Eisenbahner reicht bis ins 19. Jahrhundert zurück. Schon 1895 gibt es den »Verkehrsbund« mit dem Sitz in Wien 18, Schulgasse 34, der auch noch ein weiteres Vereinslokal mit Bibliothek in Wien 9, Fuchsthallergasse 9 besaß. Der »Verkehrsbund«, der als ein Vorläufer der späteren christlichen Eisenbahner bezeichnet werden kann, gab auch bereits ein Vereinsorgan heraus, das zunächst »Semafour«, ab 1901 dann »Österreichisch-ungarische Eisenbahnerzeitung« hieß und ab 1902 diesem Titel noch die nähere Bezeichnung »Unabhängiges Organ für die Interessen des christlichen Eisenbahnerpersonals« hinzufügte. Was der »Verkehrsbund« wollte und bezweckte, geht aus dem Umstand hervor, daß er sich ab 1901 als Rechtsschutz- und Unterstützungsverein bezeichnete und seine Aufgabe in der Hilfe für seine Mitglieder in allen dienstrechtlichen und sozialen Belangen sah. In Not geratene und verunglückte Eisenbahner sowie deren Angehörige wurden unterstützt, bei Todesfällen wurden Aushilfen gewährt, Zuschüsse zu Kur- und Spitalsaufenthalten wurden gegeben.

Wenn diese Tätigkeit auch keine politische Komponente hatte, stand der Verkehrsbund doch mitten im politischen Tagesgeschehen, das durch das Aufkommen der christlichsozialen Volksbewegung unter Lueger charakterisiert war. Freilich spielten im »Verkehrsbund« auch starke großdeutsche Kräfte eine Rolle, die von der »Schönerer-Bewegung« herkamen. Und das führte dann 1915, als die Unterwanderung der Organisation durch großdeutsche Elemente untragbar geworden war, zur Gründung des »Reichsverbandes christlicher Eisenbahner Österreichs«, der sein Sekretariat in Wien 14, Lehnergasse 7 einrichtete. Bei der Gründungsversammlung am 19. September 1915 waren Kunschak, Spalowsky, Schwarz und Ullreich von der Christlichsozialen Partei anwesend und unterstrichen damit die starke Bindung der neuen Organisation an die Christlichsoziale Partei bzw. deren Arbeitnehmerorganisationen. Der Reichsverband tritt dann auch sofort der Zentralkommission der christlichen Gewerkschaften bei und gibt eine eigene Zeitung »Der christliche Eisenbahner« heraus, deren erste Nummer am 8. Oktober 1915 erscheint. Die Namen der ersten Funktionäre des Reichsbundes, Josef Bradler, Wilhelm Pichula, vor allem aber Franz Haider, der bis 1933 der maßgebende Mann bei den christlichen Eisenbahnern blieb, erscheinen noch wiederholt in der Geschichte des Verbandes.

Was der neue Reichsverband wollte, sagte er klar in seinen Statuten: Förderung der geistigen, wirtschaftlichen und beruflichen Interessen aller Angestellten und Arbeiter der Eisenbahnen auf christlicher Grundlage, Gewährung unentgeltlichen Rechtsschutzes, Unterstützung in Notfällen, Gewährung von Sterbebeiträgen, Aufstellung von Kandidaten für alle Wahlen in die politischen und sozialen Körperschaften (Krankenkassen, Versicherungen, Pensionsinstitute, Arbeiterausschüsse etc.), Durchführung von Erhebungen über die Lage der Eisenbahner, Verwertung der Ergebnisse bei der Wahrnehmung der Interessen der Eisenbahner, Kampf gegen jede religionsfeindliche und antimonarchistische Verhetzung des Personals. Daneben sollte durch Abhaltung von Kursen und Vorträgen sowie durch Schaffung von Bibliotheken der Weiterbildung der Mitglieder gedient werden.

Wie man sieht, handelte es sich um ein sehr umfangreiches Programm, das sich zwar durchaus im Rahmen der Bestrebungen der christlichen Gewerkschaften hielt, dessen Verwirklichung aber, je länger der Krieg dauerte, immer schwieriger wurde. Kriegszeiten sind für die Durchsetzung gewerkschaftlicher Forderungen noch nie günstig gewesen. So war es auch im Ersten Weltkrieg. Daher konnte der erste Verbandstag der christlichen Eisenbahner erst im März 1918 stattfinden. Franz Haider wurde zum ersten Mal zum Vorsitzenden gewählt, Kunschak, Spalowsky und Dr. Hemala nahmen am Verbandstag teil. Delegierte des Reichsverbandes waren dann im September 1918 beim Ersten christlichen Arbeiterkongreß anwesend, der die Stellung der christlichen Arbeiterschaft im Staat und in Gesellschaft zu definieren versuchte (Spalowsky), sich aber auch mit akuten Zeitproblemen zu beschäftigen hatte, so z. B. mit der Sicherung der Lebensmittelversorgung der Bevölkerung (Kunschak).

Zu den politischen Umwälzungen des Jahres 1918 nahm der Reichsbund in seiner Zeitung Stellung. So am 15. November 1918:

»So gerne wir Deutschösterreich als demokratische Monarchie begrüßt hätten, so schreckt uns auch Deutschösterreich als Republik nicht, wenn es nur keine Republik des Geldsakkes, der Plutokratie, sondern eine wirkliche demokratische Volksrepublik darstellt. Unser Programm will Freiheit und Wohlfahrt für ehrliche Arbeit, Freiheit und Entwicklungsmöglichkeiten für unsere Ideale.«

Das war eine grundsätzliche politische Erklärung, ein Bekenntnis zum neuen Staat, der aber zunächst wegen des Terrors der sozialdemokratischen Gewerkschaften die Vorstellungen, die sich die christlichen Arbeitnehmer von der Republik machten, keineswegs erfüllte. Und so mußte der Reichsverband schon am 15. Dezember 1918 sehr deutlich werden. In einem Aufruf an alle Mitglieder wird auf den »beispiellosen Terrorismus der Sozialdemokraten« hingewiesen, welchen diese unseren Mitgliedern gegenüber in Anwendung bringen, mittels welchem sie unsere Mitglieder mit Gewaltandrohung in die sozialdemokratische Organisation zwingen wollen.« Es wird festgestellt, daß die Sozialdemokraten kein wie immer geartetes Recht haben, irgend jemanden, am »allerwenigsten schon organisierte Bedienstete unseres Verbandes, zum Eintritt in ihre Organisation zu veranlassen.« Der Aufruf schließt mit den Worten: »Unsere Mitglieder und Vertrauensmänner aber fordern wir auf, sich in Ausübung ihrer staatsbürgerlichen Rechte durch nichts und von niemandem beirren und beeinflussen zu lassen, sondern mit der doppelten Kraft sich dem Ausbau unserer Organisation zu widmen. Die Zentralleitung.«

Nichts konnte die Zustände bei der Eisenbahnverwaltung, für welche die sozialistischen freien Gewerkschaften verantwortlich waren, besser illustrieren, als dieser Aufruf. Gerade die christlichen Eisenbahner können ein Lied davon singen, mit welchen Methoden die Freien Gewerkschaften ihren Monopolanspruch auf die Vertretung der Arbeitnehmer durchzusetzen versuchten. Trotz diesem Terror kandidierten die christlichen Eisenbahner bei den ersten Personalvertretungswahlen im Juni 1919, bei denen vor allem der Achtstundentag im Mittelpunkt der Wahlwerbung stand, unter der Bezeichnung »Reichsverband der christlichen Eisenbahner Österreichs«. Sie errangen trotz ungünstigen Voraussetzungen 2453 Stimmen und damit einen Achtungserfolg, der sich für die weitere Arbeit sehr vorteilhaft auswirkte: 1925 erhöhten sie ihre Stimmenanzahl auf 4257 und gewannen damit 105 Vertrauensmänner und ein Mandat im Zentralausschuß. Aber bis dahin war noch ein weiter Weg. Immerhin wurden bereits 1920 die christlichen Eisenbahner Franz Haider (Wien), Georg Pischitz (Linz), Johann Heitzinger (St. Pölten) und Otto Mayr (Schwarzach-St. Veit) als Abgeordnete in den Nationalrat gewählt, was für die Qualität und Durchschlagskraft dieser Funktionäre zeugt. Im Herbst 1923 kamen Heitzinger und Mayr neuerlich in den Nationalrat, dazu noch Ertl (Lambach), während Haider einen Sitz im Bundesrat erhielt und Kennerknecht, schon vorher Mitglied der Landesregierung in Vorarlberg, wieder Landesrat wurde.

Inzwischen ging die Arbeit im Verband weiter. 1920 wurde der Name des Reichsverbandes in »Gewerkschaft christlicher Eisenbahner Österreichs« geändert, ab 1927 hieß sie dann »Gewerkschaft christlich-deutscher Verkehrsbediensteter Österreichs«. Sie beteiligte sich an den Vorverhandlungen über eine Novellierung des Abbaugesetzes, wobei sie einem weiteren Abbau schärfsten Widerstand leistete, an den immer wieder aufflammenden Diskussionen über eine Entstaatlichung der Bundesbahnen, an den Konferenzen mit dem Völkerbundkommissär Dr. Zimmermann und dem englischen Eisenbahnfachmann Sir William Acworth, in denen es vor allem um Personalfragen ging, an den Vorbereitungen für das Gesetz über die Bildung eines selbständigen Wirtschaftskörpers »Österreichische Bundesbahnen«, das im Juli 1923 vom Nationalrat beschlossen wurde. Besoldungsordnung, Beamtenabbau, Neuorganisation der Südbahn, Pensionsvorschriften, Ausbau der Zeitautomatik, Dienstrecht, Dienstkleidervorschrift, Einführung psychotechnischer Methoden bei den Eignungsuntersuchungen – waren weitere Schwerpunkte in der Arbeit der christlichen Eisenbahner für diese Jahre. Langsam begann sich der Einsatz aller Funktionäre und Mitglieder in Erfolgen niederzuschlagen. Bei den Personalvertretungswahlen von 1923 wurde Josef Bradler (Wien) in den Zentralausschuß gewählt, Michael Berthold kam in Linz, Heinrich Schaidreither in Innsbruck in den Personalausschuß. In der Gewerkschaftsleitung erschienen um diese Zeit neue Männer, die später eine bedeutende Rolle spielen sollten: Karl Holzinger, Robert Hunna, Dr. Anton Krogner, Ferdinand Geißlinger.

Die innenpolitischen Gegensätze in Österreich verschärften

sich immer mehr und schließlich kam es am 15. Juli 1927 zu einer blutigen Explosion. Im Zusammenhang damit gab es auch einen politischen Streik der Eisenbahner, der zu neuerlichen Auseinandersetzungen unter den Gewerkschaften führte. Die Entwicklung zwang auch die christlichen Eisenbahner zu politischen Stellungnahmen, in denen vor allem eine klare Abgrenzung zu den immer stärker werdenden Heimwehren erfolgte. Eine Konferenz der Ländervertreter stellte 1930 in Salzburg fest, daß das Korneuburger Programm des Heimatschutzes mit den Grundsätzen der christlichen Gewerkschaftsbewegung unvereinbar sei. Die Diskussion zwischen christlichen Gewerkschaften und Heimwehren wurde immer härter, so daß schließlich eine eigene Selbstschutzformation der christlichen Gewerkschaften gegründet wurde, der Freiheitsbund, der auch unter den christlichen Verkehrsangestellten ausgebaut wurde. Eine Eisenbahnergruppe im Rahmen des Freiheitsbundes wurde zuerst von Ferdinand Geißlinger, später nach ihrem Umbau zu einer »Eisenbahn-Schutzwehr« von Anton Wallner als Reichsführer geleitet. Aber in diesen Jahren tauchte bereits die neue Gefahr am Horizont auf. 1933 findet sich in Wien in der Zeitung der christlichen Eisenbahner der bezeichnende Satz: »In letzter Zeit müssen die Gewerkschaften in scharfer Form ihre Mitglieder vor der NSDAP warnen.« Schon ein Jahr später begannen die politischen Ereignisse auch in Österreich sich zu überstürzen: Auf der Bühne erscheint die Vaterländische Front und damit beginnt ein neues Kapitel nicht nur für die christlichen Eisenbahner, sondern für die christlichen Gewerkschaften Österreichs überhaupt. Sie hatten vielfach in der neuen Einheitsgewerkschaft, dem Österreichischen Gewerkschaftsbund, wichtige Funktionen zu übernehmen. Aber noch war es nicht soweit.

Zunächst muß noch eine wichtige Sparte der gewerkschaftlichen Arbeit bei den christlichen Eisenbahnern gewürdigt werden: Die Schulungs- und Bildungsarbeit. Sie wurde besonders vom Jahr 1929 an ausgebaut, als ein eigenes Gewerkschaftshaus in Wien 6, Millergasse 26, das »Christliche Eisenbahnerheim«, erworben worden war. Unter den Vortragenden findet man bekannte Namen: Dr. Hans Schmitz, Dr. Anton Krogner, Josef Knosp und Robert Hunna. Besonders die Enzyklika »Quadragesimo anno«, zur Erinnerung an die berühmte Sozialenzyklika »Rerum novarum« publiziert, wurde zum Thema zahlreicher Diskussionen, in denen die gesamte Soziallehre erörtert wurde. Prof. Dr. Karl Lugmayer, der, wenn man so sagen darf, Chefideologe der christlichen Arbeiterbewegung, hielt zahllose Vorträge auch bei den christlichen Eisenbahnern. Wie sich zeigte, sollte »Quadragesimo anno« als Grundlage des Ständestaates in Österreich noch eine ganz konkrete praktische Bedeutung gewinnen. Es gab sogar eine Vorarbeit für den Entwurf einer neuen Verfassung (Dr. Karl Lugmayer und Franz Waschnig), mit dem die Zentralkommission der christlichen Gewerkschaften sich eingehend beschäftigte.

Auch auf dem Gebiet der internationalen Beziehungen waren die christlichen Eisenbahner nicht untätig. Schon 1920 war in Den Haag eine christliche Eisenbahnerinternationale gegründet worden, in der Österreich durch Franz Haider vertreten wurde. Der konstituierende Kongreß fand dann 1921 in Luzern statt. Der Österreicher Kennerknecht wurde dort zum Zweiten Sekretär gewählt. Im Oktober 1924 veranstalteten die christlichen Eisenbahner Österreichs den zweiten Kongreß der christlichen Eisenbahnerinternationale in Wien. Kunschak hielt dabei eines der Referate. Diese Arbeiten sind umso bedeutungsvoller, als ja erst 1927 eine offizielle internationale Anerkennung der christlichen Gewerkschaften durch den Völkerbund erfolgte. Die Christlichen Eisenbahner Österreichs haben sich bis zur Auflösung ihrer Organisation an den Arbeiten der »Christlichen Verkehrsinternationale« beteiligt und auf solche Weise ihren Beitrag zu einer übernationalen Zusammenarbeit der christlichen Gewerkschaften geleistet. Diese Mitarbeit wirkte sich auf die Arbeit in Österreich selbst aus: So kam zum Beispiel von der christlichen Internationale die Forderung nach Einführung der automatischen Kupplung. Vergleiche zwischen den Bezügen der österreichischen Eisenbahner und ihrer Kollegen in anderen Ländern, so z. B. der Schweiz, ergaben, daß die Bezahlung in Österreich mit Abstand die schlechteste war.

Bevor noch im Schicksalsjahr 1934 die Würfel über die politische Entwicklung in Österreich gefallen waren, mußte noch harte gewerkschaftliche Arbeit geleistet werden. Wesentlicher Punkt der Forderungen um die Besoldung blieb die Einführung der Zeitautomatik für alle Bedienstetenkategorien, deren Dienstverrichtung eindeutig gereiht war, um die Ausdehnung der Zeitautomatik auf jene Teile des Personals, für die eine bescheidene Automatik bereits vorgesehen war. Immer wieder tauchten neue Vorschläge für eine Sanierung der Bundesbahnen auf, so im Jänner 1932 und 1933, die unzumutbare Belastungen der Bediensteten vorsahen, so daß es des Einsatzes aller Kräfte der Gewerkschaften bedurfte, um diese Pläne zu Fall zu bringen. Bezeichnend für die damaligen Zustände ist eine Auseinandersetzung zwischen Verwaltung und Personalvertretung über die Auszahlung der Märzbezüge 1933, die zu einem Streik der Eisenbahner führte. In allen diesen Auseinandersetzungen verteidigten die christlichen Gewerkschaften die Interessen ihrer Mitglieder.

Sie versuchten, ihrer Aufgabe selbst dann noch gerecht zu werden, als die allgemeine politische Entwicklung auch sie in ihrer Tätigkeit bereits schwerstens behinderte. Im Sommer und Herbst 1933 wurden die Umrisse der neuen Lage sichtbar; sie waren u. a. durch eine Einschränkung der Pressefreiheit, durch das Verbot der KP und der NSDAP, die Auflösung des Schutzbundes und die Bildung der Vaterländischen Front charakterisiert. Die »Gewerkschaft christlicher Verkehrsbediensteter« nahm in einer Obmännerkonferenz im Oktober 1933 zum neuen Kurs im Staat Stellung. Aber am 1. Dezember 1933 verhängte die Regierung ein allgemeines Versammlungsverbot, durch das auch die Tätigkeit der Gewerkschaften eingeschränkt wurde. Als nach dem 12. Februar 1934 die Sozialdemokratische Partei mit allen ihren Gliederungen und Unterverbänden aufgelöst wurde, warnten die christlichen Eisenbahner vor Vergeltungs- und Rachegefühlen gegenüber den Sozialdemokraten.

Als dann ein einheitlicher Gewerkschaftsbund unter der Führung des christlichen Gewerkschafters Staud ins Leben gerufen wurde, bekam die bisherige christliche Gewerkschaft einen neuen Namen: Verband der christlichdeutschen Bundesbahnbediensteten Österreichs. Er konnte keine gewerkschaftlichen Initiativen mehr entwickeln. Aber er setzte sich neuerlich für eine umfassende politische Amnestie ein, um der Befriedung unter den Arbeitnehmern zu dienen. In der Personalvertretung wurde statt des Zentralausschusses eine »Bundesfachleitung der Bundesbahnbediensteten« dekretiert – ihr Obmann wurde Robert Hunna. Von den christlichen Eisenbahnern wurden entsandt: Gottfried Allisch, Heizer, Rudolf Borovansky, Kanzleiexpedient, Dr. Gustav Brezina, Oberbahnrat, Johann Brunner, Hilfsbediensteter, Michael

Kodvic, Bahnmeister, Josef Mayer, Werkmann, Alois Moldaschl, Kanzleigehilfe, Johann Schwitzer, Schaffner. Später wurde auch der Verbandsvorsitzende Haider in die Bundesfachleitung berufen. Diese Männer versuchten, unter den neuen Voraussetzungen nach besten Kräften die Interessen der Eisenbahner zu vertreten, bis die Ereignisse des März 1938 auch dieser Tätigkeit ein Ende setzten.

Noch am 1. März 1938 brachte »Der österreichische Eisenbahner« einen Aufruf, in dem die Mitglieder aufgefordert wurden, treu zu Schuschnigg zu stehen. Für 3. April 1938 wurde vom Vorsitzenden Franz Haider und vom Schriftführer Ferdinand Geißlinger die Hauptversammlung des Verbandes einberufen. Sie fand nicht mehr statt. Österreich hatte zu bestehen aufgehört. Und damit mußten auch die christlichen Eisenbahner bis 1945 in den Untergrund gehen.

Hier soll auch der Tätigkeit der christlichen Straßenbahner Wiens kurz gedacht werden, die vor Lueger und nach 1918 einen schweren Stand hatten.

Bis 1918 erfüllte der christlichsoziale Arbeiterverein politische und gewerkschaftliche Tätigkeit in einem. Im Bahnhof Kreuzgasse war eine Standarte mit einem Marienbild vorhanden, die die Sozialisten beim Umsturz vernichteten ...

Als 1919 trotz des unvorstellbaren, ja lebensbedrohenden Terrors der Sozialisten einige christliche Männer unter den Wiener Straßenbahnern standhielten, schlossen sie sich zu einer autonomen Fachgruppe in der Gewerkschaft christlicher Eisenbahner zusammen. Aber sie hatten es nicht leicht. Eines von vielen Beispielen mag das deutlich machen: Im Hernalser Bahnhof machten die Sozialisten dem christlichen Straßenbahner Walchars den Dienst unmöglich. Er wurde zunächst zum Bahnhof Kreuzgasse versetzt, aber auch dort durch Tätlichkeiten an der Dienstleistung gehindert. Da aber die Direktion fest blieb, konnte er nach einigen Tagen wieder Dienst machen. Trotzdem gab es immer wieder mutige Straßenbahner, die zur christlichen Gewerkschaft fanden. 1922 bis 1923 sammelte Walchars fast allein für die Anschaffung der heute noch in Verwendung stehenden Lueger-Fahne. Da er aber sehr selbstherrlich vorging, war diese Fahne schließlich kein Zeichen der Einheit, sondern die Vorgänge um ihre Anschaffung führten zur Spaltung der ganzen Fachgruppe. Walchars kam 1944 beim amerikanischen Fliegerangriff auf den Straßenbahnhof Gürtel ums Leben. Es war sein dienstfreier Tag, an dem er gegen Extrabezahlung Dienst leistete. Er hätte längst in Pension gehen können, arbeitete aber weiter, um die Studienkosten für seine Söhne leichter aufbringen zu können. Die Luegerfahne wurde von Hans Tully 1938 gerettet, über die Zeit des Zweiten Weltkrieges aufbewahrt und 1945 in der Laudongasse im Beisein von Bundeskanzler Figl den Wiener Straßenbahnern übergeben, die damit ein äußeres Zeichen für die alte Tradition der christlichen Gewerkschaften bei den Wiener Straßenbahnern besitzen.

Handels-, Transport-, Verkehrsarbeiter

Gegen Ende des vorigen Jahrhunderts waren die christlichen Arbeiter in einer Vielheit von Organisationen tätig. Neben den allgemeinen Fachvereinen bestanden konfessionelle Organisationen, wie die Gesellenvereine, lokale Vereinigungen auf rein beruflicher Basis und dergleichen mehr. Im Jahre 1893 ergab sich vor allem auf dem Wiener Boden eine Zusammenfassung der christlichen Arbeiterschaft, deren Schwergewicht jedoch mehr auf der politischen Seite lag. Wohl versuchten die christlichen Arbeiter durch Bildung eigener Fachverbände sich eine wirtschaftliche Interessenvertretung aufzubauen, aber man kam nicht viel über den Charakter eines Unterstützungsvereines hinaus. Im Jahre 1902 erfolgte die Gründung des Reichsverbandes der nichtpolitischen Vereinigungen christlicher Arbeiter Österreichs, der nunmehr entschieden für die Errichtung von christlichen Gewerkschaften eintrat. Man konnte zu dieser Zeit schon auf eine Reihe lokaler Organisationen von christlichen Gewerkschaften verweisen, so nicht zuletzt der im Jahre 1901 gebildete Zentralverband christlicher Lohnfuhrwerksgehilfen oder die Organisation der christlichen Geschäftsdiener in Laibach, des Gewerkschaftsvereines in Brünn, der Kutscher in Bielitz und dergleichen, die auf die Bildung von christlichen Gewerkschaften einen bestimmenden Einfluß nahmen. Die Vertreter dieser Vereine und Organisationen fanden sich im Jahre 1904 zu einer gemeinsamen Tagung zusammen, in welcher die Vorarbeiten zur Gründung des »Zentralverbandes der christlichen Handels-, Speditions- und Verkehrsarbeiter« getroffen wurden, die im Jahre 1907 ihren endgültigen Abschluß durch die Konstituierung und vereinsmäßige Genehmigung fanden.

Am ersten Kongreß der christlichen Gewerkschaften Österreichs, im Jahre 1909, vertraten die Delegierten Karl Hohensteiner, Waidhofen/Ybbs, und Josef Wawara, Wien, den Zentralverband mit rund 4600 Mitgliedern. Bereits im Jahre 1902 traten die christlichen Lohnfuhrwerker durch ein eigenes Organ »Die österreichische Lohnfuhrwerkerzeitung« in die Öffentlichkeit und im Jahre 1909 erfolgte die Herausgabe eines eigenen offiziellen Verbandsorganes der christlichen Handels-, Hilfs- und Speditionsarbeiter.

Die Tätigkeit der christlichen Gewerkschaften stieß bei ihrem Aufbau nicht nur auf die Schwierigkeiten, die ihr von seiten der Arbeitgeber bereitet wurden, sie hatten auch einen harten Kampf um die Wahrung der Gesinnungsfreiheit zu führen. Doch weder schwarze Listen der Firmen, noch Angriffe anders Gesinnter konnten die Entwicklung des Zentralverbandes der christlichen Handels- und Transportarbeiter hindern. Organisatorische Erfolge, Erfolge im Kampfe um die Verbesserung der Löhne und um die Verkürzung der Arbeitszeit lohnten die Mühen und Opfer der Gründer des Zentralverbandes, der immer deutlicher zu einer mitbestimmenden Organisation wurde.

Ein harter Schlag für den Aufbau der Organisation war der Ausbruch des Ersten Weltkrieges. Die Einberufung der Funktionäre, die spürbare Entwertung der finanziellen Reserven, schließlich der totale Zusammenbruch, gefährdeten auch den Zentralverband der christlichen Handels- und Transportarbeiter. Doch mit neuer Kraft gingen die christlichen Vertrauenspersonen in der Ersten Republik daran, die Organisation wieder aufzubauen und ihre Basis zu erweitern.

So entstand der »Zentralverband christlicher Fabriks-, Handels- und Transportarbeiter«, dessen erster Sekretär Ferdinand Rechberger wurde – Rechberger hat sich um den Aufbau der Organisation dauernde Verdienste erworben. Der Zentralverband hat sehr bald die Notwendigkeit der internationalen Zusammenarbeit erkannt und seinen Anschluß an den »Internationalen Bund christlicher Fabriks- und Transportarbeiterverbände« vollzogen. Dadurch war es möglich, auch an den internationalen Abkommen mitzuarbeiten und wertvolle Fortschritte auf diesem Gebiet zu erreichen.

Als im Jahre 1934 die Richtungsgewerkschaften aufgelöst wurden, trat der Zentralverband christlicher Fabriks-, Handels- und Transportarbeiter in die neu errichtete Gewerkschaftsbewegung mit rund 7000 Mitgliedern ein. Es kam zur Bildung der Gewerkschaft der Arbeiter im Handel und Verkehr, in der die Funktionäre der Gewerkschaftsbewegung versuchten, die gewerkschaftliche Tätigkeit und auch die Bildungsarbeit fortzusetzen sowie die Erhaltung der bestehenden Kollektivverträge zu sichern. Der 12. März 1938 vernichtete den letzten Rest gewerkschaftlicher Organisationen, doch konnte die innere Kraft der christlichen Gewerkschafter nicht gebrochen werden. So schalteten sich nach 1945 die christlichen Gewerkschafter wieder aktiv beim Aufbau des Österreichischen Gewerkschaftsbundes ein und übernahmen auch verantwortungsvolle Funktionen in der Gewerkschaft der Bediensteten im Handel, Transport und Verkehr. Zum Obmannstellvertreter der Gewerkschaft wurde Ferdinand Rechberger berufen, dessen Funktion in späterer Folge von Karl Stiegler übernommen wurde. Beim 2. Gewerkschaftstag wurde Friedrich Geihsler zum Obmannstellvertreter der Gewerkschaft gewählt.

Heute stehen die christlichen Gewerkschafter auch dieser Sparte in einer gemeinsamen österreichischen Gewerkschaftsbewegung, deren Wurzel nicht zuletzt auch in den Verdiensten der christlichen Gewerkschaftsbewegung liegt. Im Kampf um die Rechte der Arbeiterschaft und in der Geschichte der österreichischen Gewerkschaftsbewegung kann sie nicht übersehen werden.

1934 bis 1938

Mit Verordnung der Bundesregierung vom 2. März 1934 wurde der Gewerkschaftsbund der österreichischen Arbeiter und Angestellten errichtet. Der § 1 dieser Verordnung besagte: Zur Vorbereitung des berufsständischen Aufbaues wird als Interessenvertretung der in der Industrie und im Bergbau und Gewerbe, im Handel- und Verkehr, in Geld-, Kredit- und Versicherungswesen und in den freien Berufen beschäftigten Arbeiter und Angestellten der Gewerkschaftsbund der österreichischen Arbeiter und Angestellten errichtet. Der § 4 erklärte den Gewerkschaftsbund zu einer Einrichtung öffentlichen Rechtes und unterstellte ihn der Aufsicht des Bundesministeriums für soziale Verwaltung.

In diesem letzten Satz verbarg sich die grundsätzliche Änderung. Die bisherigen Richtungsgewerkschaften waren auf vereinsrechtlicher Grundlage aufgebaut und daher freie, nicht unter Aufsicht einer staatlichen Stelle stehende Einrichtungen.

Im übrigen übernahm der neue Gewerkschaftsbund die Aufgaben der Richtungsgewerkschaften und gliederte sich wie aus obigem Zitat hervorgeht, in Berufsverbände, unter denen sich auch eine für die Arbeitnehmer im Handel und Verkehr befand. Im besonderen war es auch Aufgabe der neuen Gewerkschaftsorganisation, Kollektivverträge abzuschließen, wogegen sie in die bereits bestehenden als Rechtspartner eintrat. Die Unterstützungseinrichtungen sowie das Bildungs- und Schulungswesen der Richtungsgewerkschaften wurden ebenfalls in die neue Organisation eingebaut.

Die Gewerkschaft der Arbeiter im Handel und Verkehr war ein Teil des Berufsverbandes Handel und Verkehr und zählte im Jahre 1935 10.025 Mitglieder, deren Zahl sich bis zur Machtergreifung durch den Nationalsozialismus auf rund 16.000 erhöhte. Das organisatorische Leben vollzog sich in rund 130 Orts- und Verrechnungsstellen. Die Tätigkeit der Gehilfenausschüsse wurde in Unter- und Branchenausschüssen fortgesetzt. Der wichtigste Teil der Tätigkeit bestand in der Überwachung der Einhaltung der übernommenen Kollektiv- und Arbeitsverträge sowie im Abschluß neuer Verträge. Insgesamt standen in dieser Zeit etwa 130 Kollektivverträge in Gültigkeit, wovon etwa 30 das Arbeitsverhältnis der Verkehrsbediensteten betrafen. Eine Reihe von Kollektivverträgen wurde von den Arbeitgebern nach 1934 gekündigt oder ihre Laufzeit ging zu Ende, so daß neue Verträge ausgehandelt werden mußten. Hier sei unter anderem auf die Kollektivvertragsverhandlungen für die Bediensteten der Ersten Donaudampfschiffahrtsgesellschaft verwiesen oder auf die harten Auseinandersetzungen mit der Grazer Tramwaygesellschaft, wo es um den Abschluß eines Gesamtvertrages ging.

Daneben hatten die Gewerkschaften auch Gutachten zu allgemeinen Fragen der Sozial- und Wirtschaftsgesetzgebung zu erstatten. Auch dazu gab es Gelegenheiten genug. So mußten etwa die Härten, welche die Ministerialentwürfe zum neuen gewerblichen Sozialversicherungsgesetz enthielten, beseitigt werden, die Frage des Ladenschlusses stand zur Diskussion, durch einen Konzentrationsplan war die Existenz von rund 800 Wiener Molkereiarbeitern gefährdet. Bei Gewerbegerichten und Einigungsämtern mußte die Vertretung der Mitglieder sichergestellt werden. Dazu konnten allein im Jahre 1936 rund 170 Fälle erfolgreich vertreten werden. Vor allem die Kraftwagenlenker profitierten vom gewerkschaftlichen Rechtsschutz.

Das Betriebsrätegesetz wurde auf sogenannte Werksgemeinschaften ausgerichtet. Für diese mußten die Vertrauensmännerwahlen vorbereitet und durchgeführt werden. Das

Bildungswesen hatte die Aufgabe, die Funktionäre mit den neuen Gesetzen und organisatorischen Formen vertraut zu machen. Die Fachkurse vor allem über Kraftfahrgesetz, Straßen-, Polizeiverordnung wurden ausgebaut und dezentralisiert.

Infolge der besonderen politischen Gegebenheiten mußten die Gewerkschaften nach 1934 erst das Mißtrauen weiter Kreise der Arbeitnehmer überwinden. Aber die Demokratisierung ihrer Organe, das Hineinwachsen der betrieblichen Funktionäre in die neuen gewerkschaftlichen Strukturen und nicht zuletzt die Erfolge der Gewerkschaften steigerten das Vertrauen der Arbeiter und Angestellten zu ihrer Interessenvertretung. Der 12. März 1938 setzte natürlich aller gewerkschaftlichen Tätigkeit ein Ende. Demolierte Gewerkschaftsräume, verhaftete und in die Konzentrationslager verschleppte Funktionäre bewiesen der Öffentlichkeit, daß alle Brücken mit der Vergangenheit abgebrochen waren und die Freiheit endgültig beseitigt war.

Hotel- und Gastgewerbe

Die Anfänge eines Zusammenschlusses der Bediensteten im Hotel- und Gastgewerbe reichen bis in das Jahr 1848 zurück. Damals wurden in Wien und Graz Kellnervereine gegründet – in Wien der Verein der Wiener Oberkellner und Kellner, in Graz der Kellnerverein – die es sich zur Aufgabe machten, wenigstens eine begrenzte Krankenunterstützung zu schaffen und Begräbniskostenbeiträge zu leisten. Beide Vereine bestanden bis 1938, was ein Beweis dafür zu sein scheint, daß sie ihre Aufgaben zur Zufriedenheit der Mitglieder erfüllten. Das gilt auch für eine Reihe anderer Organisationen, die in der zweiten Hälfte des 19. Jahrhunderts entstanden – so für den Wiener Kellnerverein (1868), der zum ersten Mal eine offizielle Stellenvermittlung einrichtete, für den »Humanitären Klub Wiener Schwalben«, der sich besonders die Unterstützung notleidender Kollegen zur Aufgabe machte und im besonderen regelmäßige Aktionen für die Kinder bedürftiger Kollegen durchführte (der Verein, der bis 1938 bestand, wurde sogar nach dem Zweiten Weltkrieg neuerlich reaktiviert), die Bezirksklubs der Wiener Gastwirtegehilfen (1894–1898), die sich 1897 zum Verband der Wiener Gastwirtegehilfenklubs zusammenschlossen. Alle diese Organisationen kann man als Vorläufer der christlichen Gewerkschaftsbewegung im Sektor Gastgewerbe bezeichnen.

Entscheidend für die Arbeit der christlichen Gewerkschafter in der Sparte Hotel- und Gastgewerbe war aber die Gründung des Vereins der Angestellten im Hotel- und Gastgewerbe Österreichs (1897), der 1901 seinen Namen in »Bund österreichischer Gastgewerbeangestellter« änderte. 1934 wurde dann diese Organisation in den einheitlichen Österreichischen Gewerkschaftsbund übergeführt. Allerdings wurde, um die Tradition des Bundes zu erhalten, ein Verein christlicher Gastgewerbeangestellter gegründet, der dann 1938 von den Nationalsozialisten aufgelöst und enteignet wurde. Dabei ging ein Barvermögen von immerhin 45.000 S verloren. Neben dem Bund österreichischer Gastgewerbeangestellter gab es ab 1901 auch einen Verein der Wiener Kaffeehausangestellten, der aus dem früheren Wiener Marqueure-Verein hervorgegangen war und mit dem weit größeren und stärkeren Bund der Gastgewerbeangestellten eng zusammenarbeitete.

Der Bund österreichischer Gastgewerbeangestellter dehnte innerhalb weniger Jahre seine Tätigkeit fast auf das gesamte Gebiet der alten Monarchie aus und nicht nur in Wien und im heutigen Österreich errichtete er Sektionen und Zahlstellen, sondern fast in allen Kronländern. In Niederösterreich gab es Sektionen in Baden, St. Pölten, Wiener Neustadt und auf dem Semmering sowie neun Zahlstellen, in Kärnten eine Sektion, in Villach eine Zahlstelle, in Oberösterreich Sektionen in Linz und Gmunden, in Salzburg eine Sektion in der Stadt Salzburg, in der Steiermark zwei Sektionen in Graz und Marburg, in Tirol Sektionen in Innsbruck und Meran sowie eine Zahlstelle. Aber das war nicht alles: Die Berichte verzeichnen Sektionen und Zahlstellen in Böhmen (Aussig, Karlsbad, Leitmeritz, Berau, Reichenberg und Teplitz), in Galizien (Krakau), in Istrien (Pula, Triest, Abbazia), in Mähren (Brünn, Znaim), in Schlesien (Biliz-Biala, Troppau), ja sogar im Ausland gab es Sektionen, so in Ungarn, in England und in Frankreich. Über die Zahl der Mitglieder ist aus den vorliegenden, sehr lückenhaften Berichten leider nichts zu entnehmen, doch gab es in Wien allein etwa 15.000 Angestellte des Gastwirtegewerbes, die durch den Gehilfenausschuß der Genossenschaft der Gastwirte vertreten wurden. In diesem Ausschuß aber hatten ebenso wie in der seit 1889 gesetzlich fundierten Genossenschaftlichen Gehilfenkrankenkasse die im »Bund« zusammengeschlossenen christlichen Gewerkschafter die Mehrheit. Auch diese Krankenkasse bestand übrigens bis zur Besetzung Österreichs durch die Nationalsozialisten und wurde dann in die Wiener Gebietskrankenkasse eingegliedert.

Im Gehilfenausschuß und in den Krankenkassen wurde ein sehr erheblicher Teil der gewerkschaftlichen Arbeit geleistet. Dort spielten sich auch die Auseinandersetzungen mit den sozialdemokratisch organisierten Gastwirtegehilfen ab, die über ihre Organisationen, die Union österreichischer Gastgewerbeangestellter und den Verband der Hotel-, Gast- und Kaffeehausangestellten Österreichs, immer wieder versuchten, die Mehrheit der christlichen Gewerkschafter im Gehilfenausschuß und in der Krankenkasse zu brechen. Die Wahlkämpfe wurden stets mit großer Hartnäckigkeit ausgetragen. Die Sozialdemokraten beschuldigten die christlichen Gewerkschafter, ihre Aufgaben nicht erfüllt zu haben und die Interessen der Gehilfen »bei jeder Gelegenheit zu verraten«, wie es in einem Flugblatt aus dem Jahre 1911 heißt. »Wir dürfen nicht zugeben, daß diese Herren ihre Mandate als lebenslängliche Sinekure betrachten, und müssen ihnen ein energisches ›Fort mit Euch‹ zurufen«, setzt das Flugblatt fort. Auf einem Flugblatt der Gegenseite findet sich dafür der Vermerk: »Sozialdemokraten und bekannte Ruhestörer haben keinen Zutritt!« Und: »Natürlich ist es bei diesen Versuchen (der Sozialdemokraten, Anm. d. Herausgebers) den betreffenden Kandidaten nur um unsere Stimmen, nicht aber um eine gesetzliche Regelung unserer Standes- und tristen Arbeitsverhältnisse zu tun. Es ist daher notwendig, ein offenes Wort zu reden!«

Die Arbeitsverhältnisse im Gastgewerbe waren in der Tat sehr schlecht und konnten erst in jahrelangen Kämpfen, zu denen die christlichen Gewerkschafter entscheidende Beiträge geliefert haben, verbessert werden. Bis 1885 unterstanden die Bediensteten im Gastgewerbe nach einem kaiserlichen Patent aus dem Jahre 1810 der »Gesindeordnung von Wien«. Erst durch die Novellierung der Gewerbeordnung von 1885 wurden die Bediensteten im Hotel-, Gast- und Kaffeehausgewerbe als Gewerbegehilfen und gewerbliche Hilfsarbeiter anerkannt. Aber selbst dann dauerte es noch Jahre und Jahrzehnte, bis so selbstverständlich anmutende Forderungen wie die Einhaltung der vorgeschriebenen sechzigstündigen Arbeitszeit und eines Ruhetages in der Woche, die Einführung eines Befähigungsnachweises zum Schutze der gelernten Gastwirtegehilfen oder die Regelung des Lehrlingswesens durchgesetzt werden konnten. Noch 1911 ist in einem Flugblatt unter dem Titel »Forderungen der vereinigten Wiener Gastgewerbe-Gehilfen-Korporationen an die Gesetzgebung betreffend Abänderungs-Vorschläge zur Gewerbeordnung« eine Zusammenfassung der Anliegen dieser Arbeitnehmergruppe zu finden, die ein bezeichnendes Licht auf die Zustände wirft. Dieses Forderungsprogramm war in einer Gehilfenversammlung im »Grünen Tor« in der Lerchenfelderstraße unter dem Vorsitz des Gehilfenobmannes und christlichsozialen Gemeinderates Hans Preyer beschlossen worden. Die Versammlung hatte bezeichnenderweise um Mitternacht (!) stattgefunden, weil es angesichts der gegebenen Verhältnisse völlig unmöglich erschien, eine größere Zahl von Gehilfen zu einer anderen Zeit zusammenzubringen. Die Hauptforderungen lauteten: Einführung eines Befähigungsnachweises im Gastgewerbe, Gewährung eines Ruhetages,

Abschaffung der Nachtarbeit (nach 22 Uhr) für Jugendliche, Festlegung von Ruhezeiten nach und innerhalb der Arbeitszeit, Bestimmungen gegen die Verwendung von Kellnerinnen ohne entsprechende Ausbildung, Begrenzung der Zahl der Lehrlinge entsprechend der Zahl der übrigen Angestellten. Noch in Entschließungen einiger Gastgehilfenklubs aus dem Jahre 1912 wird die »Erwirkung der Zwölfuhr-Gasthaussperre« verlangt. Sie wird als »zeitgemäße Reform« bezeichnet, durch die »die für in den Gasthausbetrieben beschäftigten Gehilfen und Hilfsarbeiter vielfach bestehende 16- bis 18stündige Arbeitszeit endlich eine Kürzung erfährt.«

Wenn im Lauf der Zeit alle diese Forderungen, daneben aber auch der Abschluß von Lohn- und Arbeitsverträgen und vieles andere durchgesetzt werden konnten, so haben die christlichen Gewerkschafter daran einen hervorragenden Anteil. Eine Liste ihrer Funktionäre, die vor 1934, also vor der Errichtung des Gewerkschaftsbundes durch die Regierung Dollfuß, in der christlichen Gewerkschaftsorganisation tätig waren, umfaßt folgende Namen: Franz Bauer, Hans Preyer, Hans Endl, Anton Halik, Leopold Himprich, Maria Kegelreiter, Franz Brezyna, Michael Fronachek, Anton Hradetzky, Franz Schuster, Josef Scheda, Franz Schleser, Karl Weinlich, Johann Schandreg, Magdalena Guhl, Hilde Mathis, Friedrich Maxl, Josef Fugger. Auch 1934 wurde die Arbeit in der Einheitsgewerkschaft fortgesetzt, bis sie 1938 beendet werden mußte. Seit der Errichtung des österreichischen Gewerkschaftsbundes nach dem Ende des Zweiten Weltkrieges sind die christlichen Gewerkschafter im Rahmen ihrer Fraktion weiterhin für ihre Kollegen aus dem Hotel- und Gastgewerbe erfolgreich tätig.

Textil-, Bekleidungs- und Lederarbeiter

Die Struktur der Gewerkschaft Textil-, Bekleidungs- und Lederarbeiter

Die Gewerkschaft der Textil-, Bekleidungs- und Lederarbeiter hat ihre Wurzeln in den christlichen Gewerkschaften und in den sogenannten »Freien« (sozialistischen) Gewerkschaften. Unbedeutend war die kleine Gruppe der sogenannten unabhängigen Gewerkschaften. Die Gründung der Gewerkschaft der christlichen Textilarbeiter und der Gewerkschaft der christlichen Bekleidungsarbeiter reicht bis in das 19. Jahrhundert zurück. Zunächst gruppierten sich die christlichen Textilarbeiter in der Donaumonarchie in den Bereichen Schlesien, Böhmen, Mähren, Wien, Vorarlberg und Niederösterreich, später erst in den anderen Gebieten der Donaumonarchie.

Träger der christlichen Textilarbeitergewerkschaft war im vorigen Jahrhundert Ferdinand Krikawa. Er stellte das Gegenüber zu Ferdinand Hanusch dar. Krikawa war ein dynamischer, kämpferischer Gewerkschafter und konnte sowohl große organisatorische Erfolge als auch Erfolge in der Vertretung der bis dahin rechtlosen Textilarbeiter nachweisen. Nachfolger Ferdinand Krikawas in der Gewerkschaft wurde Johann Staud, der später in der christlichen Gewerkschaftsorganisation und 1934 im Gewerkschaftsbund zu besonders verantwortungsvollen Funktionen berufen wurde und seine Haltung mit dem Tod im KZ bezahlen mußte.

Viele Mitarbeiter in allen Landesteilen waren bemüht, die Organisation auszubauen und neue Mitglieder oder Funktionäre zu gewinnen. Ein Höchststand an Mitgliedern und Funktionären wurde bis zum Ausbruch des Ersten Weltkrieges 1914 in den großen Textilzentren, wie Schlesien und Böhmen, erreicht, aber auch in Vorarlberg, Tirol, Niederösterreich und Wien waren die Mitgliederzahlen recht beachtlich. Der Erste Weltkrieg legte die Tätigkeit der christlichen Gewerkschafter fast völlig lahm. Erst Johann Staud, aus dem Weltkrieg zurückgekehrt, bemühte sich, die christliche Gewerkschaft der Textil- und Lederarbeiter wieder zu aktivieren, das gleiche tat Heinrich Woboril für die Gewerkschaft der christlichen Bekleidungs- und Wäschearbeiter. Die Arbeit war schwieriger geworden. Die veränderte Struktur des Landes einerseits und die innenpolitische Situation in der Ersten Republik erschwerten den Kampf um die Entwicklung der christlichen Gewerkschaften. Johann Staud war bemüht, einen jungen durchschlagskräftigen Sekretär für die Textil-, Bekleidungs- und Lederarbeiter zu gewinnen. Er holte Erwin Altenburger aus Salzburg nach Wien. Staud selbst wurde nach dem frühen Tod des Vorsitzenden der Christlichen Gewerkschaften, Matthias Allinger, zum Zentralsekretär bzw. Leitenden Sekretär der Zentralkommission der Christlichen Gewerkschaften berufen. Erwin Altenburger wurde als Zentralsekretär mit der Leitung der Gewerkschaft der Textil-, Bekleidungs- und Lederarbeiter betraut. Er holte sich Josef Kraft aus Vorarlberg, Hermann Struber aus Salzburg, Hans Kostenser aus Tirol, Johann Müller aus der Steiermark, Hans Enzelsberger aus Oberösterreich und noch in den zwanziger Jahren Grete Daurer (später verehelichte Rehor) aus Wien als seine Mitarbeiter. Diese Personen sind nur stellvertretend für viele Hunderte Mitarbeiter und Kämpfer in den Betrieben und Werkstätten in ganz Österreich genannt. Heinrich Woboril gewann vor allem in Wien tüchtige Mitarbeiter, so Josef Weimann, Anny Kürbes, Stefan Vyplasil, Emanuel Pan, Emilie Reger, Wilhelm Hatej, Alfons Gasser, Josef Cutka, Johann Berndl, Matthias Huber, Heinrich Weber und viele andere.

Die christlichen Gewerkschaften und mit ihnen die Gewerkschaften der Textil-, Leder- und Bekleidungs-, Wäsche- und Hutarbeiter, entfalteten sich bis 1934 zu einer sehr bedeutsamen und anerkannten Gewerkschaftsbewegung. Ihre Entwicklung nahm einen guten Verlauf. Die christlichen Gewerkschafter erwarben mit Hilfe der deutschen und holländischen Gewerkschafter ein Zentrum, nämlich das Haus in der Laudongasse. Das Jahr 1934 aber bedeutete einen Bruch: Die Richtungsgewerkschaften wurden aufgelöst, aber nicht nur die Freien, sondern auch die Christlichen Gewerkschaften. Durch Gesetz bzw. Verordnung wurde eine einheitliche Gewerkschaftsorganisation geschaffen. Ihre Führung übernahm der christliche Gewerkschafter Johann Staud, da die Funktionäre der Freien Gewerkschaften es ablehnten, in dieser Organisation führend tätig zu sein. Trotzdem stießen eine Anzahl führender Gewerkschafter aus den sogenannten Freien

Gewerkschaften, viele tausende Betriebsräte, hunderttausend ehemalige Mitglieder der Freien Gewerkschaften und selbstverständlich der Christlichen Gewerkschaften zur einheitlichen Gewerkschaftsorganisation, arbeiteten dort mit und leisteten pünktlich ihre Beiträge.

Der nächste Bruch erfolgte 1938. Der einheitliche Gewerkschaftsbund und die Fachgewerkschaften wurden aufgelöst. Nachdem Österreich als selbständiger Staat zu bestehen aufgehört hatte, wurde die Deutsche Arbeitsfront auch für die Ostmark alleinige Vertretung der Arbeitnehmer. Für alle aktiven Gewerkschafter bedeutete das Entfernung aus ihren Funktionen, Verhaftung, Verschickung in die Konzentrationslager, Einberufung zur Wehrmacht. So erging es auch Johann Staud und mit ihm vielen seiner engsten Mitarbeiter.

Aber bereits im April 1945 nahmen sowohl die Christlichen Gewerkschafter als auch die ehemaligen Freien Gewerkschafter ihre Arbeit wieder auf. Man einigte sich auf die Errichtung einer einheitlichen Gewerkschaftsorganisation mit 16 Fachgewerkschaften. Die Textil-, Bekleidungs- und Lederarbeiter sammelten sich einheitlich in der Gewerkschaft der Textil-, Bekleidungs- und Lederarbeiter. Für die Christlichen Gewerkschaften waren vom Beginn der Gründung der Gewerkschaft Erwin Altenburger, Grete Rehor und Josef Kraft zunächst als Sekretäre tätig. Erwin Altenburger wurde bereits im Sommer 1945 anstelle Weinbergers in die Dachorganisation des Österreichischen Gewerkschaftsbundes und Grete Rehor als Vorsitzende-Stellvertreterin und hauptamtliche Sekretärin in die Gewerkschaft der Textil-, Bekleidungs- und Lederarbeiter berufen.

In allen Bundesländern, ungeachtet der Demarkationslinien, entfaltete sich die Gewerkschaftsorganisation in den Textil-, Bekleidungs- und Lederbetrieben. In einer der größten Arbeitergewerkschaften Österreichs wurden die Textilarbeiter, die Leder- und Schuharbeiter, die Bekleidungsarbeiter, die Hutarbeiter, die Wäschearbeiter, die Kürschner, die Chemischputzer, Wäscher und Färber zusammengefaßt. Verbindungsmöglichkeiten zu den westlichen und zu den südlichen Bundesländern gab es in den ersten Wochen und Monaten nicht. Nur über Kuriere konnten gewisse Verbindungen hergestellt werden. Aber in allen Betrieben Österreichs ging die Entwicklung in die Richtung der gewerkschaftlichen Organisation. Nach Niederösterreich und auch in das

Burgenland fuhren die Funktionäre per Autostop, sie hielten entweder einen Lastwagen oder ein Motorrad auf, um mit den Kollegen in den Betrieben in Verbindung zu kommen. Die Arbeit war mühsam. Hunger hatten beide, die Textilarbeiter und die Funktionäre der Gewerkschaft. Betriebe, deren Kantinen von einer Besatzungsmacht mit Lebensmitteln versorgt wurden, zum Beispiel in Vöslau, waren die Ausnahme. Noch im Jahre 1946, als die Bahnverbindungen schon wieder halbwegs funktionierten, benötigte man 20 Stunden, um nach Dornbirn zu kommen. Das Reisen in den schmutzigen, mit Holzläden verkleideten Zügen, die stundenlang an den Demarkationslinien standen, war keine angenehme Sache.

In den Betrieben mangelte es in den Jahren 1945 bis 1950 an Rohstoffen, Brennmaterial und Strom; Maschinen gab es kaum. Viele Betriebe waren ausgebombt, die Maschinen verschüttet, das Betriebskapital fehlte. In Wien mußte man oft stundenlang zu Fuß gehen, um in die Betriebe von Favoriten, Simmering oder Floridsdorf zu kommen. Vielfach waren die Betriebe besetzt und es war schwierig, überhaupt erst einmal hineinzukommen. Dennoch wurde trotz Hunger und Kälte die Verbindung mit den Arbeitern in den Textil-, Bekleidungs- und Lederbetrieben aufgenommen. Die Arbeiter gruben die Maschinen buchstäblich aus dem Schutt aus und setzten, soweit es möglich war, Maschinen und Arbeitsräume soweit instand, daß die Produktion aufgenommen werden konnte.

In dieser Zeit waren alle Textilien bewirtschaftet. Die christlichen Gewerkschafter waren durch Grete Rehor in der Bewirtschaftungskommission vertreten und waren sehr bemüht, mit allen Gewerkschaften zusammen, die Erzeugung wieder in Gang zu bringen. Viel besser waren die Verhältnisse in Vorarlberg, in Tirol, in Salzburg und Oberösterreich. Dort waren die Betriebe im wesentlichen nicht zerstört. Dieser Vorsprung hat die Betriebe in den westlichen Bundesländern in eine bessere wirtschaftliche Situation geführt als die Betriebe von Wien, Niederösterreich, Steiermark, Kärnten und Burgenland. Das macht sich noch heute bemerkbar. Besonders wirkte diese Entwicklung in der Textil-, Bekleidungs- und Lederindustrie bzw. im Gewerbe, da seit eh und je in diesen Produktionsbereichen der Konkurrenzkampf vor allem auf den Weltmärkten härter ist. Nicht nur hochindustrialisierte europäische Staaten, sondern vor allem auch die Entwicklungsländer traten hier als Konkurrenten auf.

Die drei Fraktionen

In der Gewerkschaft der Textil-, Bekleidungs- und Lederarbeiter sind bewährte christliche Gewerkschafter, die noch in den Richtungsgewerkschaften aktiv tätig gewesen waren, in führenden Funktionen in Erscheinung getreten. Der Vorsitzende in der Gewerkschaft der Textil-, Bekleidungs- und Lederarbeiter war im Jahre 1945 Egon Kodicek, ein Kommunist. Vorsitzende-Stellvertreter waren: Michael Frühwirth von der Sozialistischen Fraktion und Grete Rehor für die Fraktion Christlicher Gewerkschafter. Der engere Vorstand wurde später – 1948 – von 10 auf 15 Mitglieder erweitert, von denen 10 Mitglieder der Sozialistischen, 3 der Kommunistischen und 2 der Fraktion Christlicher Gewerkschafter angehören. Der Gesamtvorstand umfaßte 20 SPÖ-, 6 KPÖ- und 4 ÖVP-Mitglieder. Die Sozialisten hielten einen Schlüssel von 70 : 20 : 10 Prozent für gerechtfertigt. Schon diese Tatsache beweist, in welcher schwierigen Situation sich die christlichen Gewerkschafter vom Beginn der Gründung der Gewerkschaft an befanden. Diese Zusammensetzung entsprach sicher nicht den tatsächlichen Verhältnissen. Sie konnte es schon deswegen nicht, weil in Österreich, wie bereits ausgeführt, sozialistische Gewerkschaften und christliche Gewerkschaften als Richtungsgewerkschaften bestanden, niemals aber eine eigene kommunistische Gewerkschaft. Dennoch räumte man den Kommunisten einen doppelt so hohen Vertretungsschlüssel ein wie den christlichen Gewerkschaftern. Eine ähnliche Situation ergab sich auch in den beruflichen, nicht nur in den territorialen Gliederungen der Gewerkschaft.

Das in der Ersten Republik gültige Betriebsrätegesetz wurde auch nach 1945 für die Betriebsratswahlen angewendet. Die Wahlen in den Betrieben wurden sehr wesentlich von der sozialistischen und der kommunistischen Partei beeinflußt. Das fand im Resultat der Wahlen seinen Niederschlag. Nach Mandaten sahen die Ergebnisse so aus:

	1947/48	49/50	51/52	53/54	55/56	57/58	59/60	61/63	64/66	67/69
SPÖ	1814	1804	1463	1439	1218	1222	1058	1037	965	2263
KPÖ	178	184	150	105	84	53	44	46	23	27
ÖVP	179	123	116	138	132	173	166	172	135	244

Zunächst gelang es den christlichen Gewerkschaftern, in Vorarlberg eine verhältnismäßig bedeutsame Zahl an Betriebsräten zu erreichen. Auch in Tirol, in Oberösterreich und in Wien konnten trotz schärfsten politischen Druckes, vor allem in Wien, Betriebsratsmandate errungen werden. Die Sozialisten vertraten den Standpunkt, daß für alle Positionen im Rahmen der Gewerkschaft die Betriebsratswahlergebnisse ausschlaggebend sein sollten, aber nicht nur die Anzahl der Mandate, sondern vor allem die Anzahl der gewonnenen Stimmen. Von den 26 hauptamtlich tätigen Sekretären stellten die christlichen Gewerkschafter zunächst zwei und zwar Grete Rehor und Josef Kraft, die Sozialisten hingegen 22, die KPÖ ebenfalls zwei. Dazu kommt, daß die Sekretäre des ÖGB in den Bundesländern fast ausschließlich der sozialistischen Partei angehörten und somit die Wahlergebnisse in den Betrieben mit Hilfe der Sekretäre der Fachgewerkschaften wesentlich beeinflußten.

Die Aktivität der christlichen Gewerkschafter in der Gewerkschaft der Textil-, Bekleidungs- und Lederarbeiter führte im Jahre 1953/54 dazu, daß sie bei den Betriebsratswahlen einen Vorsprung gegenüber den Kommunisten erreichten. Diese Tatsache, vor allem aber der restlose Einsatz in der Zentrale, führte dazu, daß sie im Zentralvorstand bzw. in der Spitze der Gewerkschaft vor den Kommunisten die Position des Vorsitzenden-Stellvertreters eroberten. Überdies wurde der Vertretungsschlüssel von 70 : 20 : 10 auf 70 : 15 : 15 verändert. In den 10 Arbeitergewerkschaften konnte dieser Schlüssel zunächst nur in der Gewerkschaft der Textil-, Bekleidungs- und Lederarbeiter durchgesetzt werden. Nichts kommt von ungefähr, alles muß erarbeitet werden. Dieses Wort gilt besonders für die Arbeit der christlichen Gewerkschafter in der Gewerkschaft der Textil-, Bekleidungs- und Lederarbeiter.

Der Aufstieg der Textil-, Bekleidungs- und Lederarbeiter ab 1945

Was im Bereich der Kollektivverträge, Lohntarife und Betriebsvereinbarungen bis 1938 erreicht worden war, galt bis zum Zusammenbruch des Dritten Reiches nicht mehr. Es gab nur Anordnungen der Deutschen Arbeitsfront, die fast ausschließlich auf die Rüstungsindustrie ausgerichtet waren. Für den Bereich Textil-Bekleidung-Leder wurden keine Verbesserungen geschaffen. Die Grundstundenlöhne in den Tarifen der Textilarbeiter, aber auch der Professionisten, standen in keinem Verhältnis zu den Löhnen und Verdiensten in den Produktionszweigen, die für die Rüstungsindustrie interessant waren. Auch in der Zeit von 1945 bis 1950 war eine freie Lohnentwicklung nicht möglich gewesen. Die Ergebnisse aller Tarifverhandlungen und Kollektivvertragsverhandlungen, die zwischen den Sozialpartnern geführt wurden, mußten der sogenannten »Zentralkommission« vorgelegt werden. In dieser waren neben dem Bundesministerium für soziale Verwaltung und den Sozialpartnern auch die Besatzungsmächte vertreten und entschieden über Genehmigung oder Ablehnung. Auch die in der Zentralkommission genehmigten Tarife bzw. Kollektivverträge mußten noch einmal den Besatzungsmächten vorgelegt werden. Der erste Lohntarif in der Gewerkschaft Textil wurde zwischen dem Vorsitzenden der Fachgruppe der Stricker und Wirker, Kommerzialrat Thiel, der Vorsitzenden-Stellvertreterin Grete Rehor und dem Sekretär Ruso von der Gewerkschaft verhandelt. Die christliche Gewerkschafterin Rehor war dabei federführend. Sie wurde von der sozialistischen Fraktion ersucht, die ersten Verhandlungen, die nach dem Zweiten Weltkrieg stattfanden, zu führen. Es gelang, eine Lohnverbesserung um rund 33% durchzusetzen. Die Stricker und Wirker hatten vor 1934 durch Jahre überhaupt keinen Lohntarif gehabt, zwischen 1934 bis 1938 gelang es, einen Tarif auszuhandeln. Von 1938 bis 1945 wurden keine Verbesserungen für diese große Gruppe der Textilarbeiter erreicht. Umso wichtiger erscheint dieses Ergebnis als Beginn verbesserter Lohntarife. Diese ersten Verhandlungen waren die Grundlage für alle weiteren Gespräche im Bereich der Gewerkschaft Textil-, Bekleidungs- und Lederarbeiter. Nachweisbar sind alle Lohn- und Kollektivvertragsverhandlungen für den gesamten Sektor Textil zunächst von der christlichen Gewerkschafterin Rehor geführt worden. Erst 1947/48 schaltete sich der später in die Gewerkschaft berufene Zentralsekretär Karl Miksch mit ein. Die sozialistischen Gewerkschaftssekretäre, die in den verschiedensten Branchen- bzw. Fachgruppen tätig waren, nahmen zwar an den Verhandlungen teil, geführt wurden sie jedoch im wesentlichen von Grete Rehor.

Der erste Kollektivvertrag für die größte Berufsgruppe in

der Gewerkschaft der Textil-, Bekleidungs- und Lederarbeiter, für die Textilarbeiter, brachte entscheidende Fortschritte, so vor allem zum ersten Mal einen Kündigungsschutz. Wenngleich dieser bis heute im wesentlichen nur zwei Wochen beträgt, so wurde jedenfalls der Grundsatz durchgesetzt, den die christlichen Gewerkschafter bei den Verhandlungen vertraten, daß nämlich auch der Arbeiter ein Recht hat, rechtzeitig zu erfahren, daß seine Dienste im Betrieb nicht mehr gebraucht werden. Es entspricht durchaus nicht der Würde des Menschen, wenn er am Ende einer Arbeitswoche erfährt, daß er am Beginn der kommenden Woche nicht mehr benötigt wird. Wenigstens eine kurze Vorbereitungszeit für die Veränderung muß ihm eingeräumt werden. Dieser Grundsatz wurde von den Sozialisten zunächst nicht einheitlich vertreten. Er setzte sich jedoch bei den Verhandlungen durch.

Der größte Fortschritt wurde bei der Gestaltung der Lohntarife für die Frauen erreicht. Für den gesamten Sektor Textil konnte durchgesetzt werden, daß die Tätigkeit einheitlich eingestuft wurde. Für Spinnen, Weben, Stricken gilt nunmehr ein einheitlicher Lohnsatz, wogegen früher für die weiblichen Arbeitnehmer, also für Spinnerinnen, Weberinnen, Strickerinnen niedrigere Lohnsätze gezahlt wurden. Die erste Arbeitergewerkschaft konnte diesen Grundsatz vor allem durch die Initiative der christlichen Gewerkschafterin Rehor durchsetzen. Eine weitere sehr wesentliche Verbesserung im Kollektivvertrag wurde für den Fall der Krankheit erreicht. Die Textil-, Bekleidungs- und Lederarbeiter hatten in ihren Kollektivverträgen für den Notfall »Krankheit« keine Bestimmungen, die neben dem Krankengeld durch die Krankenversicherung Leistungen auch der Arbeitgeber sicherten. Jetzt hat der Dienstnehmer nach 14tägiger ununterbrochener Beschäftigung im Betrieb, sofern er durch Krankheit oder Unfall an der Dienstleistung verhindert wird, Anspruch auf Krankenentgelt. So wurde der Notfall »Krankheit« wirtschaftlich wesentlich gemildert.

Mit dem Abschluß des Staatsvertrages erreichten die Sozialpartner 1955 die völlige Freiheit in der Gestaltung der Lohntarife und Kollektivverträge. Die Zentralkommission wurde aufgelöst.

Die Löhne der Heimarbeiter zählten seit eh und je zu den niedrigsten. Ein Beispiel sei erwähnt: Die Petit-Point- und Gobelinstickerin in Heimarbeit verdiente früher rund 20 bis

40% des niedrigsten Lohnes eines im Betrieb beschäftigten Textilarbeiters. Erschreckend gering waren auch die Löhne der Ausfertigerinnen für Strickwaren sowie in der Herstellung von Wäsche und Bekleidung. Es galt daher, auch den Heimarbeitern durch neue Heimarbeitertarife entsprechende Löhne zu sichern. Der Weg zu diesem Ziel der Verbesserung dieser Tarife war sehr mühsam, oft mußten ein Dutzend und mehr Verhandlungen geführt werden, bis überhaupt ein Ansatzpunkt für eine Verbesserung der Stücktarife erreicht werden konnte. Wer nicht eine Engelsgeduld aufbrachte, erreichte überhaupt nichts. Dennoch gelang es schließlich, auch für die Heimarbeiter neue Tarife zu erreichen, die zum Teil eine Annäherung an die Verdienste in den Betrieben brachten. Für alle Sparten wurden Heimarbeitstarife geschaffen, so daß die Heimarbeiter zum ersten Mal in der Geschichte in die Verbesserung der Einkommensverhältnisse miteinbezogen wurden. Auch ein neues Heimarbeitsgesetz wurde geschaffen, das wesentliche rechtliche Verbesserungen gebracht hat. Die Heimarbeiter erreichen durch dieses Gesetz die gleichen sozialrechtlichen Begünstigungen wie die in den Betrieben beschäftigten Dienstnehmer, sofern sie selbst auch dazu beitragen, daß ihnen dieser sozialrechtliche Schutz und die Begünstigungen effektiv eingeräumt werden. Das muß deswegen unterstrichen werden, weil die Heimarbeiter, wenn sie nicht durch Betriebsräte bzw. Vertrauensmänner für die Gewerkschaft gewonnen werden, häufig der Gewerkschaft fernbleiben. Gerade deshalb gestalten sich die Verhandlungen für die Heimarbeiter so schwierig, weil sie sich selbst nicht ausreichend um eine wirksame Vertretung kümmern. Auch in der Heimarbeitskommission waren die christlichen Gewerkschafter vertreten, auch diese Tätigkeit hat Erfolg gebracht. Die Zahl der Heimarbeiter nimmt in den angestammten Tätigkeiten wie Stricken, Sticken, Ausfertigen und Nähen ab. Sie nimmt aber in einer Anzahl anderer nicht angestammter Heimarbeitstätigkeiten zum Teil zu, so daß diese Sparte der gewerkschaftlichen Tätigkeit keinesfalls bagatellisiert werden darf.

Für die Gewerkschaft der Textil-, Bekleidungs- und Lederarbeiter wirken die christlichen Gewerkschafter in der staatlichen Wirtschaftskommission, im Obereinigungsamt Wien, im Österreichischen Produktivitätszentrum, im Vermittlungsausschuß der Arbeitsämter, in den Sozialversicherungsinstituten, bei den Schiedsgerichten der Sozialversicherung, bei den Arbeitsgerichten. Die christlichen Gewerkschafter haben in allen wichtigen Institutionen für die Gewerkschaft der Textil-, Bekleidungs- und Lederarbeiter eine Vertretung erreicht und diese bestens genützt.

Der Arbeitsbereich des Gewerkschafters im allgemeinen, für eine große Arbeitergewerkschaft wie die Textil-, Bekleidungs- und Lederarbeiter im besonderen, ist heute viel größer als jemals zuvor, aber der Einfluß ebenso. Unbestritten ist, daß die gewerkschaftliche Tätigkeit wesentlich zum Aufstieg beigetragen hat. Die Textil-, Bekleidungs- und Lederarbeiter hatten mehr aufzuholen als beispielsweise die Bau- und Metallarbeiter. Die christlichen Gewerkschafter mußten um vieles mehr leisten als die anderen Gewerkschaftsvertreter, weil sie strenger beurteilt werden als die anderen. Aber sie haben diese Probe bestanden.

Der Strukturwandel, hervorgerufen durch den technischen Fortschritt, durch die Verwendung neuer Grundstoffe, durch die Veränderung in den Lebensgewohnheiten, hat auch Veränderungen im Bereich Textil-Bekleidung-Leder in ungeahntem Ausmaß herbeigeführt. Eine Textilmaschine hatte früher etwa eine Lebensdauer von 50 und mehr Jahren, eine moderne Strumpfmaschine, die bis zu einer Million Schilling kosten kann, ist innerhalb weniger Jahre völlig wertlos. Riesige Investitionen sind erforderlich, um mit der technischen Entwicklung Schritt halten zu können. Österreich ist im Vergleich mit den hochindustrialisierten Nachbarländern noch lange nicht auf gleicher Höhe. Das bedeutet, daß der Wettbewerb immer schwieriger wird, daß auch die Einfuhren steigen und damit die Zahlungsbilanz defizitär wird. Das sind allgemeine Überlegungen, aber sie müssen von den Gewerkschaftern in ihre Überlegungen miteinbezogen werden.

Viele Zehntausende Textil-, Bekleidungs- und Lederarbeiter sind heute nicht mehr in ihren angestammten Berufen tätig, sondern in zukunftsträchtigere oder neu entstandene Berufe abgewandert. Die christlichen Gewerkschafter halten Verbindung über die Berufsinternationale mit den Vertretern der Brudergewerkschaften und haben dadurch einen weltweiten Überblick, der ihnen die Beurteilung der Situation im eigenen Land erleichtert.

Die Bedeutung der Gewerkschaften in Österreich, die Stellung der christlichen Gewerkschafter in der Gewerkschaftsbewegung

Wer immer Gelegenheit hatte, Vergleiche mit Gewerkschaften in anderen europäischen Ländern anzustellen, kann beurteilen, welche hervorragende Bedeutung die österreichischen Gewerkschaften für die Gesamtentwicklung des Staates haben. Vergleiche mit England, Frankreich, der Schweiz, Italien, Jugoslawien, Rußland und Amerika bestätigen diese Feststellungen. Das kleine Österreich hätte den Aufstieg nicht schaffen können, wenn nicht die Gewerkschaften wesentlich zum sozialen Frieden und damit zur kontinuierlichen Produktion beigetragen hätten. Gewiß, die Lohn- und Einkommensverhältnisse sind in Österreich im Verhältnis zu anderen Ländern bescheiden. Aber dafür sind die Sozialleistungen besser als in allen anderen Ländern der Welt. Dies gilt auch für die Textil-, Bekleidungs- und Lederarbeiter, die, wie bereits erwähnt, zu den schwerst benachteiligten Dienstnehmern gezählt werden. Sie sind heute in den Groß- und Mittelbetrieben sehr gut organisiert, in den Klein- und Kleinstbetrieben ist die Organisationsdichte geringer. Die christlichen Gewerkschafter haben zu den Erfolgen schon allein dadurch wesentlich beigetragen, daß sie als Minderheit alle Schwierigkeiten und persönlichen Opfer auf sich nahmen, um die Einheit der Gewerkschaft und des Gewerkschaftsbundes zu sichern. Als etwa 1950 die Kommunisten in die Gewerkschaft der Textil-, Bekleidungs- und Lederarbeiter kamen und eine Ablöse an der Spitze verlangten, hat die Vorsitzende-Stellvertreterin sich mit dem Vorsitzenden der Gewerkschaft solidarisch erklärt und ist an seiner Seite geblieben, bis die Kommunisten die Gewerkschaft, ohne ihre Absicht verwirklichen zu können, wieder verließen. Diese Stunden zählten zur größten Bewährungsprobe der christlichen Gewerkschafter. Das gleiche gilt von einigen großen Streiks, beispielsweise der Hutarbeiter und der Lederarbeiter, als Grete Rehor, die christliche Gewerkschafterin, sich mit den Streikenden noch verständigen konnte, während die Verbindung zwischen Streikenden und Sozialisten bereits abgerissen war.

Die christlichen Gewerkschafter in der Gewerkschaft der

Textil-, Bekleidungs- und Lederarbeiter haben wesentliche Beiträge im Grundsätzlichen, im Sachlichen und im Organisatorischen geleistet. Diese Leistung beträgt nicht 15%, sondern ist wesentlich höher zu bewerten. Ohne Überheblichkeit kann gesagt werden, daß diese Gewerkschaft von den christlichen Gewerkschaftern mitgeformt und mitgetragen wurde, obwohl sie in jeder Position, besonders aber in einer Arbeitergewerkschaft, stärkste Widerstände zu überwinden haben. Es ist ein Widerstand von zwei Seiten. Und es ist bekannt, wer ihn leistet. Ohne christliche Gewerkschafter aber gäbe es keinen Österreichischen Gewerkschaftsbund. Wäre das allen Staatsbürgern bewußt, dann könnten sie aus ihrer Minderheitsrolle ausbrechen.

Die Hausangestellten

Wie die Arbeit der christlichen Gewerkschafter im allgemeinen bis in das vorige Jahrhundert zurückreicht, so waren schon damals auch Frauen am Werk, die im Sinne der Enzyklika »Rerum novarum« versuchten, Lebens- und Arbeitsbedingungen der »Dienstboten« zu verbessern. Mit der Gründung des Verbandes der christlichen Hausgehilfinnen (der damalige Name war: Verband der weiblichen Hausbediensteten) im Jahre 1909, der als Selbsthilfeorganisation gedacht war, traten die Bemühungen, für einen wirksamen Schutz dieser Frauen und Mädchen zu sorgen, in ein konkretes Stadium. Der Verband beschränkte sich nicht nur auf rein wirtschaftliche und gesellschaftliche Verbesserungen, vor allem sollte durch die Propagierung einer christlichen Sozialpolitik eine der Würde des Menschen entsprechende Existenz gesichert werden. Man muß daran erinnern, daß gerade die Frau in der aufstrebenden Industrialisierung ganz allgemein als billige Arbeitskraft gewertet wurde. Für die »Dienstboten« galt das in noch viel stärkerem Maße. Sie waren schutzlos der Willkür, der »Herrschaft« ausgeliefert, für sie gab es keine geregelte Arbeitszeit, sie mußten eben Tag und Nacht zur Verfügung stehen.

Es war damals eine große Tat und sie bleibt auch für immer bestehen, daß eine junge Frau, die selbst »Dienstbote« war, sich der im Haushalt arbeitenden Frauen und Mädchen annahm. Sie hieß Johanna Weiss und hatte schon als junges Mädchen am eigenen Leib erfahren müssen, wie schwer das Los dieser Menschen war. Sie mußte schon als Schulkind mit dem Buckelkorb Brot austragen, mit 14 Jahren kam sie als »Dienstmädchen« nach Wien. Auf diesem ersten Dienstplatz blieb sie zweieinhalb Jahre. Sie schlief, wie es damals Brauch war, in der Küche im »Tafelbett«. Wer hatte schon ein eigenes Mädchenzimmer? Da sie ein aufgeschlossenes, fleißiges Mädchen war und mit offenen Augen durch die Welt ging, sah sie bald die Not der vielen, um die niemand sich kümmerte, die Hilflosigkeit eines ganzen Berufsstandes, dem man die gebührende Achtung vorenthielt, den kein Rechts- und Arbeitsschutz in die Gemeinschaft der anderen arbeitenden Menschen eingliederte. Johanna Weiss erkannte bald, von wo sie verständnisvolle Hilfe erwarten konnte. Sie kam mit katholischen Arbeiterführern und maßgebenden Persönlichkeiten der katholischen Frauenbewegung in Verbindung. Leopold Kunschak und Franz Spalowsky wurden bald zu Wortführern der Hausgehilfinnen. Ebenso unterstützten Gräfin Walterskirchen, Hanny Brentano und Prinzessin Metternich die Bestrebungen, die schließlich zur Gründung des Verbandes der christlichen Hausgehilfinnen führten. 1911 wurde Johanna Weiss zur Vorsteherin gewählt. Die Anfänge des neugegründeten Verbandes waren bescheiden, aber schon im Jahre 1912 konnte das erste Durchzugsheim für stellenlose Hausgehilfinnen der Benützung übergeben werden. Es war im Hause Wiedner Hauptstraße 39 untergebracht und bot für 20 Betten Platz. Die erste soziale Tat des Verbandes war gesetzt. Johannas großer Traum waren Heime! Heime für die Alten, Heime für Erholungsbedürftige, Heime für Stellungslose. Das Haus auf der Wieden erwies sich bald als zu klein. 1915 konnte der Verband das schöne alte »Stanislaushaus« in der Steindlgasse 6 erwerben. In beispielloser Opferbereitschaft stellten die Mitglieder ihre Ersparnisse zur Verfügung. Es war nicht nur die schriftliche Bestätigung über das Darlehen, die ihnen die Überzeugung gab, einer guten Sache zu dienen, der Plan, ein Heim für die ausgedienten Kolleginnen zu schaffen, fand ein begeistertes Echo. 1917 fand die Einweihung des Heimes statt.

Noch aber fehlte ein Erholungs- und Rekonvaleszentenheim. Da kam im Jahre 1919 eine unerwartete Hilfe durch Kardinal Piffl. Er bot Johanna Weiss einige Räume seines Sommersitzes in Kranichberg an, wo sie ein Erholungsheim für Verbandsmitglieder einrichten konnte. Im Jahre 1920 waren schon 50 Erholungsbedürftige untergebracht. 1925 konnte der Verband ein weiteres Erholungsheim in der Hinterbrühl erwerben.

Aber der Verband wollte seinen Mitgliedern auch andere Hilfe bringen. Mit Hilfe der christlichsozialen Partei konnte am 1. Juni 1919 die erste Nummer der »Hausgehilfin« erscheinen, so daß die Grundlage für die notwendige Information gelegt war.

Neben diesen großen Arbeiten wurde aber auch auf die Bildungsarbeit besonderer Wert gelegt. Schulung wurde groß geschrieben. Ständig gab es Koch- und Servierkurse, Kurse für Frisieren, Kinderpflege, für Erste Hilfe, Krankenpflege. Leider wird der Hausgehilfinnenberuf auch heute noch als

»ungelernter Beruf« angesehen und jeder meint, die Hausarbeit könnte jeder verrichten, ohne dazu besonders ausgebildet zu sein. Der Verband versäumte nie, darauf hinzuweisen, daß der Hausgehilfinnenberuf, wie nicht allzu viele andere, ein echter und wertvoller Frauenberuf ist. So ging auch der zähe Kampf um die rechtliche und gesetzliche Untermauerung des Berufsstandes weiter. Am 12. Mai 1912 fand eine Massenversammlung in der Volkshalle des Wiener Rathauses statt, in der einmütig die Abschaffung der alten Gesindeordnung und die Schaffung eines zeitgemäßen Hausgehilfinnengesetzes gefordert wurde. In den Jahren 1912/13 gelang es dem Verband, den Mitgliedern unentgeltlich ärztliche Hilfe, Spitalspflege und Medikamente sichern. So versuchte der Verband, den ärgsten Bedrohungen, denen zu jener Zeit die Hausgehilfin ausgesetzt war, entgegenzutreten, er bot seinen Mitgliedern aber auch Rechtsschutz und vertrat sie bei den Gewerbegerichten, die damals für Streitigkeiten aus dem Dienstverhältnis zuständig waren. Auf die Dauer waren auch die Forderungen des Verbandes, ein neues Hausgehilfinnengesetz zu schaffen, nicht mehr zu überhören. Das Sozialministerium ließ einen Entwurf ausarbeiten, der aber unrealistische Übertreibungen enthielt, so daß er der Sache der Hausgehilfinnen eher schadete als nützte und die Gesetzwerdung auf lange Zeit verhindert worden wäre. Im Parlament, in dem die sozialdemokratische Nationalrätin Boschek als Berichterstatterin fungierte, gelang es der Sprecherin in der christlichsozialen Partei, Frau Dr. Hildegard Burian, den Entwurf so zu verändern, daß seiner Gesetzwerdung nichts mehr im Wege stand. Das erste Hausgehilfinnengesetz trat am 26. Februar 1920 in Kraft. Der erste Rechts- und Arbeitsschutz für die im Haushalt dienenden Frauen war geschaffen.

Nun ging es Zug um Zug vorwärts. Das Jahr 1921 brachte den Rechtskonsulenten des Verbandes, Minister Resch, die Einbeziehung der Hausgehilfinnen in die obligatorische Krankenversicherung und 1927 kam die erste gesetzliche Grundlage für die Altersversorgung der Hausgehilfin zustande. Auch der Ausbau der Heime wurde in den nächsten Jahren fortgesetzt. 1934 bestanden in ganz Österreich zehn solcher Heime. Ebenfalls 1934 übernahm der Verband nach der Auflösung der Freien Gewerkschaften zwei Heime, die bisher von der sozialistischen Hausgehilfinnengewerkschaft »Einigkeit« geführt worden waren. Aber es ging dem Verband dabei nicht um einen willkommenen Machtzuwachs, sondern nur um das Interesse der dort wohnenden Hausgehilfinnen. Denn die große Arbeitslosigkeit dieser Zeit bedeutete für die Hausgehilfinnen, die ohne Arbeitslosenunterstützung waren, in vielen Fällen auch Obdachlosigkeit.

1938 endete auch für den Verband der christlichen Hausgehilfinnen jede Tätigkeit. Er war seit seiner Gründung die zuständige christliche Gewerkschaft der Hausgehilfinnen gewesen und als solche wie alle anderen christlichen Gewerkschaften der Zentralkommission eingegliedert gewesen.

1945 wurde der Verband aktiviert. Als der überparteiliche Gewerkschaftsbund gegründet wurde, fanden sich sofort einige Mitglieder bereit, in den zuständigen Gewerkschaften mitzuarbeiten. Für die Hausgehilfinnen war die Gewerkschaft 16 mit dem Titel »Für persönliche Dienstleistungen und Vergnügungsbetriebe« als Fachgewerkschaft zuständig. Lois Weinberger ersuchte damals Käthe Neumayer, als christliche Gewerkschafterin in der Fachgewerkschaft mitzuarbeiten. Sie wurde in den Zentralvorstand der Fachgewerkschaft als Obmannstellvertreter kooptiert und beim 1. Gewerkschaftstag 1947 ordnungsgemäß gewählt.

Damit war aber auch der Grundstock zur Fraktionsarbeit in der Gewerkschaft gelegt. Inzwischen konnten über den ÖAAB Mitarbeiter und Funktionäre gefunden werden. Rutner, Beleuchter im Filmatelier Rosenhügel, und Ruland aus der Sektion Hausbesorger vertraten die christlichen Gewerkschafter im Zentralvorstand; die stärkere Verankerung der christlichen Hausgehilfinnen kam auch durch die Aufnahme der Sekretärin Luise Gattringer in die Sektion Hausgehilfinnen zum Ausdruck, obwohl die Zusammenarbeit mit dem Obmann der Gewerkschaft nicht ganz einfach war. Der Mitgliederstand der Sektion Hausgehilfinnen war gering. Die Situation änderte sich, als nach einer im Bundeshaus abgehaltenen Versammlung 80 Hausgehilfinnen dem ÖGB beitraten. Dieser Zuwachs hat auch dazu beigetragen, daß der nun neugebildete Fachausschuß der Sektion Hausgehilfinnen 5 : 6 beschickt werden konnte.

1947 wurde auf Initiative von Käthe Neumayer die Novellierung des Hausgehilfinnengesetzes beantragt. Schon am 2. Juli 1947 wurde der Antrag im Parlament eingebracht. Aber erst nach langen Verhandlungen, bei denen wieder die christlichen Gewerkschafter und der Verband der christlichen Hausgehilfinnen die Hauptakteure waren, kam das Gesetz im Jahre 1962 zustande.

In der Zwischenzeit gab es Arbeit genug. Die ersten Lohnverhandlungen waren in einer Zentrallohnkommission unter Mitwirkung der christlichen Gewerkschafter geführt worden. 1951 brachte das Mindestlohntarifgesetz eine lohnrechtliche Grundlage zugunsten der Hausgehilfinnen. Auch bei diesem Gesetz waren die christlichen Gewerkschafter im Nationalrat initiativ. Um die Einbeziehung der Hausgehilfinnen in das Mutterschutzgesetz hat sich 1957 Grete Rehor bemüht und auch erreicht, daß Sonderbestimmungen für die Hausgehilfin durchgesetzt wurden.

Für die Gewerkschaft arbeiteten die christlichen Gewerkschafter auch in den verschiedenen Gremien mit. So stellte die Fraktion Beisitzer für das Arbeitsgericht, Mitglieder im Vermittlungsausschuß des Facharbeitsamtes, Beisitzer im Einigungsamt und im Obereinigungsamt, Mitglieder im Vorstand und in der Hauptversammlung der Gebietskrankenkasse und im Hauptverband der Sozialversicherung. Auch in der Arbeiterkammer gab es zwei weibliche Kammerräte aus dem Kreis der Hausgehilfinnen. Die christlichen Gewerkschafterinnen haben alle diese Funktionen und Aufgaben gewissenhaft geführt, obwohl sie die Arbeit zusätzlich zu einer 60stündigen Wochenarbeitszeit im Haushalt zu leisten hatten und haben.

Die Metallarbeiter

Als um die Jahrhundertwende die Idee der »Zentralisation« in der noch jungen christlichen Gewerkschaftsbewegung immer mehr an Boden gewann, das heißt, daß man von den sogenannten Fachvereinen, die meist nur regionale Bedeutung hatten, zur Gründung von Reichsverbänden überging, schlug auch die Geburtsstunde der christlichen Metallarbeitergewerkschaft. Diese Idee kam vor allem auf dem Christlichen Gewerkschaftskongreß in München (1902) zum Durchbruch, wo auch Vertreter der christlichen Arbeiterschaft Österreichs anwesend waren[1].

Eine unmittelbare Folge der Anregungen, die sie dort erhielten, war die Gründung des Verbandes Christlicher Eisen- und Metallarbeiter Österreichs, der sich am 7. Dezember 1902 konstituierte[2]. Er bezeichnete sich als »freie, neutrale, auf christlicher Grundlage stehende Organisation«[3]. Seine Gründer erklärten, daß jeder Arbeiter aufgenommen werde, unabhängig von seiner politischen Überzeugung. Sie lösten damit eine lange Diskussion über die Frage aus, ob es möglich sei, in einer christlichen Gewerkschaftsorganisation Arbeiter aller politischen Schattierungen, Christlichsoziale, Sozialdemokraten, Deutschnationale zu sammeln und unter dem Deckmantel politischer Neutralität christliche Gewerkschaftsarbeit zu leisten. Den Gründern des Verbandes schwebten als Vorbild die englischen »trade unions« vor, sie wollten die Neutralitätspolitik der englischen Gewerkschaftsvereine auf die österreichischen Gewerkschaften übertragen, obwohl hier die Voraussetzungen völlig verschieden waren. Das Bekenntnis zur Neutralität war auch auf die Tatsache zurückzuführen, daß unter den Gründern des neuen Verbandes auch einige ehemalige Sozialdemokraten waren – so der Metallarbeiter Gollein, früher Mitarbeiter Schuhmaiers –, die glaubten, auf diese Weise den jungen Verband auch für ihre früheren Gesinnungsgenossen attraktiv machen zu können; ein Gedanke, der sich bald als unrealistisch erwies. Aber auch unter den christlichen Gewerkschaften selbst machte sich immer stärkerer Widerstand gegen diese Gedankengänge bemerkbar. Auf dem 2. Reichsverbandstag (14. August 1904) nahm Spalowsky scharf gegen jeden Neutralismus Stellung. Er sagte unter anderem: »Wenn wir aber ehrlich und ernstlich auf dem Boden der christlichen Weltanschauung stehen wollen, dann dürfen unsere christlichen Gewerkschaften nicht als Sammelpunkt aller möglichen Elemente gelten. Wenn man sich auf den Boden der christlichen Weltanschauung stellt, so bringt das für die Organisation auch eine bestimmte Tätigkeit mit sich. Man kann aber niemals von einem Sozialdemokraten erwarten, daß er sich an Aktionen beteiligt, die vom Gesichtspunkte der christlichen Weltanschauung eingeleitet und unternommen werden[4].« Im übrigen scheiterte der Gedanke der »Neutralität« sehr rasch an den Realitäten. Hemala bezeugte dem Verband der Christlichen Eisen- und Metallarbeiter eine außerordentlich rege propagandistische und organisatorische Regsamkeit, mit der er aber die erbitterte Gegnerschaft der Freien Gewerkschaften herausforderte.

Als der Verband die Kühnheit hatte, gegenüber den Schukkert-Werken in der Engerthstraße eine frei zugängliche Versammlung der Metallarbeiter einzuberufen, gab es einen riesigen Wirbel. Die Versammlungen des Verbandes standen stets im Zeichen erregter Auseinandersetzungen, da immer einige hundert sozialdemokratisch organisierte Arbeiter erschienen, die unter Führung ihres Verbandsobmannes Domes und des Redakteurs ihrer Verbandszeitschrift »Metallarbeiter«, Heinrich Beer, den christlichen Metallarbeitern heiße Schlachten lieferten[5].

1904 kam es dann zur Gründung eines weiteren Zentralverbandes, des »Verbandes der christlichen Bergarbeiter Österreichs«. Die Konstituierung erfolgte in Leoben, maßgebender Mann bei den Vorarbeitern war Blaimauer aus Fohnsdorf, der vom Reichsverband damit beauftragt worden war[6].

Die Jahre bis zum Ausbruch des Ersten Weltkrieges waren eine Zeit regster organisatorischer Arbeit, deren Ergebnisse sich u. a. in der Bildung einer Metallarbeitersektion im »Christlichen Verein junger Arbeiter« zeigten. Die Tätigkeit der christlichen Gewerkschaften konzentrierte sich in dieser Phase besonders auf die Gründung neuer Ortsgruppen in den Industriegebieten, die untereinander in einem eher losen Zusammenhang standen, aber sich durch ihre einwandfreie gewerkschaftliche Haltung die Anerkennung auch andersgesinnter Arbeiter sichern konnten, wenngleich sie ständig den Angriffen der sozialdemokratisch Organisierten ausgesetzt waren. Eine vielversprechende Arbeit christlicher Gewerkschafter, die manche Erfolge, aber auch manche Rückschläge brachte, wurde durch den Ausbruch des Ersten Weltkrieges jäh unterbrochen, weil natürlich gerade in der Metallindustrie die kriegswirtschaftlichen Kontrollen besonders hart waren und jede gewerkschaftliche Aktivität erschwerten, wenn nicht überhaupt unmöglich machten. Man half sich einfach damit, daß man Gewerkschaftsfunktionäre, die aufzumucken wagten, kurzer Hand an die Front schickte und so die »Ruhe« in den Betrieben wiederherstellte. Dieses Schicksal traf auch viele christliche Gewerkschafter. Ein Beispiel mag für viele stehen: Als im Jahre 1917 in der Steyrer Waffenfabrik ein Streik ausbrach, wurden die beiden christlichen Gewerkschafter Berger und Grafleitner mit einer Reihe sozialdemokratischer Gewerkschafter als »Streikhetzer« und »Aufwiegler« zum Kriegsdienst einberufen. Die Solidarität, die sie damals in Steyr bewiesen hatten, wurde den christlichen Gewerkschaftern nach Kriegsende übel gelohnt. Man zwang sie unter Anwendung brutaler Terrormethoden, der freien Gewerkschaft beizutreten, und zerschlug die christliche Gewerkschaftsorganisation in Steyr[7].

Nach dem Umsturz dauerte es Jahre, ehe die Rückschläge, welche die christlichen Metall- und Bergarbeiter durch den Ersten Weltkrieg und den Terror der ersten Nachkriegsjahre erlitten hatten, wieder aufgeholt werden konnten. Gerade in den Industrie- und Bergbaugebieten war es besonders schwierig, neue Ortsgruppen der christlichen Gewerkschaften aufzubauen bzw. die bestehenden, die nicht nur gegen den Monopolanspruch der Freien Gewerkschaften, sondern vielfach auch gegen das Unverständnis und die Feigheit der Unternehmer zu kämpfen hatten, zu halten. Diese Arbeit konnte nur von christlichen Gewerkschaftern in Angriff genommen werden, die von der Richtigkeit ihrer Idee so tief durchdrungen waren, daß sie sich auch durch den Verlust ihres Arbeitsplatzes und die Bedrohung der Lebensgrundlagen ihrer Familien nicht davon abhalten ließen, ihre Tätigkeit, gegebenenfalls an einem anderen Ort und in einem anderen Betrieb, fortzusetzen. Hemala berichtete vom Schicksal des Drehers Heinrich Exner aus der Papierfabrik Hilm-Kematen. Exner, dessen Vater schon ein Leben lang in der Papierfabrik gearbeitet hatte, wurde in den ersten Monaten nach dem Umsturz nach 28jähriger Tätigkeit im gleichen Betrieb wegen seiner Zugehörigkeit zur christlichen Gewerkschaft entlassen. Er verließ den Ort, an dem er keine Arbeit mehr finden konnte, ging nach Kapfenberg und gründete dort eine Ortsgruppe des Christlichen Metallarbeiterverbandes[8].

Wie schon in der Zeit vor dem Weltkrieg waren die Gewerkschaften der Metallarbeiter und der Bergarbeiter auch in der Ersten Republik noch getrennt. Eine Zusammenfassung erfolgte erst 1934 im neuen einheitlichen Gewerkschaftsbund des autoritären Staates, damals allerdings unter anderen Gesichtspunkten als im ÖGB. Der Gewerkschaftsbund der Jahre 1934 bis 1938 war in fünf Berufsverbände gegliedert, von denen einer »Industrie- und Bergbau« war. In diesem Berufsverband wurden die Metall- und Bergarbeiter in einem eigenen Fachverband, der eigentlichen Gewerkschaft, zusammengefaßt. Die Berufsverbände, also eine Dachorganisation jener Gewerkschaften, die aufgrund ihrer fachlichen Verwandtschaft dem gleichen Berufsstand zugeteilt waren, stellten als Organisationseinheiten im gewerkschaftlichen Leben eine umstärzende Neuerung dar[9].

In der Zeit zwischen 1918 und 1934 ist die Organisation der christlichen Metallarbeiter mit dem Namen des Donawitzer Leskovar verbunden, der die Grundlagen einer über das Lokale hinausreichenden Gewerkschaft schuf. Leskovar, der heute hochbetagt in einem Heim in Graz lebt, zog später auch in den Nationalrat ein und war der erste steirische Arbeiterabgeordnete, der aus der christlichen Gewerkschaftsbewegung kam. Die Schwierigkeiten, mit denen jede Tätigkeit für die christlichen Gewerkschaften verbunden war, kann man sich heute gar nicht vorstellen. So war es eine Zeitlang vollkommen unmöglich, in den Industrie- und Bergbaugebieten Versammlungen abzuhalten: Niemand wagte es, Lokale zur Verfügung zu stellen. Es gab die berühmten »schwarzen Listen«, mit deren Hilfe versucht wurde, christlich organisierte Arbeiter von den Betrieben fernzuhalten. Trotzdem gelang es in diesen Jahren, in Donawitz, Bruck, Kapfenberg, Thörl bei Aflenz (führender Funktionär war Wundsam), Hönigsberg (Schurian), Mürzzuschlag, Graz (dort besonders in der Andritzer Maschinenfabrik), und Weiz (Waggonfabrik) Zentren der christlichen Gewerkschaften aufzubauen. Weitere Schwerpunkte lagen in Wien, im Industriegebiet von Wr. Neustadt, in St. Pölten, im Traisen- und Ybbstal, in Linz und Steyr.

Die Organisation der christlichen Bergarbeiter begann mit dem mühsamen Aufbau von Ortsgruppen, z. B. in Tollinggraben bei Leoben, wo schon vor dem Ersten Weltkrieg der Vater des späteren Nationalratsabgeordneten Wilhelm Bleyer in einem Betrieb Mayr-Melnhofs christliche Bergarbeiter zusammenfaßte. Gleichzeitig wurde in Seegraben im Betrieb der Alpine-Montan eine Ortsgruppe errichtet, die besonders rührig war und sich sogar in den ersten Nachkriegsjahren durchsetzen konnte. Christliche Gewerkschafter kandidierten bei den Betriebsratswahlen und erwiesen sich als so stark, daß sie unter der Führung Walter Spiegels in einigen Betrieben sogar den Obmann stellten. Zentrum der christlichen Bergarbeiter war Eisenerz, wo Peter Kren, später Landesobmann der Bergarbeitergewerkschaft und steirischer Landesrat, der führende Mann war. Die christlichen Bergarbeiter, die auch in den Arbeitervereinen tätig waren, bauten eine blühende Organisation auf, die sich in harten Kämpfen auch die Anerkennung der sozialdemokratischen Gewerkschaften erringen konnte. Neben Kren ist in Eisenerz noch Weitbacher als tüchtiger und weithin geschätzter Organisator zu nennen. In Köflach-Bieberstein baute Fritz Nadrag eine große Ortsgruppe auf. Ferner gab es starke Ortsgruppen der christlichen Bergarbeiter in Timelkam, in Grünbach (Obmann Lackner), wo die Auseinandersetzungen mit den übermächtigen freien Gewerkschaften besonders hart waren, in Bleiberg, wohin eine große Zahl christlicher Bergarbeiter »auswanderte«, nachdem Prevaly an Jugoslawien gefallen war, in Brixlegg sowie in Teichen bei Kalwang.

1925 kam es zu einem bundesweiten Streik der Metallarbeiter, nachdem die Freien Gewerkschaften Lohnforderungen erhoben hatten, die nach der Meinung der Industrie weit überhöht waren. Die christlichen Gewerkschafter beteiligten sich an diesem Streik, der von beiden Seiten mit großer Erbitterung geführt wurde. Die Unternehmer gingen mit Entlassungen und Aussperrungen vor. Schließlich war es nach fünf Wochen, nicht zuletzt durch den Einsatz der christlichen Vertrauensmänner möglich, zu einem Kompromiß zu kommen und den Streik beizulegen: Etwa die Hälfte der Forderungen der Gewerkschafter wurde erfüllt. Die Haltung der christlichen Gewerkschafter in dieser Auseinandersetzung wurde auch von den Sozialdemokraten anerkannt, die Industrie war über die Einheitsfront Freier und Christlicher Gewerkschafter, die sie schließlich zum Einlenken zwang, nicht sehr erfreut, weil sie vergeblich versucht hatte, dem

Streik politische Motive zu unterschieben, und ihre Absicht, auf diese Weise die christlichen Gewerkschafter von der Teilnahme abzuhalten, mißglückt war.

Aber schon um diese Zeit, etwa Mitte der zwanziger Jahre, machte sich auch in der gewerkschaftlichen Arbeit eine immer stärkere Polarisierung und Radikalisierung bemerkbar. Sie hing in den Industrie- und Bergbaugebieten vor allem mit dem Aufkommen der Wehrverbände, im besonderen des Heimatschutzes, zusammen. Für die christlichen Gewerkschaften trat ein neuer Gegner auf die Bühne: Die sogenannten unabhängigen Gewerkschaften, die dem Heimatschutz nahestanden und von den Unternehmern gefördert wurden. Nicht umsonst verwendeten sie einen Ginsterzweig als Abzeichen, waren sie doch sehr bald von Freien und Christlichen Gewerkschaften als »Gelbe« durchschaut worden, d. h., als Organisation, die trotz ihres Namens keineswegs unabhängig waren, sondern mit den Unternehmern zusammenarbeiteten. Allerdings waren die Freien Gewerkschaften an dieser Entwicklung, die dem Gewerkschaftsgedanken schweren Schaden zufügte und ihn auf Jahre hinaus diskreditierte, nicht ganz unschuldig. Sie hatten sie durch ihre Intoleranz und ihr stures Festhalten an einem längst überholten Monopolanspruch, dessen Folgen sich vielfach in nacktem Terror gegen Andersgesinnte äußerten, selbst mitverschuldet. Druck erzeugt Gegendruck, Terror erzeugt Gegenterror, was nicht zuletzt eine Erklärung für die radikale Haltung des Heimatschutzes ist. Für die christlichen Metall- und Bergarbeiter bedeutete das Heraufkommen der unabhängigen Gewerkschaften, daß sie nunmehr nicht einen Zweifrontenkampf zu führen, sondern sogar an drei Fronten zu kämpfen hatten: Gegen die Unternehmer, gegen die Freien Gewerkschaften und gegen die »Unabhängigen«.

Die Auseinandersetzung mit den »Unabhängigen« hörte 1934 mit der Zerschlagung der Richtungsgewerkschaften keineswegs auf. Unabhängige, d. h. dem Heimatschutz nahestehende Gewerkschafter hatten nämlich aufgrund der damaligen politischen Gegebenheiten Schlüsselstellungen im einheitlichen Gewerkschaftsbund des Ständestaates inne, so z. B. der führende Funktionär der Metallarbeiter Theodor Znidaric, der ursprünglich wohl Mitglied des Heimatschutzes gewesen war, aber den unabhängigen Gewerkschaften gar nicht angehört hatte. Er war im Oktober 1935 dem neuen Sozialminister Dobretsberger als Staatssekretär zur Seite gestellt worden, um in dieser Funktion als eine Art Aufpasser der Heimwehr zu fungieren, die Dobretsberger nicht ganz traute. In der Folge entwickelten viele der unabhängigen Gewerkschafter eine starke Schlagseite zum Nationalsozialismus, einige von ihnen, so Lengauer und Znidaric, der sich besonders unangenehm bemerkbar machte, versuchten, durch verschiedene Aktionen, so durch Gründung eines »Deutschsozialen Volksbundes« den illegalen Nationalsozialisten auch im Gewerkschaftsbund Einfluß zu verschaffen. Staud stemmte sich energisch gegen diese Bestrebungen und verlangte die Entfernung Znidaric' aus dem Gewerkschaftsbund, die ihm schließlich im Frühjahr 1937 gelang[10].

Als nach dem Februar 1934 die Freien Gewerkschaften aufgelöst wurden und mit der Errichtung des einheitlichen Gewerkschaftsbundes auch die Christlichen Gewerkschaften ihre Tätigkeit einstellen mußten, übernahmen führende christliche Gewerkschafter maßgebende Positionen in der neuen Organisation. Im steirischen Industriegebiet wurde Wilhelm Bleyer, der seit seinem 14. Lebensjahr in der christlichen Gewerkschaftsbewegung tätig gewesen war, Landesobmann der Metallarbeiter, der Arbeiter im Stein- und Bergbau und der Arbeiter in der Elektroindustrie. Leider wurden von der Regierung bzw. von untergeordneten Stellen scharfe Maßnahmen gegen führende freie Gewerkschafter ergriffen – und zwar aus rein politischen Gründen, die nichts mit der gewerkschaftlichen Tätigkeit der Betreffenden zu tun hatten. Die christlichen Gewerkschafter, denen klar war, daß der Aufbau des neuen Gewerkschaftsbundes, vor allem aber die Bewahrung der gewerkschaftlichen Traditionen ohne die Mitarbeit der früheren sozialdemokratischen Gewerkschafter unmöglich sein würde, nahmen scharf gegen alle Maßregelungen aus politischen Gründen Stellung. So übergab Wilhelm Bleyer dem damaligen Bundeskanzler Schuschnigg eine Liste ehemaliger freier Gewerkschafter, die aus politischen Gründen entlassen worden waren, und ersuchte ihn, für eine Zurücknahme der Entlassungen zu sorgen. Es handle sich um Gewerkschaftsfunktionäre, die hervorragende gewerkschaftliche Arbeit geleistet hätten und gegen die man zu Unrecht vorgegangen sei. Die Entlassungen wurden wenige Tage später, ohne daß die Angaben Bleyers auch nur überprüft worden wären, zurückgenommen. Diese einwandfreie Haltung der christlichen Gewerkschafter, die zwischen 1934 und

1938 auch in zahlreichen anderen Beispielen zum Ausdruck kam, wurde damals, aber auch nach 1945 von sozialistischen Gewerkschaftern ausdrücklich anerkannt. Sie trug, soweit das in einer Zeit, in der die Ressentiments der Sozialisten naturgemäß noch sehr stark waren, zu einer gewissen Befriedung bei.

Im steirischen Industriegebiet führte sie auch dazu, daß frühere freie Gewerkschafter in der SAG (Soziale Arbeitsgemeinschaft) und im Gewerkschaftsbund mitarbeiteten, so etwa die ehemaligen Sozialdemokraten Schreitl und Hondel, die leider kurze Zeit später bei einem Autounfall im Stausee Pernegg ums Leben kamen. Neben Wilhelm Bleyer war damals noch der christliche Gewerkschafter Moser als Sekretär im »Landeskartell« tätig, wie die Landesverbände der Gewerkschaften damals hießen. In Donawitz waren die christlichen Gewerkschafter Josef Juch, Otto Schober, Rupert Stummer (dieser zeitweilig als Landesobmann), Alois Hofer und Stephan Kaspareth als Spitzenfunktionäre der Metallarbeiter tätig. Sie alle hatten sich bereits als christliche Gewerkschafter in den zwanziger Jahren unter schwierigsten Umständen bewährt. Dem Reichskartell stand Hans Waldsam, ein gebürtiger Vorarlberger, vor. Bezirkskartelle gab es in Mürzzuschlag, Judenburg, Leoben, Donawitz, Rottenmann und Köflach.

1938 war das Experiment des Ständestaates auch auf dem Gebiet der Gewerkschaften zu Ende. Viele Funktionäre des Gewerkschaftsbundes gingen den Weg in die Konzentrationslager und Gefängnisse des NS-Regimes. Soweit sie überlebten, stellten sie sich 1945 für den Aufbau des ÖGB zur Verfügung. So war Wilhelm Bleyer, seit 1946 auch Abgeordneter zum Nationalrat, von 1948 bis 1965 Obmann-Stellvertreter in der Gewerkschaft der Metall- und Bergarbeiter, sein Nachfolger in dieser Gewerkschaft wurde Hans Mayer. Die christlichen Gewerkschafter haben im Verlauf einer langen und an Kämpfen reichen Geschichte gelernt, sich gegen widrigste Zeitumstände und gegen eine starke Mehrheit Andersgesinnter zu behaupten. Das qualifiziert sie auch für eine loyale Mitarbeit im ÖGB, an dessen Erfolgen für die Metall- und Bergarbeiter sie ihren Anteil in Anspruch nehmen dürfen.

ANMERKUNGEN

1 Dr. Franz Hemala, Geschichte der Gewerkschaften, 2. Aufl. Wien 1930, Seite 186.
2 Ebenda, Seite 187.
3 Ebenda.
4 Ebenda.
5 Ebenda.
6 Ebenda, Seite 191.
7 Ebenda, Seite 208.
8 Ebenda, Seite 209 f.
9 Kluwick-Muckenhuber, Johann Staud, ein Leben für die Arbeiterschaft, Wien, 1969, Seite 44.
10 Ebenda, Seite 70 f.

Soweit nicht anders angegeben, gehen die obigen Anführungen vorwiegend auf mündliche Mitteilungen des ehemaligen Abg. z. NR Wilhelm Bleyer zurück, der in Leoben-Göß im Ruhestand lebt.

Personenregister

Nr. 2. Beilage zur „Christlichen Extra-Zeitung". 1. Jahrgang.

Christliche Arbeiter-Zeitung

Organ des Christlichsocialen Arbeiter-Reformvereines.
Redigirt vom Preßcomite des Vereines.

Die „Christliche Arbeiter-Zeitung" erscheint als Beilage der „Christlichen Extra-Zeitung". | Wien, Sonntag 9. Mai 1897. | Redaction: XVII. Ottakringerstraße 54. Administration: I. Bez. Grünangergasse Nr. 1.

Christliche Arbeiter!

Abonnirt die „Christliche Arbeiter-Zeitung"! Tretet dem „Christlichsocialen Arbeiter-Reformverein" bei.
Centrale: XVII. Ottakringerstraße 54.

Die moderne Sclaverei.

In der letzten Thronrede, mit welcher das gegenwärtige, auf breiterer Grundlage ruhende Haus der Volksvertretung feierlichst eröffnet wurde, wurde u. A. auch ein Gesetz gegen die Auswanderung angekündigt. Ein gewiß sehr löbliches, nicht lebhaft genug zu begrüßendes Beginnen, soll doch zunächst damit jenen giftigen Ratten, die unsere am Rande des Abgrundes angelangten Landleute unter Vorspiegelung eines überseeischen Eldorados in fremde Länder „verschicken", das Handwerk gelegt werden. Doch bliebe dies, so dünkt es uns, eine Halbheit, die unserem Vaterlande entschieden keinen Nutzen bringen würde, wenn nicht auch gleichzeitig jenen Vampyren das Handwerk gelegt wird, die das christliche Volk an den Rand des Abgrundes bringen, die unsere Landleute fast zur Verzweiflung treiben, die das edelste Gefühl des Menschen, die Liebe zu seinem Vaterlande, nach und nach ersticken; der Ausbeutungswuth jener Vampyre, die den christlichen Arbeiter als Waare betrachten und behandeln, muß ein Riegel vorgeschoben werden. Deshalb sind wir der Meinung, daß mit einem Gesetze gegen die Auswanderung Maßnahmen Hand in Hand gehen müssen, die Jedermann möglich machen, den Spruch: „Bleibe im Lande und nähre Dich redlich", auch wirklich zu befolgen.

Die verhängnisvollsten Uebel, die über unser Vaterland kommen konnten, waren die uns vom Liberalismus bescheerten Freiheiten als Gewerbe- und Handelsfreiheit, Einführung der Freizügigkeit rc., denn während durch die ersteren den selbständigen Handwerkern und kleinen Geschäfts- „freien" Arbeiter ausgeübt. Denn die jüdische Productionsweise hat zur Folge, geradeso wie bei der Sclaverei, daß das Erzeugte nicht dem christlichen arbeitenden Volke, sondern dem unter den gegebenen Verhältnissen schädlichsten Elemente eines jeden Staates, dem Judenthume gehört, und die jüdische Productionsweise hat es mit sich gebracht, daß wir, die christliche arbeitende Bevölkerung, noch gegenüber unseren Herren Unterdrückern froh sein müssen, von unserem eigenen Arbeitsproduct nur einen Theil desselben in Form des Lohnes, der an die Stelle des Sclavenfutters trat, zur Erhaltung des Lebens, d. h. zur Fortsetzung der Arbeit zu erhalten.

An die Stelle der Anordnung, des Befehles des Sclavenbesitzers ist allerdings der Vertrag des Arbeiters mit dem Arbeitgeber getreten, doch ist dieser Vertrag nur formell, nicht aber materiell frei. Der Arbeiter kann sich allerdings den Herrn wählen, wo er arbeiten will, nein arbeiten **muß**, wenn er nicht verhungern will. Denn, wenn der Arbeitgeber eine Krisis vorschützend oder eine andere Ausrede gebrauchend, den Arbeitslohn um ein Drittel oder gar die Hälfte reducirt, verringert und dabei dem Arbeiter erklärt, wenn er nicht um diesen Lohn arbeiten will, so möge er's bleiben lassen, was soll der Arbeiter thun? Soll er fortgehen? Das kann er in den meisten Fällen, sofern er leben will, nicht. Soll er bleiben, da verhungert er.

Ja, es ist eine unumstößliche Thatsache, daß, während der Sclavenbesitzer des Mittelalters seine Sclaven thatsächlich peitschen ließ, der heutige Sclavenbesitzer, der jüdische Großcapitalist, über den Arbeiter **die Peitsche des Hungers schwingt.**

Aber nicht einmal dem Mittelalter, das gewiß auch seine Sclavenkriege und sein mißtöniges Geschrei nach Brot aufweist, wohnte jener versteinernde Ernst inne, der aus der gegenwärtigen Cultur hervorgrinst, denn unbarmherzig verneint und verwehrt die jüdische Productionsweise das urmenschliche Recht auf Arbeit.

1897: Christliche Arbeiter gegen die moderne Sklaverei und die Ausbeutungsmethoden des Hochkapitalismus

Christlich-sociale
Arbeiter-Zeitung
Central-Organ
der
christlich-socialen Arbeiterpartei Oesterreichs.
(Als Beilage: „Illustrirtes Unterhaltungsblatt.)

Erscheint jeden Samstag.
Redaction: Wien, XVIII. Bez. Kreuzgasse 20. — Administration und Expedition: Wien, VII., Kaiserstraße 8.
— Alle Geldsendungen sind an die Administration zu richten —
Redactionsschluß Mittwoch Abends.

Abonnements-Preise sammt Zustellung: **Für Wien:** Ganzjährig K 4.20, halbjährig K 2.10, vierteljährig K 1.10. **Für Oesterreich-Ungarn:** Ganzjährig K 4.50, halbjährig K 2.25, vierteljährig K 1.15. **Für das Ausland:** Ganzjährig K 6.20.
— **Einzelne Nummern in Wien 8 h, Provinz 10 h.** —
Inserate werden angenommen und billigst berechnet.

Nr. 37. **Wien, Samstag, den 13. September 1902.** **VII. Jahrgang.**

Gewerkschaftsbewegung.

Christlicher Fachverein der Buchbinder, Ledergalanterie-, Futteral- und Cartonage-Arbeiter, Rastrierer &c. Vor circa fünf Jahren hat sich der Christliche Fachverein der Buchbinder und Ledergalanterie-Arbeiter &c. gegründet und hat sich die Aufgabe gestellt, die berufsgenossenschaftliche Organisation zu fördern, die Hilfs- und Frauenarbeit auf allen Gebieten zu bekämpfen, hingegen Schutz des Lehrlingswesens durchzuführen, eine geregelte Arbeitszeit in allen Fabriks-Unternehmungen, sowie in allen kleinen Werkstätten und ein den Verhältnissen und Leistungen des Arbeiters entsprechender Lohnsatz, ferner Aufhebung der Strafhaus-Arbeiten, Einschränkung des Hausierhandels und mit allem Nachdrucke die Schund-concurrenz einzudämmen. Es kann nicht geleugnet werden, daß der genannte Verein während seines kurzen Bestehens alle diese angeführten Punkte mit rastloser Thätigkeit verfolgt und wir können zu unserem größten Bedauern nur constatiren, daß die Massen unserer gelernten Arbeiter dieser Corporation, dieser so hoch bedeutsamen Organisation noch ferne stehen. In Anbetracht dessen richtet die Vereinsleitung die dringende Bitte, nachdem nur 50 Heller Einschreibegebühr und ein wöchentlicher Beitrag von 20 Heller zu entrichten ist und hievon jedem Mitgliede in der arbeitslosen Zeit eine Unterstützung laut Ausschußbeschluß von sechs Kronen per Woche zugesichert wird, nebst einer freien Bibliothek und Zeitschriften von Fachblättern, Unterrichtscurse in Stenographie, sowie fachliche Unterrichte, z. B. Marmoriren und Handvergolden ertheilt, den genannten Verein zu unterstützen, wenn die Lage der Arbeiter einer Besserung entgegensehen will. Vereins-Abende und Mitglieder-Aufnahme jeden Samstag von 7 bis 9 Uhr Abends in Schneider's Gasthaus, 6. Bezirk, Stumpergasse 12.

Die christlichen Kleidermachergehilfen des 9. Bezirkes halten am Montag den 15. September um 8 Uhr Abends im Saale des katholischen Gesellenvereines, 9. Bezirk, Spittelauergasse 2 a, eine Versammlung ab. Tagesordnung: 1. Die Lage der Schneidergehilfen. 2. Wahl von Vertrauensmännern für das Bezirks-Wahlcomité der christlichen Kleidermachergehilfen. 3. Anträge und Anfragen.

Verein der städtischen Badebediensteten Wiens. Sitz: 7. Bezirk, Neubaugasse 31. Sonntag den 14. d. M. findet von 4 bis 6 Uhr Nachmittags im Vereinslocale die erste Einzahlung statt, wozu an sämmtliche Mitglieder die höfliche Einladung ergeht. Ebenso findet um halb 7 Uhr Abends die erste ordentliche Ausschußsitzung statt.

1902: Für den Schutz der Lehrlinge, für eine geregelte Arbeitszeit, für entsprechende Löhne, für Unterstützung der Arbeiter im Krankheitsfall

Taschenbuch

für die

christlichen Arbeiter

Österreichs

für das Jahr 1905

(VI. Jahrgang)

Herausgegeben vom „Reichsverband der nichtpolitischen Vereinigungen christlicher Arbeiter Österreichs".
(Redigiert vom Verbandssekretär **Franz M. Bittner.**)

Preis 72 Heller.

Wien.

Selbstverlag, VII., Westbahnstraße 40.
Buchdruckerei A. Opitz, Wien.

STATUTO FEDERALE

STATUTO
DEI GRUPPI LOCALI
E
REG^O^LAMENT^O^
DELLA FEDERAZIONE
DEI LAVORATORI CRISTIANI
DELLE
ARTI TESSILI IN AUSTRIA

Christlicher Arbeiterverein Bregenz

Mitglieds-Karte.

Über Beschluß des Ausschusses wurde Herr
Johann Schwimmel
als Passiv-Mitglied aufgenommen.

Bregenz, den 8. Februar

Obmann Klemens Fuchs   Schriftführer

Passiv-Mitglieder zahlen einen Jahresbeitrag von 2 Kronen.

Christl. Arbeiterverein Bregenz

J. N. Teutsch, Bregenz.

Dokumente aus der Frühzeit der christlichen Gewerkschaftsbewegung

Stimmzettel

für die Wahl eines **Delegierten** und eines **Ersatzmannes** zum

III. Verbandstage

des Verbandes christl. Textilarbeiter Österreichs.

Name	Wohnort
Delegierter: JOHANN SCHWIMMER	DORNBIRN
Ersatz: ABRAHAM CANDOTTI	BLUDENZ

NB. Es steht jedem Mitglied frei den vorgeschlagenen Kandidaten durchzustreichen und eventuell unterhalb den Namen und die Adresse des gewünschten Kandidaten zu schreiben. Es gilt derjenige als gewählt, welcher die meisten Stimmen auf sich vereinigt.

Protokoll

über die

Verhandlungen des I. Kongresses der christlichen Gewerkschaften Oesterreichs

Wien, 31. Jänner — 2. Februar 1909

Wien 1909

Verlag der Zentralkommission der christlichen Gewerkschaften Oesterreichs (Wien VII, Kaiserstraße 8)

Protokoll über die Verhandlungen des II. Kongresses der christlichen Gewerkschaften Österreichs.

Wien, 29. Juni — 1. Juli 1911.

Wien 1911.

Verlag der Zentralkommission der christlichen Gewerkschaften Österreichs (Wien VII, Kaiserstraße 8).
Buchdruckerei Ambr. Opitz Nachfolger, Wien VIII, Strozzigasse 41.

Preis 80 Heller.

Dokumente aus der Frühzeit der christlichen Gewerkschaftsbewegung. Wie der Stimmzettel zeigt, wurde die Demokratie bei den christlichen Gewerkschaftern immer großgeschrieben

Dr. Hemala: Es ist viel über die Entwicklung der christlichen Gewerkschaften Oesterreichs gesprochen worden. Wir halten gleichen Schritt mit der Entwicklung der christlichen Gewerkschaften Deutschlands. Wenn in Deutschland 25.000 bis 30.000 Mitglieder für die Gewerkschaften gewonnen werden, so ist es dasselbe, als wenn wir 5000 Mitglieder neu gewinnen. Es sind viel zu wenig Kräfte vorhanden, um Aktionen planmäßig durchführen zu können. Wir haben zu beraten, wie diese Mittel aufgebracht werden können. Ich möchte feststellen, daß bisher alle einig waren, daß 2 Prozent abzuführen sind. Nur betreffs der Marken haben sich Gegensätze gezeigt. Die Marken sind gewiß lästig, weil die Verantwortung groß ist. Aber für die Zentralverbände ist es leicht, weil sie die Verantwortung abwälzen können. Man kann die Mitglieder erziehen, damit sie verstehen, was die Zentralkommission ist und welche Arbeit sie zu leisten hat. Viele Mitglieder wissen vielleicht nicht, was die Zentralkommission ist, viele wissen gar nicht, wie notwendig ein einheitliches Vorgehen ist. Es darf nicht der Verbandsegoismus betont werden, sondern es ist auf den Wert der Zentralkommission hinzuweisen. Wenn so aufklärend gewirkt wird, dann wird der Beitrag gern geleistet werden. Es soll nicht zuviel verlangt werden, aber auch nicht zu verschiedene Sachen. Wir müssen uns klar werden, über einen einheitlich erhöhten Beitrag, von dem alle Ausgaben bestritten werden können. Mit Briefen allein ist nicht gedient. Notwendig ist die persönliche Fühlungnahme mit den maßgebenden Faktoren. Wenn wir hingefahren sind oder Sekretariate gegründet haben, so hat das große Erfolge gezeitigt. Die Sozialdemokraten haben in Meidling jetzt nach der Wahl an jeden Arbeiter einen Aufruf zum Beitritt in die betreffende Berufsorganisation geschickt. Wir müssen die Sozialdemokraten als Beispiel anführen, wir müssen sagen, welche Opferwilligkeit die Sozialdemokraten aufbringen, dann wird es leicht sein, auch unserer Zentralkommission die notwendigen Geldmittel zu beschaffen.

Aus dem Protokoll des 1. Kongresses der christlichen Gewerkschafter Österreichs 1909. Dr. Hemala, einer der verdientesten geistigen Führer der christlichen Gewerkschaftsbewegung gegen Verbandsegoismus, für Opferbereitschaft der Gewerkschafter

Metallarbeiter-Zeitung

Zentralorgan des Verbandes christlicher Eisen- u. Metallarbeiter Oesterreichs.

Erscheint jeden 1. und 15. im Monat. Abonnementspreis 3 Kronen ganzjährig, 1 Krone 50 Heller halbjährig samt Zustellung. Einzelne Nummern 10 Heller. Für das Ausland 4 Kronen ganzjährig.

Redaktion und Administration: Wien, XIV./2, Hollergasse Nr. 21.

Postsparkassen-Scheckkonto Nr. 103.080.

II. Jahrgang. | Wien, am 1. März 1909. | Nummer 5.

Der I. Kongreß der christl. Gewerkschaften Oesterreichs.

(Fortsetzung.)

Sodann erstattete Kollege Schmied das Referat über die

Schaffung einer Zentralstelle der christlichen Gewerkschaften

wobei er u. a. ausführte: Hoffentlich schließen sich die kleinen Fachverbände bald der Zentralorganisation an; aber damit ist noch nicht genug getan, denn diese sind bereits zur Erkenntnis gekommen, daß auch für sie wieder die Schaffung einer Zentralstelle notwendig ist; darum schlägt die Kommission auch die Gründung einer solchen vor. Man ist sich auch darüber klar, daß es besser ist, eine lose Kommission zu schaffen, als einen festen Verband. Redner zählte dann die verschiedenen Gründe für die Schaffung der Zentralstelle auf, zu welchen besonders die Einheitlichkeit der ganzen christlichen Gewerkschaftsbewegung in Oesterreich und der Anschluß an die internationale Vereinigung gehört und bat zum Schlusse um Annahme der vorliegenden Resolution.

Hierauf folgte eine lebhafte Debatte: Ludikowsky besprach die Verkehrsbundverhältnisse in Vorarlberg. Ecker schlug 2 Prozent Abgaben an die Kommission vor. Krikawa bezweifelte, daß 2 Prozent von allen Verbänden geleistet werden. Dr. Hemala äußerte dieselbe Ansicht; ebenso Haider. Ullreich beantragte, daß der Kongreß statt „mindestens" — „regelmäßig" alle zwei Jahre einzuberufen ist. Kollege Stegerwald betonte, daß dieses Referat das wichtigste der ganzen Tagesordnung ist und daß die christlichen Gewerkschaften weiter wären, wenn sie statt 90.000 nur 60.000 Mitglieder, diese aber in Zentralverbänden hätten. Schließlich empfahl er einige Aenderungen in der Resolution.

Der Vorsitzende begrüßte hierauf den erschienenen Abg. Kemetter. Pawlik betonte die Notwendigkeit einer Zentralstelle besonders für die kleinen, schwachen Verbände. Langeder begrüßte das Anerbieten Stegerwalds, das deutsche „Zentralblatt" den Oesterreichern zur Verfügung zu stellen. Wasserböck trat ebenfalls für 2 Prozent Abgaben ein. Referent Schmied gab noch einige Erklärungen, worauf die Verhandlungen unterbrochen wurden.

Zweite Sitzung.

Nach der Mittagspause wurden in die Mandatsprüfungskommission gewählt: Kuke, Haider, und Pawlik. In Fortsetzung der Debatte betonte Stuhl, daß man ja später den Beitrag erhöhen kann, wenn man mit 1 Prozent nicht auskomme. Ullreich ist dafür, daß der „Gewerkschafter" auch ferner als Zentralorgan fungiert und befürwortet ein Abonnement auf das „Zentralblatt". Es sprachen noch die Delegierten Neugebauer, Müller und Fürtges. Nach einem Schlußworte des Referenten Schmied erfolgte die Annahme folgender

Resolution:

Der erste Kongreß der christlichen Gewerkschaften Oesterreichs beschließt die Schaffung einer Zentralstelle, die den Namen „Zentralkommission der christlichen Gewerkschaften Oesterreichs" führt.

Die Zentralkommission besteht aus einer vom Kongreß gewählten sechsgliedrigen Exekutive, ferner aus je einem Vertreter und Ersatzmann der der Kommission angeschlossenen Verbände, die vonseite ihrer Organisation für die jeweilige Funktionsperiode in die Zentralkommission zu entsenden sind.

Sitz und Stimme in der Kommission haben nur jene Organisationen, die ihren Verpflichtungen gegenüber der Kommission in jeder Beziehung nachkommen.

Aufgaben der Zentralkommission. Der Zentralkommission als Vertreterin der gewerkschaftlich organisierten christlichen Arbeiterschaft Oesterreichs obliegt die Sorge für eine einheitliche Entwicklung der christlichen Gewerkschaftsbewegung und die Förderung einer großzügigen Agitation für die christlichen Gewerkschaften.

Als Mittel hiezu dienen:

a) Die Schaffung eines Zentralorganes.

b) Beratung und Entscheidung über auftretende Meinungsverschiedenheiten in Fragen der gewerkschaftlichen Organisation und Taktik.

c) Erteilung von Auskunft und Rat in allen gewerkschaftlichen Fragen, Förderung der Agitation zur Gründung von neuen Gewerkschaften.

d) Intervention bei Streiks jener Organisationen, die ihren Verpflichtungen gegenüber der Kommission nachgekommen sind. Vermittlung gegenseitiger Unterstützung bei außerordentlichen Anlässen.

e) Veranstaltung und Veröffentlichung von statistischen Erhebungen über die Stärke und Leistungsfähigkeit der einzelnen Verbände.

f) A… sowie A… in Gebie… stark gen… erhalten …
g) … errichteter …
h) … Gewerksch…
i) Ei… doch hat …
Der … die Tätig… scheidung …
Bei… jener Ver… gegenüber … kommen … nicht meh…
Au… Zentra… geschlosse…
1. … und Kass…
2. … des Verb… jeden Ab…
3. … Kommissi…
4. …
5. … unterstütz… zu förder…
6. … des Verb… einzuhole…
7. … der Zent… prüfen zu…
Vorsi… Krikawa …

Der … in der We… ordnen mu… muß man … Gewerkscha… werden m… nach unse… sollen, un…

1909: Die Schaffung einer Zentralkommission der christlichen Gewerkschafter wird beschlossen

Der Bäckerarbeiter.

Fachorgan des Verbandes christlicher Bäckerarbeiter Österreichs.

Erscheint am 1. und 15. jedes Monats. Abonnementspreis: Jährlich K 4·—, halbjährig K 2·—. Einzelne Nummer 10 h.

Redaktion Administration u. Expedition: Wien, XVII., Ottakringerstr. 16. Telephon Nr. 22.357. Scheckkonto Nr. 100.145. Alle Geldsendungen sind an die Administration zu richten.

Inserate werden billigst berechnet. Unfrankierte Zuschriften werden nicht angenommen. Manuskripte werden nicht zurückgestellt.

II. Jahrgang. | Wien, am 1. Februar 1909. | Nummer 3.

Kollegen!

Anläßlich des I. Kongresses der christlichen Gewerkschaften Oesterreichs findet

Sonntag den 31. Jänner 1909

in der **Volkshalle des Rathauses** in Wien, I., Dr. Karl Luegerplatz eine große

Gewerkschafts-Versammlung

der christlichen Arbeiter und Arbeiterinnen Wiens statt.

Referenten: Kollege **Stegerwald** aus Köln sowie die Kollegen **Kunschak** und **Spalowsky**.

Beginn punkt 2 Uhr nachmittags.

Christliche Arbeiter und Arbeiterinnen, erscheint vollzählig.

Zum I. Kongreß der christl. Gewerkschaften Oesterreichs.

Nur wenige Tage trennen uns noch von einem bedeutsamen Tag. In der Zeit vom 31. Jänner bis 2. Februar 1909 wird in der Reichshauptstadt des mächtigen Habsburgerreiches, in Wien, der erste Kongreß der christlichen Gewerkschaften Oesterreichs tagen. Aus fast allen Kronländern des weiten Reiches werden sich die hervorragendsten Gewerkschafter einfinden, um bedeutsame Beschlüsse zu fassen, die wohl imstande sind, die künftige Gestaltung der christlichen Gewerkschaften zu beeinflußen.

Mit welch stolzen Gefühlen die christlichen Arbeiter aller Länder in diesen Tagen nach Wien blicken werden! Denn sie fühlen sich nicht mehr als verlachte Mitläufer einer in Kinderschuhen steckenden Miniaturbewegung, nein, denn die christlichen Gewerkschaften sind trotz der kurzen Zeit ihres Bestandes und trotz der großen Hemmnisse, mit denen kaum eine Bewegung in einem Staate rechnen mußte, zu einem nicht unbedeutsamen Faktor geworden.

Noch ist kein Jahrzent verflossen, daß die christlichen Arbeiter ernstlich an die Gründung christlicher Gewerkschaften geschritten sind. Freilich die Wiegenlieder, die man dieser neuen Bewegung sang, klangen nicht verheißungsvoll. Spöttisch lächelnd blickten damals die Gegner der christlichen Arbeiter auf das kleine, aber kampfesmutige Häuflein christlicher Gewerkschafter und waren überzeugt, „die Katze wird sich schon finden, die das Mäuschen verschlingen wird." Hier war der Wunsch der Vater des Gedanken. Aber auch die Freunde wollten nicht an die Zukunft der christlichen Gewerkschaften glauben. Sie sahen die vielen, vielen Hindernisse, die sich der gedeihlichen Entwicklung der christlichen Gewerkschaften entgegentürmen werden, noch schwärzer, als sie ohnehin waren. Besonders beängstigend für die Freunde der christlichen Gewerkschaftsbewegung war die Frage: Werden die christlichen Gewerkschaften den sozialdemokratischen, die fast ein ganzes Menschenalter hindurch schon organisiert haben, standhalten können?

Doch all die düsteren Wiegenlieder konnten die Vorkämpfer der christlichen Gewerkschaftsidee nicht zurückschrecken. Mutig blickten sie allen Gefährnissen ins Auge und waren unermüdlich, wenn es galt, die schier unüberbrückbaren Hindernisse zu bewältigen. Immer weiter vorwärts dem gesetzten Ziele entgegen trieb sie die Begeisterung, die ihnen die Ueberzeugung einflößte.

Als am 17. November 1907 die erste Konferenz der christlichen Gewerkschaften abgehalten wurde, konnte mit Befriedigung auf die Frucht sechsjähriger, aufopferungsvoller Arbeit zurückgeblickt werden. 61.000 Arbeiter waren bereits in den christlichen Gewerkschaften organisiert. Die Saat ist demnach auf fruchtbaren Boden gefallen. Alle frivol in die Welt hinausposaunten Lügen der Gegner waren mit einem Schlage endgültig bloßgestellt: Die christlichen Arbeiter, deren Existenz hartnäckig in Abrede gestellt wurde, sind ein bedeutender Faktor in der Arbeiterbewegung geworden.

Aber seit dieser Zeit waren die Mitglieder der christlichen Gewerkschaften nicht müßig. Emsig arbeiteten sie an dem Ausbau der Organisation

1909: Christliche Gewerkschafter laden zu einer Versammlung in der Volkshalle des Wiener Rathauses ein

Traditionsfahne der christlichen Eisenbahner aus dem Jahre 1928

Franz Spalowsky, Tischlergeselle aus Mariahilf, christlicher Gewerkschafter von Jugend an, einer der bedeutendsten Sozialpolitiker der Ersten Republik

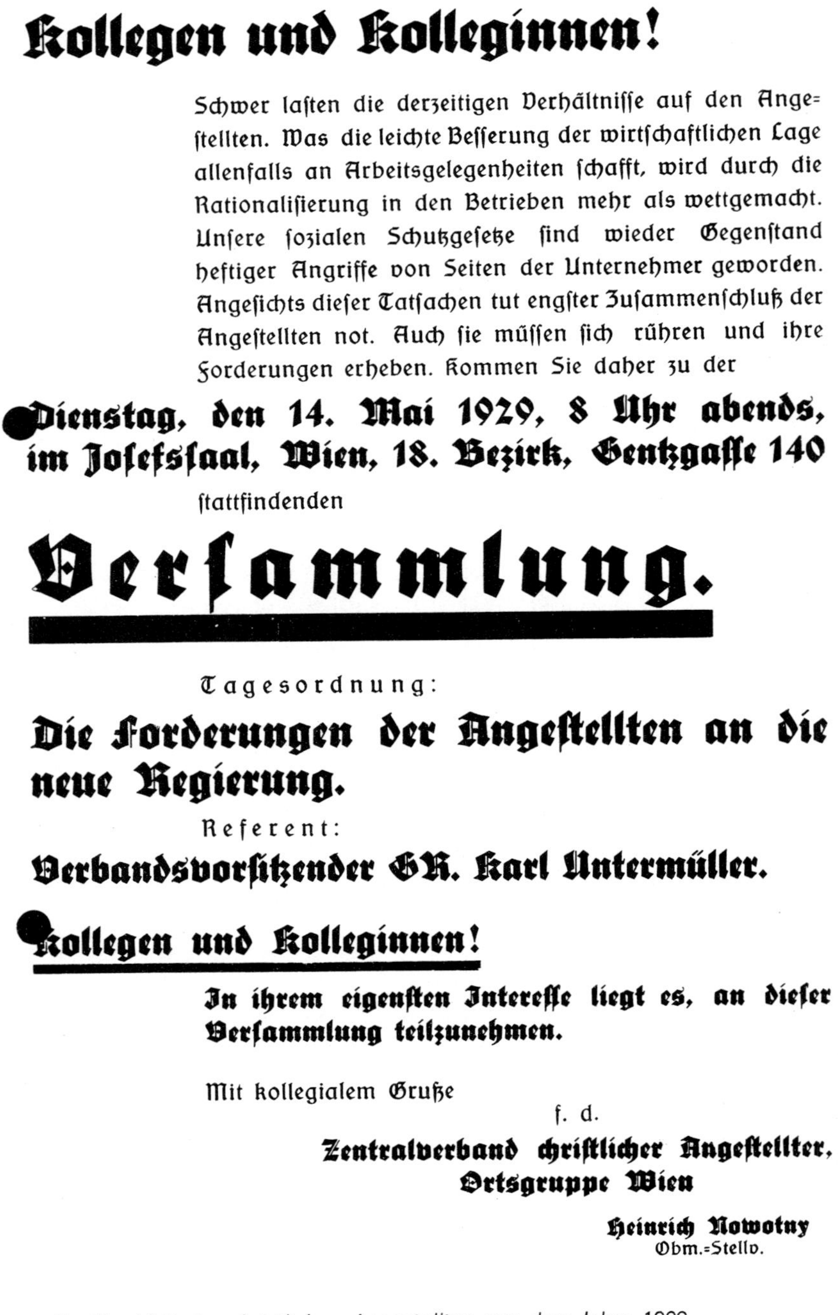

Kollegen und Kolleginnen!

Schwer lasten die derzeitigen Verhältnisse auf den Angestellten. Was die leichte Besserung der wirtschaftlichen Lage allenfalls an Arbeitsgelegenheiten schafft, wird durch die Rationalisierung in den Betrieben mehr als wettgemacht. Unsere sozialen Schutzgesetze sind wieder Gegenstand heftiger Angriffe von Seiten der Unternehmer geworden. Angesichts dieser Tatsachen tut engster Zusammenschluß der Angestellten not. Auch sie müssen sich rühren und ihre Forderungen erheben. Kommen Sie daher zu der

Dienstag, den 14. Mai 1929, 8 Uhr abends, im Josefssaal, Wien, 18. Bezirk, Gentzgasse 140

stattfindenden

Versammlung.

Tagesordnung:

Die Forderungen der Angestellten an die neue Regierung.

Referent:

Verbandsvorsitzender GR. Karl Untermüller.

Kollegen und Kolleginnen!

In ihrem eigensten Interesse liegt es, an dieser Versammlung teilzunehmen.

Mit kollegialem Gruße

f. d.

Zentralverband christlicher Angestellter, Ortsgruppe Wien

Heinrich Nowotny
Obm.-Stellv.

Ein Flugblatt der christlichen Angestellten aus dem Jahre 1929

Linz, Humboldtstraße 24, Sitz der christlichen Gewerkschaften Oberösterreichs seit den zwanziger Jahren

Johann Staud, christlicher Gewerkschaftsführer der Zwischenkriegszeit, Präsident des Gewerkschaftsbundes 1934 bis 1938, umgekommen im Konzentrationslager

Das Haus, Wien 8, Laudongasse 16, Heimstätte der christlichen Gewerkschafter seit 1926, heute Sitz des ÖAAB und der Fraktion christlicher Gewerkschafter. Zentrum historischer Entscheidungen und Ausgangspunkt aller bedeutenden Initiativen der christlichen Gewerkschaftsbewegung

Preis 20 Groschen **Christlichsoziale Arbeiter-Zeitung** V. b. b.

Zentralorgan der christlichsozialen Arbeiterpartei Oesterreichs.

Beilage: „Stille Stunden".

Erscheint jeden Samstag // Schriftleitung Verwaltung und Versand: VII., Kaiserstraße 8. Fernruf B-36-5-90 // Österr. Postsparkassenkonto A 4548 // Konto des Postscheckamtes Prag 79 080 Bezugspreise (freibleibend): für Österreich: vierteljährig S 2·50, halbjährig S 5·—; für Deutschland: halbjährig S 6·—; Tschechoslowakei: halbjährig Kč 26·—, Einzelpreis Kč 1·—; sonstiges Ausland: halbjährig S 8·— // Redaktionsschluß Mittwoch früh // Unverlangte Manuskripte werden nicht zurückgeschickt.

Nr. 10 — Wien, Samstag, den 10. März 1934 — XXXIX Jahrgang

2. März 1934!

Der 2. März 1934 ist unter die geschichtlich denkwürdigen Tage Österreichs einzureihen.

An diesem Tage hat die Regierung den Entschluß gefaßt, an die Stelle aller aufgelösten oder noch bestehenden gewerkschaftlichen Organisationen eine neue, den

„Gewerkschaftsbund der österreichischen Arbeiter und Angestellten",

zu setzen, um, wie es an der Spitze des Verordnungstextes heißt:

„im Geiste des Christentums, der sozialen Gerechtigkeit und Liebe zum Vaterlande den Arbeitern und Angestellten eine wirksame Interessenvertretung zu sichern und ihre Eingliederung in den berufsständischen Aufbau der Gesellschaft vorzubereiten".

Mit diesem Entschluß, der das gewerkschaftliche Leben auf völlig neue Grundlagen stellt, endigt der Bestand der „christlichen Gewerkschaften", er ist ihr Todesurteil.

Vor einigen Wochen stand Österreichs Volk tiefergriffen an den Särgen der Opfer der Februarrevolte, nun stehen, im Innersten erschüttert, Österreichs christliche Arbeiter und Angestellte an der Bahre ihrer Gewerkschaften.

Damals hat es sich um kostbare Menschenleben gehandelt, diesmal gilt die Trauer einem Menschenwerk, in das seit dem zweiten Parteitag der christlichsozialen Arbeiterschaft im Jahre 1897 Hunderttausende der besten Söhne Österreichs Unsummen von menschlichen Willen und Tatkraft, Unsummen von menschlichen Opfersinn, Unsummen von Fleiß und Schweiß, ja selbst von Blut investiert haben; einem Menschenwerk, auf dem sich gleich immergrünen Efeu die Hoffnung dieser Hunderttausende hochrankte.

Nur wer die unerhörten Mühseligkeiten des Werdens der christlichen Gewerkschaften miterlebt, nur wer mit ihnen, den mit tausenden wirtschaftlichen Leichen besäten Weg, durch Unternehmerunverstand und haßtriefenden roten Terror, gegangen ist, der vermag die Größe des Opfers zu erfassen, das nun von den christlichen Arbeitern, als den ersten Opferbringern, auf den Opferaltar der neuen Zeit gelegt wird.

Als Trost in dieser Opferstunde darf das Bewußtsein gelten, daß mit der Hingabe der christlichen Gewerkschaften doch nur die Form zerfällt; der Geist, aus dem die christlichen Gewerkschaften geboren wurden, der Geist, der sie befähigte, der größten Schwierigkeiten stets Herr zu werden, der Geist, der sie immer wieder vorwärts und aufwärts geführt, dieser Geist, er lebt weiter in jedem ihrer Funktionäre, in allen ihren Mitgliedern und wird mit ihnen, Leben schaffend und befruchtend, in die neue Form sich ergießen.

Der Gewerkschaftsbund hat seine Aufgaben im christlichen, vaterländischen und sozialen Geiste mit Ausschluß jeder parteipolitischen Tätigkeit zu erfüllen.

Der Gewerkschaftsbund ist eine Einrichtung öffentlichen Rechtes; ihm kommt Rechtspersönlichkeit zu.

Er untersteht der Aufsicht des Bundesministers für soziale Verwaltung.

Als Arbeiter und Angestellte im Sinne dieser Verordnung gelten nicht:

Personen, die zum Bunde, zu einem Bundesland, einem Bezirk, einer Gemeinde oder einer sonstigen öffentlichrechtlichen Körperschaft in einem Arbeits(Dienst)-verhältnis stehen;

Direktoren oder leitende Angestellte, denen maßgebender Einfluß auf die Betriebsführung zusteht. Über die Eigenschaft als leitender Angestellter entscheidet im Zweifel der Bundesminister für soziale Verwaltung im Einvernehmen mit dem zuständigen Ressortminister;

die Arbeiter und Angestellten der Unternehmung „Österreichische Bundesbahnen".

In beruflicher Hinsicht gliedert sich der Gewerkschaftsbund in Berufsverbände für folgende Berufsgruppen:

1. Industrie und Bergbau,
2. Gewerbe,
3. **Handel und Verkehr,**
4. **Geld- und Kreditwesen,**
5. freie Berufe.

Jeder Berufsverband kann in Fachverbände (Gewerkschaften) gegliedert werden.

Innerhalb des Gewerkschaftsbundes, der Berufsverbände und der Gewerkschaften kann je eine Sektion der Arbeiter und je eine Sektion der Angestellten errichtet werden.

Die Berufsverbände bilden in den einzelnen Bundesländern eine Arbeitsgemeinschaft (Landeskartelle). Im Bedarfsfalle können innerhalb der Landeskartelle Bezirks- oder Ortskartelle geschaffen werden.

Der Gewerkschaftsbund ist insbesondere berufen:

Kollektivverträge nach Maßgabe der geltenden Vorschriften abzuschließen;

das einigungsamtliche Verfahren zur Schlichtung von Gesamtstreitigkeiten einzuleiten;

den zuständigen Behörden in allen Angelegenheiten, die für das Interesse der Arbeiter und Angestellten von Bedeutung sind, Berichte, Gutachten und Vorschläge zu erstatten;

wirtschaftliche und soziale Einrichtungen für die Mitglieder des Gewerkschaftsbundes und ihre Familien zu schaffen und zu verwalten oder an der Schaffung und Verwaltung solcher Einrichtungen mitzuwirken;

Einrichtungen zur beruflichen Ausbildung sowie zur geistigen und körperlichen Ertüchtigung des Berufsnach-

Die christlichen Gewerkschafter waren 1934 gegen die Auflösung der Richtungsgewerkschaften

Preis 20 Groschen

Christlichsoziale Arbeiter-Zeitung

V. b. b.

Zentralorgan der christlichsozialen Arbeiterpartei Oesterreichs.

Beilage: „Stille Stunden".

Erscheint jeden Samstag // Schriftleitung, Verwaltung und Versand: VII. Kaiserstraße 9. Fernruf B-36-5-90 // Österr. Postsparkassenkonto A 4.548 // Konto des Postscheckamtes Prag 79.080 Bezugspreise (freibleibend): für Österreich: vierteljährig S 2·50, halbjährig S 5·—; für Deutschland: halbjährig S 6·—; Tschechoslowakei: halbjährig Kč 28·—, Einzelpreis Kč 1·—; sonstiges Ausland: halbjährig S 8·— // Redaktionsschluß Mittwoch früh // Unverlangte Manuskripte werden nicht zurückgeschickt.

Nr. 6 — Wien, Samstag, den 10. Februar 1934 — XXXIX Jahrgang

Daneben geputscht!

Tirol hat um die Wochenwende viel von sich reden gemacht. Am 31. Jänner erfolgte ein Aufgebot der Heimwehr, dem sich die übrigen Wehrformationen des Landes, Freiheitsbund, Turnerwehr und Ostmärkische Sturmscharen anschlossen, in der Annahme, daß es sich um eine Kundgebung gegen die Nationalsozialisten handle. In diesem Sinne betrachtet, hatte das Aufgebot ein Ziel, der Unterstützung und des Dankes aller vaterländisch Gesinnten wert. Nur zu rasch zeigte sich, daß ein Teil des Aufgebotes, die Heimwehr, eigene politische Zwecke verfolgte; der einmütige Wille des Tiroler Volkes, dem Nazispuk in Tirol ein Ende zu setzen, sollte zu einem Putsch gegen die Landesregierung und zur Besitzergreifung der Landesgewalt durch die Heimwehr abgebogen werden. Dem Landeshauptmann wurde die ultimative Forderung nach Einsetzung einer neuen Landesregierung vorgelegt, was die Enthebung der bisherigen freigewählten Landesregierung zur Voraussetzung gehabt hätte. Die Erfüllung dieser Forderung wäre nur durch einen Bruch nicht nur der Bundes-, sondern vor allem auch der Landesverfassung möglich gewesen.

Mit Freude und Stolz verzeichnen wir die Tatsache, daß die christlichen Arbeiter und Angestellten die ersten waren, die dem hinterhältigen Vorgehen ihr starkes Nein entgegensetzten! Ihr Verhalten hat den Widerstand in seiner ganzen Breite aufgerollt. Am 5. Februar erklärte Landeshauptmann Dr. Stumpf gegenüber Pressevertretern:

> **„Für einen Verfassungsbruch bin ich nicht zu haben und irgendwelchem Druck weiche ich nicht. Es wäre das erstemal in der Geschichte Tirols, daß ein freigewählter Landeshauptmann gezwungen würde, verfassungsbrüchig zu werden. Dazu gebe ich mich nicht her!"**

Am gleichen Tage erfolgte eine Kundgebung der Tiroler Volkspartei (Bauernbund und Arbeitsbund), in dieser Kundgebung heißt es:

> „Die in den letzten Tagen in Tirol machtvoll eingesetzte Erhebung des Tiroler Volkes richtet sich gegen den allenthalben versuchten Terror der Nationalsozialisten und war eine gewaltige Kundgebung für den Kanzler Dollfuß. Im Laufe der Aktion wurde von radikaler Seite versucht, die Richtung dieser Bewegung gegen die Landesregierung, gegen die fünf Jahrhunderte alten Tiroler Landesrechte und gegen die Tiroler Landesregierung zu lenken. Die Leitung der Tiroler Volkspartei erklärt, daß sie geschlossen hinter dem Bundeskanzler, dem Landeshauptmann und den von ihr in die öffentlichen Körperschaften entsandten Funktionären steht; Faschisierungsbestrebungen lehnt die Tiroler Volkspartei auf das entschie-

Ein Jahr der Schmach!

Des deutschen Mannes Ehre und Ruhm vor aller Welt, das ist die deutsche Treue, die Gültigkeit des deutschen Manneswortes.

Hitler, der „Inbegriff deutschen Wesens", wie ihn seine Weihrauchbuben nennen, ist seit einem Jahre an der Macht, was in diesem Jahre sich in Deutschland vollzogen, das ist gehäufte Schmach auf den deutschen Namen, auf das deutsche Wesen.

Mit 44 Prozent der abgegebenen Stimmen, als Minorität im deutschen Volk und im deutschen Reichstag hat die Hitlerei begonnen. Zentrum, Bayrische Volkspartei, Deutschnationale und Stahlhelm haben aktiv, die Sozialdemokraten durch Schweigen an der Ungültigkeitserklärung der kommunistischen Mandate mitgewirkt, so kam Hitler auf den Krücken seiner Gegner, die an sein Wort glaubten, in den Besitz der Mehrheit im Reichstag.

Als dieses Ziel erreicht war, wurde die sozialdemokratische Partei zum Dank für die Schützenhilfe, die sie Hitler bei der Abschlachtung der Kommunisten geleistet, aufgelöst. Zentrum, Bayrische Volkspartei, Deutschnationale und Stahlhelm behielten noch ihre Mandate, die beiden letzteren Parteien sogar Ministerstellen.

Eine weitere Station des Wortbruches und der Treulosigkeit war die Auflösung der christlichen Gewerkschaften und die Beschlagnahme ihres Vermögens.

Dann wurde der Reichstag aufgelöst, Neuwahlen ausgeschrieben und jede andere Kandidatenliste als die der nationalsozialistischen Partei verboten. Nun sind alle die rechtlos gemacht, die Herrn Hitler zur Macht verholfen, es gibt in Deutschland nur mehr eine Partei, die Nationalsozialisten. 56 Prozent der Wähler sind mundtot gemacht.

Der Beseitigung der Parteien folgte die Kriegshetze gegen die Kirche. Der erste Schlag traf die Protestanten, die man einem Reichsbischof unterstellte, der Widerstand dagegen wurde mit der Amtsenthebung und mit Abgabe an die Konzentrationslager von Hunderten protestantischen Pfarrern niedergeschlagen.

Dieser Tat der Treulosigkeit folgte die Kriegsansage an die katholische Kirche, die in der vorigen Woche mit dem Mordanschlag auf die Person des Kardinals Faulhaber ihren scheußlichsten Ausdruck gefunden hat.

Noch haben die Monarchisten in Gnade gestanden, die durch das kriecherische Verhalten der Hohenzollern Prinzen und anderer ehemals gekrönte Häupter reichlich verdient war. Jetzt ist auch für diese das Ende gekommen. Alle monarchistischen Organisationen sind in Deutschland als staatsfeindlich aufgelöst worden.

So ist nun in Hitler-Deutschland alles was der Hitlerei Treu und Glauben entgegenbracht, ausgetilgt.

Als letzter kommt jetzt der liebe Herrgott an die Reihe. Auch ihm hat man den Krieg erklärt, man ist sich

nur
soll.
des
niedri
D
Lande
Chefr
beschä
kerma
das
Blatt
Stärk
dieses
in da
das
wurde
teufli
jeder
Hand
mit d
ben si
menb
dessen
bluten
leumd
Revol
der
gegan
nannt
gem
Der
Einbl
schaud
soviel
der
in die
Gruse
heben
diesen
Presse
worde
gemiß

Christliche Arbeiter und Angestellte gegen einen Putschversuch der Heimwehr in Tirol Ende Jänner 1934

Ein geschichtliches Dokument nur!

Abg. Kunschak hat in der Gemeinderatssitzung vom 9. Februar, der letzten Sitzung der freigewählten und seither aufgelösten Wiener Gemeinderates, eine Rede gehalten, die, bevor sie noch zur positiven Auswirkung gekommen war, geschichtlichen Charakter angenommen hatte. Aus diesem Grunde, auch deshalb, weil sie von einem Teil der christlichen Presse nur verstümmelt wiedergegeben worden ist, veröffentlichen wir diese Rede im Wortlaut wie folgt:

„Die finanzielle Lage der Gemeinde Wien hat einen Charakter angenommen, der alle Menschen, die Verantwortlichkeitsgefühl besitzen, nötigt, mitzuhelfen, daß die Gefahr einer Finanzkatastrophe von der Bundeshauptstadt abgewendet werde. Es wäre verlockend, nach den Ursachen zu forschen, die diesen Zustand geschaffen, und daran politische und parteimäßige Folgerungen zu knüpfen. Wir halten aber dafür, daß die Lage der Bundeshauptstadt Wien, des Bundes überhaupt von solchem Ernste ist, daß gegenüber einer Maßnahme, wie sie heute dem Gemeinderate zur Entscheidung vorliegt, alle Gegensätzlichkeit über Weg, Mittel und Ziel nachgeordnet werden kann und muß. Wir dürfen daher auch erwarten, daß unser heutiges Verhalten lediglich als ein Bekenntnis der Liebe und Treue zu unserer Vaterstadt, zu unserem Vaterland von allen jenen beurteilt werde, denen in dieser Frage ein Urteil zusteht. Einen solchen Standpunkt einzunehmen, ist mir und meinen Parteifreunden um so leichter möglich, als wir uns als die Erben und Sachwalter einer Gemeindepolitik fühlen, der Wien in einer nicht allzu weit zurückliegenden Periode einen Aufstieg zu höchster Blüte seines kulturellen und wirtschaftlichen Lebens zu danken hatte. Einen solchen Standpunkt einzunehmen, gestattet uns auch die große klare Linie unserer bisherigen Oppositionsführung, die bei aller Schärfe der Kritik niemals zu einer faktiösen Opposition geworden ist.

Von dieser hohen Warte, frei von jedem ungesunden Parteiegoismus, betrachten wir die Lage unserer Stadt, die, man mag dies zugestehen oder nicht — bestimmend ist auch für die Lage im Reich. Ist doch Wien nicht der Wasserkopf, sondern das Herz des Reiches.

Im letzten Jahre war das Einkommen allein nur der Wiener Arbeiter und Privatangestellten um mehr als 700 Millionen Schilling niedriger als noch vor vier Jahren. Wer kann glauben, daß solcher Einkommensabstieg in der Bundeshauptstadt ohne empfindliche Rückwirkung auch auf das kleinste Dorf bleiben könnte, daß solche Blutleere im Herzen des Reiches nicht auch den Pulsschlag des Lebens in diesem Reiche auf das ungünstigste beeinflussen muß?

Als das an Dienstjahren älteste Mitglied des Wiener Gemeinderates und getragen von dem bedingungslosen Vertrauen meiner Freunde im Wiener Gemeinderate, habe ich das Recht und die Pflicht, in dieser Notzeit ein Wort an die Mehrheit in diesem Saale und auch über den Rahmen dieses Saales hinaus zu sprechen.

Zu tiefst ist unser Volk in seiner Seele aufgewühlt durch die Sorgen des Alltags und durch die Fülle tönender Schlagworte, als daß es nicht ein Gebot der Stunde wäre, alle, alle zur Besinnung zu rufen. Ich bin nicht so töricht zu glauben, daß es jemals zu einer Harmonie der Anschauungen in politischer, kultureller oder wirtschaftlicher Beziehung kommen werde. Es wird immer, solange es Menschen gibt, differente Anschauungen geben und es wird immer so sein, daß einzelne Menschen oder Gruppen von Gleichgesinnten für ihre Anschauung werben. Es wird daher auch immer Parteien geben, auch dann noch, wenn längst schon der Gleichschaltungswahn unserer Zeit in der Geschichte als die Periode des Abgleitens der Kultur verzeichnet sein wird. Worum es aber allen ehrlichen Patrioten und Volksfreunden gehen muß, das ist die Beseitigung des Überwucherns und des Erstarrens des Parteigeistes.

Der Feind unserer Stadt, unseres Heimatlandes und dessen, in der Geschichte als deutsche Sendung verankerten Eigenlebens, das ist die Entartung des deutschen Geistes im Nationalsozialismus. Diesem entgegenzuwirken und positiv aufbauend zu wirken an der Seele unseres Volkes und ihm die wirtschaftlichen Bedingnisse des Lebens zu sichern, das ist der Weg, den uns die Stunde zu gehen heißt. Auf diesem Wege gibt es eine Weggemeinschaft, die über viele Gegensätzlichkeiten hinweg auch heterogene Elemente zu gemeinsamer Arbeit zusammenzuführen vermag. Als erste Voraussetzung hiefür gilt der reine Wille und die sittliche Kraft, das Trennende zu meiden, das Einigende zu suchen. Wer anderen seine Meinung eventuell auch mit Brachialgewalt aufzwingen will, der allerdings ist für diesen Dienst am Volke, für diesen heiligen Dienst am Vaterlande unbrauchbar.

Gebe Gott, daß sich die Zerrissenheit des Geistes und der Seele von unserem Volke und seinen Führern bald hebe, ehe Volk und Land an Gräbern steht und weint.

Wir wollen heute durch unser Verhalten ein Beispiel geben und in einer Frage, die geeignet ist, dem Leben der Stadt zu Hilfe zu kommen, Schulter an Schulter mit jenen stimmen, von denen uns sonst eine Welt trennt. Es gilt, in ernster Stunde eine ernste Tat zu setzen für unser Wien. Es lebe unsere Vaterstadt, es lebe unser Heimatland.

Kunschaks historische und prophetische Rede vom 9. Februar 1934: „Gebe Gott, daß sich die Zerrissenheit des Geistes und der Seele von unserem Volke und seinen Führern bald hebe, ehe Volk und Land an Gräbern steht und weint.“

Karl Untermüller

L. Jochberger

Otto Troidl

Das Allinger-Haus bei Scheibbs, eines der Zentren der Schulungsarbeit der christlichen Gewerkschafter

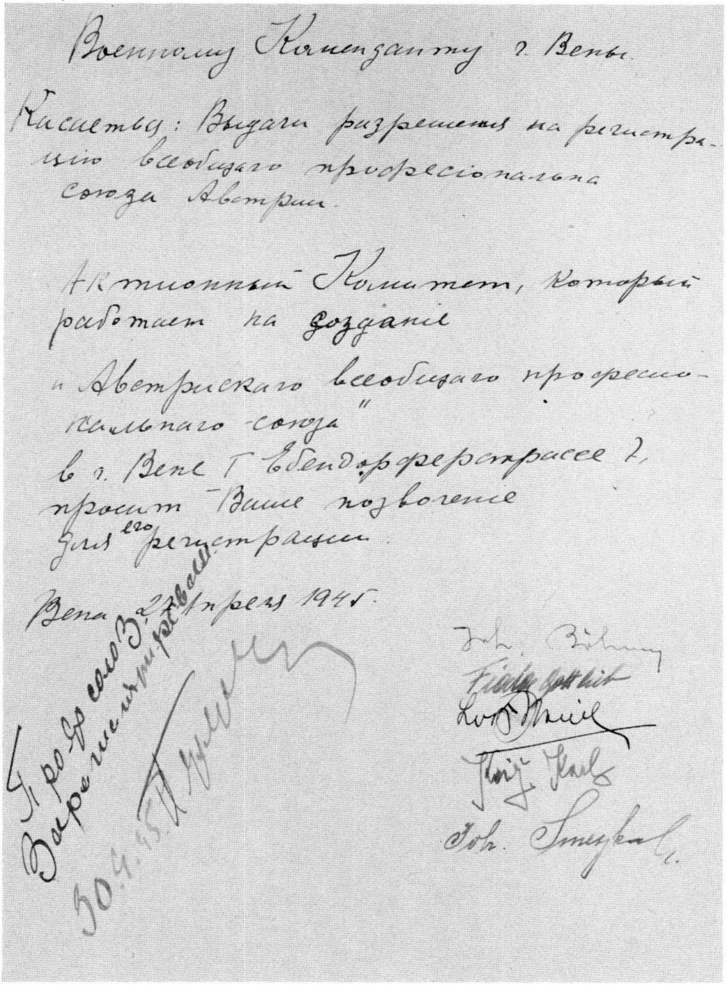

Военному Коменданту г. Вены

Касается: Выдачи разрешения на регистрацию всеобщего профессионального союза Австрии.

Акционный Комитет, который работает на создание „Австрийского всеобщего профессионального союза" в г. Вене I Ебендорферштрассе 7, просит Ваше позволение для его регистрации.

Вена 27 Апреля 1945.

Die „Gründungsurkunde" des ÖGB, unterschrieben von Johann Böhm, Gottlieb Fiala, Lois Weinberger: Die russische Besatzungsmacht genehmigt die Errichtung des Gewerkschaftsbundes

Lois Weinberger, Mitbegründer des ÖGB und 1945 dessen Vizepräsident, Minister in der Regierung Figl I, Vizebürgermeister von Wien

Das Präsidium des ÖGB im Jahre 1963
In der Mitte Präsident Benya, rechts Vizepräsident Altenburger, dahinter Sekretär Wedenig

Freiheit

◀ *Von links nach rechts: Leopold Kunschak, dahinter Lois Weinberger, Kardinal Theodor Innitzer*

Kongreß des internationalen Bundes christlicher Gewerkschaften in Wien 1951. Von links nach rechts: Vizepräsident Altenburger, Bundesminister Graf, Generalsekretär Serrarens, Bundeskanzler Figl, Präsident des IBCG Gaston Tessier, Präsident des belgischen christlichen Gewerkschaftsbundes Cool, Vertreter des IAO Theo Grünwald

Erwin Altenburger

Grete Rehor

Kundgebung der FCG im Wiener Musikvereinssaal anläßlich des 4. Kongresses des ÖGB 1959, Bundeskanzler Raab wird begrüßt

◀ *Festgottesdienst der FCG in der Karlskirche anläßlich des 4. Kongresses des ÖGB 1959*

4. Kongreß des ÖGB: Altenburger geleitet den Präsidenten des Nationalrates Leopold Figl in den Saal. Dahinter Benya

Kundgebung der FCG im Wiener Musikvereinssaal 1963. Wedenig bei der Begrüßungsansprache

Kundgebung der FCG im Wiener Musikvereinssaal 1963

Von links nach rechts: Bundeskanzler Gorbach, Präsident Maleta, hinter ihm Minister Hetzenauer, Vizepräsident Altenburger, Sektionschef Latzka